TEPS 문법·독해 달인이 되는 법
저자 | 죠셉킴
초판 1쇄 발행 | 2008년 1월 10일
초판 6쇄 발행 | 2010년 3월 25일

발행인 | 박효상
편집책임 | 김상호
편집 | 강성실, 김은선, 정혜미, 조승주
영업책임 | 이종선
영업 | 이태호, 이전희
출판등록 | 제 10-1835호
발행처 | 사람in
주소 | 121-839 서울시 마포구 서교동 378-16 4F
전화 | 02) 338-3555(代)
팩스 | 02) 338-3545
E-mail | esaramin@nate.com
Homepage | www.saramin.com

만든 사람들
표지 디자인 | 장선숙
내지 디자인 | 한현식

● 책값은 표지 뒷면에 있습니다.
● 파본은 바꾸어 드립니다.

ⓒ죠셉킴 2007

ISBN 978-89-6049-059-8 13740
ISBN 978-89-6049-041-3 (세트)

teps 문법 / 독해
달인이 되는 법

죠셉킴 대한민국 대표 TEPS 강사

사람 in
saramin.com

머리말

〈TEPS 문법·독해의 달인이 되는 법〉과 〈TEPS 청해·어휘의 달인이 되는 법〉 시리즈는 TEPS를 준비하시는 분들이 가장 체계적이고 포괄적인 수험 준비를 하실 수 있도록 만든 두 권의 기본종합서입니다. 본 교재의 레벨은 〈TEPS 달인이 되는 법- BASIC〉을 끝내셨거나 현재 TEPS 보유 점수가 600-700점 대 이상인 분들이 900점 이상의 고득점을 획득하실 수 있도록 해 드리기 위해 만든 교재이지만 TEPS를 처음 준비하시는 분들, 또는 TOEFL, TOEIC, 편입영어, 수능시험 등만 준비하시다가 TEPS로 막 전환하신분들도 부담 없이 원하시는 TEPS 점수를 얻으실 수 있도록 구성되었습니다.

지금 현재 한국의 영어 시험은 ETS 주관의 미국 영어 시험들 위주로 운영되어 오던 분위기에서 점차 국내 기술력으로 만든 한국인들만을 위한 공인 영어 시험의 시행으로 관심이 옮겨가는 시점입니다. 물론 2011년부터 성인들에게도 적용되는 정부 주도의 영어 시험이 시작될 거라고 보도는 되었지만 아무래도 비용과 여러 가지 제반 사항들을 고려해볼 때 TEPS로 바꾸던지 아니면 TEPS를 remodelling하는 것으로 바꾸는 것이 바람직하고, 또 그렇게 되리라고 저 개인적으로 예상하고 있습니다.

그 동안 TEPS가 시행된 지도 9년째로 접어들고 있고 오로지 TEPS 하나만 강의하다보니 시험 유형이 많이 바뀐 것을 목격해 왔습니다. 하지만 대부분 수험생들도 알다시피 TEPS는 TOEIC과는 달리 기출 문제를 많이 푼다고 자동적인 성적 향상을 보장해주지 못하며 LC 한 파트와 문법, 어휘, 독해를 RC로 TOEIC과는 달리 총 4개의 section, 13파트로 구성되어 있고 문제의 스타일도 다른 시험들과는 다릅니다. 학원 강의 교재뿐만 아니라 시중 교재까지 TEPS의 독창적인 면에 입각해서 내야 하고, 또 그런 책이 언젠가는 반드시 나와야 한다는 필요성과 책임감을 느껴왔습니다. 'TEPS 기본종합서의 바이블' 시리즈가 반드시 나와야 하고, 그 책은 TEPS 현직 전문 강사가 100% 집필해야 하며, 누가 봐도 전부 소화할 수 있는 탄탄한 구성을 가져야 한다는 생각을 했습니다. 일단 그러기 위해서는 단순히 문제를 받아 해설을 달고 답을 적어내는 것보다는 실제로 시험을 보며 학원에서 TEPS만 전문적으로 강의를 하고 많은 연구 기간을 보낸 전문가가 필요하겠지요.

저 죠셉킴은 서울대학교 TEPS 관리위원회에서 2002년에 강사 공식 인증서를 받은 후 그 다음해에는 관리위원회 초청으로 서울대 언어교육원, TEPS 관리위원회, 국내 TEPS 대표 강사들과의 만남 및 질의 답변 시간을 가졌을 때 TEPS의 장단점을 파악하여 좋은 점과 수정할 점에 대한 나름대로의 의견도 제의했었습니다. 현장 강의로서는 주안 민병철 어학원, 종로 외대 어학원에서 TEPS 시험을 개척해서 키운 후 강남 이익훈어학원 본원에서 4년간 대표 강사로 몸담으며 한 달에 1000여명에 가까운 다양한 계층의 수강생들의 TEPS 시험 점수를 책임져왔고, 현재는 대한민국 영어 교육 제1의 메카인 YBM e4u 어학원 종로센터에서 TEPS 대표 강사로 열강 중에 있습니다. 그 동안 TEPS의 4개 section의 정확한 유형 파악, 접근 및 학습법을 연구하고 조교들과 학생들에게 전수하며 대한민국 TEPS의 선두주자 위치를 만들어왔다고 감히 자부합니다. 이 책은 그 동안의 이러한 역량을 모두 모아 만들었습니다.

본 기본종합서가 'TEPS 기본종합서'의 바이블임을 자부하는 이유는 다음과 같습니다.

1. 문법·독해 문제 10회분, 500문제(국내 최다)를 담았습니다.
   이 책 한 권만으로도 실제 TEPS 문제에 대한 적응력을 상당히 키우실 수 있을 것입니다.

2. TEPS 문법·독해 출제 유형을 150개로 정리했습니다.
   한눈에 '유형 파악과 실전 대비'라는 두 마리의 토끼를 잡으실 수 있도록 만들었습니다.

3. TEPS 최신 유형을 완벽히 해부해서 시험에 임박한 수험생들이 단기간에 정리하실 수 있도록 최선을 다 했습니다.

4. TEPS 출제 포인트 99%를 공개하여 출제자의 생각과 입장을 수험자 입장에서 정확히 파악하실 수 있도록 집필하였습니다.

5. 또한 기출 유형 문제만을 100% 활용하여 서울대 언어교육원의 출제 경향을 토대로 중·고급 수준으로 가장 양질의 문제들만을 엄선했다고 자부하는 바입니다.

아무쪼록 이 책을 포함한 'TEPS 달인이 되는 법' 시리즈로 수험생 여러분이 TEPS의 유형도 정확히 파악하시고 더불어 실전 문제 풀이 실력까지 얻어서 원하시는 점수를 받으시길 기원합니다.

이 책이 나오기까지 정말 많은 수고를 해주신 사람in 출판사의 박효상 사장님, 불철주야로 고생하신 전병기 팀장님, 메가 스터디의 윤석훈 선생님, 죠셉킴 TEPS 연구팀의 김대성 팀장, TEPS의 잠재력을 굳게 믿어 주신 YBM e4u 종로 어학원의 김만연 원장님, 깊은 관심으로 기도해 주시는 여의도 순복음 교회의 조용기 목사님, 힘들어할 때마다 옆에서 기도와 격려로 가장 큰 힘이 되어 준 아내, 그리고 나의 모든 것 되신 좋으신 하나님께 이 책을 바칩니다.

죠셉 킴

CONTENTS – Grammar (문법)

Part	Chapter	파일
PART I TEPS 문법의 토대가 되는 본동사 관련 문제들에 대한 전체적인 체계를 정리하고 빈출유형 문제들을 학습한다.	**Chapter 1.** 문장 구조 28p	1. 문장 구성 요소를 제대로 갖추었는지 알아보자! 4. have/let/make+목적어+목적격보어
	Chapter 2. 시제 36p	6. 기본시제 vs. 완료시제 9. 과거는 현재로 이어진다 – 현재완료 12 시제일치의 예외? 그게 뭐야?
	Chapter 3. 조동사 46p	13. 조동사의 세 가지 그룹이란? 16. 조동사의 관용표현
	Chapter 4. 수동태 54p	18. 넌 능동적이니? 난 수동적이야! 21. 수동태의 시제 구별
	Chapter 5. 가정법 62p	23. 가정법 현재 26. 가정법을 섞어놓으면–혼합 가정법 29. 기타 가정법
	Weekly Test 1(Chapter 1~5)	
PART II 준동사의 활용 및 역할과 명사, 관사의 정확한 분류 및 문장에서의 의미 파악에 중점을 맞춘다.	**Chapter 6.** 부정사 74p	30. 부정사의 다양한 역할 33. 가짜 주어 It과 의미상의 주어
	Chapter 7. 동명사 82p	35. 명사가 할 수 있는 건 나도 한다 38. 동명사는 관용표현이 짱!
	Chapter 8. 분사와 분사구문 90p	40. 분사, 너의 정체는? 43. 분사구문이란?
	Chapter 9. 명사 98p	45. 명사의 종류 48. 명사의 변신은 무죄?
	Chapter 10. 관사 106p	50. 관사, 이 정도는 알아야지! 53. 이것만은 반드시 기억하자
	Weekly Test 2(Chapter 6~10)	
PART III 대명사의 용법 및 형용사, 부사, 비교급, 관계사를 포함하는 영어의 수식어 용법을 완벽하게 정리한다.	**Chapter 11.** 대명사 118p	55. 대명사, 이 정도는 기본! 58. 기타 대명사의 용법
	Chapter 12. 형용사 126p	60. 한정용법과 서술용법 63. 부사와의 관계
	Chapter 13. 비교급 134p	65. 어형 변화의 개념 68. 내가 모든 것의 지존 – 최상급
	Chapter 14. 관계사 142p	70. 두 문장을 하나로 – 선행사와 관계대명사 73. 관계부사
	Chapter 15. 부사 150p	75. 천방지축! 부사의 역할과 위치 78. 대부사와 기타부사들
	Weekly Test 3(Chapter 11~15)	

파일

2. 자동사 같은 타동사 vs. 타동사 같은 자동사 5. 간접의문문	3. 넌 내가 아직도 수여동사로 보이니?
7. 시제 문제는 부사를 잘 보렴 ~ 10. 과거 이전에 대과거가 있었다 – 과거완료	8. 능력도 좋네 – 현재가 미래를 대신하는 경우 11. 미래완료에는 뭔가 특별한 것이 있다네
14. 각 조동사의 정확한 의미 17. 이런 것들도 조동사였어?	15. 조동사의 과거형과 시제일치
19. 태 관련 문제 접근법 22. by 이외의 전치사를 쓰는 동사들	20. 중간태와 기타 유형들
24. 가정법 과거 27. 앞으로 그럴 리 없겠지만… 혹시?-가정법 미래	25. 가정법 과거완료 28. 없애고 뒤집어도 보이네 – if의 생략과 도치

31. 우리는 to부정사를 목적어, 목적보어로 취해요! 34. to부정사의 엑스트라들	32. to부정사의 명사적, 형용사적, 부사적 용법
36. 동명사와 현재분사, 명사와의 차이 39. 기타사항들	37. 동명사를 목적어로 취하는 동사
41. 현재분사, 과거분사의 공통점과 차이점 44. 분사구문에서 조심할 점들	42. 감정을 나타내는 분사들
46. 집합명사 삼형제 49. 조심해야 할 명사들	47. 추상명사와 물질명사들
51. 어떤 곳에 무관사? 54. 관사의 관용표현	52. 관사를 잘 파악해야 대명사를 잡는다

56. 인칭대명사와 재귀대명사 59. TEPS에서만 출제되는 대명사의 어순	57. 부정대명사, 지시대명사 정리
61. TEPS가 좋아하는 형용사의 어순 64. 기타 명심해야 할 사항들	62. 수량 형용사
66. 동등선언 – 원급비교 69. 기타 암기할 사항	67. 난 너보다 우월해 – 비교급
71. 관계대명사 관련 문제에서 조심할 점들! 74. 관계사, 이 정도는 알아야지!	72. 장점도 많고 단점도 많은 관계대명사 that과 what
76. 빈도부사와 부정부사	77. TEPS에 자주 출제되는 부사들

CONTENTS – Reading Comprehension (독해)

Part	Chapter		파일
PART IV 연결사와 일치 및 TEPS 문법 문제의 다양한 유형들을 총정리 한다.	**Chapter 16.** 접속사	162p	79. 등위접속사 82. 기타 접속사 출제 유형들
	Chapter 17. 전치사	170p	83. 전치사, 이 정도는 알아야지! 86. 기타 필수 전치사
	Chapter 18. 일치	182p	87. 수식어구는 수일치와는 상관없다! 90. TEPS에 등장하는 조심해야 할 일치 표현들
	Chapter 19. 특수구문	190p	91. 강조, 삽입, 도치 94. 기타 알아야 할 사항들
	Chapter 20. 문법 문제 비법 총정리	198p	95. 문장의 어순을 조심하자 98. 두 가지 이상의 문법 사항을 결합 시켜 물어보는 문제들!
	Weekly Test 4(Chapter 15~20)		
PART V TEPS 독해문제들의 유형을 전체적으로 파악하고 파트 1의 문제 유형을 집중적으로 파악한다.	**Chapter 21.** RC 전체유형 파악	214p	1. Part 1은 어떻게 출제되는가? 4. Part 2 공략 대책
	Chapter 22. Part 1 지문 상단의 빈칸	224p	6. 항상 선택지를 먼저 읽어라 9. 모르는 단어는 주위 문맥으로 유추한다.
	Chapter 23. Part 1 지문 중간의 빈칸	234p	11. 주제문의 핵심 어구에 빈칸이 오는 경우 14. 빈칸의 앞뒤를 잘 살피자!
	Chapter 24. Part 1 지문 하단의 하단	244p	16. 미괄식 문제는 결론을 묻는다. 19. 첫 문장 내용을 재진술하는 경우도 있다.
	Chapter 25. Part 2 대의 파악	254p	21. 글의 상단에 힌트가 있다! 24. 지문의 첫 문장과 마지막 문장이 일치하는 경우를 주목
PART VI 파트 2와 3의 유형을 파악하고 최근 기출 문제들의 풀이 비법을 총정리한다.	**Chapter 26.** Part 2 세부 내용, 진위 파악	266p	26. 문제를 먼저 읽어서 집중할 부분을 파악한다. 29. 단락을 빨리 파악해야 한다.
	Chapter 27. Part 2 추론 문제	276p	31. 지문에 근거를 둔 상식이 중요하다! 34. 저자의 태도가 어떤가를 살펴라
	Chapter 28. Part 2 기타	286p	36. 지문의 출처를 묻는 유형 39. 다음에 이어질 내용을 묻는 경우
	Chapter 29. Part 3 흐름 찾기	296p	41. 첫 문장이 무조건 주제문이다 44. 다양한 상식이 요구된다!
	Chapter 30. 독해 문제 비법 총정리	304p	46. 주제문을 찾아 핵심 내용을 개념화하라 49. 역접어구가 이끄는 문장이 대부분 주제문이다

파일	
80. 종속접속사	81. 접속사와 전치사의 혼동
84. 장소, 방향의 전치사	85. 시간 전치사
88. 태의 일치	89. TEPS에 자주 나오는 일치
92. 생략	93. It ~ that 강조구문이란?
96. 조동사의 다양한 역할 99. Part 3와 4에 집중하라!	97. 문제 안에 숨어 있는 힌트를 재빠르게 파악하라! 100. TEPS 문법에서는 회화체 문제들이 주류를 이룬다!
02. Part 1 공략 대책 05. Part 3은 어떻게 출제되는가?	3. Part 2는 어떻게 출제되는가?
07. 주제문을 많이 묻는다. 10. 필요한 부분만 읽는다.	8. 전체 지문을 함축하는 어구를 묻는다.
12. 보충 설명 문장의 핵심 어구에 빈칸이 오는 경우 15. 힌트는 반드시 주어진다!	13. 빈칸에 적절한 연결어를 고르는 경우
17. 지문 속에 등장하는 역접 어구에 주목하라! 20. 선택지 파악에 유의한다.	18. 훑어 읽기를 잘하는 사람이 성공한다.
22. 반복되는 핵심어를 찾아라! 25 세부적인 내용의 선택지들은 답이 아니다.	23. 지문의 종류부터 파악하자!
27. 숫자는 오답으로라도 등장한다! 30. 지문에 나온 내용이 다르게 바뀌어 등장한다.	28. 의학, 과학 등 전문적 지문이 많다
32. 선택지를 먼저 읽자 35. 어휘 훈련은 추론 문제의 기본!	33. 숫자 정보에 힌트가 많이 숨어있다!
37. 지문의 분위기와 태도를 묻는 유형 40. 속독이 가장 요구되는 파트!	38. 특정 내용을 질문하는 경우
42. 글의 주제와 무관한 미운 오리를 찾아라! 45. 모르는 단어가 나왔다고 해서 당황하지 말자!	43. 한 번 더 확인이 중요하다!
47. 반복적으로 등장하는 핵심 어구를 찾아라 50. 결국은 시간이다!	48. 지문의 종류가 더욱 다양해지고 있다.

CONTENTS – Listening Comprehension (청해)

Part	Chapter	파일
PART I 파트에 따른 청해 문제들을 여러 가지 유형으로 나누어 학습한다.	**Chapter 1.** 의문사가 있는 의문문	1. 주제를 묻는 What 의문문 4. 장소를 묻는 Where 의문문 7. 특정한 것을 묻는 Which 의문문
	Chapter 2. 의문사가 없는 의문문	8. 간접의문문 11. 선택의문문
	Chapter 3. 평서문	13. 대화의 주제를 파악하라! 16. 정답은 정형화되어 있지 않다!
	Chapter 4. 대의파악	18. 첫 부분을 놓치지 말라! 21. 동의어도 중요하다!
	Chapter 5. 세부내용 파악	22. 5W 1H에 입각하여 청취한다! 25. 숫자들은 무조건 중요!
		Weekly Test 1(Chapter 1~5)
PART II 일상생활에서 가장 접하기 쉬운 내용이 TEPS 청해의 주요 출제 대상이다.	**Chapter 6.** 추론	26. 중간 이하 부분에 의외로 힌트가 많다! 29. 기본 청취 실력을 향상시켜라!
	Chapter 7. 사회적 교류	30. 인사 유형 33. 작별 유형
	Chapter 8. 감정 교류	35. 칭찬, 축하 유형 38. 불만, 위로 유형
	Chapter 9. 정보와 제안	40. 초대 유형 43. 정보 교환
	Chapter 10. 건강과 병원	45. 증상 이름을 묻는 유형 48. 상황을 파악하라!
		Weekly Test 2(Chapter 6~10)
PART III 빈출 어휘가 등장하는 토픽들이 있다.	**Chapter 11.** 학교	50. 시험 관련 53. 논문 관련
	Chapter 12. 날씨와 기상보도	55. 날씨 문제는 결국 어휘 문제 58. Part 4에 등장하는 기상 보도문
	Chapter 13. 쇼핑과 교통	60. 점원과 고객의 대화 차이 63. 길안내 관련
	Chapter 14. 호텔과 레스토랑	65. 예약 묻는 문제가 상당수! 68. 화자 파악이 관건!
	Chapter 15. 은행과 금융	70. 구좌 개설 상황은 필수! 73. 담보, 대출
		Weekly Test 3(Chapter 11~15)

파일

2. 직업, 직책, 신분을 묻는 Who 의문문 5. 이유를 묻는 Why 의문문	3. 날짜, 시간, 요일을 묻는 When 의문문 6. 여러 형태로 쓰이는 How 의문문
9. Be동사, 조동사 의문문 12. 부정의문문	10. 부가의문문
14. 관용표현이 가장 많이 나오는 파트! 17. 문장 두 개짜리 질문에 유의하라	15. 간접의문문에 주의하라!
19. 중요한 것들만 골라 듣는다	20. 반복적으로 이어지는 관련 어구에 집중하라!
23. 질문의 요구사항을 정확히 파악하라!	24. 두 번째 들을 때 점수가 좌우된다!
27. 나왔던 말은 선택지에 그대로 등장하지 않는다.	28. 어휘 실력이 판가름 한다!
31. 소개 유형 34. 유의할 사항들	32. 안부 유형
36. 감사, 격려 유형 39. 의견 교환 유형	37. 사과, 유감 유형
41. 제안 유형 44. 유의할 사항들	42. 부탁 유형
46. 의사 이름을 묻는 유형 49. 지인들끼리의 대화도 중요하다!	47. 약국 관련 유형
51. 수강 신청과 입학 54. 유의할 사항들	52. 교수와의 대화
56. 관용표현에 유의하라! 59. 환경과 연결되는 기상보도	57. 오늘 날씨? 내일 날씨?
61. 쇼핑 관련 어휘는 필수! 64. 비행기와 여행 관련	62. 반환과 환불
66. 호텔 관련 기본 어휘 69. 상황에 따라 다른 표현들	67. 레스토랑 관련 기본 어휘
71. 송금, 이체 74. 화자 파악에 유의하라!	72. 투자 관련

CONTENTS – Vocabulary (어휘)

Part	Chapter	파일
PART IV 한국인들이 자칫 오해할 여지가 많은 부분을 출제한다.	**Chapter 16.** 구직과 직장	75. 구직과 인터뷰 78. 회원 관련 대화
	Chapter 17. 전화와 우체국	80. 상대방을 찾을 때 83. 통화중, 혼선중
	Chapter 18. 과학과 뉴스	85. 과학 기술 88. 뉴스 보도문
	Chapter 19. 광고와 공지	90. 상품 광고 93. 직장, 회의 관련 공지
	Chapter 20. 역사와 기타	95. 역사 전반 98. 기타 유형 ②
		Weekly Test 4(Chapter 16~20)
PART V 주제별 어휘 정리가 TEPS 어휘 고득점의 첫걸음이다.	**Chapter 21.** 주제별 어휘 1	1. 경제 전반 4. 쇼핑
	Chapter 22. 주제별 어휘 2	6. 과학 기술, 컴퓨터 9. 교통
	Chapter 23. 주제별 어휘 3	11. 직장 14. 주거와 생활 ②
	Chapter 24. 주제별어휘 4	16. 건강 전반 19. 역사
	Chapter 25. 연어	21. 동사+명사 24. 전치사+명사
PART VI 다양한 TEPS 어휘 출제 유형을 학습한다.	**Chapter 26.** 이어동사	26. a~g로 시작하는 이어동사 29. 빈출 이어동사
	Chapter 27. 이디엄	31. 동사 중심 이디엄 34. 구어체 이디엄 ①
	Chapter 28. 혼동하기 쉬운 어휘	36. 형태가 유사한 어휘 ① 39. 의미가 유사한 어휘 ②
	Chapter 29. 어원별 어휘	41. 접두사로 정리하는 대표적인 어휘들 ① 44. 기타 접두사로 정리하는 어휘들 ①
	Chapter 30. 정복하자! 고급 보카	46. 예상 기출 명사 ① 49. 예상 기출 형용사

파일	
76. 사원끼리의 대화 79. 이어동사는 필수!	77. 직장 상사와의 갈등
81. 찾는 이가 있을 때 84. 우체국 관련	82. 찾는 이가 부재중일 때
86. 의료과학 89. 이것이 바로 유의할 점!	87. 통신 기술
91. 책, 인터넷 광고 94. 바로 이점을 주의하라!	92. 일반 공지
96. 언어 99. 기타 유형 ③	97. 기타 유형 ① 100. Part 4에서는 이점을 유의하라!

2. 금융 비즈니스 5. 호텔	3. 여행, 쇼핑
7. 환경, 자연 10. 학교	8. 날씨
12. 법 15. 전화	13. 주거와 생활 ①
17. 병원 관련 20. 기타	18. 언어, 대중매체
22. 형용사+명사 25. 명사+명사	23. 동명사+명사
27. h~n으로 시작하는 이어동사 30. 헷갈리는 이어동사	28. o~z로 시작하는 이어동사
32. 명사 중심 이디엄 35. 구어체 이디엄 ②	33. 형용사(구) 이디엄
37. 형태가 유사한 어휘 ② 40. 기타 혼동하기 쉬운 어휘들	38. 의미가 유사한 어휘 ①
42. 접두사로 정리하는 대표적인 어휘들 ② 45. 기타 접두사로 정리하는 어후들 ②	43. 접두사로 정리하는 대표적인 어휘들 ③
47. 예상 기출 명사 ② 50. TEPS 고수들을 위한 어휘	48. 예상 기출 동사

〈TEPS 달인이 되는 법〉 Schedule

〈TEPS 달인이 되는 법〉 문법·독해, 청해·어휘 4주 완성 프로그램

Week	1 Day	2 Day	3 Day	4 Day	5 Day	
1 Week	청해 의문사가 있는 의문문 문법 문장 구조 어휘 주제별 어휘 1 ① 독해 RC 전체유형 파악 ①	청해 의문사가 없는 의문문 문법 시제 어휘 주제별 어휘 1 ② 독해 RC 전체유형 파악 ②	청해 평서문 문법 조동사 어휘 주제별 어휘 2 ① 독해 Part 1 지문 상단의 빈칸 ①	청해 대의파악 문법 수동태 어휘 주제별 어휘 2 ② 독해 Part 1 지문 상단의 빈칸 ②	청해 세부내용 파악 문법 가정법 어휘 주제별 어휘 3 ① 독해 Part 1 지문 중간의 빈칸 ①	Weekly Test
2 Week	청해 추론 문법 부정사 어휘 주제별 어휘 3 ② 독해 Part 1 지문 중간의 빈칸 ②	청해 사회적 교류 문법 동명사 어휘 주제별어휘 4 ① 독해 Part 1 지문 하단의 빈칸 ①	청해 감정 교류 문법 분사와 분사구문 어휘 주제별어휘 4 ② 독해 Part 1 지문 하단의 빈칸 ②	청해 정보와 제안 문법 명사 어휘 연어 ① 독해 Part 2 대의 파악 ①	청해 건강과 병원 문법 관사 어휘 연어 ② 독해 Part 2 대의 파악 ②	
3 Week	청해 학교 문법 대명사 어휘 이어동사 ① 독해 Part 2 세부 내용, 진위 파악 ①	청해 날씨와 기상보도 문법 형용사 어휘 이어동사 ② 독해 Part 2 세부 내용, 진위 파악 ②	청해 쇼핑과 교통 문법 비교급 어휘 이디엄 ① 독해 Part 2 추론 문제 ①	청해 호텔과 레스토랑 문법 관계사 어휘 이디엄 ② 독해 Part 2 추론 문제 ②	청해 은행과 금융 문법 부사 어휘 혼동하기 쉬운 어휘 ① 독해 Part 2 기타 ①	
4 Week	청해 구직과 직장 문법 접속사 어휘 혼동하기 쉬운 어휘 ② 독해 Part 2 기타 ②	청해 전화와 우체국 문법 전치사 어휘 어원별 어휘 ① 독해 Part 3 흐름 찾기 ①	청해 과학과 뉴스 문법 일치 어휘 어원별 어휘 ② 독해 Part 3 흐름 찾기 ②	청해 광고와 공지 문법 특수구문 어휘 정복하자! 고급 보카 ① 독해 독해 문제 비법 총정리 ①	청해 역사와 기타 문법 문법 문제 비법 총정리 어휘 정복하자! 고급 보카 ② 독해 독해 문제 비법 총정리 ②	

〈TEPS 달인이 되는 법〉 문법·독해, 청해·어휘 8주 완성 프로그램

Week	1 Day	2 Day	3 Day	4 Day	5 Day	
1 Week	**청해** 의문사가 있는 의문문 **어휘** 주제별 어휘 1 ①	**문법** 문장구조 **독해** RC 전체 유형 파악 ①	**청해** 의문사가 없는 의문문 **어휘** 주제별 어휘 1 ②	**문법** 시제 **독해** RC 전체 유형 파악 ②	**청해** 평서문 **어휘** 주제별 어휘 2 ①	
2 Week	**문법** 조동사 **독해** Part 1 지문 상단의 빈칸 ①	**청해** 대의파악 **어휘** 주제별 어휘 2 ②	**문법** 수동태 **독해** Part 1 지문 상단의 빈칸 ②	**청해** 세부내용 파악 **어휘** 주제별 어휘 3 ①	**문법** 가정법 **독해** Part 1 지문 중간의 빈칸 ①	
3 Week	**청해** 추론 **어휘** 주제별 어휘 3 ②	**문법** 부정사 **독해** Part 1 지문 중간의 빈칸 ②	**청해** 사회적 교류 **어휘** 주제별어휘 4 ①	**문법** 동명사 **독해** Part 1 지문 하단의 빈칸 ①	**청해** 감정 교류 **어휘** 주제별어휘 4 ②	
4 Week	**문법** 분사와 분사구문 **독해** Part 1 지문 하단의 빈칸 ②	**청해** 정보와 제안 **어휘** 연어 ①	**문법** 명사 **독해** Part 2 대의 파악 ①	**청해** 건강과 병원 **어휘** 연어 ②	**문법** 관사 **독해** Part 2 대의 파악 ②	Weekly Test
5 Week	**청해** 학교 **어휘** 이어동사 ①	**문법** 대명사 **독해** Part 2 세부 내용, 진위 파악 ①	**청해** 날씨와 기상보도 **어휘** 이어동사 ②	**문법** 형용사 **독해** Part 2 세부 내용, 진위 파악 ②	**청해** 쇼핑과 교통 **어휘** 이디엄 ①	
6 Week	**문법** 비교급 **독해** Part 2 추론 문제 ①	**청해** 호텔과 레스토랑 **어휘** 이디엄 ②	**문법** 관계사 **독해** Part 2 추론 문제 ②	**청해** 은행과 금융 **어휘** 혼동하기 쉬운 어휘	**문법** 부사 **독해** Part 2 기타 ①	
7 Week	**청해** 구직과 직장 **어휘** 혼동하기 쉬운 어휘 ②	**문법** 접속사 **독해** Part 2 기타 ②	**청해** 전화와 우체국 **어휘** 어원별 어휘 ①	**문법** 전치사 **독해** Part 3 흐름 찾기 ①	**청해** 과학과 뉴스 **어휘** 어원별 어휘 ②	
8 Week	**문법** 일치 **독해** Part 3 흐름 찾기 ②	**청해** 광고와 공지 **어휘** 정복하자! 고급 보카 ①	**문법** 특수구문 **독해** 독해 문제 비법 총정리 ①	**청해** 역사와 기타 **어휘** 정복하자! 고급 보카 ②	**문법** 문법 문제 비법 총정리 **독해** 독해 문제 비법 총정리 ②	

이 책의 특징

1. 총 900 문제의 방대한 분량
문법 14회분, 독해 5회분 총 900문제를 수록하여 여러 권의 책을 볼 필요 없이 이 책 한 권으로 텝스 문법·독해 관련된 모든 학습과 문제 푸는 연습을 동시에 할 수 있도록 하였다. 텝스 준비생은 실제 텝스와 유사한 문제를 많이 풀어보고, 틀린 문제를 분석하여 자신의 취약점을 보완해서 고득점이 가능하다.

2. 텝스 문법·독해 출제 유형 150개로 정리
최근 텝스의 기출 유형들을 완벽하게 분석하여 문법과 독해의 출제 유형을 150개로 분석했다. 문법 100개, 독해 50개의 출제 파일에는 각 파트별 핵심 포인트를 180개 예제와 결부시켜 학습자 스스로 문제 유형을 문제로 바로 확인할 수 있다.

3. 텝스 출제 포인트 99% 공개
필자가 10년간 강의하면서 틈틈이 정리한 자료를 바탕으로 텝스 위원회의 출제 유형을 완벽하게 분석해서 출제자의 의도를 파악할 수 있도록 출제 포인트를 공개했다. 텝스 준비생은 출제 포인트를 통해 단기간에 고득점을 획득할 수 있을 것이다.

4. 핵심을 짚어주는 문제 설명
텝스 고득점을 위해서는 많은 문제를 풀기보다는 문제 핵심 설명을 통해서 이것도 저것도 답이 될 수 있는 상황을 해결할 수 있는 능력을 키워야 한다. 이 책은 해설에서 정답이 되는 이유뿐만 아니라 오답이 되는 이유까지 친절히 설명함으로써 출제 의도를 정확히 파악할 수 있도록 했다.

이 책의 구성 및 활용

1. Pretest를 풀면서 실력 점검
그날그날 본문에서 다룰 내용들을 전체적으로 보여주는 window 역할을 한다. 본격적인 학습에 들어가기 전에 학습자 스스로 기초 능력을 테스트하는 코너. 해당 Chapter 학습을 하기 전에 본인의 취약한 부분을 확인할 수 있으므로 무엇을 중점적으로 학습해야 하는지 도움을 받을 수 있다.

2. 자신의 약점에 맞는 부분을 출제파일로 확인
유형 설명과 관련 문제를 다시 풀면서 학습자는 문제의 출제 유형을 효과적으로 익힐 수 있다. 또한 학습자는 자신의 취약점을 바로 확인하고 확실하게 자기 것으로 만들 수 있다.

➜ 텝스 시험에 나오는 모든 문제를 유형으로 정리했다. 기초 사항에 해당하는 내용은 빼고 시험에 바로 적용할 수 있는 내용만 체계적으로 정리하여 담았다.

➜ 본문에 수록된 예문은 모두 실제 시험과 유사한 문장들이다. 모든 예문은 실제 시험에 출제되는 포인트를 그대로 살렸다.

3. Daily Test로 충분한 실전 연습
각 Chapter의 핵심 학습 내용을 정리한 것으로 복습과 함께 배운 내용을 정리하는 코너이다. 문제 풀이의 좋은 전략과 나쁜 요령까지 알려준다. 해당 Chapter를 공부한 후 실전 문제 유형으로 문제를 풀어봄으로써 앞서 학습한 내용을 제대로 이해하고 있는지 확인할 수 있다.

4. Weekly Test로 최종 복습
본문 내용으로 기초를 쌓은 다음 실전 문제로 곧바로 들어가기 전에 꼭 짚고 넘어 가야 할 필수 기본 문제들을 풀어보는 코너이다. Daily Test가 해당 Chapter에 대한 평가만을 묻는다면 이 코너에서는 해당 Chapter의 내용을 종합 평가할 수 있다. 이미 앞에서 학습했던 내용을 잊을 만한 시기에 종합 문제를 풀어봄으로써 최종 점검하고 복습을 할 수 있다.

TEPS 영역별 유형 및 형식

TEPS의 구성

TEPS는 청해, 문법, 어휘, 독해 4개 영역에 걸쳐 총 200문항으로 구성되어 있으며 시험 시간은 140분이다. 만점은 문항 반응 이론(IRT)에 따라 채점하기 때문에 전부 맞아도 990점이고 모두 틀려도 10점은 나온다.

영역	PART별 내용	문항 수	시간/배점
청취 Listening Comprehension	Part Ⅰ : 문장 하나를 듣고 이어질 대화 고르기 Part Ⅱ : 3 문장의 대화를 듣고 이어질 대화 고르기 Part Ⅲ : 6-8 문장의 대화를 듣고 이어질 대화 고르기 Part Ⅳ : 단문의 내용을 듣고 질문에 해당하는 답 고르기	15 15 15 15	55분/396점
문법 Grammar	Part Ⅰ : 대화문의 빈칸에 적절한 표현 고르기 Part Ⅱ : 문장의 빈칸에 적절한 표현 고르기 Part Ⅲ : 대화에서 어법상 틀리거나 어색한 부분 고르기 Part Ⅳ : 대화에서 어법상 틀리거나 어색한 부분 고르기	20 20 5 5	25분/99점
어휘 Vocabulary	Part Ⅰ : 대화문의 빈칸에 적절한 단어 고르기 Part Ⅱ : 단문의 빈칸에 적절한 단어 고르기	25 25	15분/99점
독해 Reading Comprehension	Part Ⅰ : 지문을 읽고 질문의 빈칸에 들어갈 내용 고르기 Part Ⅱ : 지문을 읽고 질문에 가장 적절한 내용 고르기 Part Ⅲ : 지문을 읽고 문맥상 어색한 내용 고르기	16 21 3	45분/396점
총계	13개 PART	200	140분/990점

문법(Grammar) 50문항

밑줄 친 부분 중 오류를 식별하는 유형 등의 단편적이며 기계적인 문법 지식 학습을 조장할 우려가 있는 분리식 시험 유형을 배제하고, 의미 있는 문맥을 근거로 오류를 식별하는 유형을 통하여 진정한 의사소통 능력의 바탕이 되는 살아 있는 문법, 어법 능력을 문어체와 구어체를 통하여 측정한다.

PART 1　　　　　　　　　　　　　　　　　　　　　　　　　　20문항

Fill in the blank with the most appropriate word or phrase.

A: Did you see anyone in the business room?
B: I saw a cleaning lady with a mop _____ the floor.

(a) washes
(b) having washed
(c) to wash
(d) washing

Part 1은 A, B 두 사람의 짧은 대화를 통해 전치사 표현력, 구문 이해력, 품사 이해도, 시제, 접속사 등 문법에 대한 이해력을 묻는 형태로 되어 있다. 주로 후자(B)의 대화 중에 빈칸이 있고, 그 곳에 들어갈 적절한 표현을 고르는 형식이다.

PART 2   20문항

Fill in the blank with the most appropriate word or phrase.

The janitor asked _____ time it was.

(a) me that
(b) me what
(c) to me that
(c) for me what

Part 2는 문어체 질문을 다룬다. 서술문 속의 빈칸을 채우는 문제로 총 20문항으로 되어 있다. 이 파트에서는 문법 자체에 대한 이해도는 물론 구문에 대한 이해력이 중요하다.

PART 3   5문항

Identify the grammmatical error in the dialouge.

(a) A: I'll be away for two weeks for summer vacation.
(b) B: When are you planning to do?
(c) A: I have been thinking of visiting my family.
(c) B: Oh, yeah? That sounds nice.

Part 3는 대화문에서 어법상 틀리거나 어색한 부분이 있는 문장을 고르는 다섯 문항으로 구성되어 있다. 이 영역 역시 문법뿐만 아니라 정확한 구문 파악, 회화 내용의 식별 능력이 대단히 중요하다.

PART 4   5문항

Identify the ungrammmatical sentence in the passage.

(a) Steffen was on the way to the gym very early in the morning. (b) He was determined to do a daily workout until he got in shaping. (c) When he was about to enter the gym, suddenly two police officers came out of the gym. (d) They stopped and asked him to show his ID.

Part 4는 한 문단을 주고 그 가운데 문법적으로 틀리거나 어색한 문장을 고르는 다섯 문항으로 되어 있다. 틀린 부분을 신속하게 골라야 하므로 속독 능력도 중요한 작용을 한다.

독해(Reading Comprehension) 50문항

교양 있는 수준의 글(신문, 잡지, 대학 교양과목 개론 등)과 실용적인 글(서신, 광고, 홍보, 지시문, 설명문, 도표, 양식 등)을 이해하는 데 요구되는 총체적인 독해력을 측정하기 위해서 실용문 및 비전문적 학술문과 같은 독해 지문의 소재를 균형 있게 다루었다.

PART 1　　　　　　　　　　　　　　　　　16문항

Read the passage and choose the option that best fits the blank.

In late eighteenth and early nineteenth centuries so many people were attracted by the simplicity of banking and high profits that many mushroom banks sprang up and bankruptcies were frequent. Every bankruptcy meant not only the failure of the banker but brought _____ to the depositors and borrowers. Commercial life became very unstable so that the government in 1844 passed the Bank Charter Act to regularize banking.

(a) prosperity
(b) hardship
(c) peace
(d) opportunity

Part 1은 빈칸 넣기 유형이다. 한 단락의 글을 주고 그 안에 빈칸을 넣어 알맞은 표현을 고르는 16문항으로 이루어져 있다. 글 전체의 흐름을 파악하여 문맥상 빈칸에 들어갈 내용을 찾는 문제이다.

PART 2　　　　　　　　　　　　　　　　　21문항

Choose the option that correctly answer the question.

With the popularization of the concept of calorie counting, physical features-such as shape and body weight-were considered things under conscious control. The idea of controlling weight through the restriction of calories implied that being overweight resulted solely from lack of control. In other words, to be fat constituted a failure of personal morality.

Q. What is the main idea of this passage?

(a) Physical features have a lot to do with the mind.
(b) Dieting is as simple as reducing calories.
(c) People do not have to reduce their body weight.
(d) Appetite control is an issue of personal morality.

Part 2는 글의 내용 이해를 측정하는 문제로 21문항으로 구성되어 있다. 주제나 대의 혹은 전반적 논조 파악, 세부내용 파악, 논리적 추론 등이 있다.

PART 3	3문항

Identify the sentence that least fits the context of the passage.

There will be a reception this coming Saturday to greet the new vice Principal Ms. Lara Rumsfeld. (a) West Bloomfield High School has no custodian. (b) She was vice Principal at Andover for 3 years before this. (c) She was Deputy Principal for 2 years and Associate Principal for one year. (d) When Ms. Rumsfeld came to West Bloomfield High, she was very nervous but extremely excited to be here.

Part 3는 한 문단의 글에서 내용의 흐름상 어색한 곳을 고르는 문제로 3문항으로 이루어져 있다. 전체 흐름을 파악하여 흐름상 필요 없는 내용을 고르는 문제이다. 이런 유형의 문제는 응집력 있는 영작문 실력을 간접적으로 측정할 수도 있다.

TEPS, TOEIC, TOEFL 점수 비교

TEPS	TOEIC	TOEFL(CBT)	TOEFL(iBT)
951 ~	980 ~	287 ~	117 ~
901 ~ 950	950 ~ 975	273 ~ 287	111 ~ 117
851 ~ 900	910 ~ 945	253 ~ 273	101 ~ 111
801 ~ 850	875 ~ 905	247 ~ 253	98 ~ 101
751 ~ 800	835 ~ 870	237 ~ 247	92 ~ 98
701 ~ 750	790 ~ 830	223 ~ 237	84 ~ 92
651 ~ 700	750 ~ 785	213 ~ 223	79 ~ 84
601 ~ 650	705 ~ 745	204 ~ 213	76 ~ 79
551 ~ 600	650 ~ 700	193 ~ 207	69 ~ 76
501 ~ 550	600 ~ 645	177 ~ 193	62 ~ 69
451 ~ 500	545 ~ 595	167 ~ 177	58 ~ 62
400 ~ 450	490 ~ 540	163 ~ 167	57 ~ 58

※ CBT와 iBT 점수 비교는 ETS 발표를 참고했습니다.

〈TEPS 문법·독해의 달인이 되는 법〉 활용 전략

텝스 고득점은 정확한 진단과 그에 맞는 학습 절차를 통해 이루어진다!

같은 교재라도 학습하는 순서를 조정하거나, 중점을 두어야 할 부분을 따로 정해서 적절하게 복습하는 것이 중요하다. 가장 기본적인 교재 활용법을 제안하므로 자신이 목표하는 점수대에 따라 참고하기 바란다.

현재 점수대	600점대	700점대	800점대
진단	**문법**: TEPS 문법뿐만 아니라 영어 문법 자체에서 문장의 구조 및 시제 조동사, 수동태 등 기초 문법에 대한 전체적인 이해가 확실하게 안 된 상태. **독해**: 어휘 실력 및 문장을 읽는 능력이 아직 온전히 안 갖춰진 상태. 속독 훈련도 안 돼 있고 파트 1문제부터 푸는 데 어려움을 겪는 단계	**문법**: 전체적인 동사 및 품사관련 문법에 대한 기본적 이해는 두루 갖춰졌으나 관계사, 특수구문, 가정법, 어형변화 등 난이도가 좀 높은 문제에서 잘 틀리며 출제자의 의도를 가끔 오해해서 실수를 하는 단계 **독해**: Main idea 문제 및 짧은 지문의 문제는 잘 풀지만 추론 및 세부 내용에서 많이 틀리고, 4-5개씩 찍고 나오는 단계	**문법**: TEPS 기출 문법들에 대한 이해력은 모두 갖춰진 상태. TOEIC RC에서도 400점 이상은 충분히 나오는 실력이지만 TEPS 문제 스타일 자체에 적응이 안되어 있거나 파트 3, 4 부분에서 2-3개 씩 정답을 놓치는 경우 **독해**: 지문을 읽는 능력 및 어휘력은 상당히 좋으나 시간 내에 문제를 모두 푸는 속독 훈련만 되면 100% 정답률을 기록할 수 있는 단계
활용 전략	**문법** 본문의 유형 파일을 순서대로 학습하면서 관련 문제를 푼다. ↓ Pretest를 풀면서 유형을 복습 ↓ Daily Test를 풀면서 부족한 유형을 파악 ↓ 자주 틀리는 유형의 문제는 본문 관련 유형파일에서 확인 ↓ Weekly Test 풀이 ↓ 오답노트로 틀린 문제 검토 **독해** 주제별로 단어 학습으로 지문 이해력에 필요한 어휘 실력을 쌓기 ↓ 문제보다 독해를 위한 문법 실력을 갖추기 ↓ 파트 1에 집중. 특히 연결사 문제들 을 위주로 학습	**문법** Pretest를 풀면서 자신의 약점을 파악한다. ↓ 본문의 유형 파일을 통해서 약점 부분을 중점적으로 학습 ↓ 약점 파악 후 관련 문제를 풀면서 복습 ↓ Daily Test를 풀면서 부족한 부분 다시 한 번 파악 ↓ 부족한 부분 본문 유형파일에서 다시 한 번 학습 ↓ Weekly Test 풀이 ↓ 시험 일 주일 전에 오답노트로 틀린 문제 검토 **독해** 파트 1, 2, 3 문제들을 골고루 섞어서 매일 풀기 ↓ 파트 2 부분에 특히 집중. 하루에 20개 정도 지문을 꾸준히 풀기 ↓ 자주 틀리는 유형 정확히 분석. 오답노트 확인	**문법** 시험 한 달 전부터 하루에 한 챕터씩 학습 ↓ Daily Test와 Weekly Test로 유형 확인 학습 ↓ 시험 1주 전부터는 틀린 문제 점검 **독해** 시험 10일 전부터 하루에 한 Chapter씩 풀기 ↓ 파트 3→1→2 순으로 문제 푸는 연습 ↓ 문제 유형별로 왜 답이 되는지를 정리

Test of English Proficiency developed by Seoul National University

Grammar

TEPS 문법의 토대가 되는 본동사 관련 문제들에 대한 전체적인 체계를 정리하고 빈출 유형 문제들을 학습한다.

영어 문법을 공부하는 데 있어서 가장 중요한 품사는 뭐니뭐니해도 동사로 동사는 술어동사(본동사)와 준동사(부정사, 동명사, 분사)로 이루어져 있다. 가장 첫 단계로 술어동사를 공부하는 데 있어서 중요한 것은, 너무 많은 부분을 다루는 것이 아니라 학교 다닐 때 배웠던 내용 중 TEPS에 가장 빈출되는 유형들을 분석, 정리해서 집중적으로 파고드는 것이다. 첫 주에는 문장 구조, 시제, 조동사, 수동태, 가정법 순으로 학습을 하는데, 모두 TEPS 문법에서 매월 빠지지 않고 빈출되는 중요한 chapter들이므로 반드시 반복 학습을 통해 완전히 알고 넘어가도록 하자.

문장 구조에서는 기본적인 문장의 어순과 5형식 용법, 사역동사와 지각동사 및 목적보어 자리에 빈칸 채우기 등을 빈출 유형으로 볼 수 있으며 시제에서는 기본시제와 완료시제의 차이점 이해및 현재완료의 용법이 가장 빈출 대상이다. 조동사의 경우 각 조동사의 문장 내에서의 의미와 용법, 수동태의 경우 문장 주어가 행위의 주체인지 대상인지를 파악할 수 있는 기본적인 해석 능력을 묻는 문제와 사역동사의 수동태 및 중간태가 빠지지 않고 출제된다. 가정법의 경우 각 시제별 가정법 과거완료 및 요구, 주장, 제안 동사에서의 'that 절 + 동사원형' 등이 가장 중요하다고 볼 수 있다.

Chapter 1. 문장 구조

Pretest

Choose the best answer for the blank.

1. Beyond the Dinosaur Hall _____ the newest permanent exhibition called African Voices.

   (a) being for (b) where
   (c) is (d) being

2. A: Have you ever met Tony's son?
   B: Yeah, it's amazing how much their personalities _____ from each other.

   (a) differ (b) are differing
   (c) are differed (d) have differed

3. The doctor recommended _____ give up smoking and drinking.

   (a) I (b) me
   (c) to me (d) myself

4. He wouldn't recommend that _____.

   (a) your baby let you it play with (b) your baby let it play with you
   (c) you let your baby play with it (d) you play with your baby let it

5. A: My original Robert Bateman painting has a few water stains on it.
   B: Why don't you contact an expert and _____?

   (a) have it restore (b) have it restored
   (c) have restored it (d) have restore it

6. A: _____ Joseph is?
   B: I believe he is doing assignment at the library.

   (a) Where do you think (b) Do you think where
   (c) You think where do (d) Where you think

문법파일 01

문장 구성 요소를 제대로 갖추었는지 알아보자!

각 영어 문장에는 주어와 동사가 있고 그 동사 뒤에 목적어나 보어가 나올 수 있다. 또한 대다수의 문장들은 전치사구나 부사구로 끝을 맺는다. 이것이 영어 문장의 기본인데 TEPS뿐만 아니라 대다수 영어 시험에서 문장 구성에 관련된 문제들의 기초에 해당한다. 한 문장에 주어와 동사가 있는지, 문장을 구성하는 데 불필요한 요소가 들어가 있지는 않은지, 문장의 구석구석 품사들이 제대로 사용되어 있는지 등을 묻는 문제들이 많다. 특히 TEPS에서 문장 구성에 관련된 문제들은 동사와 품사를 제대로 사용했는가를 확인하는 문제들이 상당수 출제된다.

1. ① 타동사(offer)의 목적어 자리

The staff of the museum cordially invites you to offer _____ about the future of the Casa Grande Ruins National Monument. 박물관 직원은 Casa Grande Ruins National Monument의 미래에 대해 당신의 생각을 제공해주시길 정중하게 청합니다.

(a) thought of you
(b) your thoughts
(c) the thoughts are
(d) if the thought

2. ① 접속사(although)+주어+동사

Although _____ for her bad temper, Laura Johnston is also considered to be a protector of the Hawaiian people. 비록 Laura Johnston은 그녀의 포악한 성질로 악평이 나 있지만, 또한 하와이 국민들의 보호자로도 여겨진다.

(a) is infamous
(b) she is infamous
(c) would be infamous
(d) she would be infamous

문법파일 02

자동사 같은 타동사 vs. 타동사 같은 자동사

영어에서는 자동사와 타동사가 확실하게 구별되어 있지 않다. 현대 영어에서 쓰이고 있는 동사들 중 50% 가량이 자동사와 타동사의 기능을 모두 갖고 있으며 이들 중에서도 미국인들이 자동사나 타동사로 선호하여 사용하는 동사들의 용법이 TEPS에 주로 출제된다.

3. ① 주어(it)+동사 / ② consist≒ 자동사

A: Do you know what the flag of the United Nations looks like? UN 국기는 어떤 모양인지 아세요?
B: Yes, it _____ the official UN emblem in white on a field of light blue. 네, 연한 파란색 바탕에 흰색의 UN 공식 심볼로 되어 있죠.

(a) is consisted for
(b) is consisting
(c) is consistent of
(d) consists of

4. ①would like+목적어+to 동사원형 / ②look after: 돌보다

A: Hi, Sue. I'm taking off for a few weeks and I was wondering if you could help me out.
　　안녕, 수. 내가 몇 주 동안 없을 건데 좀 도와줄 수 있어요?
B: Would you like _____ your cat and plants again? 당신 고양이랑 화분들을 또 돌봐달라고요?

(a) me to look after　　　　　(b) to look after me
(c) my looking after　　　　　(d) that I can look after

문법파일 03

넌 내가 아직도 수여동사로 보이니?

explain, announce, suggest, mention, propose, introduce, confess, describe 등은 '~을 하다'라는 의미로 쓰이는 완전 타동사이지만 '~에게 ~를 해주다'라는 의미를 나타내는 수여동사로 착각하기 쉽다. 이러한 동사들이 '~에게'라는 뜻을 나타내려면 사람 목적어 앞에 to(전치사)를 붙여야 한다. 그러나 〈to+대상〉을 쓰지 않고 바로 that절을 동반하는 것이 일반적이다.

5. ①전치사+대명사의 목적격 ②for ~에게

The new information has now clarified the situation _____. 새 정보로 그녀에게 그 상황은 이제 명확해졌다.

(a) for her　　　　　(b) to her
(c) her　　　　　　　(d) by her

6. ①be eager to 동사원형 / ②put+목적어+on trial

The Croatian government proclaimed that it was eager to _____ for war crimes.
크로아티아 정부는 전범들을 재판하겠다고 선언했다.

(a) put a trial on him　　　　(b) put him trial on
(c) put to him a trial　　　　(d) put him on trial

7. ①주어(Dina)+동사 / ②announce to (사람) ~에게 공식적으로 말하다

Dina _____ to leave their business cards and she will mail a copy of the report to them.
디나는 참석자들에게 명함을 두고 가라고 했다. 그러면 그녀가 그들에게 보고서를 발송할 것이다.

(a) announced the participants　　(b) announced to participants
(c) announcing participants　　　　(d) announced with the participants

문법파일 04

have/let/make+목적어+목적격보어

5형식 관련 문제들은 TEPS에서 출제율이 높다. 사역동사가 쓰였을 때 목적어와 목적격보어의 관계가 능동인지 수동인지 구분할 수 있어야 한다. 〈사역동사+사람목적어+동사원형(능동)〉의 경우 '목적어에게 ~하도록 시키다'의 의미로 볼 수 있으며 〈사역동사+사물목적어+p.p(수동)〉의 경우 '목적어가 ~되도록 (다른 누군가에게) 시키다'의 의미이다.

8. ① 사역동사(let)+목적어+동사원형 / ② get+목적어+형용사

A: Did you notice how Karen belittled every suggestion I made in the meeting?
회의에서 내가 낸 모든 제안에 Karen이 어떻게 트집을 잡는지 봤어요?
B: I know, but try not to _____ upset. Everyone knows she's crazy.
알아요, 하지만 화내지 말아요. 그 여자가 제정신이 아니라는 걸 모두들 알아요.

(a) let her get you   (b) let you get her
(c) get you let her   (d) get her let you

9. ① have+사물목적어(the place)+과거분사(tidied up)

(a) A: Bill was really upset with me concerning the condition of the hall.
Bill이 홀의 상태 때문에 나에게 화가 많이 났어요.
(b) B: Didn't you have the place properly tidy up? 그곳을 올바로 치우지 않았나요?
(c) A: Well, I cleaned it before I left, but some people still remained.
음, 나가기 전에 청소를 했는데 몇몇 사람들이 여전히 남아 있었죠.
(d) B: Well, it's not always a good idea to rely on others to do your job.
흠, 당신 일을 하는 데 다른 사람들에게 의존하는 것은 항상 좋은 생각이 아니죠.

문법파일 05

간접의문문

간접의문문이라고 할 수 있는 문장은 다양한 편이지만, 일반적으로 의문문이 다른 문장의 일부가 된 경우를 말한다. 간접의문문의 어순은 〈의문사+주어+동사〉이며 동사가 believe, imagine, guess, say, suppose, think일 경우 의문사가 문두로 이동하는 것에 유의한다.

10. ① 타동사 know의 목적어 자리 / ② 간접의문문의 어순 = 의문사(what)+주어+동사

A: Do you know _____? 루마니아의 주요 수출품이 뭔지 알아요?
B: No, I'm not sure. Let's look it up on the Internet. 아니요, 잘 모르는데요. 인터넷에서 찾아봐요.

(a) what is the main export of Romania
(b) what does the main export of Romania
(c) what the main export of Romania is
(d) what the main export of Romania does

11. ① 타동사 decide의 목적어 자리 / ② which+명사+주어+동사

Since they had misplaced their roadmap, they could not decide _____.
지도를 둔 곳을 잊어버렸기 때문에 그들은 어느 길로 가야 할지 결정을 못했다.

(a) which route they should take   (b) which route should they take
(c) they should take which route   (d) they should which route to take

12. ① 타동사 know의 목적어 / ① 간접의문문의 어순 = 의문사(where)+주어+동사

A: How may I help you? 도와드릴까요?
B: I wonder if you know _____? 버스 차고가 어디인지 아세요?

(a) where the bus depot is   (b) where is the bus depot
(c) the bus depot is where   (d) the bus depot where is

13. 지각동사(hear)+목적어+목적격보어

A: What's up? You look annoyed. 무슨 일이야? 화가 나 annoyed 보이는데.
B: Why is everyone bothering me tonight? I hear someone _____ on the door.
왜 오늘밤 모든 사람들이 날 귀찮게 bother 하는 거지? 문 두드리는 소리가 나.

(a) to knock   (b) knocked
(c) knocking   (d) to have knocked

지각동사의 목적보어 형태를 묻는 문제이다. 목적보어 자리에는 동사원형이나 진행형이 올 수 있으므로 knocking이 정답.

14. 사역동사(have)+목적어+목적격보어(수동)

A: Did you hear that Andrew had his nose _____ in the fight?
Andrew가 싸우다 코가 부러졌다는 얘기 들었어?
B: Poor thing! I told him several times not to fight ever again.
저런! 내가 그에게 다시는 싸우지 말라고 여러 번 말했는데.

(a) break   (b) breaking
(c) broke   (d) broken

사역동사의 목적보어 형태를 묻는 문제이다. 사역동사 뒤에 목적어로 사람이 오면 목적보어 자리에는 동사원형이 와서 '누구에게 ~를 시키다' 는 뜻이 되고, 목적어로 사물이 오면 과거분사가 와서 '~가 어떻게 되다, 당하다' 는 뜻이 된다. 여기서 his nose가 부러졌다는 뜻이므로 broken이 정답.

15. consist(자동사)+of(전치사)+목적어

This encyclopedia _____ 30 stories chosen by world renowned literary critics.

이 백과사전encyclopedia은 세계로 유명한renowned 문학 비평가critic들이 뽑은 30개의 이야기들이 들어 있다.

(a) consists
(b) is consisted
(c) consists of
(d) is consisted of

consist는 자동사로 뒤에 목적어가 올 때 전치사 of를 항상 동반한다. consist of로 '~로 구성되다' 는 뜻이다.

16. 사역동사(make)+목적어+목적격보어(능동)

Julie made the waitress _____ her some green tea ice cream.

Julie는 그 여자 종업원에게 녹차 아이스크림을 시켰다.

(a) bringing
(b) brought
(c) bring
(d) to bring

사역동사의 목적격보어 형태를 묻는 문제이다. make 뒤에 the waitress로 사람이 왔으므로 동사원형을 써서 '누구에게 ~하라고 시키다' 는 뜻이 된다. 따라서 답은 bring.

Answers

1. (b) 2. (b) 3. (d) 4. (a) 5. (a) 6. (d) 7. (b) 8. (a) 9. (b) tidy up → tidied up 10. (c) 11. (a) 12. (a) 13. (c) 14. (d) 15. (c) 16. (c)

Daily Test

Part 1 Choose the best answer for the blank.

1 A: The people were trying to make themselves _____ through riots in the streets.
B: Yes, it was too bad that the government waited too long to listen to their opinions.
(a) hear
(b) hearing
(c) heard
(d) to hear

2 A: Don't you think the board is being too selective?
B: No, it is fundamental to have a director _____ the vision of the company.
(a) embodying
(b) being embodied
(c) having embodied
(d) to be embodied

3 A: I'm trying to figure out where that horrible smell is coming from.
B: _____?
(a) What do you think it is
(b) What does your think it is
(c) What is you think it
(d) What it is do you think

4 A: Wow! James looks a lot like his grandfather when he was young.
B: Yes, I've heard that before, but he _____ his grandmother in personality.
(a) has been resembled
(b) resembled
(c) is resembled
(d) resembles

Part 2 Choose the best answer for the blank.

5 Jeffrey tried _____ to the party, but she refused to leave her work.
(a) to talk into her to going
(b) to talk to her into going
(c) her to talk into going to
(d) her to go to talk into

6 Financial stresses caused many employees _____ to work too quickly after an illness or operation.
(a) returning
(b) to return
(c) having returned
(d) return

7 _____ the new labor law proposals fall short of international standards.
(a) The main issue is that
(b) That is the main issue
(c) That the main issue is
(d) The main issue that is

8 The officer didn't even look at my authorization; he just _____ with his pencil and handed it back to me.
(a) made it a mark on
(b) made a mark on it
(c) made a mark it on
(d) made on it a mark

Part 3 Identify the option that contains an awkward expression or an error in grammar.

9. (a) A: Hi, John. How's it going?
   (b) B: Hi, Jennifer. Great. Have you met my brother Tom before?
   (c) A: No, but I've heard a lot about him.
   (d) B: You'll have to allow me introduce him to you at the party tonight.

10. (a) A: I'm surprised that Baby Bee is recalling all their bassinets.
    (b) B: We bought a Baby Bee bassinet just two months ago before Jason was born.
    (c) A: You should call the store where you bought it.
    (d) B: Yes, I'll get to exchange them it for a different brand.

11. (a) A: You hosted a really beautiful party last night.
    (b) B: Thanks, but I don't wish that to do again.
    (c) A: Why not? Everyone thought you were great at it.
    (d) B: Well, my house was a huge mess after everyone left.

Part 4 Identify the option that contains an awkward expression or an error in grammar.

12. (a) "Did you know that the prime minister is writing a book?" I asked my friend. (b) "No. I didn't," she replied. "What it about?" (c) "It's on the history of hockey." (d) "I didn't realize he was such an expert on the sport," she said.

13. (a) Wanting to know what the lifespan of a cell phone will be is like wanting to know how long a car will run. (b) It depends on a number of factors. (c) How many hours the phone been utilized? (d) Another important factor to keep in mind is how well the phone has been taken care of.

정답: 2p

Chapter 2. 시제

Pretest

Choose the best answer for the blank.

1. Joseph and Marie _____ that question the last time I participated in a team meeting.

(a) raise (b) raised
(c) are raising (d) were raising

문법파일 6

2. Loren _____ smoking 10 years ago when his first son was born.

(a) gave up (b) has given up
(c) is giving up (d) has been given up

문법파일 7

3. No one likes sitting near Nora _____ a lunch break because she is unfriendly.

(a) when they will have (b) when they shall have
(c) when they have (d) when they will have to

문법파일 8

4. Darlene said that she _____ the office since ten o'clock this morning.

(a) tidied (b) was tidying
(c) has been tidying (d) had been tidying

문법파일 9

5. The discussion over who should take over the Ryan case _____ before we arrived.

(a) be decided (b) will decide
(c) had been decided (d) has been decided

문법파일 10

6. Katie _____ my boss for one year by the end of this month.

(a) has been (b) will be
(c) was (d) will have been

문법파일 11

7. The newscaster told us that the fire at Southampton University _____ in the early hours of the morning.

(a) will break out (b) broke out
(c) was broken out (d) had broken out

문법파일 12

정답: 4p

문법파일 06

기본시제 vs. 완료시제

영어의 12시제 중 TEPS 공부를 위해 반드시 알아야 할 시제는 6가지로, '현재/과거/미래/현재완료/과거완료/미래완료'이다. 동사의 바른 시제 찾기는 단순히 시간 부사구와 같이 시제를 알려주는 어구를 이용해서 해결할 수도 있지만 문맥을 통해 시제를 파악해야 하는 문제, 또는 수동태나 수의 일치와 같이 혼합되어 나오는 다소 난이도가 높은 문제들도 등장한다. 가장 출제빈도가 높은 부분은 현재완료이며 현재시제의 미래 대용, 과거시제 순으로 출제되지만, 다른 시제들도 출제빈도에 상관없이 잘 알아두어야 고득점의 대열에 설 수 있다.

우리말에는 없는 완료시제의 형태들을 살펴보자면, 현재완료는 과거에 시작된 동작이나 상태가 현재까지 지속되거나 결과적으로 현재까지 영향을 미칠 때 사용하며 거의 매달 출제된다. 과거완료의 경우 특정 과거시점을 기준으로 그 이전(대과거)부터 과거 시점까지의 기간을 표현하며 접속사가 before, after일 때에는 앞뒤 문장을 모두 과거시제로 일치할 수 있다.

1. ① 현재시제 / ② stand = (현재) 위치하다

A: **Where did you put the statue?** 그 조각상을 어디에 두었어요?
B: **It _____ near the main entrance of the main hall.** 중앙 홀의 입구 근처에 있습니다.

(a) stood (b) stands
(c) stand (d) is standing

A는 과거로 물었지만 B는 주어로 the statue를 받는 it을 써서 '현재 어디에 있다'라고 하므로 빈칸은 현재형 stands가 알맞다.

2. ① 현재 진행 시제 / ② is standing = 서 있는 중이다

A: **Have you seen Barbara?** Barbara를 봤어요?
B: **She _____ over there next to Bill.** Bill 옆에 저쪽에 서 있어요.

(a) stood (b) stand
(c) stands (d) is standing

누구를 봤느냐는 질문에 '지금 빌 옆에 서 있다'라고 답하므로 현재진행을 써야 한다. 동사 stand는 '물건이 어디에 있다'라고 할 때는 반드시 현재형으로 써야 하며, '사람이 어디에 서 있다'라고 할 때는 진행형으로 쓸 수 있다.

문법파일 07

시제 문제는 부사를 잘 보렴~

시제 문제들은 보통 동사 자리에 빈칸이 등장하는데 문장 뒤에 있는 부사나 부사구에 문제를 푸는 힌트가 숨어 있는 경우가 많다. 이를테면 현재진행은 now나 right now, 과거시제는 ago나 last, 현재완료는 so far, since가 함께 쓰이는 대표적인 부사들이다.

3. 주절과 종속절의 시제 일치 = vowed(과거) ← would(과거)

A: So, have you made any New Year's resolutions? 그래, 새해 결심을 세웠나요?
B: Yes, I _____ I would read one novel a month and exercise at least 4 times per week.
　　네, 한 달에 소설 한 권 읽기와 한 주에 적어도 4번 운동하기로 맹세했어요.

(a) vow　　　　　　　　　　(b) vowed
(c) have vowed　　　　　　　(d) has vowed

will의 과거형 would와 일치하도록 vow의 과거형인 vowed가 알맞다.

4. ① 부사 usually는 현재시제와 어울림 / ② go -ing = 하러 가다

A: Do you own a yacht? 요트가 있으세요?
B: Yes, we _____ every weekend. 네, 우리는 보통 매주 주말에 보트를 타러 가요.

(a) are going usually boating　　(b) are usually going boating
(c) usually go boating　　　　　(d) go usually boating

부사 usually는 현재시제와 어울려 쓰이며, 부사는 동사 앞에 오는 것이 일반적이므로 usually go boating이 알맞다.

5. since 부사구와 어울리는 현재완료시제

Jody _____ many novels since the beginning of the term.
Jody는 학기 시작부터 많은 소설들을 읽어왔어요.

(a) has read　　　　　　　　(b) had read
(c) read　　　　　　　　　　(d) reading

문장에 since 부사구(부사절)이 있을 때 주절의 시제는 현재완료를 쓴다.

문법파일 08

능력도 좋네 – 현재가 미래를 대신하는 경우

TEPS에서 시제 부분에서 상당히 자주 출제되는 내용이라 할 수 있다. 종속절에서는 현재가 미래를 대신한다. 시간 부사절과 조건 부사절에서는 미래를 나타낼 때 현재시제를 사용한다. 주의할 것은 주절의 시제는 그대로 미래시제(will+동사원형)라는 것이다.

6. 시간접속사 when이 있을 때 현재가 미래를 대신

A: Do you know much about Peter? Peter에 대해 많이 아세요?
B: Not really, but _____ to the park, he always brings a book to read.
사실은 그렇지 않아요. 하지만 그는 공원에 갈 때 항상 읽을 책을 가져가요.

(a) when he shall go
(b) when he will go
(c) when he will go
(d) when he goes

주절의 시제 always brings와 일치하도록 when절에서도 현재시제가 쓰여야 한다.

7. I'll order that과 시제 일치

A: Mmm. That woman's dish looks delicious. I think I'll order that.
음. 저 여자가 먹는 음식은 맛있어 보여요. 저걸로 주문할까 해요.
B: Good idea. I _____ the chicken special as well. 좋은 생각이에요. 나도 치킨 특선 요리로 주문할래요.

(a) am going to order
(b) may have ordered
(c) will order
(d) should not order

A가 I'll order that.이라고 했고, B 역시 같은 음식을 시키겠다는 뜻이므로 will order가 알맞다. 여기서 will은 의지를 나타내어 '~하겠다'는 뜻이다. be going to는 '~할 것이다, ~할 예정이다'는 뜻이므로 맞지 않다.

8. 시간, 조건 부사절에서는 현재시제가 미래시제를 대신한다.

I'll meet with you after I _____ my work. 제 일을 끝낸 뒤에 당신을 만나겠어요.

(a) had finished
(b) finished
(c) will have finished
(d) finish

일을 끝내는 것도 미래에 벌어질 일이지만 시간, 조건 부사절에서는 현재시제가 미래시제를 대신하므로 현재형이 쓰여야 한다.

••• 문법파일 09

과거는 현재로 이어진다 – 현재완료

TEPS 문법의 시제 부분에서 가장 출제율이 높은 것이 바로 현재완료이다. 〈have+p.p.〉 형태인 현재완료는 어렵게 생각할 필요없이, 과거의 사실이나 행동이 현재까지 이어져오는 것으로 이해하면 된다. 현재까지의 내용이 포함되므로 분명한 과거를 나타내는 시간 부사(ago, yesterday, just now)는 함께 사용하지 않는다.

9. since 부사절과 어울리는 현재완료시제

A: How many days _____ since you last checked your e-mail?
　　　이메일을 마지막으로 last 확인한 지 며칠이나 됐어요?
B: Actually, I checked it just this morning before I came to work. 사실, 오늘 아침 출근 전에 확인했어요.

(a) it has been　　　　　　　　(b) it did be
(c) did it be　　　　　　　　　(d) has it been

since 부사절이 있는 문장에서 주절의 시제는 현재완료를 쓴다. 또한 의문문에서는 주어와 동사가 도치되므로 has it been이 알맞다.

10. by far는 최상급 강조 / 최상급+주어+(ever) 현재완료 = 지금까지 한 것 중 가장 ~한

A: Ms. Peterson is by far the best boss _____. Peterson 씨는 내가 지금까지 모신 상사 중 최고의 상사에요.
B: Really? Actually, I was a little let down by her decision to not send a company representative to the Oracle Conference. 정말요? 사실은 저는 Oracle 컨퍼런스에 회사 대표를 보내지 않기로 한 그녀의 결정에 약간 실망했어요.

(a) I've ever had　　　　　　　(b) I would ever have
(c) I had ever had　　　　　　　(d) I ever have

11. '과거부터 지금까지 ~했다'는 현재완료시제

This is the first time my dog _____ so aggressive with the mailman.
우리 개가 그 우체부에 그렇게 공격적으로 군 것은 이번이 처음이다.

(a) has been　　　　　　　　　(b) had been
(c) to have been　　　　　　　　(d) was

주절의 동사는 is로 현재이고 개가 공격적이었던 것은 과거부터 지금까지의 일을 따져보는 내용이므로 현재완료가 알맞다.

문법파일 10

과거 이전에 대과거가 있었다 – 과거완료

'닭이 먼저냐 달걀이 먼저냐'를 따지는 것과 같이 일의 선후를 따지는 과거완료 문제 역시 출제율이 높다. 과거완료(had+p.p.)는 과거로 보자. 과거에 이미 끝나서 현재와 상관이 없는 일을 나타내기 때문이다. 한 가지 명심할 것은 무조건 과거시제보다 한 단계 앞선다고 해서 had.p.p.를 쓰는 것이 아니라 접속사 before, after가 이끄는 문장에서는 앞뒤 두 절의 시제를 과거로 통일해도 현대 영어에서는 문제가 없다는 사실이다.

12. '~했었다'는 과거완료시제

A: Why was Mr. Cooper so shocked? 왜 그렇게 Cooper 씨가 충격을 받았나요?
B: Because the staff _____ their votes before he arrived to lead the meeting.
　그가 회의를 주재하려고 도착하기 전에 직원들이 이미 투표를 했기 때문이었어요.

(a) had already placed　　　　(b) has already placed
(c) has placed already　　　　(d) is placing

Cooper 씨가 도착하기 전에 투표를 한 것은 그가 도착한 것보다 이전에 일어난 일이므로 과거완료가 알맞다.

13. 접속사 before가 이끄는 문장의 앞뒤는 과거시제로 통일

A: Is Leonard all right? Leonard는 괜찮나요?
B: Well, he _____ ill before he was due to move last week.
　글쎄, 지난주에 이사하기로 되어 있었는데 그 전에 몸이 아팠어요.

(a) falls　　　　　　　　　　(b) has fallen
(c) fell　　　　　　　　　　　(d) is falling

현대 영어에서는 주절이 의미상 과거완료시제가 적합하다 하더라도 before와 after가 이끄는 종속절일 경우 주절과 종속절 모두 과거시제로 통일하여도 틀리지 않는다. 따라서 단순 과거인 fell이 정답.

문법파일 11

미래완료에는 뭔가 특별한 것이 있다네

미래완료(will have p.p.)는 뭔가 아직 끝나지 않은 일을 나타낸다. 반드시 〈by+미래의 시간부사구〉를 써서 막연한 미래가 아닌 미래의 특정 시점, 즉 완료 시점이 제시된다.

14. will+have+p.p.+by 미래 표시 어구 = (미래의 어느 시점에는) ~ 되어 있을 것이다.

A: Sue, can I stop by your house tonight at about 7:00? Sue, 오늘밤 7시 경에 당신 집에 들러도 되요?
B: Sure. I'll have to drop my son off at baseball practice, but I _____ back home by that
　time. 물론이죠. 아들을 야구 연습하는 데 데려다 줘야 하지만, 그 때쯤이면 집에 이미 돌아와 있을 거예요.

(a) will already be　　　　　　(b) will be already
(c) will already have been　　　(d) will not have already been

15. '그 때쯤에는 ~했을 것이다' 이므로 미래완료시제

A: Would you like to join me for a game of racquetball tonight? 오늘 저녁 라켓볼 게임을 저랑 같이 할래요?
B: Sounds good. I _____ my assignment by then. 좋아요. 그 때쯤이면 숙제를 마칠 거예요.

(a) will finish (b) will have finished
(c) finish (d) finished

16. '~할 때쯤이면 ~했을 것이다' 라는 뜻이므로 미래완료시제

By the time we get to the station, John _____.
우리가 역에 도착할 때쯤이면 John은 도착해 있을 것이다.

(a) will arrive (b) will have arrived
(c) arrives (d) had already arrived

문법파일 12

시제 일치의 예외? 그게 뭐야?

시제 일치라 하면 일단 주절의 동사와 종속절의 시제를 일치시키는 것인데, 주절이 현재 또는 미래시제인 경우에는 종속절에 어떠한 시제가 와도 상관없으므로 주절이 과거시제인 경우에만 주의하면 된다. 단, 주절이 과거시제이면 종속절도 이에 맞추어서 과거나 과거완료시제가 되는 것이다. 그런데 종속절의 내용이 일반적인 사실이나 불변하는 진리일 때는 주절에 상관없이 현재시제가 오며 종속절의 내용이 역사적 사실인 경우 주절의 시제에 관계없이 단순과거시제이다. 바로 이것이 시제의 일치의 예외이다.

17. 습관을 나타내는 현재시제

A: During normal conversation on a telephone, people seldom _____ at the same time.
　　전화로 일상 대화를 하는 동안 사람들은 동시에 말을 거의 하지 않죠.
B: Not my aunt. She does that all the time. It drives me crazy.
　　우리 숙모는 아니에요. 그녀는 항상 그렇게 해요. 그것 때문에 내가 짜증나요.

(a) will be speaking (b) have spoken
(c) spoke (d) speak

사람의 습성, 습관을 나타낼 때는 시제 일치와 상관없이 항상 현재시제로 쓴다. 따라서 speak가 적절하다.

18. 역사적 사실은 항상 과거

Professor Anderson told us that Korean War _____ in 1950.

앤더슨 교수는 우리에게 1950년에 한국전이 있었다고 말씀하셨다.

(a) broke out
(b) had broken out
(c) break out
(d) was breaking out

주절의 동사 told보다 빈칸의 시제가 먼저겠지만(전쟁이 일어난 것이 교수님께서 말씀하신 것보다는 먼저이므로) 역사적 사실은 무조건 과거시제로 나가야하므로 과거완료인 (b)를 쓸 수 없고 과거시제인 (a)만 답이 된다.

Answers

1. (b) 2. (d) 3. (b) 4. (c) 5. (a) 6. (d) 7. (c) 8. (d) 9. (d) 10. (a)
11. (a) 12. (a) 13. (c) 14. (c) 15. (b) 16. (b) 17. (d) 18. (a)

Daily Test

Part 1 Choose the best answer for the blank.

1 A: Did you hear about the mugging that occurred last night?
B: Yeah, in fact it was one of our employees. It _____ right outside our building.

(a) happened (b) happen
(c) has happened (d) had already happened

2 A: What's wrong with Matt?
B: He _____ on more than he can handle.

(a) has taken (b) took
(c) has been taken (d) will have taken

3 A: When did the tsunami hit the shore?
B: I heard it _____ in at 7 o'clock in the morning.

(a) swept (b) had swept
(c) has swept (d) has been swept

4 A: Weren't you angry while he _____ you in public?
B: Yes, I had to hold back the desire to punch him in the face.

(a) was berating (b) have been berating
(c) berates (d) berated

Part 2 Choose the best answer for the blank.

5 When I was a child, I got trapped under water, and ever since then I _____ afraid of water.

(a) am always (b) have always been
(c) were always (d) had always been

6 Peter _____ to work every morning because the bus is too inconvenient.

(a) drove (b) is driving
(c) drives (d) has driven

7 A: You are so late again! I _____ for you since 10 o'clock.
B: My apologies. I was caught up in traffic.

(a) was waiting (b) had been waiting
(c) am waiting (d) have been waiting

8 The show _____ by the time Henry arrived at the theater.

(a) will already start (b) has already started
(c) already started (d) had already started

Part 3 Identify the option that contains an awkward expression or an error in grammar.

9
(a) A: I'm here to talk to Mr. Pells.
(b) B: I'm afraid he went for the day.
(c) C: Already? It's only 2 o'clock.
(d) D: He wanted to take the afternoon off.

10
(a) A: Excuse me, I'm taking the 4:00 flight to Paris, but there's no one here in the gate.
(b) B: I'm sorry, but you've missed it.
(c) A: What do you mean? They told me it had been delayed until 4:00.
(d) B: That's right. It is taking off at 4:00, but you should have boarded the plane half an hour earlier.

11
(a) A: My daughter has had a fever for four days now in addition to throwing up several times a day.
(b) B: She appeared to be very dehydrated.
(c) A: I know. She can't even hold down water.
(d) B: We're going to have to admit her to the hospital. Her condition is serious.

Part 4 Identify the option that contains an awkward expression or an error in grammar.

12
(a) For the last 30 years traders selling goods by weight or measure is legally required to sell and advertise goods using the metric system. (b) The Weights and Measures Amendment Act became law on 14 December, 1976. (c) It was logical for New Zealand to adopt the metric system as it was being used by their trade and export partners around the world. (d) Developing and growing their trade with other countries was, and still is, crucial to their economy.

13
(a) I happened to attend a party with my friend the other night. (b) When I introduced myself, everybody seemed to be staring at my dress. (c) At first I thought people were impressed by it, but I later realized there was a large stain on the front. (d) I had no idea where I get the stain from.

정답: 4p

Chapter 3. 조동사

Pretest

Choose the best answer for the blank.

1 Don't be silly! That _____ possibly be Madonna!
(a) mustn't
(b) shouldn't
(c) won't
(d) can't

2 You _____ have been frightened when the plane started to drop out of the sky.
(a) might
(b) ought to
(c) must
(d) may

3 A: _____ I stop driving or do you want me to keep going?
B: Keep driving. Thanks.
(a) Should
(b) Might
(c) Could
(d) Would

4 A: Will Joe be able to fix the computer?
B: He said he _____, but he's not making any promises.
(a) tried
(b) would try
(c) tries
(d) has tried

5 Margaret _____ not have seen us at the restaurant since she was out of town visiting her parents.
(a) ought
(b) could
(c) should
(d) would

6 Outdoor advertising is something that people _____, and consequently it is easier.
(a) cannot help seeing
(b) cannot but to see
(c) cannot help but seeing
(d) can help seeing

7 Manufacturers do not make cars the way they _____.
(a) were
(b) should have done
(c) used to
(d) do

문법파일 13

조동사의 세 가지 그룹이란?

TEPS에 등장하는 조동사는 무조건 조동사로만 쓰이는 1그룹 조동사(will, must, can, should, etc.)와 본동사, 조동사로 문맥에 따라 바뀌어서 쓰일 수 있는 2그룹 조동사(do, have, be), 그리고 관용표현으로 분류할 수 있는 3그룹 조동사(need, dare)로 나눌 수 있다. 1그룹 조동사의 경우 주어가 3인칭 단수라 할지라도 뒤에 -s, -es가 붙을 수 없으며 무조건 뒤에 동사원형이 오는 것이 특징이다. 2그룹 조동사의 경우 do는 조동사라도 뒤에 s, es가 붙으며 have, be는 조동사일 때에도 뒤에 동사원형이 오지 않고 p.p.나 -ing가 오는 것이 특징이다.

1. '~하곤 했다' = used to

A: How do you know Susan? 당신은 Susan을 어떻게 아나요?
B: We _____ attend the same church. 우리는 예전에 같은 교회에 다녔어요.

(a) used to   (b) would
(c) ought to   (d) must

과거에 '~하곤 했다'는 뜻이어야 하므로 used to가 알맞다. would는 과거의 습관을 나타낼 때 쓴다. ought to와 must는 시제와 의미상 맞지 않다.

2. '~할 수 없었다' = could scarcely

When she read through the essay again she _____ scarcely believe how many errors there were. 그녀가 에세이를 다시 읽어 내려갔을 때 얼마나 많은 실수들이 있었는지 거의 믿을 수가 없었다.

(a) will   (b) can't
(c) can   (d) could

문법파일 14

각 조동사의 정확한 의미

can은 추측, 가능성, 허가의 의미로 쓰이며 must는 무조건적인 의무, 강한 추측의 의미로, will은 주어의 의지, 미래, 습관 등으로, may는 약한 추측, dare는 '감히 ~하다'라는 의미로 쓰인다. TEPS에서 조동사 관련 문제들의 상당수가 해당 문장에서 각 조동사가 어떤 의미로 쓰였는지를 묻는 것들이므로 항상 전체 문맥을 파악하여 가장 적절한 조동사를 고르도록 한다.

3. ~하곤 했다 = would

Our family used to get together and we _____ all sing folk songs with the parents on guitars. 우리 가족은 전에는 함께 모여서 부모님과 함께 기타 반주에 맞추어 모두 포크송을 부르곤 했다.

(a) do
(b) must
(c) would
(d) should

과거에 '모여서 다 같이 노래를 부르곤 했다'는 뜻이므로 반복적인 일을 나타내는 would가 알맞다.

4. ~였음에 틀림없다 = must have p.p.

A: Ew! The egg smells rotten. 휴! 이 달걀에서 썩은 냄새가 나요.
B: Oh! Throw it away; it _____ gone bad. 아! 버리세요. 상한 것이 분명해요.

(a) must have
(b) should have
(c) must be
(d) should be

썩은 냄새가 난다는 사실에 대해 상했다는 것을 추정하는 must have p.p.가 들어가야 하므로 must have가 알맞다. must be는 현재에 대한 추정을 나타낼 때 쓴다.

문법파일 15

조동사의 과거형과 시제 일치

〈조동사+have+p.p〉는 출제율이 무척 높으므로 의미 차이에 유의하여 명확하게 이해하는 것이 중요하다. ~ must have p.p.의 경우 '~이었음에 틀림없다', may have p.p.는 '~이었을 수도 있다', can't have p.p.는 '~이었을 리가 없다', should have p.p.는 '~했어야 했다'의 의미로 이해하면 된다.

5. '~하지 말았어야 했는데 했다' = should not have p.p.

A: Darla has been sick in bed with the flu ever since her walk in the cold with you.
Darla는 당신과 함께 추운 날씨에 산책을 한 이후로 독감에 걸려 앓고 있었어요.
B: I _____ have let her do that. 내가 못하게 했어야 했는데.

(a) couldn't
(b) shouldn't
(c) must not
(d) wouldn't

let은 '~하게 두다, 허락하다'는 의미로 과거에 추운 날씨에 산책을 하도록 '허락하지 말았어야 했다'는 뜻이므로 should not have p.p.의 형식이어야 한다.

6. ~했음에 틀림없다 = must have p.p.

A: Kim had to give a speech in front of 10,000 people. Kim은 1만 명 앞에서 연설을 해야 give a speech 했어.
B: That's a huge audience. He _____ nervous. 엄청난 숫자네. 걔 정말 떨렸겠다.

(a) can't have been   (b) must have been
(c) can't be   (d) must be

과거 사실에 대한 강한 긍정의 추측을 나타내므로 must have p.p.를 쓴다.

7. ~했어야 했다 = should have p.p.

A: I can't believe we didn't get the house! 우리가 그 집을 얻지 못하게 되다니 이럴 수가!
B: I knew we _____ more money. 알고 보니, 우리가 돈을 더 많이 제시했어야 했더라고.

(a) would have offered   (b) should have offered
(c) would offer   (d) should offer

그 집을 갖지 못했다는 과거의 사실에 '돈을 더 제시했어야 했다'는 의미가 되어야 하므로 하지 않은 일에 대한 후회를 뜻하는 should have p.p.가 되어야 한다.

8. ~이었을 리가 없다 = cannot have p.p.

A: Did you hear that William used to be a member of Russian KGB during cold war?
   William이 냉전 시대에 러시아의 KGB 요원이었다는 거 들었어?
B: Are you serious? He is an American citizen and he _____ a spy at that time.
   정말이야? 그 사람은 미국 시민이라 그 당시 스파이였을 리가 없는데.

(a) can have been   (b) must have been
(c) cannot have been   (d) should have been

과거 사실의 강한 부정의 추측이므로 cannot have p.p.를 쓴다.

문법파일 16

조동사의 관용표현

다음 관용표현들은 모두 익혀두기 바란다.

① **may[might] well + 동사원형**: ~하는 것은 당연하다
Andrew may well be surprised at the news that his son got a job in a Fortune 50 company.
Andrew가 자신의 아들이 50대 기업에 일자리를 얻었다는 소식에 놀란 것은 당연한 일이다.

② **may[might] as well A (as B):** (B할 바에야 차라리) A하는 것이 더 낫다
You may as well get an expert to take a look at the computer as try to fix it yourself.
네가 컴퓨터를 직접 고치려고 하기보다 전문가에게 보이는 것이 낫다.

③ **cannot help -ing:** ~하지 않을 수 없다
= cannot (help) but+동사원형 = have no choice[alternative] but to+동사원형
If you just can't help eating McDonald's fries then get a small instead.
맥도널드 프라이를 먹어야 한다면 대신 조금만 먹어라.

④ **cannot... too ~:** 아무리~해도 지나치지 않다
You can't be too cautious when protecting your credit card number.
당신의 신용카드 번호를 보호하는 일은 아무리 조심해도 지나치지 않다.

⑤ **would rather A (than B):** (B하느니) A하는 편이 더 낫다 (A,B는 각각 동사원형)
I would rather never been born than have seen this day of shame.
이렇게 부끄러운 일을 보느니 차라리 태어나지 않았으면 좋았을 것이다.

9. ~하느니 차라리 …하는 편이 낫다 = might as well ... as ~

We _____ – now seeing as we can't sleep. 잘 수 있을 것 같지가 않으니 일어나는 것이 낫겠다

(a) may as well get up   (b) may well get up
(c) may get up well   (d) may as get up

10. ~하느니 차라리 …하겠다 = would rather ... than ~

A: Why don't we book the cheapest flight to Toronto? Toronto까지 가장 싼 항공편을 예약하면 어때요?
B: Are you kidding? _____ make a lot of stops to save money.
농담하세요? 돈을 아끼기 위해 여러 번 경유를 하느니 차라리 직항편을 구입하겠어요.

(a) I rather purchase a direct flight than   (b) I'd rather purchase a direct flight than
(c) I might well purchase a direct flight than   (d) I cannot help purchase a direct flight

●●● **문법파일 17**

이런 것들도 조동사였어?

다음표현들은 '준조동사'라고해서 일반조동사처럼 뒤에 동사원형을 수반한다.

- **would rather** : 차라리 ~하고 싶다
- **used to**+동사원형: ~하곤 했다
- **had better**+동사원형: ~하는 것이 좋다
- **would like to**+동사원형: ~하고 싶다

11. ~하고 싶다 = would

A: Would you like to order the pasta special for lunch today? 오늘 점심 특선으로 나온 파스타를 주문하시겠어요?
B: No, _____ the Asian chicken salad instead. 아니요, 대신 동양식 치킨 샐러드를 먹겠어요.

(a) I like to have
(b) I used to have
(c) I'd like have
(d) I'd like to have

12. ~하곤 했다 = used to

A: Do you want to come swing dancing with us tonight? 오늘 밤 우리와 함께 스윙 댄스를 하러 가실래요?
B: Sure. I _____ go once a week but haven't been able to lately.
좋지요. 전에는 일주일에 한 번씩 가곤 했었는데 최근에는 못 가고 있었거든요.

(a) are used to
(b) would rather to
(c) had better
(d) used to

13. '~한 지 얼마(기간) 되다' = 현재완료진행

A: Do you know your way around the city yet? 이제 시내 길을 잘 아세요?
B: Yes, I _____ here for quite a while now. 네, 여기에 산 지 이제 꽤 되었네요.

(a) used to live
(b) was used to living
(c) have been living
(d) was living

Answers

1. (a) **2.** (d) **3.** (c) **4.** (a) **5.** (b) **6.** (b) **7.** (b) **8.** (c) **9.** (a) **10.** (b) **11.** (d) **12.** (d) **13.** (c)

Daily Test

Part 1 Choose the best answer for the blank.

1 A: Are you going to buy that dress from the boutique?
B: Yes, I think I _____.
(a) might
(b) should have
(c) must have
(d) had

2 A: I hear the water running in the bathroom. What is it?
B: Well, Jean _____ shower at the moment.
(a) must have been taking
(b) must be taking
(c) must take
(d) must have taken

3 A: Since the government cut the health care budget, there are more and more patient complaints.
B: I think nurses _____ the patients but now they are too understaffed.
(a) used to be taken good care of
(b) used to take good care of
(c) was used to be taken good care of
(d) was used to take good care of

4 A: I will miss all of my friends here, but I have to return to my home.
B: If you _____ help packing, just ask.
(a) will
(b) can
(c) used to
(d) need

Part 2 Choose the best answer for the blank.

5 I _____ hope she will find a decent job in the next few weeks.
(a) might
(b) used to
(c) do
(d) will

6 Maria _____ so angry that she was passed up for the promotion for the second time.
(a) was to have been
(b) ought to
(c) must have been
(d) must be

7 Kelly _____ drink anything with alcohol in it if she is pregnant.
(a) need not
(b) used to
(c) must not
(d) will not

8 Joanne _____ be Susan's daughter because she doesn't resemble her at all.
(a) shouldn't
(b) won't
(c) can't
(d) mustn't

Part 3 Identify the option that contains an awkward expression or an error in grammar.

9. (a) A: Have you heard from James lately?
   (b) B: I sent him e-mail last week but never heard back.
   (c) A: He is horrible about checking his e-mail though.
   (d) B: With so many friends that live far away, he ought check it more frequently.

10. (a) A: When did you start working with a network marketing company?
    (b) B: Only about six months ago, after I quit my job as a teacher.
    (c) A: What do you thinking about the future of these types of companies?
    (d) B: There is a huge potential for making a great income.

11. (a) A: I am so tired today. I really shouldn't have gone to that party last night.
    (b) B: You have to work today, don't you?
    (c) A: Yes, I must have listened to you when you told me to stay home instead.
    (d) B: Well, maybe you'll remember for next time.

Part 4 Identify the option that contains an awkward expression or an error in grammar.

12. (a) I'd like to tell you about my teacher Jim Anderson. When I was in Jackson middle school, our classroom was very old. (b) The blackboard, which had been firmly nailed on to the wall, became loose after one of my friends accidentally smashed it with hammer. (c) As a result, the nails stuck out from the blackboard and Mr. Anderson used to hurting his hands on them while writing on the board. (d) That blackboard wasn't suitable for my teacher at all, and he finally asked the principal to change it over.

13. (a) Social norms have traditionally dictated that people need show solidarity towards blood relations. (b) These norms dictate things like the support people are expected to give their elderly parents. (c) Solidarity used to be enforced by feelings of duty towards family members. (d) But it is generally found that these norms have been eroded in recent decades.

정답: 6p

Chapter 4. 수동태

Pretest

Choose the best answer for the blank.

1. A: Were the results of the vote announced?
   B: Yes, Jacob was _____ as the class president.
   (a) to be elected
   (b) elect
   (c) electing
   (d) elected

2. I never _____ to work on this project if I would have known it would be so difficult.
   (a) was offered
   (b) would have offered
   (c) have been offered
   (d) offered

3. A: I'm so thankful that my professor offered to give me an extension on my essay.
   B: I guess she _____ that you really needed the extra time.
   (a) recognized
   (b) is recognized
   (c) had been recognized
   (d) is recognizing

4. Posted on the wall was a notice that _____, "Keep Out."
   (a) read
   (b) to read
   (c) reading
   (d) was read

5. A: Have you heard that Ken and Susan have decided to break up each other?
   B: Well, that's not a big news to me. They _____ a year when they began to quarrel.
   (a) did not marry
   (b) have not married
   (c) has not married
   (d) had not been married

6. This is the first time my front yard _____ snow since it was built.
   (a) to have covered with
   (b) had covered by
   (c) has covered by
   (d) has been covered with

7. Dora knew her husband wasn't listening to her because he _____ the football game.
   (a) absorbed in
   (b) is absorbed
   (c) was absorbed in
   (d) has absorbed

정답: 7p

문법파일 18

넌 능동적이니? 난 수동적이야!

한국어나 일본어에는 수동태가 사실상 없다고 할 수 있으므로 익숙해지는 데는 상당한 시간이 걸린다. 〈be+p.p.+by〉라는 공식뿐만 아니라 문장 속에서 동사 형태의 앞뒤를 살펴서 오류가 없는지 찾는 훈련이 수동태에 대한 올바른 공부법이다.

TEPS에 출제되는 수동태 문제들은 주어와 동사의 관계가 능동인지 수동인지, 대상을 주어로 잘못 쓰지는 않았는지 파악하는 기본적인 유형에서부터 관용적인 수동태 표현까지 다양하다.

1. ① 동사 자리 / ② announce는 타동사 / ③ 목적어가 없다 = 수동형

The winner of the contest _____ in next month's magazine. 그 대회의 우승자는 다음 호 잡지에 발표될 것이다.
(a) was announced
(b) is announced
(c) will be announced
(d) announced

2. ① 명사 a feat를 수식 / ② surpass의 주체는 by 이하 / ③ 수동을 나타내는 과거분사(명사를 뒤에서 수식하는 과거분사)

(a) Debbie, the zoo's matriarchal polar bear, reached the remarkable age of forty years on December 6, 2006. (b) This is a feat surpassing by only two other polar bears on record. (c) She is currently the oldest polar bear alive, in captivity or in the wild. (d) Wild bears rarely live to thirty years of age and the average longevity is only ten.

이 동물원의 암컷 우두머리인 북극곰, Debbie가 2006년 12월 6일에 40세라는 경이로운 나이를 맞게 되었다. 이는 단 두 마리의 북극곰만이 앞서 기록한 위대한 업적이다. 그녀는 현재 포획되었건 야생 상태에 있건 간에 생존하는 북극곰 중 가장 나이 많은 곰이다. 야생 곰은 30살까지 사는 경우가 드물고, 평균 수명은 10살이다.

문법파일 19

태 관련 문제 접근법

밑줄 뒤에 목적어로 쓰인 명사가 있으면 동사는 능동 형태가 되어야 하며 4형식 수여동사나 5형식 불완전 타동사가 수동태가 되는 경우에는 동사 바로 뒤에 목적어가 올 수 있지만 TEPS에서는 출제되는 문제의 대다수가 3형식 완전 타동사 유형라는 것을 참고하기 바란다. 따라서 타동사 뒤에 목적어가 없으면 그것은 수동태라고 보고 문제에 접근하는 것이 좋다.

3. ① 동사 자리 / ② 고생하다, 고통을 겪다 = suffer from / ③ 현재진행

Thousands of young girls _____ from anorexia, an eating disorder caused by extremely poor body image. 수천 명의 어린 소녀들이 극도로 나쁜 신체 이미지로 인해 발생하는 섭식장애인 거식증에 시달리고 있다.
(a) suffered
(b) are suffering
(c) are suffered
(d) having suffered

suffer 뒤에 목적어가 없으므로 자동사임을 알 수 있고, 전치사 from과 같이 쓰인다. 현재 거식증에 시달리고 있다는 뜻이므로 현재진행형이 알맞다.

4. ① be+-ing / ② 목적어 the package가 있으므로 타동사

A: Are you _____ the package today? 그 소포를 오늘 배달할 건가요?
B: No, I forgot to bring it with me. 아니요, 가져오는 걸 깜빡 잊었네요.

(a) being delivered (b) deliver
(c) delivered (d) delivering

5. ① 접속사는 있는데 주어와 동사가 없다 = 분사구문 / ② 추정 주어는 the mayor / ③ intoxicate는 타동사, 따라서 being intoxicated에서 being이 생략됨.

The mayor's driver's license was suspended for driving while _____.
시장의 운전면허는 음주운전으로 인해 정지되었다.

(a) intoxicating (b) intoxicated
(c) to be intoxicated (d) intoxicate

••• 문법파일 20

중간태와 기타 유형들

need, want 동사의 경우 주어 다음에 나와서 수동태를 만들 때 〈be+p.p.〉로 나타내기보다는 〈능동 동명사(-ing)+수동 부정사(to be p.p.)〉로 나타낸다. 또한 read, peel, sell 등의 동사들은 능동태로 쓰고 해석은 수동으로 하는 중간태 문제로 자주 출제된다. 그리고 accompany, recognize 등의 동사들도 자주 출제된다.

6. need+목적어+to부정사 = (남이) ~해 줄 필요가 있다

A: I need you _____ the gift in the mail so it arrives before Jan's birthday.
그 선물을 우편으로 발송해서 Jan의 생일 전에 도착하도록 해 주세요.
B: No problem, I'll do it today. 문제없습니다. 오늘 할게요.

(a) to send (b) send
(c) to be sent (d) being sent

7. ① 가주어, 진주어 구문 / ② 타동사 accompany의 목적어가 없으므로 수동형

A: How was your son able to fly by himself at such a young age?
당신의 아들은 어떻게 해서 그렇게 어린 나이에 혼자 비행기를 탈 수 있었나요?
B: It isn't necessary _____ on domestic flights if the child is over the age of six.
아이가 6세가 넘으면 국내선에서는 보호자 동반이 필요 없어요.

(a) to be accompanied   (b) being accompanied
(c) accompanying   (d) having been accompanied

문법파일 21
수동태의 시제 구별

수동태 관련 문제는 단순하게 수동태 하나만 묻는 문제보다는 시제, 수 일치 등과 혼합되어 출제되는 경우가 많은데, 특히 시제와 수동태와의 관계를 묻는 문제들이 많이 출제되므로 철저히 대비하자.

8. ① a few month ago 과거 시제 / ② relocate는 자동사

A: I didn't know that Edward had left. Edward가 떠나고 없다는 사실을 몰랐습니다.
B: Yes, he _____ to London a few months ago. 네, 그는 몇 달 전에 런던으로 이주했어요.

(a) relocates   (b) relocated
(c) being relocated   (d) been relocated

9. ① 동사 자리 / ② release의 목적어가 없으므로 수동형

A: When are the children _____ from their classrooms? 아이들은 언제 하교하나요?
B: The bell rings at half past three. 하교 종은 3시 30분에 울립니다.

(a) had been released   (b) were released
(c) be released   (d) released

문법파일 22
by 이외의 전치사를 쓰는 동사들

by 이외의 전치사를 수반하는 동사들도 출제율이 높으며 특히 아래 표현들은 반드시 암기하도록 한다.

- **be surprised at** ~에 놀라다
- **be astonished at** ~에 놀라다

- **be amazed at** ~에 놀라다
- **be startled at** ~에 놀라다
- **be married to** ~와 결혼하다
- **be committed to** ~에 헌신하다
- **be filled with** ~으로 가득 차다
- **be crowded with** ~으로 붐비다
- **be satisfied with** ~에 만족하다
- **be interested in** ~에 흥미가 있다
- **be convinced of** ~을 확신하다
- **be concerned about** ~에 대해 걱정하다
- **be tired of[from]** ~에 싫증나다, 지긋지긋하다

- **be engaged in** ~에 종사하다
- **be frightened at** ~에 놀라다
- **be accustomed to** ~에 익숙하다
- **be devoted to** ~에 전념하다
- **be covered with** ~으로 덮이다
- **be surrounded with[by]** ~으로 둘러싸이다
- **be contented with** ~에 만족하다
- **be absorbed in** ~에 몰두하다
- **be composed of** ~으로 구성되다
- **be possessed of** ~을 가지다 (추상적인 자질)

10. endow to ~에 증여하다, 기증하다 cf. be endowed with ~이 부여되다, 타고나다

The group raised over ten thousand dollars _____ a local charity that supports the families of cancer patients. 그 단체는 암환자의 가족들을 돕는 지역 자선단체에 기증하기 위해 1만 달러를 모금했다.

(a) endowed with
(b) whose endowments with
(c) to endow to
(d) endowed with

11. ① 주어 over 60%의 동사 자리 / ② 목적어로 that절을 취하므로 능동형

Over 60% of students for whom English was not their native language _____ working had helped improve their English.
영어가 모국어가 아닌 학생들 중 60% 이상은 일을 하는 것이 영어 실력을 향상시키는 데 도움이 되었다고 여겼다.

(a) considered that
(b) is considered to be
(c) considers to have been
(d) is considered that

12. 중간태 sell

A: Sam, how's it going with your new business? Sam, 새 사업은 어떻게 돼가요?
B: Couldn't be better. Our clothes _____ like hot cakes. 아주 좋습니다. 우리 옷이 불티나게 팔려요.

(a) were sold
(b) sold
(c) are selling
(d) are sold

sell은 '팔다'라는 뜻이지만, 자체에 수동의 의미가 있어 사물을 주어로 하여 '팔리다'는 뜻으로도 쓰인다. 따라서 are selling이 정답.

13. 사역동사의 수동태에서 목적격보어의 변화

A: How do you find the government's proposal regarding budget problems?
예산 문제와 관련해서 regarding 정부의 제안을 어떻게 생각해요?
B: Well, I think the rich should _____ more taxes. 음, 저는 부자들에게 세금을 더 내도록 해야 한다고 생각해요.

(a) be made to pay
(b) be made to be paid
(c) make to pay
(d) be made to paying

사역동사의 수동태에서 목적격보어는 to부정사로 바뀐다. 조동사 should가 있으므로 원형인 be가 와야 하고, made to pay가 된다. 능동태로 바꾸면 the government should make the rich pay more taxes가 된다.

14. She(주어)가 강탈당한 것이므로 수동태

A: I saw Kimberly crying in front of the City Bank yesterday. Do you know why? 나는 Kimberly가 어제 시티 은행 앞에서 우는 것을 봤어. 너는 이유를 아니?
B: She _____ by a pickpocket. 지갑을 도둑 맞아서야.

(a) was robbing her purse
(b) was robbed her purse
(c) robbed her purse of
(d) was robbed of her purse

rob은 '강탈하다, 뺏다'는 타동사이다. 여기서 그녀가 지갑을 도둑 맞은 것이므로 수동태가 되어야 한다. 또한 rob은 전치사 of를 동반한다. 따라서 was robbed of her purse가 된다. 능동태로 바꾸면 Someone robbed her of her purse.가 된다.

15. allow+목적어+to부정사(능동) → be allowed+to부정사(수동)

A: I am just wondering if we can participate in our company's management.
나는 우리가 회사 경영에 참여할 수 있을지 궁금해.
B: Well, I bet only elected associates _____ in board meetings.
글쎄, 내 생각에는 선출된 사람들만이 이사회의에 참가할 수 있을 거 같아.

(a) are allowed to participate
(b) are allowed to participating
(c) allow to participate
(d) allow to participating

allow는 '~을 허락하다'는 타동사이고, 본문처럼 '~하는 것이 허락되다'는 수동의 의미일 때는 be allowed to부정사가 된다. 따라서 are allowed to participate가 정답.

16. speak의 수동

A: How come Kate was so frightened last night? 어젯밤에 Kate는 왜 그렇게 놀란 거야?
B: Because she _____ in the dark. 어두운데서 낯선 사람이 말을 걸었기 때문이야.

(a) was spoken to a stranger
(b) was spoken to by a stranger
(c) was spoken by a stranger
(d) spoke by a stranger

speak가 '~에게 말을 걸다, 말을 하다'고 할 때는 뒤에 전치사 to를 동반하여 speak to를 쓴다. 이것을 수동태로 고치면 be spoken to가 된다. to를 없애서는 안 되는 것에 유의해야 한다. 여기서도 낯선 사람이 그녀에게 말을 거는 것이므로 was spoken to by a stranger가 된다. 능동태로 고치면 a stranger spoke to her가 된다.

Answers

1. (c) 2. (b) surpassing → surpassed 3. (b) 4. (d) 5. (b) 6. (a) 7. (a) 8. (b) 9. (d) 10. (c) 11. (a) 12. (c) 13. (a) 14. (d) 15. (a) 16. (b)

Daily Test

Part 1 Choose the best answer for the blank.

1 A: Is it true that Cuban cigars are not available in America?
B: Yes, until the ban _____, they are illegal in the United States.
(a) is lifted
(b) lifted
(c) was lifting
(d) was lifted

2 A: Mrs. William, does your daughter still live on her own?
B: Surely not. She _____ about three months ago.
(a) has married
(b) married
(c) was married
(d) got married

3 I _____ the package to you last week so it should arrive any time now.
(a) sent
(b) had sent
(c) were sent
(d) have sent

4 A: The company Christmas party was a blast this year.
B: I know! The next day at work, everyone _____.
(a) had been worn out
(b) were worn out
(c) was worn out
(d) wear out

Part 2 Choose the best answer for the blank.

5 Pneumonia is a special kind of illness that _____ for a couple of months and cause severe pain and symptoms.
(a) is able to last
(b) is lasted
(c) can be lasted
(d) can last

6 Even though Michael _____ in the accident, he performed first aid on some of the passengers.
(a) he injured
(b) was injured
(c) he was injured
(d) was in injured

7 An increased rate of car thefts _____ this year compared to last year.
(a) were reported
(b) has reported
(c) have reported
(d) was reported

8 The amount of crude oil being _____ in this region is more than anywhere else in the country.
(a) manufactured
(b) manufacturing
(c) to be manufactured
(d) manufacture

Part 3 Identify the option that contains an awkward expression or an error in grammar.

9. (a) A: I heard that Mrs. Jones promoted to be president.
   (b) B: Good for her. She deserves it.
   (c) A: Yup, she's a hard worker, open minded lady and has good leadership skills.
   (d) B: I couldn't agree with you more.

10. (a) A: Where are you staying during your vacation?
    (b) B: At a beautiful resort locating across the street from the beach.
    (c) A: That sounds nice. Are the meals included in the price?
    (d) B: Yes, it's one of those all-inclusive resorts.

11. (a) A: Would you like to go out for dinner? I'm too tiring to cook.
    (b) B: Sure, do you feel like having Indian food?
    (c) A: Alright. There's a good Indian restaurant on Field Street.
    (d) B: OK, I'll call and make a reservation.

Part 4 Identify the option that contains an awkward expression or an error in grammar.

12. (a) Technology lends itself to exploration. (b) But before technology can be used effectively, exploration must revalue as important to both teaching and learning. (c) In a technology-rich classroom, students are active, rather than passive. (d) This allows them to produce knowledge and present that knowledge in a variety of formats.

13. (a) Winning a contest is a satisfying experience only if the competitor has been challenged by and worked hard at the preparation; without this hard work, the victory will be a hollow one. (b) In most cases, a contest takes a minuscule amount of time comparing with the hours spent preparing for contest. (c) The hours spent in training alone, both mental and physical, are hours that develop a competitor's confidence and expertise. (d) Often competitors find that their most difficult opponent is their own laziness or lack of determination.

정답: 8p

Chapter 5. 가정법

Pretest

Choose the best answer for the blank.

1. A: Marsha is really upset because you didn't show up.
   B: I _____ to her the next time I see her.

   (a) apologize
   (b) having apologized
   (c) had apologized
   (d) will apologize

   문법파일 23

2. A: Can I turn up the volume on the radio?
   B: I'd prefer it if you _____.

   (a) won't
   (b) not to do
   (c) don't
   (d) didn't

   문법파일 24

3. Her report was very impressive and you could tell that she _____ put a lot of effort into her research.

   (a) have
   (b) had
   (c) would have
   (d) were

   문법파일 25

4. I already _____ for inline-skating but I was waiting for you.

   (a) will leave
   (b) would leave
   (c) would have left
   (d) will have left

   문법파일 26

5. By the time the city decided to build more affordable housing units, the homeless problem _____ severe.

   (a) become
   (b) had become
   (c) have had become
   (d) were to become

   문법파일 25

6. A: How are you enjoying your new job?
   B: _____ I'd like it this much, I would have applied to the company sooner.

   (a) If I knew
   (b) should I knew
   (c) Had I known
   (d) If I would knew

   문법파일 28

7. Jack broke up with his girlfriend last year, but he tried to act _____ nothing had happened.

   (a) even if
   (b) as if
   (c) if only
   (d) unless

   문법파일 24

정답: 9p

문법파일 23

가정법 현재

가정법 현재는 현대 영어에서는 직설법이라고도 하며 현재와 미래 사실의 실현 가능성이 높은 표현이 여기에 해당한다. '제인이 돌아온다면 나를 찾을 것이다.'라는 문장을 표현할 때 If Jane comes[come] back, she will see me.라고 쓸 수 있다. 가정법 현재는 현재뿐만 아니라 미래에 대한 불확실한 사실이나 상상을 표현한다고 정리하면 된다. 〈if+주어+동사의 현재형[동사원형], 주어+will(should)+동사원형〉으로 표현하는 것과 〈요구, 주장, 제안 동사+that+(should) 동사원형〉, 〈It is+이성적 판단의 형용사+that+(should) 동사원형〉으로 표현하는 공식이 있다.

1. 실현 가능성이 높은 미래 = 가정법 현재

A: We are going to be late again! 우리 또 늦겠다!
B: Don't worry. If we _____, we will get there in time. 걱정 마. 뛰어가면 제 시간에 거기에 도착할 수 있을 거야.

(a) will run   (b) ran
(c) have run   (d) run

실현 가능성이 높은 미래를 나타내는 가정법 현재의 용법이므로, 〈If+주어+동사의 현재형〉이어야 한다.

2. recommend+that+주어+(should) 동사원형 = 가정법 현재

A: What is the best way for Lisa to treat her very dry skin?
   Lisa의 심한 피부 건조증을 치료할 가장 좋은 방법은 무엇인가요?
B: I would recommend that she _____ her face with a mild cleanser and follow up with moisturizer. 순한 비누로 세수를 하고 보습제를 바를 것을 추천하고 싶습니다.

(a) wash   (b) washed
(c) had washed   (d) will wash

recommend는 '~하는 것을 추천하다'의 의미로 사용되었다. 추천, 제안 등의 의미를 나타낼 때, 동사 뒤의 that절이 이끄는 문장은 〈주어+should+동사원형〉의 가정법 현재의 형태가 되어야 하며, 보통 should는 생략되므로 동사원형이 빈칸에 적합하다.

문법파일 24

가정법 과거

'만일 지금 제인이 돌아온다면 나를 찾을 텐데(지금 제인이 오지 않아서 나를 찾지 않는다)'라는 문장을 표현할 때 If Jane came back, she would see me.라고 쓸 수 있으며 현재의 실현 가능성이 희박한 가정을 표현할 때 쓴다. 〈if+주어+동사의 과거형, 주어+조동사의 과거형+동사원형〉으로 표현하는 것과 〈It is time+동사의 과거형, would rather+절〉일 때 동사의 과거형을 묻는 문제가 출제된다.

3. **생략된 가정법 과거 = if I inherited a lot of money에 대한 대답**

A: If you inherited a lot of money, what would you do? 당신이 만약 많은 돈을 상속받는다면 무엇을 하고 싶으세요?
B: A new house is the first thing I _____. 내가 첫 번째로 사고 싶은 것은 새 집입니다.

(a) will have bought
(b) would buy
(c) will buy
(d) am buying

4. **as if+가정법**

A: How did Catherine respond to her boss's questions? 상사의 질문에 캐서린이 어떻게 대답했니?
B: She didn't flinch. She responded as if she _____ the upper hand.
그녀는 조금도 위축되지 않았어. 캐서린은 우월한 위치를 점한 것처럼 대답했어.

(a) has had
(b) had
(c) had had
(d) did have

문맥에 따라 알맞은 시제가 되도록 빈칸을 채우는 문제이다. as if 다음에는 가정법 시제가 와야 한다. 문장의 주동사인 responded와 같은 시점에 일어난 일에 대한 것이므로 가정법 과거를 쓰면 된다.

문법파일 25

가정법 과거완료

'만일 그 당시에 제인이 돌아왔더라면 나를 찾았을 텐데(그 당시 제인이 오지 않아서 나를 찾지 않았다)'라는 문장을 표현할 때 If Jane had come back, she would have seen me.라고 쓸 수 있으며 과거의 실현 가능성이 희박한 가정을 표현할 때 쓴다. ⟨if+주어+had p.p., 주어+조동사의 과거형+have p.p.⟩로 표현하는 유형이며 기출률 1위이므로 가정법 과거완료 관련 문제들은 그 어떤 문제도 풀 수 있도록 훈련되어 있어야 한다.

5. ① 주절 동사가 would have p.p. = 가정법 과거완료 / ② if 절은 had p.p. / ③ If 생략 = 도치

_____ any earlier, no one would have been here to set it up.
기계가 조금만 더 일찍 도착했더라면 설치를 할 사람이 아무도 없을 뻔 했어요.

(a) If the machine have arrived
(b) Did the machine arrived
(c) If the machine arrived
(d) Had the machine arrived

6. ① if절 동사가 had p.p. = 가정법 과거완료 / ② 주절은 would have p.p.

A: Sonja told me that you and she had an argument yesterday.
Sonja가 말하기를 어제 당신과 그녀가 언쟁을 벌였다던데요.
B: Yes, but it _____ if she hadn't been so rude.
네, 하지만 그녀가 그렇게 무례하게 행동하지만 않았어도 그런 일은 없었을 겁니다.

(a) did not happen
(b) was not happening
(c) would not have happened
(d) had not happened

문법파일 26
가정법을 섞어놓으면 – 혼합 가정법

혼합 가정법은 가정법 과거완료와 혼동하지 않도록 각별히 유의해야 하며 조건절은 가정법 과거완료(과거와 반대), 주절은 가정법 과거(현재와 반대)임에 유의한다. If Jane had come back, she would see me now.와 같은 문장이며 주절 뒤에 now, today, like this 등이 나오는 점에 유의하자. 〈If +주어+had p.p., 주어+조동사의 과거형+동사원형〉의 형식이다.

7. ① 동사 자리 / ② 현재 점수가 좋지 않다 = 현재시제

The mark I got on my exam _____ as good as I could have gotten if I had studied harder.
내가 받은 시험 점수는 공부를 열심히 했더라면 받았을 만큼 좋은 점수는 아니다.

(a) is not
(b) will not be
(c) would not be
(d) would not have been

8. ① 주절은 과거(worked) / ② 가정은 현재(now) = 가정법 과거

I worked very hard to improve my grades; otherwise I _____.
나는 성적을 올리기 위해 정말 열심히 공부했다. 그렇지 않았더라면 지금쯤 이 대학에 다니고 있지 않았을 것이다.

(a) won't be at this university now
(b) were not at this university now
(c) wouldn't have been at this university now
(d) wouldn't be at this university now

문법파일 27
앞으로 그럴 리 없겠지만… 혹시? – 가정법 미래

가정법 미래는 출제율이 그리 높지 않지만 주절의 형태가 가정법 현재나 가정법 과거와 동일하므로(병행 가능) 주절을 보고 If절의 동사 부분을 고르는 문제에서 가정법 현재와 가정법 과거가 선택지에 없을 때 가정법 미래가 정답으로 등장할 수 있으므로 참고하자.

9. If가 생략된 가정법 미래

_____ any concerns about the medication, you can ask your doctor.

(앞으로) 약에 대해 걱정이 된다면, 너는 의사에게 물어볼 수 있다.

(a) If you have had
(b) If you had
(c) Should you have
(d) Would you have

10. 절대 일어나지 않을 일에 대한 가정 = were to

A: Your mother and I don't understand why you won't marry Joseph White.
네 엄마와 나는 네가 왜 Joseph White와 결혼하지 않으려는지 이해가 안 되는구나.

B: I don't love him! Only if pigs _____ in the west, I would marry him.
전 그를 사랑하지 않아요! 해가 서쪽에서 뜬다면 그와 결혼하지요.

(a) was to fly
(b) were to fly
(c) should have flown
(d) would have flown

11. '혹시 ~한다면'이란 미래에 대한 가정 = 가정법 미래

The students were told that if they _____ have any questions about the project, they should speak to their teacher. 학생들은 만약 이 프로젝트에 대해 질문이 있다면 자신의 선생님에게 말하라고 들었다.

(a) had
(b) would
(c) should
(d) were to

문법파일 28

없애고 뒤집어도 보이네 – if의 생략과 도치

TEPS는 구어체 회화 문장들로 구성된 문법 문제들을 주로 출제한다. 그러므로 가정법 문제 역시 딱딱한 if를 생략하고 주어와 were, had, should 등을 도치한 형태를 상당수 출제한다. 선택지에 if로 시작하는 보기가 나왔다고 해서 무조건 답으로 고르는 오류를 범하지 말자.

12. ① 주절의 시제가 would have p.p. = 가정법 과거완료 / ② if 생략 = 도치

A: I gather that your application was denied again. 당신의 신청서가 또 다시 거절당했다고 들었어요.

B: _____ the forms sooner, I would have been accepted.
제 지도 교수님이 서류를 좀 더 일찍 보냈더라면 통과했을 뻔 했다고요.

(a) Were my supervisor to send in
(b) If my supervisor have sent in
(c) If my supervisor sent in
(d) Had my supervisor sent in

13. if가 생략된 가정법 과거완료

_____, I could not have written such a thesis with untranslated Russian source material.

러시아어를 배우지 않았더라면, 번역되지 않은 러시아어 자료를 가지고 그런 논문을 쓸 수 없었을 거야.

(a) Had not I studied Russian
(b) Would I not have studied Russian
(c) Has I not studied Russian
(d) Had I not studied Russian

문법파일 29
기타 가정법

I wish ~ 가정법은 과거 또는 현재에 이루어지지 않은 일에 대해서 아쉬운 감정을 표현하는 구문이며 as if의 경우 '마치~인 것처럼'의 의미이다. 이 두 표현 뒤에는 가정법 과거와 가정법 과거완료만 올 수 있으며 가정법 현재는 절대로 올 수 없다. 아래 표현들도 알아두자.

① **would rather that**+주어+가정법 : ~라면 좋겠는데
② **What if**+가정법[직설법] : ~하면 어떻게 될까?, ~한들 무슨 상관인가?
③ **as it were** : 말하자면 (= so to speak)
④ **unless ; if not** ; ~하지 않는 한

14. if 대용으로 쓰이는 접속사 = unless (if ~ not)

A: What is the store's return policy? 이 가게의 환불 정책은 무엇인가요?
B: _____ the item has been worn, it can be returned with the receipt.

상품이 닳지 않는 한 영수증과 함께 반환될 수 있습니다.

(a) Had
(b) Whether
(c) Should
(d) Unless

15. as if = 마치 ~인 것처럼

A: Sam. I can't trust you any more. I bet you made up the whole story.

샘, 난 더 이상 널 믿을 수가 없어. 다 지어낸 얘기임에 틀림없어.

B: Are you telling me _____ deceived you? 내가 속이기라도 한 것처럼 말하네?

(a) as if I had
(b) as if I have
(c) if I have
(d) as though

Answers

1. (d) **2.** (a) **3.** (b) **4.** (b) **5.** (d) **6.** (c) **7.** (a) **8.** (d) **9.** (c) **10.** (b) **11.** (c) **12.** (d) **13.** (d) **14.** (d) **15.** (a)

Daily Test

Part 1 Choose the best answer for the blank.

1 A: If I _____ the conference was in Paris, I would have been more excited.
B: I thought it would be a surprise.

(a) have had known
(b) have known
(c) had known
(d) know

2 A: A reward of one million dollars would be offered if the kidnapped boy were returned home.
B: The boy's family was so upset and _____ anything to have him back.

(a) would pay
(b) did pay
(c) has paid
(d) pays

3 A: I think we should have done our project on the solar system.
B: Yes, I think we _____ a better mark.

(a) could get
(b) would get
(c) should have gotten
(d) would have gotten

4 A: Were you able to go to the play last night?
B: No, but I wish I _____.

(a) do
(b) had
(c) can
(d) were

Part 2 Choose the best answer for the blank.

5 Once you finish decorating the room, it _____ better.

(a) has looked
(b) would look
(c) will look
(d) looks

6 It is necessary that China _____ the women's participation rate in political and economic activities in order to be one of industrialized countries.

(a) is increasing
(b) will increase
(c) increase
(d) increases

7 Life on earth _____ the way it has without the protective effect of ozone.

(a) would not evolve
(b) would not have evolved
(c) will not evolve
(d) would not have had evolved

8 _____ that flight, I would not have missed my connector flight to Tokyo.

(a) If I boarded
(b) If I should board
(c) Had I boarded
(d) Having boarded

Part 3 Identify the option that contains an awkward expression or an error in grammar.

9 (a) A: Are you enjoying your new car?
(b) B: I wish I had been.
(c) A: Why? Is there a problem with it?
(d) B: Yes, I got into an accident with it yesterday.

10 (a) A: I just don't like my house in the city. I wish I had lived in the countryside.
(b) B: Really? And what would you do every day to pass the time?
(c) A: If I lived in the countryside, I would grow all my own flowers and I'd be able to walk for miles.
(d) B: Come on, be realistic! You'll never walk and, what's more, you're allergic to grass!

11 (a) A: Do you enjoy working?
(b) B: Well, the company I work for is great.
(c) A: Then what is your hesitation?
(d) B: I guess I had always hoped that by now I stay home with the kids.

Part 4 Identify the option that contains an awkward expression or an error in grammar.

12 (a) Public transportation plays a key role in reducing air pollution in urban areas. (b) It is an area where everyone can help. (c) If one in five Americans used public transportation daily, carbon monoxide pollution would have decreased by more than all of the emissions from the chemical manufacturing industry in the US. (d) We'd also use much less fuel and be less reliant on foreign oil if more Americans used public transport.

13 (a) Hi, Darling. It's me. It's good to hear that you got the promotion for the position of sales and marketing. (b) Your hard work and patients finally paid off, I believe. I am so proud of you. (c) So, I am now off to David Jones market to buy some steaks and vegetables for our special dinner tonight, which means I might not be at home in case you come back earlier than Usual. In that case, don't try to cook yourself as I am willing to cook tonight. (d) Anyone should call during my absence, please take a message.

정답: 10p

Weekly Test

Part 1 Choose the best answer for the blank.

1 A: Has anyone said anything about your new haircut?
B: I wasn't at work today but I'm certain Jean would have if I _____ there.
(a) have been (b) had been
(c) was (d) would be

2 A: Will the game be over soon?
B: There's only two minutes left in the game but with all of the commercials, it _____ forever.
(a) would have taken (b) would take
(c) is taking (d) takes

3 A: Do you generally take the bus to work?
B: Yes, but not if I _____ late. Then I drive.
(a) have run (b) am running
(c) runs (d) ran

4 A: Did you try the chocolate cake? It's delicious!
B: It's very good. Do you know who _____ it?
(a) makes (b) made
(c) is making (d) will make

Part 2 Choose the best answer for the blank.

5 The president of the store invited potential customers to _____ the grand opening ceremony.
(a) attend on (b) attend to
(c) attend in (d) attend

6 Pending more witness interviews by the prosecutors, the investigation will be left _____.
(a) being hung (b) hanging
(c) to hang (d) hang

7 Before we are able to make our final decision, many avenues of action will _____ consideration.
(a) be taken into (b) have taken into
(c) be taking into (d) take into

8 The island discovered on Easter Sunday, April 5, 1722 _____ Easter Island.
(a) was so named (b) named so
(c) named (d) was named

Part 3 Identify the option that contains an awkward expression or an error in grammar.

9 (a) A: I heard that you and Dana are having problems.
   (b) B: Yes, marriage is just not all it's cracked up to be.
   (c) A: Well, maybe it's time you been to see a counselor.
   (d) B: That's probably a good idea.

10 (a) A: Did you decide where you are going to go to university?
   (b) B: I want to go to Harvard but my parents would prefer that I go to University of New York.
   (c) A: What could you do? Your parents are paying your tuition.
   (d) B: True. Well, at least I won't need to get any student loans.

11 (a) A: Had you heard that the new vice president is from Australia?
   (b) B: No, I didn't know that.
   (c) A: Yes, he used to own a publishing company there.
   (d) B: Really? I'm surprised that he chooses to move here then.

Part 4 dentify the option that contains an awkward expression or an error in grammar.

12 (a) A third of all British workers will not have taken their full holiday entitlement this year, despite complaints of being overworked. (b) This could mean that more than 14.5 billion pounds worth of unclaimed holidays are going to be wasted this year. (c) But it could really be the employers that are the real losers. (d) Insufficient holiday time leaves staff struggling to achieve a proper work/life balance, at risk of stress and other health problems, which in turn can have a negative financial effect.

13 (a) In 1809, Fanny Kemble, was born into an acting family. (b) She acclaimed star in both England and the United States. (c) She had disdained acting but was forced into it to save her family from financial ruin. (d) She also wrote several books including "Journal of a Residence on a Georgian Plantation," which was her most telling work.

정답: 11p

Part II

준동사의 활용 및 역할과 명사, 관사의 정확한 분류 및 문장에서의 의미 파악에 중점을 맞춘다.

준동사는 50%는 동사 역할에 충실하면서도 50%는 다른 행동을 하는 다기능 품사이다!
부정사, 동명사, 분사는 술어동사(본동사)와는 달리 오로지 동사 역할만 하지 않고 다른 품사의 자리에 들어가 앉아서 다양한 활약을 한다. 부정사는 명사, 형용사, 부사 역할, 동명사는 명사 역할, 분사는 형용사 역할을 하며, 가장 빈출되는 부분으로는 부정사를 목적어로 취하는 동사, 동명사를 목적어로 취하는 동사, 동명사의 관용 표현, 분사구문의 용법 등이다. 특히 분사구문의 경우 시제, 수동태와 함께 TEPS 기출 TOP 3에 들 정도로 자주 출제되며 독해 지문을 접할 때에도 모르면 해석이 안 되므로 매우 중요한 chapter이다. 따라서 여러 번 반복해서 학습해야만 실제 시험에서 좋은 성적을 기대할 수 있을 것이다.

명사의 경우 가산명사와 불가산명사와의 명확한 구분, 집합명사의 용법, 관사 및 형용사와의 어순 등이 주로 출제되며, 관사의 경우 부정관사(a/an)와 정관사(the)의 용법 및 명사와의 연관성 등이 주로 출제되는데 고득점자일수록 오히려 명사, 관사 문제에 약한 사람들이 많으므로 쉽다고 무시하지 말고 꼼꼼히 문맥을 따져보도록 한다.

Chapter 6. 부정사

Pretest

Choose the best answer for the blank.

1 Despite having studied for several hours, George's test results left a lot _____.   문법파일 30

(a) of it to desire
(b) of having desired
(c) to desire
(d) to be desired

2 A: How will you be traveling to Toronto?   문법파일 30
B: I've decided _____ the bus.

(a) taking
(b) take
(c) having taken
(d) to take

3 A: Do you know Ian well?   문법파일 31
B: Not really. He was assigned _____ my partner for a project once but he dropped the course.

(a) be
(b) to be
(c) being
(d) it to be

4 A: This math equation is very tough.   문법파일 32
B: Yes, it looks like a _____.

(a) very problem difficult to solve
(b) problem very difficult to solve
(c) problem to solve very difficult
(d) very difficult problem to solve

5 A: I'm going shopping now.   문법파일 33
B: Should I wait for you _____ or have dinner without you?

(a) return
(b) will return
(c) returning
(d) to return

6 A: Would you _____ me to use your stapler for a few hours?   문법파일 31
B: Sure, I don't need it right now.

(a) to be allowed
(b) being allowed
(c) to allow
(d) allow

7 Please be prepared because the fireworks are expected _____ in about thirty minutes.   문법파일 31

(a) beginning
(b) begin
(c) to begin
(d) to be begun

정답: 12p

문법파일 30
부정사의 다양한 역할

to부정사는 동사의 성격을 가진 준동사 중에서 그 역할이 가장 광범위하다. 영어 문장에서 명사, 형용사, 부사의 역할을 모두 해내기 때문인데 TEPS에서는 부정사가 문장에서 어떻게 사용되는지를 묻는 문제들이 가장 많이 출제되는 편이다. 가주어-진주어로 사용된 명사인지, 특정 명사를 뒤에서 수식하는 형용사인지, 목적, 이유, 원인 등을 나타내는 부사적 용법인지를 구별하는 문제는 거의 매회 출제된다.

1. ~하기 위해 = to부정사의 부사적 용법

Last spring, the committee worked tirelessly _____ the fundraiser a success.

지난 봄, 위원회는 그 기금 모금을 성공으로 이끌기 위해 지칠 줄 모르고 노력했다.

(a) made
(b) make
(c) to make
(d) to be made

2. ~하는 것 = to부정사의 명사적 용법

A: Would you like to see "The Lord of the Ring" or "The Chronicles of Narnia?"
반지의 제왕을 볼래, 아니면 나니아 연대기를 볼래?
B: I can't decide _____. 뭘 골라야 할지 결정을 못하겠어.

(a) which to choose
(b) which choose to
(c) to choose which
(d) to which choose

문법파일 31
우리는 to부정사를 목적어, 목적격보어로 취해요!

to부정사를 목적어, 목적보어로 취하는 동사는 주로 소망, 제안의 의미를 가진 동사들이 많으며 미래 지향적인 의미를 가진다. 단순히 to부정사를 목적어로 취하는 동사라고 무작정 외우기보다는 이러한 특징을 유념하여 문제를 풀어나가자.

to부정사를 목적어로 취하는 동사

ask, decide, expect, hope, learn, mean, offer, plan, promise, want, refuse, wish, agree, choose, pretend, manage

3. ~할 = to부정사의 형용사적 용법

A: John, are you alright? Do you need any help? 존, 괜찮아? 도움이 필요하니?
B: Yes, I want something _____, any pen or pencil will do. 응, 펜이나 연필이나 쓸 것이 필요해.

(a) to write with
(b) for writing with
(c) to write on
(d) for writing

4. decide to부정사 = ~하기로 결정하다

I've decide _____ my studies in Canada. 캐나다에서 공부를 계속하기로 했어.

(a) continuing
(b) to continue
(c) having continued
(d) to have continued

5. 부정사의 시제 – 단순부정사는 본동사와 같은 시제 또는 미래시제

A: I have to board the plane now. It's time to say good-bye. 지금 비행기에 탑승해야 돼. 작별한 시간이다.
B: Have a nice trip, and don't forget _____ hello to your wife for me.
잘 가. 그리고 나 대신 네 아내에게 꼭 안부 전해줘.

(a) saying
(b) having said
(c) to have said
(d) to say

6. 부정사의 시제 – 완료부정사: 본동사보다 앞선 시제를 나타냄에 유의

Wendy seems _____ the violin really hard last semester.
Wendy는 지난 학기에 정말 열심히 바이올린을 연습하는 것 같았어.

(a) to have practiced
(b) to practice
(c) to be practicing
(d) as if practicing

문법파일 32

to부정사의 명사적, 형용사적, 부사적 용법

부정사는 동사의 성질을 가지면서도 명사 역할, 형용사 역할, 부사 역할을 동시에 한다는 점에서 동명사보다 출제율이 높다. 명사 역할을 할 때는 문장에서 주어, 목적어, 보어 역할을 할 때이며 형용사 역할을 할 때는 명사의 뒤에서 한정적으로 쓰이거나 예정, 의무 등의 be to 용법, 그리고 seem 동사 같은 불완전 자동사의 보어로 쓰이는 경우가 그 예이다. 부사로 쓰이는 경우는 to be frank with you 등과 같은 독립 부정사가 대부분이며 어렵게 여길 필요 없이 암기하면 된다.

7. be동사+보어(to부정사) = to부정사의 명사적 용법 중 보어 역할

A: This bottle won't open. 병이 열리지 않아.
B: The best way is _____. 우선 뜨거운 물에 담그는 게 제일 좋은 방법이야.

(a) to put it in hot water first
(b) to put first it in hot water
(c) first put it in hot water
(d) put it first in hot water

8. ① 타동사+목적어 / ② 의문대명사+to부정사

A: Which dress do you prefer? The short one or the long one? 어떤 드레스가 더 낫죠? 짧은 것, 아니면 긴 것?
B: They are both beautiful. I simply can't decide _____. 둘 다 예쁜데요. 어떤 걸 고를지 정말 모르겠어요.

(a) choose to which
(b) which in choosing
(c) to choose which
(d) which to choose

문법파일 33
가짜 주어 It과 의미상의 주어

to부정사나 that절로 시작하는 주어는 길어져서 종종 문장의 겉모습이 불안정해 보이곤 한다. 이때 진주어를 뒤로 보내고 그 빈자리를 it으로 대신하는데 이때의 it을 가주어라고 하며 해석하지 않는다.

9. 가주어+be동사+성격을 나타내는 형용사(nice)+의미상의 주어(of+목적어)+to부정사(진주어)

A: Katherine, your performance in the play was incredible. Katherine, 극 중에서 당신의 연기는 정말 훌륭했어요.
B: Thank you very much. It's very _____ to say. 대단히 감사합니다. 그렇게 말씀하시다니 정말 친절하시군요.

(a) nice to you
(b) nice for you
(c) nice of you
(d) for you nice

10. take someone+시간+to부정사 = 누가 ~하는 데 시간이 얼마 걸리다

A: Do you work far from your apartment? 회사가 당신 아파트에서 먼가요?
B: It only takes _____ my office. 사무실에 출근하는 데 20분밖에 안 걸려요.

(a) 20 minutes for me getting to
(b) 20 minutes of me to get to
(c) me 20 minutes to get to
(d) me 20 minutes getting to

11. 가주어+의미상의 주어(for+목적어)+to부정사(진주어)

A: Why haven't you quit your job yet if you don't like it? 좋아하지도 않으면서 왜 진작 직장을 그만 두지 않았나요?
B: It's _____. It's just not that simple. 남의 일이니 말하기 쉽겠지요. 그렇게 간단한 일이 아니에요.

(a) easy of you saying
(b) easy of you to say
(c) easy for you to say
(d) easy for you saying

문법파일 34
to부정사의 엑스트라들

to부정사구가 들어 있는 문장의 반복을 피하기 위해 to에서 끝나는 대부정사나 예정, 의무 등의 의미를 나타내는 be to 용법 등도 유의해서 암기하며 be scheduled to, be expected to 등의 표현들도 자주 출제되므로 모두 암기한다.

12. be scheduled to부정사 = ~할 것으로 예정되다

A: Has Alex's flight landed yet? Alex의 비행기가 아직 착륙 안했나요?
B: No, it's scheduled _____ at ten o'clock. 아니요, 10시에 도착할 예정이에요.

(a) to arrive
(b) will arrive
(c) is arriving
(d) arriving

13. would like to부정사 = ~하고 싶다

A: I hope you'll come back and stay with us again soon. 돌아오셔서 곧 우리와 함께 지내기를 바래요.
B: Thank you, I _____. 감사합니다, 저도 그러고 싶어요.

(a) would like you to
(b) would like to do
(c) would like
(d) would like to

14. ① 조동사(didn't)+동사원형/ ② mean to부정사 = ~할 의도이다

A: How come you kicked your sister, Lisa? 어떻게 네 여동생을 발로 걷어찰 수가 있니, Lisa?
B: It was an accident. I didn't _____. 그건 사고였어요. 고의가 아니었다고요.

(a) mean to do
(b) mean it to
(c) mean to
(d) mean

15. have no choice but to부정사 = ~할 수밖에 없다

A: I think we are in a big trouble. Finals are just around the corner, but we've been too busy to prepare for them. 정말 큰 일이다. 기말고사가 코 앞인데 너무 바빠서 거의 준비를 못했어.
B: I bet we have no choice but _____ before taking exams. 시험 치기 전에 맹렬히 책을 파는 수밖에 뭐.

(a) hitting the books
(b) to be hit the books
(c) to hit the books
(d) hit the books

16. 의문사+to부정사

A: You look under the weather. What's the matter? 기운이 없는 것 같은데, 무슨 일이야?
B: My lovely puppy died yesterday and I don't know _____.
어제 우리 사랑스런 강아지가 죽었어. 어떻게 해야 할지 모르겠어.

(a) to have done it
(b) what to do
(c) to do it
(d) how to do

17. foreget+to부정사 = ~할 것을 잊다(미래에 할 일)

You won't believe this but one of the tennis players forgot _____ his racket.
못 믿겠지만 테니스 선수들 중 한 명이 자기 라켓을 가져오는 것을 잊었대.

(a) bringing
(b) having brought
(c) bring
(d) to bring

18. be about to부정사 = 막 ~하려 하다

Today's headline says the robber was caught by the police just as he was about _____ away the loot. 오늘 헤드라인 보니까 강도가 약탈품을 막 가지고 도망가려는 찰나에 경찰에 붙잡혔대.

(a) carrying
(b) being carried
(c) carry
(d) to carry

19. 사역동사의 수동태에서는 목적격보어였던 동사원형이 to부정사로 바뀐다

The weird thing about going through customs at the airport is that sometimes really innocent people are often made _____ guilty.
공항에서 세관 통과할 때 희한한weird 건 가끔 진짜 결백한innocent 사람들이 죄의식을 느끼게 되는 거야.

(a) felt
(b) to feel
(c) feeling
(d) feel

Answers

1. (c) 2. (a) 3. (a) 4. (b) 5. (d) 6. (a) 7. (a) 8. (d) 9. (c) 10. (c) 11. (c) 12. (a) 13. (d) 14. (c) 15. (c) 16. (b) 17. (d) 18. (d) 19. (b)

Daily Test

Part 1 Choose the best answer for the blank.

1 A: Will you go to Jane's wedding this weekend?
B: Yes, I am planning _____.

(a) to
(b) so
(c) to do
(d) it

2 A: My eyes feel so dry and uncomfortable.
B: You need _____ a break and rest your eyes.

(a) take
(b) taken
(c) to take
(d) taking

3 A: Hi guys, what's up?
B: Perfect time! We are discussing _____ this winter break.

(a) going where
(b) to go where
(c) about where to go
(d) where to go

4 A: I have a horrible headache.
B: You should go and lie down. Resting always helps _____ the pain.

(a) having relieved
(b) relieved
(c) relieving
(d) to relieve

Part 2 Choose the best answer for the blank.

5 The best way to avoid dehydration in hot weather _____.

(a) is of water plenty to drink
(b) is to drink plenty of water
(c) is plenty to drink of water
(d) is plenty of water to drink

6 It will take years of training _____ little cubs how to survive on their own.

(a) teach
(b) to teach
(c) to teaching
(d) for teaching

7 Prime minister Tony Blair _____ with President Bush to discuss the crisis in the middle east.

(a) is to meet
(b) will to meet
(c) meeting
(d) to meet

8 Rebecca was _____ the senior choir so she joined the children's choir instead.

(a) so young to join
(b) so young for joining
(c) too young to join
(d) very young joining

Part 3 Identify the option that contains an awkward expression or an error in grammar.

9. (a) A: I'd like to knowing a bit more about the house you have for sale.
   (b) B: It's on a very nice street, not far from the river.
   (c) A: How many bedrooms does it have?
   (d) B: There are three, two upstairs and one downstairs.

10. (a) A: What are your plans for the day?
    (b) B: I have to go grocery shopping this morning, bake Nancy's birthday cake and then finish making the decorations for the party.
    (c) A: Wow, it sounds like you are going to have a long day going today.
    (d) B: Yes, planning this birthday party is more work than I expected.

11. (a) A: Weren't you going to the movies tonight?
    (b) B: Dana asked me to go with her but I didn't want.
    (c) A: Really? I thought there was a movie you really wanted to see.
    (d) B: There is, but Dana has been annoying me lately.

Part 4 Identify the option that contains an awkward expression or an error in grammar.

12. (a) Those wishing reside and work in Fiji, even temporarily, require proper authority to do so before arrival in the country. (b) In most cases, prospective employers will make the necessary arrangements to sponsor such people. (c) Fiji is noted as one of the friendliest places in the world. (d) Just remember to satisfy proper immigration requirements while you plan for your trip.

13. (a) The junior doctors of Bangalore Medical College have decided to go not on strike. (b) Originally the strike was planned to begin on Monday. (c) It was a planned protest against the college's failure to pay their stipend. (d) They have been promised that funds for payment of their stipend would be released by the end of the month.

정답: 13p

Chapter 7. 동명사

Pretest

Choose the best answer for the blank.

1 A: Are you sure of _____ the test for his driver's license tomorrow?
B: Sure I am. He has been practicing for a long time.

(a) him to pass (b) his passing
(c) he will pass (d) him so to pass

문법파일 35

2 After _____ the procedure, the representative will be happy to listen to your questions.

(a) explaining (b) explained
(c) explanation (d) have explained

문법파일 36

3 One should avoid _____ the needles of the local cacti.

(a) touching (b) from touching
(c) to touch (d) being touched

문법파일 37

4 It is no use _____ about political corruption after reelecting untrustworthy statesman.

(a) complaining (b) in complaining
(b) of complaining (d) to complain

문법파일 38

5 A: Jane should stop _____ if she is trying to get pregnant.
B: You're telling me!

(a) smoked (b) from smoking
(c) to smoke (d) smoking

문법파일 39

6 I _____ this but your business proposal has been turned down.

(a) regret to say (b) regret to have said
(c) regret to saying (d) regret say

문법파일 39

정답: 14p

문법파일 35

명사가 할 수 있는 건 나도 한다

동명사는 명사의 역할인 주어, 목적어, 보어 역할을 모두 하는데 주로 시험에서는 전치사 뒤의 목적어 역할을 묻는 문제로 많이 등장하는 편이다.

1. ① that절 내에 주어가 없다 / ② 주어 역할을 하는 동명사

A: Walt, I'm so sorry that I was late for the meeting. Walt, 오늘 회의에 늦어서 죄송합니다.
B: Don't you know by now that _____ late really annoys the boss?
　　지각하는 것이 사장님을 정말 화나게 한다는 것을 아직도 모릅니까?

(a) having been　　　　　(b) being
(c) been　　　　　　　　(d) be

2. resent/mind/avoid 등 회피의 동사 – 동명사를 목적어로 취함

John still resents not _____ invited to our wedding last week.
John은 지난주에 우리 결혼식에 초대되지 않은 것에 아직도 화가 나 있어.

(a) having been　　　　　(b) have
(c) to have　　　　　　　(d) having had

3. 주어와 동격 = 동명사가 주격보어

A: Jason, how do you keep in shape? Jason, 너는 어떻게 몸관리를 해?
B: My hobby is _____, actually I'm a member of Jackson fitness club.
　　내 취미가 체육관에서 운동하는 거야. Jackson 헬스 클럽의 회원이거든.

(a) working out at the gym　　(b) work out at the gym
(c) at the gym working out　　(d) worked out at the gym

문법파일 36

동명사와 현재분사, 명사와의 차이

명사는 단순히 문장에서 주어, 목적어, 보어 역할을 하는 반면 동명사는 동사의 의미에 명사의 기능이 합쳐진 것이기 때문에 동사의 특성까지 가지고 있는 것이 특징이다. 동명사는 목적어나 보어를 취할 수 있지만 명사는 목적어, 보어를 취할 수 없고, 동명사 앞에는 관사가 올 수 없으나 명사 앞에는 올 수 있고 동명사는 부사의 수식을 받으나 명사는 형용사의 수식을 받는다는 것이 차이점이라고 할 수 있다. 그리고 동명사는 용도와 목적을 나타내는 반면 현재분사는 진행과 능동의 의미가 있다는 점에서 차이가 있다는 것을 기억하기 바란다.

4. 동명사는 일반동사처럼 목적어나 보어를 취할수 있다. 명사는 NO!

_____, I will show you some samples. 제품을 소개하지 전에 몇 가지 견본sample을 보여드리겠습니다.

(a) Before introducing the product
(b) Before introduction the product
(c) Before to introduce the product
(d) Before introduce the product

5. 동명사 앞에는 관사가 올 수 없다. 반면 명사는 Yes!

We cannot be too careful _____. 책을 고를 때는 아무리 신중해도 지나치지 않다.

(a) in choose books
(b) in the choosing books
(c) in choosing books
(d) in chosen books

6. 동명사는 부사의 수식을 받고! 명사는 형용사의 수식을 받고!

_____, introducing computers is of no use.
업무들을 다르게 구성하지 않고 컴퓨터를 이용하는 것은 소용이 없어.

(a) Without differently organization of jobs
(b) Without organizing jobs differently
(c) Without organizing jobs different
(d) Without differently organization of the jobs

••• 문법파일 37

동명사를 목적어로 취하는 동사

동명사를 목적어로 취하는 동사는 mind, avoid, deny, finish, quit, give up, miss, consider, keep, suggest, discontinue 등이 있고 주로 완료의 의미나 회피를 나타내는 동사들이 그에 해당하므로 숙지하기 바란다.

동명사를 목적어로 취하는 동사

recommend, finish, suggest, consider, enjoy, appreciate, avoid, mind, postpone, admit, delay, permit, favor, resist, deny, prohibit, anticipate, practice, imagine, stand, abandon, give up, quit, miss

7. enjoy+동명사

My father used to enjoy_____ for walk in the country. 우리 아버지는 시골에서 산책하는 걸 좋아하셨다.

(a) going
(b) to going
(c) go
(d) gone

8. mind+동명사 = ~하는 것을 꺼려하다

A: Excuse me, do you mind _____ over to make room for me?
   실례합니다. 저를 위해 조금만 움직여 주실래요?
B: Oh, not at all. Sorry, I didn't know that I took up so much place.
   오, 그러지요. 미안해요. 제가 그렇게 많은 자리를 차지하고 있는지 몰랐어요.

(a) being moved   (b) moving
(c) to move   (d) moved

9. remember+동명사 = ~한 것을 기억하다

A: Where are the keys? 열쇠가 어디 있죠?
B: I remember _____ the keys by the door, but I can't find them now.
   문 옆에 둔 기억이 있는데 지금은 찾을 수가 없네요.

(a) to have put   (b) putting
(c) put   (d) being put

문법파일 38

동명사는 관용표현이 짱!

동명사는 부정사와는 달리 그 자체의 기능적인 부분도 나오기는 하지만 관용표현의 출제율이 상당히 높으므로 모두 외우기로 한다.

10. go -ing = ~하러 가다

A: What did you and your friends decide to do this weekend?
   이번 주말에 당신과 친구들은 무엇을 하기로 결정했나요?
B: We are planning on going _____. 낚시를 갈 예정입니다.

(a) at fishing   (b) on fishing
(c) fish   (d) fishing

11. ①be busy~ing = ~하느라 바쁜 / ②be worth~ing = ~할 가치가 있는

A: Hey, Joseph! I am going to go fishing this Monday. Will you join me?
   야, Joseph! 이번주 월요일에 낚시하러 갈 건데. 같이 갈래?
B: I'm sorry, I can't. I'll be busy _____ my term paper until then.
   미안. 안돼. 그 때까지 학기 논문을 쓰느라 바쁠 거야.

(a) write   (b) to write
(c) writing   (d) with writing

문법파일 39

기타 사항들

try는 〈to+동사원형〉이 뒤따라올 경우 '~하기 위해서 노력하다'는 뜻이 되고, 동명사가 따라올 경우 '~을 시도하다'는 뜻이 된다. 또한 〈stop to+동사원형〉는 '~하기 위해 멈춰서다'의 의미인 반면 〈stop+-ing〉는 무언가를 '그만두다'의 의미가 짙다. spend는 뒤에 시간이나 돈 따위의 명사(A)와 그것을 소비하는 행위를 나타내는 동명사(B)가 와서 'B하는 데 A의 시간(돈)을 쓰다'는 뜻을 나타다. 〈be used to+(동)명사〉는 '~에 익숙해지다'는 뜻으로 주로 사람 주어가 온다. 한편 〈used to+동사원형〉은 '~하곤 했다'는 뜻이다.

12. There is no ~ing = ~는 불가능 하다

_____ how far information technology may progress by the end of this century.
이 세기 말까지 정보 기술이 얼마큼 진보할지 알기란 불가능하다.

(a) There is no case in knowing　　(b) There is no occasion to know
(c) There is no knowing　　(d) There is no need of knowing

13. ① try to V = ~를 위해 노력하다 / ② try ~ing = 시험삼아 ~하다

The People's Republic of China _____ its relations with neighboring countries since the late 20th centuries. 중화 인민 공화국은 20세기 말 이후부터 이웃 나라들과 균형적인 관계를 유지하기 위해 노력해 왔다.

(a) has tried to balance　　(b) is trying for balancing
(c) is tried to balance　　(d) has tried balancing

14. be used to ~ing = ~하는 데 익숙하다

A: Is your food alright? You've hardly eaten a thing. 당신 음식은 괜찮은가요? 거의 하나도 먹지 않았네요.
B: It's just that _____ such spicy food. 그냥 이렇게 매운 음식을 먹는 것에 익숙하지가 않아서 그래요.

(a) I do not used to eating　　(b) I do not used to eat
(c) I'm not used to eating　　(d) I'm not used to eat

15. spend+돈, 시간+ing

A: Darling, you don't have to buy anything for me tonight as I ordered something special at Chrlie's bakery. 여보, 내가 클리의 베이커리에 특별 주문을 했으니 나를 위해 오늘 밤 아무 것도 살 필요 없어요.
B: Are you serious? What about this mud cake? I spent three hours _____ this for you.
진심이에요? 이 머드 케이크는 어쩌고요? 당신 위해 만드는 데 세 시간이나 걸렸다고요.

(a) cooking　　(b) cooked
(c) cooks　　(d) to cook

spent 다음에 시간에 해당하는 three hours 가 나왔으므로 공식대로 ing 형 동명사가 적절하다.

16. 전치사+동명사

(a) A lot of miscommunications are more likely in an email than in a letter or phone call. (b) The pace of email writing conspires to confuse your message. (c) Furthermore, the short attention span of the online reader makes things worse. (d) Well, here are some tips for the email writer to consider before click the 'send' button.

편지나 전화 통화보다 이메일에 많은 의사 전달 오해들이 더 많은 것 같다. 이메일 작성 속도는 당신의 메시지를 혼동시키는confuese 작용을 한다conspire. 더욱이 온라인 독자의 짧은 주의력이 상황을 더 악화시킨다. 그래서 여기 이메일 작성자가 '전송' 버튼을 누르기 전에 고려할 몇 가지 팁이 있다.

전치사 before 뒤에는 동명사가 와야 한다. click을 clicking으로 고친다.

Answers

1. (b) **2.** (a) **3.** (a) **4.** (a) **5.** (c) **6.** (b) **7.** (a) **8.** (b) **9.** (b) **10.** (d) **11.** (c) **12.** (c) **13.** (a) **14.** (c) **15.** (a) **16.** (d) click → clicking

Daily Test

Part 1 Choose the best answer for the blank.

1 A: How do you know Joseph?
B: I remember him _____ in my TEPS class last year.

(a) being
(b) to be
(c) be
(d) it to be

2 A: Many people do not feel like _____ about bad economy these days.
B: Yeah, I feel the same way.

(a) talk
(b) talking
(c) to talk
(d) to talking

3 A: _____ about money does not help you get any richer.
B: OK, I'll keep that in mind.

(a) Worry
(b) To have worried
(c) Worrying
(d) Worried

4 A: He was terribly ashamed of _____ before his classmates.
B: I feel sorry to hear that.

(a) being made of fun
(b) being made fun of
(c) making fun of
(d) making of fun

Part 2 Choose the best answer for the blank.

5 Our Constitution guarantees a number of rights to _____.

(a) accusing those committing crime
(b) accused those of committing
(c) those committing crimes accused
(d) those accused of committing crimes

6 More Canadians are quitting _____ this year than ever before.

(a) to smoke
(b) having smoking
(c) smoke
(d) smoking

7 Excuse me Charlie, this cappuccino is not warm enough. It needs _____.

(a) heat
(b) heated
(c) heating
(d) having heated

8 With technology developing at such a rapid rate, _____ what things will be like ten years from now.

(a) there is no need of knowing
(b) there is no knowing
(c) there is no point in knowing
(d) there is no occasion to know

Part 3 Identify the option that contains an awkward expression or an error in grammar.

9. (a) A: Do you keep your home very organized?
   (b) B: I wish I did but I just don't have time.
   (c) A: The key is to start sort out one room at a time.
   (d) B: That's a good idea.

10. (a) A: How come you are long face with the birthday present aunt Magarette gave you?
    (b) B: I remember her to ask me if I wanted a small check or a large check.
    (c) A: Well, you should have known that she planned to send you a checkered necktie.
    (d) B: What are you talking about? I thought she was talking about sending cash.

11. (a) A: William, I thought you went to fish with your family.
    (b) B: Well, they asked me to go with them, but I didn't want to.
    (c) A: How come? Don't you like fishing?
    (d) B: I do, but I just didn't like Oklahoma beach that they were going to this time.

Part 4 Identify the option that contains an awkward expression or an error in grammar.

12. (a) At one time or another, most of us have had difficulty to get out of bed. (b) The alarm clock goes off; we grope for the snooze button, pull the covers back over our head, and squeeze our eyes tightly shut for a few more precious minutes of sleep. (c) Yet, at some point, we realize there's no use putting off the inevitable. (d) If we don't get up, nothing will get done — no progress will be made that day.

13. (a) For these reasons, understanding the canopy is key to understand the rainforest. (b) Yet due to its inaccessibility, still much is unknown about this rich layer. (c) Early attempts to learn more about the canopy ranged from hiring natives to climb trees to painstakingly train monkeys to bring down plant samples without eating them. (d) In the 1970s scientists began to use mountaineering techniques and ropes to access the canopy and platforms for long-term surveillance, while the 1980s saw ever more elaborate ways to study the treetops.

정답: 15p

Chapter 8. 분사와 분사구문

Pretest

Choose the best answer for the blank.

1. If there is any pizza _____, you should have it for lunch tomorrow.
(a) to leave
(b) having left
(c) left
(d) leaving

2. One of the policemen greeted the girl _____ against the fence.
(a) who leans
(b) who is leaned
(c) leaning
(d) leaned

3. A: Can you imagine _____ your child after a fruit?
B: No, it seems silly to me.
(a) to be named
(b) naming
(c) named
(d) to name

4. A: You look upset today, Anne. Is everything alright?
B: I was up all night worrying about my final exams so I'm _____.
(a) exhausted
(b) exhausting
(c) exhaustedly
(d) exhaustingly

5. _____, Chicago Bulls won the game 75-70.
(a) Score a touchdown in the last seconds
(b) To score a touchdown in the last seconds
(c) Being scored a touchdown in the last seconds
(d) Scoring a touchdown in the last seconds

6. _____, we are lucky that we planned our picnic for today.
(a) The weather being good
(b) The weather is good
(c) To be good
(d) Being good

7. After _____ the office staff, I could really picture myself working there.
(a) met
(b) meet
(c) meeting
(d) have met

문법파일 40

분사, 너의 정체는?

분사는 준동사의 일종으로 동사의 성격과 형용사의 성격을 동시에 가지고 있다. 동사에 -ing를 붙인 현재분사와 -ed를 붙인 과거분사가 있으며, 이들은 명사의 앞이나 뒤에서 명사를 수식하는 형용사 역할을 한다. 분사가 명사를 앞에서 수식하면 단순한 형용사처럼 생각하면 되고 뒤에서 수식하는 경우에는 관계대명사와 be동사가 생략된 것으로 보면 된다. 정기 시험에서 분사 및 분사구문의 출제율은 상당히 높으므로 관련 문제를 최대한 많이 풀어서 고득점에 대비하도록 하자.

1. ① 현재분사 = 명사를 진행, 능동의 의미로 수식 / ② 과거분사 = 완료, 수동의 의미로 수식

Anybody _____ the suspect in the newspaper is urgently requested to call the police.
신문에서 용의자를 알아본 사람은 누구든지 경찰에 바로 신고해 주십시오.

(a) recognized   (b) recognize
(c) recognizing   (d) was recognized

anybody가 주어이고 이 주어를 수식하는 것으로 anybody가 recognize의 주체가 되므로 현재분사 recognizing이 알맞다.

2. ① have+사물목적어+p.p = 목적어로 하여금 ~되게 하다

(a) A: I need a long lunch break today. 오늘 긴 점심시간이 필요해요.
(b) B: Why is that? Are you meeting someone? 왜요? 누구 만나요?
(c) A: No. I have to go to the dentist to have my teeth scale. 아니오. 스케일링하러 치과에 가야 해서요.
(d) B: I see. Well, good luck. 알겠어요. 잘 하세요.

문법파일 41

현재분사, 과거분사의 공통점과 차이점

현재분사와 과거분사의 공통점과 차이점을 알아보자.

① 동사에 현재분사는 -ing, 과거분사는 -ed의 꼬리를 붙여서 만든다.
- **mounting pressure** 점점 증가하는 압력
- **experienced instructor** 경험 있는 강사

② 둘 다 명사를 수식하거나 동사의 보어 자리에 온다.
- **those employees working in an office** 사무실에서 일하는 직원들
- **written consent** 서면동의서
- **Information should be written carefully.** 안내는 주의해서 작성되어야 한다.

③ 수식하는 명사와의 관계가 능동이면 현재분사, 수동이면 과거분사를 쓴다.
This is an interesting book. 이것은 흥미로운 책이다.
a limited number of ~ 제한된 수의~

3. 현재분사 = 부대상황(~하다가)

A: **How come Louise is upset with Mark?** Louise는 왜 Mark에게 화가 난 겁니까?
B: **He was caught red-handed, _____ her car out without permission.**
그가 그녀의 차를 허락도 없이 몰고 나갔다가 현장에서 잡혔거든요.

(a) taking　　　　　　　　　(b) took
(c) being taken　　　　　　　(d) to take

4. 주어의 상태를 나타내는 주격보어 역할의 분사

A: **Sam, you look _____. Are you alright?** Sam, 지쳐 보여요. 괜찮아요?
B: **I couldn't sleep a wink last night.** 어젯밤에 한 숨도 못잤어요.

(a) exhaustedly　　　　　　(b) exhausted
(c) exhausting　　　　　　　(d) exhaustingly

5. ① heal = 자동사 / ② is + -ing (현재분사) = 현재진행형

A: **Is your arm _____ okay?** 당신 팔은 잘 아물고 있나요?
B: **Yes, I will get the cast removed on Monday.** 네, 월요일에 깁스를 풀 겁니다.

(a) heals　　　　　　　　　(b) being healed
(c) healing　　　　　　　　(d) healed

••• 문법파일 42

감정을 나타내는 분사들

자주 출제되는 감정 및 상태동사들은 다음과 같다. 모두 타동사로서 목적어를 '~하게 하다'라는 의미이다.

- **surprise** ~를 놀라게 하다
- **interest** ~를 흥미롭게 하다
- **frighten** ~를 흠칫 놀라게 하다
- **amaze** ~를 깜짝 놀라게 하다
- **disappoint** ~를 실망시키다

- **shock** ~를 깜짝 놀라게 하다
- **excite** ~를 흥분시키다
- **frustrate** ~를 실망시키다
- **astonish** ~를 놀라게 하다
- **confuse** ~를 혼란시키다

6. ① make+목적어+형용사 보어 = ~를 ~하게 만들다 / ② frustrate = 타동사 / ③ 목적어가 사람일 때는 과거분사

A: What do you think about Robert's promotion? Robert의 승진에 대해 어떻게 생각하세요?
B: It makes me incredibly _____. 그 일로 인해 저는 엄청나게 좌절했어요.

(a) frustrate   (b) frustrating
(c) frustrated   (d) frustration

7. be disappointed with = ~에 실망하다

A: How did you do on the test? 시험은 어떻게 봤어요?
B: I _____ with my results. 제 시험 결과에 실망했어요.

(a) has been disappointed   (b) have disappointed
(c) am disappointed   (d) disappointed

8. 현재완료에서 have 뒤에는 과거분사가 온다.

(a) A: Have you signing up for the training seminar yet? 훈련 세미나를 신청했나요?
(b) B: No, I haven't. I was planning on doing that tomorrow. 아직 안 했어요. 내일 할 계획입니다.
(c) A: You may want to do it today. I heard that the seminar is almost full.
   오늘 하는 것이 좋을지도 몰라요. 세미나가 거의 정원이 찼다고 들었어요.
(d) B: Really? I'd better register today then. 정말요? 그렇다면 오늘 등록하는 것이 좋겠군요.

문법파일 43
분사구문이란?

분사구문이란 접속사가 이끄는 종속절에서 주어와 접속사를 없애고 현재분사나 과거분사만 남겨서 문장을 이끄는 표현이다. TEPS에 매월 출제되는 대단히 중요한 부분이므로 관련 문제들을 모두 익히도록 하자.

After James returned from Korea, he spoke Korean very well.

STEP 1. 종속절의 주어와 주절의 주어가 동일하면 종속절의 주어를 지운다.
James와 he는 동일하므로 he를 지운다. (단, 주어가 다를 경우 지우지 않는다.)
After returned from Korea, James spoke Korean very well.

STEP 2. 주어가 없는 동사를 분사화해야 하는데, 주의할 것은 능동인지 수동인지 판단하는 것이다.
James가 return의 주체이므로 능동형 현재분사로 바꾼다.
After returning from Korea, James spoke Korean very well.

STEP 3. 접속사를 지운다. 분사구문을 강조하기 위해 접속사를 살려두기도 한다.
Returning from Korea, James spoke Korean very well.

9. When I thought back(부사절) = Thinking back(분사구문)

_____ back to her first year of teaching, Martha cringed at some of the mistakes she made. 선생님이 된 첫 해를 돌이켜보며는 Martha는 저지른 몇몇 실수들에 몸이 움츠려졌다.

(a) Thought (b) Think
(c) Thinking (d) To think

10. 무인칭 독립분사구문 = 종속절의 주어가 불특정 일반인일 경우 생략

Andrew's patience is admirable, _____ his youth.
Andrew의 인내는 그의 젊은 시절을 고려해 볼 때 감탄할 만하다.

(a) regarding (b) considering
(c) in regard of (d) consideration

문법파일 44

분사구문에서 조심할 점들

분사구문의 의미상 주어가 주절의 주어와 다른 경우 주어를 써야 하지만 의미상 주어가 we, one, you 등 일반 사람들일 때는 생략한다. generally speaking, strictly speaking, considering 등이 그 예이다. 또한 문장 두 개가 연결될 때 접속사와 주어를 생략하고 분사구문을 쓸 수 있다. 그리고 분사구문의 완료형은 주절의 시제보다 앞서 일어난 사건을 표현할 때 쓰는 것으로 〈having+과거분사〉 형태로 되어 있다.

11. 주절+종속절(when I consider that ~) = 주절+분사구(considering that ~)

A: Martin does so well in school that all of his classmates admire him.
  Martin은 학교에서 공부를 너무 잘해서 모든 급우들이 그를 칭찬합니다.
B: He must be very focused, _____ that he goes to school and works full-time.
  학교에 다니면서 풀타임으로 일하는 걸 보면 그는 틀림없이 집중력이 매우 높은가 봅니다.

(a) consider (b) considered
(c) considering (d) being considered

종속절의 주어가 불특정 일반인을 나타내는 경우(we, peaple들) 일반적으로 생략하여 분사구문으로 만든다.

12. 접속사+주어+동사(After he had been elected) = 분사구(After having been elected)

After _____, Mr. Liu gave an inspirational speech to his supporters.

당선이 된 후, Liu 씨는 그의 지지자들에게 영감을 주는 연설을 했다.

(a) he being elected
(b) having elected
(c) electing
(d) having been elected

부사절 접속사의 의미를 강조하고 싶을 때에는 분사구문이 된 후에도 그냥 두는 경우가 많으므로 부사절로 오해하지 말고 분사구문의 답을 고르도록 한다.

13. 연속 동작은 완료 분사구문과 상관없다!

_____ his shoes, Joseph entered the room to have some conversation with Mr. Wilkinson. Joseph은 신발을 벗고 wilkinson 씨와 얘기를 하기 위해 방으로 들어갔다.

(a) Having taken off
(b) Taking off
(c) Take off
(d) Being taken off

죠셉이 신발을 벗은 것과 방에 들어간 것은 일정 시간의 간격 차이가 있는 게 아니라 연속 동작으로 보기 때문에 일반 분사구문인 (b)가 답이 된다. 원래는 As soon as he took off his shoes를 줄인 일반 분사구문 이라고 볼 수 있다.

Answers

1. (c) 2. (c) scale → scaled 3. (a) 4. (b) 5. (c) 6. (c) 7. (c) 8. (a) signing → signed 9. (c) 10. (b) 11. (c) 12. (d) 13. (b)

Daily Test

Part 1 Choose the best answer for the blank.

1 A: Did you hear that Jack and Sara broke up?
B: Are you serious? Sara must be _____ at the moment.

(a) devastate
(b) devastation
(c) devastating
(d) devastated

2 A: You look very tired tonight.
B: _____ awake since six o'clock this morning, I'm exhausted.

(a) With being
(b) Having been
(c) There being
(d) Being

3 A: Your new house is spectacular.
B: _____ to the house I grew up in, it's nothing.

(a) To compare
(b) Compare
(c) Comparing
(d) Compared

4 A: That house must have cost over a million dollars.
B: Even on my wife's and my income _____, we couldn't afford anything like that.

(a) combining
(b) combined
(c) combine
(d) to combine

Part 2 Choose the best answer for the blank.

5 _____ in an environment of orthodox Puritanism, Rev. Joel Austin showed an considerable interest in theology at a young age.

(a) Raised to
(b) Raising
(c) To be raised
(d) Having been raised

6 _____ from a back injury, the golf player could not play any more.

(a) Suffered
(b) Being suffered
(c) Suffering
(d) Having been suffering

7 There were eight babies _____ at the Sunnyside Hospital last night.

(a) bore
(b) born
(c) having born
(d) bearing

8 The president of the company left me a message _____ that he appreciated the hard work of our department over the last month.

(a) said
(b) says
(c) to say
(d) saying

Part 3 Identify the option that contains an awkward expression or an error in grammar.

9 (a) A: Would you like to join my family for dinner on Christmas day?
(b) B: Thank you for thinking of me, but Mrs. Carter already to ask me to come to her house.
(c) A: Well, I'm glad you won't be alone over the holidays.
(d) B: Yes, it's nice to have so many nice friends.

10 (a) A: Did you hear that Brian got arrested?
(b) B: No way! What has he done?
(c) A: Stealing a milk bar, the store owner caught him.
(d) B: How could he have done such a thing?

11 (a) A: Would you mind if I left work a little early today?
(b) B: How come? Do you have an appointment somewhere?
(c) A: Yes, I'm going to the dentist to have my teeth clean.
(d) B: Okay, that's no problem then.

Part 4 Identify the option that contains an awkward expression or an error in grammar.

12 (a) At the age of 36, my weight had reached an all-time high I decided to do something about it. (b) I was tired of having to move up a size every time I went shopping for new clothes. (c) I was tired of my current clothes getting smaller and smaller. (d) I began exercising at the gym several days a week and including more fruits and vegetables in my diet.

13 (a) The Lung Association works to improve and promote lung health. (b) We focus on chronic lung disease like asthma and COPD, infectious diseases like TB, flu, and pneumonia, and breathing disorders like sleep apnea. (c) We provide reliable and trusting information to both citizens and governments. (d) We also advocate for improvements when lung disease patients are getting inadequate care.

정답: 16p

Chapter 9. 명사

Pretest

Choose the best answer for the blank.

1 A: Watch out! There's _____ heading straight towards us.
   B: It would have hit us if we hadn't moved.

   (a) any car   (b) cars
   (c) car   (d) a car

   문법파일 45

2 There was _____ to the city of New Orleans during the hurricane.

   (a) many damages   (b) many damage
   (c) lots of damage   (d) lots of damages

   문법파일 45

3 A: What did you think about Cliff's speech on evolution?
   B: He has an interesting perspective but not _____ to back up his theory.

   (a) much evidences   (b) much evidence
   (c) many evidence   (d) many evidences

   문법파일 46

4 Children over the age of two should drink _____ each day to ensure they are getting enough calcium.

   (a) three cup of milk   (b) three cups of milks
   (c) three cup of milks   (d) three cups of milk

   문법파일 47

5 A: Has Jonathan been enjoying _____ this year?
   B: Yes, he's made several new friends already.

   (a) the school   (b) school
   (c) schools   (d) a school

   문법파일 48

6 It's too bad that Maria gets _____ so frequently.

   (a) headache   (b) headaches
   (c) a headache   (d) the headache

   문법파일 48

7 A: How old are the children that attend the preschool?
   B: Children must be _____ to start taking classes.

   (a) four years olds   (b) four years old
   (c) four year olds   (d) four year old

   문법파일 49

정답: 18p

문법파일 45

명사의 종류

명사 문제에서 고득점을 얻기 위해서는 풍부한 어휘력이 바탕이 되어야 한다. 각 단어가 가산명사로 쓰이는지, 불가산명사로 쓰이는지, 둘 다 병행해서 쓰이는지에 대한 이해가 선행되어야 매끄럽게 문제를 풀 수 있다. 주로 출제되는 유형은 가산명사와 불가산명사의 구별, 명사를 꾸미는 한정사의 정확한 형태를 찾는 문제 등이다.

1. 숫자+단위 명사+of+명사

I'm going to need at least ten more _____ this form. 나는 이 양식의 복사본이 적어도 10장이 필요할 것이다.

(a) the copies of (b) of copies
(c) copy of (d) copies of

2. all+정관사+복수명사+복수동사

_____ completed for Juan's trip to Costa Rica this summer.
Juan의 올 여름 코스타리카 여행을 위한 모든 준비가 완료되었다.

(a) All the arrangements have been (b) All the arrangement have been
(c) All the arrangements has been (d) All the arrangement has been

문법파일 46

집합명사 삼형제

집합명사에는 3가지 종류가 있다. 제1그룹 집합명사(family, audience, committee, team, class, etc.) 등은 하나의 조직을 의미할 때에는 단수 취급, 각각 구성원을 강조할 때에는 복수 취급을 한다는 점이 특징이며 제2그룹 집합명사(police, cattle, people, clergy, etc.)는 단어 뒤에 -s, -es가 붙지는 않지만 무조건 복수로 받는다. 제3그룹 집합명사(furniture, equipment, evidence, time, knowledge, baggage, luggage, etc.) 역시 단어 뒤에 -s, -es가 붙지 않고 무조건 단수로 취급한다는 점이 가장 큰 특징이라 할 수 있다.

3. ① 부정관사+형용사+명사 / ② knowledge는 집합적 물질명사 / ③ a good knowledge = 많은 지식

Because of her degree in science, Tina has _____ of the human anatomy.
과학 학위 때문에 Tina는 인간 해부학에 대해 지식이 많다.

(a) good knowledges (b) the good knowledges
(c) a good knowledge (d) the good knowledge

4. equipment는 집합적 물질명사 = much가 수식

I haven't been able to afford _____ to improve my photography studio.

나는 그 동안 내 사진 스튜디오를 보수하기 위한 장비를 살 능력이 없었다.

(a) an equipment (b) much equipment
(c) many equipment (d) many equipments

문법파일 47
추상명사와 물질명사들

추상명사와 물질명사 같은 불가산명사들의 특징은 다음과 같다.
① 항상 단수 취급하며 부정관사(a/an)가 올 수 없고 조수사를 이용하여 개체화 할 수 있다.
② 가산명사를 수식하는 a, an, many, few, a few, these, those 등과 같이 함께 쓸 수 없다.
③ 양을 나타낼 때 much, a little, little을 사용한다.

5. paper가 '종이'라는 뜻일 때는 불가산명사이므로 a piece of paper, paper가 '문서'라는 뜻일 때는 가산명사이므로 papers

A: Will you copy this 4-page schedule for me? 이 4쪽짜리 일정표를 복사해주시겠어요?
B: Sure. Should I copy on both sides of _____. 물론입니다. 양면 복사로 해드릴까요?

(a) paper (b) a paper
(c) papers (d) the paper

6. confidence는 불가산명사 = much가 수식

A: How is your public speaking course going? 대중연설 코스는 잘 되고 있나요?
B: Not well. I really don't have _____ speaking in front of people.
별로요. 사람들 앞에서 이야기하는 데 별로 자신감이 없어요.

(a) many confidence (b) many confidences
(c) much confidence (d) much confidences

문법파일 48
명사의 변신은 무죄?

church, school 등이 본래의 목적으로 쓰일 때는 관사를 붙이지 않고 민족 이름이 -n으로 끝나는 경우는 the Koreans, the

Americans, the Italians처럼 쓰지만 -n으로 끝나지 않는 경우 앞에 the만 붙이는 예를 암기하자. 두통(headache)과 같은 병 이름도 셀 수 없는 명사로 인식되기 쉬우나 관용적으로 '두통이 있다' 라는 표현은 관사를 붙여 have a headache라고 한다.

7. 프랑스 사람들 = The French

A: _____ well known for their cuisine. 프랑스는 요리로 유명하지요.
B: Yes, French food is exquisite. 네, 프랑스 음식은 정말 고상합니다.

(a) The French are   (b) The French is
(c) French are   (d) French is

8. ① of+추상명사 = 형용사구 / ② 문맥상 '소용없는' = use+less

A: Did you take the money belt that I gave you on your vacation?
휴가를 갈 때 제가 드렸던 돈 주머니를 차고 가셨던가요?
B: I did, but it was really _____. 그랬지요, 하지만 그건 정말 쓸모가 없었어요.

(a) much use   (b) of usefulness
(c) useless   (d) much used

문법파일 49

조심해야 할 명사들

TEPS에서 명사 문제들의 난이도가 점점 높아지고 있다. 자주 출제되지만 많은 수험생들이 틀리는 경우는, 명사를 수식하는 다른 명사에 복수의 의미가 있을 경우인데 그렇다 해도 앞쪽 명사는 일종의 형용사이므로 반드시 단수를 유지해주어야 한다. 또한 다음의 단·복수 형태가 같거나 다른 명사들은 필히 암기해둔다.

단·복수 형태가 같은 명사들

aircraft, series, species, means, fish, salmon, sheep, deer, swine, Portuguese, Japanese, Chinese, Swiss

단수형과 복수형의 의미가 서로 다른 명사들

- **air** 공기 – **airs** 태도
- **pain** 고통 – **pains** 노력, 수고
- **arm** 팔 – **arms** 무기
- **effect** 효과 – **effects** 동산, 물건
- **water** 물 – **waters** 바다, 호수

force 힘 – **forces** 군대
manner 방법 – **manners** 예의
custom 관습 – **customs** 세관
good 이익 – **goods** 물품

9. ① 숫자 단위 = hundred / ② 숫자(하나 이상)+단위(단수형)+복수명사

A: How much do you want for the cabinet? 이 캐비닛은 얼마인가요?
B: _____. 310달러입니다.

(a) Three hundred and ten dollars   (b) Three hundreds and ten dollar
(c) Three hundreds and ten dollars (d) Three hundreds and ten dollars

10. manner - 방법   manners - 예의

A: James came to me again for a date and I kicked him out. James가 다시 데이트하자고 해서 차버렸어.
B: Hey, please greet him on a friendly _____. 이봐, 제발 그 사람한테 좀 잘 대해줘.

(a) manner   (b) manners
(c) to manner   (d) in manner

11. custom - 관습   customs - 세관

The _____ official informed us that we are supposed to declare any food, plants and pets as we pass the gate. 게이트를 지날 때 어떤 음식과 식물, 동물이든 신고하도록 되어 있다고 세관에서 알려주었다.

(a) customs   (b) custom
(c) custom to   (d) accustom

Answers

1. (d) **2.** (a) **3.** (c) **4.** (b) **5.** (c) **6.** (c) **7.** (a) **8.** (c) **9.** (a) **10.** (a) **11.** (a)

시험당일 반드시 명심해야 할 명사 핵심사항!

01. 문장 안에서의 명사의 역할을 잘 숙지해야 한다.
① 명사는 문장 내에서 주어(타동사, 전치사의) 목적어(주격, 목적격) 보어, 동격으로 쓰임. 그러므로 이들 자리에는 반드시 명사나 명사 상당어구가 와야 한다.
② 한정사(관사, 소유격, 형용사 등)의 수식을 받으면 뒤에 명사가 와야 함.

02. 집합적 물질명사는 집합명사 3 그룹 중 가장 출제빈도가 높으므로 주의한다.
부정관사를 붙일 수 없고 복수형으로 쓸 수 없으며 '수표시어(few, a few)'로는 수식할 수 없으며 단수동사로 받는다는 점에 유의하자.

03. 단수, 복수의 의미가 각각 다른 분화복수는 영어문장을 이해하는데 있어서 상당히 중요하다.

| arm (팔) | iron (다리미) | paper (종이) | saving (절약) | custom (관습) |
| arms (무기) | irons (수갑) | papers (서류) | savings (저축) | customs (세관) |

04. '관사, 한정사'와 '소유격'은 나란히 쓸 수 없고 이중소유격으로 써야 한다.
a my company(x) → a company of mine(o)
a my father's company(x)

05. kind of, sort of는 뒤에 단수가산명사가 올 경우에도 부정관사를 쓰지 않는 것이 원칙이며 TEPS에서는
단수 수식어+kind of 단수명사
복수 수식어+kinds of 복수명사로 수를 일치시키는 것이 올바르다.

Daily Test

Part 1 Choose the best answer for the blank.

1 A: Can I help you find something, sir?
B: Yes. I'd like to buy _____.

(a) some printer paper
(b) any printer papers
(c) a printer paper
(d) the printers papers

2 A: Do you have change for a twenty dollar bill?
B: No, I only have _____.

(a) a five and one
(b) five one and five
(c) a five and two ones
(d) the two tens

3 A: How have you been feeling since your knee surgery?
B: Terrible. I keep thinking of _____ I used to have when I could play sports.

(a) a good times
(b) the good times
(c) a good time
(d) these good time

4 A: _____ is wonderful. Where did you buy it?
B: Actually, I made it myself.

(a) The cakes
(b) This cake
(c) These cakes
(d) A cake

Part 2 Choose the best answer for the blank.

5 As a result of the hurricane that hit the southern U.S last spring, the agriculture industry might lose _____ $5 billion.

(a) as more as
(b) as much as
(c) as less as
(d) as little than

6 It is considered very rude to speak badly of _____ individual.

(a) an absent
(b) absent
(c) absents
(d) the absents

7 Everyone at the office seems to agree that Christopher Donald is _____ for the job.

(a) a man
(b) the man
(c) man
(d) men

8 The Law Society of Canada is _____ of law professionals who meet once a month to discuss trends in the industry.

(a) the independent groups
(b) an independent group
(c) an independent groups
(d) independent group

Part 3 Identify the option that contains an awkward expression or an error in grammar.

9 (a) A: Is this your teethbrush?
(b) B: Yes, it is. Do you need to brush your teeth, now?
(c) A: Yup, I need it right now.
(d) B: Here it is. You'll like it.

10 (a) A: What do you need?
(b) B: Well, we haven't got any milks.
(c) A: How about this new product "The morning of Mediterranean"?
(d) B: Fantastic! Two of those, please.

11 (a) A: I have a good news!
(b) B: I can't wait to hear it.
(c) A: Okay, but I want to tell you in person.
(d) B: Sure. I'll come over right now.

Part 4 Identify the option that contains an awkward expression or an error in grammar.

12 (a) Athletes must be especially conscious of what they eat. (b) A balanced diet is must for competitive athletes. (c) It is important that athletes drink at least 8 glasses of water every day. (d) As diets vary from person to person, competitive athletes should speak with a nutritionist about what to eat.

13 (a) We got up early in the morning and had breakfast at 6:50. (b) After the breakfast, my wife washed the dishes while I got the car out of the garage. (c) We left home at 8:50 and drove first to the kindergarten to drop off our son. (d) When we arrived, she was waiting for us outside her house.

정답: 18p

Chapter 10. 관사

Pretest

Choose the best answer for the blank.

1 A: He has my contact information, but I'm worried that I gave him _____ phone number.
　　B: You should probably call him to be sure.

　　(a) wrong　　　　　　　　　(b) all wrong
　　(c) any wrong　　　　　　　(d) the wrong

문법파일 50

2 A: Do you still enjoy shopping at the Target store?
　　B: I used to, but lately their products seem to be double _____.

　　(a) prices in　　　　　　　(b) prices
　　(c) in price　　　　　　　(d) in the price

문법파일 51

3 A: Do you play golf?
　　B: Yes, we _____ twice a month.

　　(a) are playing usually golf　　(b) are usually playing the golf
　　(c) usually play golf　　　　　(d) play usually the golf

문법파일 51

4 A: Do you remember the paper I wrote for my Economics class?
　　B: _____ that you had me proofread?

　　(a) Which　　　　　　　　(b) The one
　　(c) Those　　　　　　　　(d) Then

문법파일 52

5 Doctors have requested that patients refer to _____ at hand, and not rely on hearsay.

　　(a) evidenced　　　　　　(b) the evidence
　　(c) an evidence　　　　　(d) evidences

문법파일 53

6 Sandra was continually walking _____ of the cafe as she tried to find her friend.

　　(a) in and out　　　　　　(b) ins and outs
　　(c) the in and out　　　　(d) an in and out

문법파일 54

정답: 19p

문법파일 50

관사, 이 정도는 알아야지!

부정관사 a/an

구체적이거나 정해지지 않은 막연한 가산명사 앞에 부정관사 a/an을 쓰지만, 관사를 쓸 수 없는 불가산명사의 또 다른 용법으로 부정관사 a/an을 쓰는 경우도 있다.

① 처음 제시되는 보통명사 앞에
② '하나' 라는 의미를 나타내는 명사 앞에(개수 하나, 종류 중 하나, 대표 단수)

정관사 the

가산명사와 불가산명사 모두 문맥이나 상황 속에서 구체적으로 알 수 있거나 한정되는 경우 정관사 the를 쓸 수 있다.

1. 앞에 언급했거나 청자나 화자가 이미 알고 있는 경우
2. 뒤에서 한정받을 때
3. 일반적으로 the와 함께 하는 명사들

① 유일한 것

the sun, the moon, the earth, the world, the Lord
ex) For further study, we need in-depth information about other areas of the world.

② 관례상 정해진 것

신문·잡지, 악기, 병명, 단위, 방향, 복수 국가명, 공공건물, 배·비행기, 강·산맥·해협, etc.	the east, the west, by the gallon, by the pound, the piano, the violin, the measles, the toothache, the blues, the United states, the Netherlands, the English channel, etc.

1. ① telephone = 보통명사 / ② 전화기가 울린다 = the telephone ringing

A: I think I just heard _____ ringing. 방금 전화벨 소리를 들은 것 같은데요.
B: It's just your imagination. The phone is off the hook. 당신의 상상이겠죠. 전화기 코드가 뽑혀 있거든요.

(a) telephone (b) telephones
(c) the telephone (d) the telephones

2. ① 차에 타다 = get in the car / cf. 차에서 내리다 = get off the car

Since it's brand new, please make sure that your boots aren't covered in mud before you get in
_____. 이것은 완전히 새 차이므로 차에 타기 전에 네 장화가 진흙에 묻어 있지 않도록 해라.

(a) car
(b) a car
(c) the car
(d) cars

3. ① 빈칸은 주어 자리 / ② 뒤에 he와 같은 사람 = the thief

Noticing that the car door was unlocked, _____ decided that he would steal it.
자동차 문이 잠겨 있지 않음을 눈치 채고, 그 도둑은 차를 훔치기로 결심했다.

(a) the thief
(b) thief
(c) thieves
(d) the thieves

문법파일 51

어떤 곳에 무관사?

① 불가산명사(물질, 추상, 고유명사) 앞에는 관사를 쓰지 않는다.

② 교통수단, 계절, 식사

- by water[sea / land / air / train / taxi]
- supper[dinner / lunch / breakfast]
- spring[summer / autumn / winter]

③ 건물, 바다 등이 본래의 목적을 나타내는 경우

- **after school** 방과후에
- **School is over**. 수업이 끝났다.
- **go to hospital** 입원하다
- **go to sea** 선원이 되다
- **be at sea** 항해중이다
- **be at table** 식사중이다
- **want on table** 식사 시중을 들다
- cf. **clear the table** 식탁을 치우다

4. 운동경기는 무관사

A: Do you have a favorite sport? 어떤 운동을 좋아하세요?
B: I like quite a few sports, but I especially like to play _____.
좋아하는 운동은 많은데, 전 특히 골프를 좋아합니다.

(a) a golf
(b) any golf
(c) the golf
(d) golf

5. ① 수사 앞에는 정관사를 쓰는 것이 원칙이지만 보어로 '3위로'라고 할 때는 관사 생략

The women's hockey team finished _____ at the World Cup this year.

그 여성 하키팀은 올해 월드컵에서 3위를 기록했다.

(a) three
(b) the three
(c) third
(d) a third

6. on sale 할인중인 / for sale 판매용

A: I think that television that you saw at The Future Shop has just gone _____.

퓨쳐샵에서 당신이 보았던 텔레비전이 방금 세일에 들어간 것 같습니다.

B: Really? Maybe I should pick it up. 정말요? 가서 사야겠군요.

(a) on sales
(b) on a sale
(c) on the sale
(d) on sale

문법파일 52

관사를 잘 파악해야 대명사를 잡는다

대명사는 관사와 밀접한 관계를 가지고 있다. 보통 〈a+명사〉의 경우 one으로 받고 〈the+명사〉의 경우 it으로 받는 경우가 일반적이며 one은 불가산명사와 소유격 다음에 나올 수 없다는 점을 유의한다.

7. ① some (employees) 일부 직원들 / ② others = other employees 다른 일부 직원들

A: Do you think all of the employees will be interested in having a company ski day?

회사 스키 대회를 열면 모든 직원들이 관심을 가질 거라고 생각하세요?

B: I imagine _____ will, but others may not. 일부는 관심을 갖겠지만 다른 일부는 그렇지 않을 수도 있지요.

(a) none
(b) some
(c) no one
(d) few

8. 불특정한 명사 which table을 받을 때는 one을 쓴다.

A: Which table would you prefer to sit at? 어느 테이블에 앉고 싶으세요?

B: I'd rather take the smaller _____ that's closer to the door. 문 쪽에 더 가까운 작은 테이블에 앉겠어요.

(a) that
(b) those
(c) one
(d) ones

문법파일 53

이것만은 반드시 기억하자

부정관사를 묻는 문제에서 a/an의 구별 기준은 철자가 아니라 발음임에 유의한다. 보기에는 자음으로 시작하는것 같으나 발음상으로는 [em] 이기 때문에 모음으로 시작하는 단어이다. (ex. an F, an MBA, an honest man, etc) 따라서 모음으로 시작하는 명사에 붙는 부정관사 an이 답이다.

그리고 운동경기가 전반전과 후반전으로 나뉘어 있을 경우 이것을 각각 half라고 부른다. 따라서 전반전은 the first half, 후반전은 the second half가 된다. first나 second 등의 서수 앞에는 정관사 the를 쓴다.

9. 두 화자가 이미 알고 있는 대상이므로 정관사를 쓴다.

A: Why are you putting on your coat? 왜 코트를 입고 있어요?
B: I was going to go outside to shovel _____ sidewalk. 인도의 눈을 치우기 위해 밖에 나가려고 해요.

(a) an (b) a
(c) there (d) the

10. ① 이미 정해진 피자의 또 다른 반쪽이므로 정관사 the를 쓴다. / ② the other half, the second half

A: Did you already eat half of the pizza? 벌써 이 피자를 반이나 먹은 겁니까?
B: Yeah, but I saved you _____. 네, 하지만 나머지 반은 당신을 위해 남겨두었어요.

(a) the second half (b) the half second
(c) a second half (d) a half second

문법파일 54

관사의 관용표현

회화와 관련된 표현들 중 관사가 포함된 것들이 있으며 최근 시험에 출제율이 증가하는 추세이다. TEPS 문법은 회화 스타일의 문제들이 많고 관사 포함 여부도 실제 언어 습관에 많이 좌우되므로 각별히 유의하기 바란다.

11. What+부정관사+(형용사+)명사 = 감탄문

A: We had to cancel our trip to Florida. 플로리다 여행을 취소해야 했어요.
B: What _____. I know how much you were looking forward to it.
정말 안됐군요. 당신이 얼마나 기대하고 있었는지를 알지요.

(a) a shame (b) the shame
(c) shamed (d) shaming

12. a close call = 위기일발 (= a close shave, narrow escape)

A: I nearly sent this secret document to the wrong person! 이 비밀문서를 엉뚱한 사람한테 보낼 뻔 했어요!
B: That was _____, huh? You could've lost your job. 큰일 날 뻔 했군요, 네? 직장을 잃었을 수도 있어요.

(a) a close call
(b) close calls
(c) close call
(d) close a call

13. 사람의 직책명과 관사와의 관계

Andrew Sampson has taken the position of _____ for education.
Andrew Sampson은 교육부 장관직에 올랐다.

(a) one Minister
(b) Minister
(c) the Minister
(d) a Minister

'~ 장관'이라고 할 경우 the Minister for 형태를 쓰는 것이 원칙이다. 그러나 위의 경우는 the position of에 이미 the가 나왔으므로 빈칸에 들어갈 Minister 앞에는 the를 붙이지 않는다.

Answers

1. (c) 2. (c) 3. (a) 4. (d) 5. (c) 6. (d) 7. (b) 8. (c) 9. (d) 10. (a) 11. (a) 12. (a) 13. (b)

Daily Test

Part 1 Choose the best answer for the blank.

1 A: Would you like to take _____?
B: No, I think we should keep working.

(a) short break
(b) a short break
(c) short a break
(d) the short break

2 A: How are these cookies sold?
B: They're sold either individually, or by _____.

(a) dozen
(b) dozens
(c) a dozen
(d) the dozen

3 A: Want some help?
B: Yeah, will you pass me _____ next to you? These eggs need more spice.

(a) peppers
(b) the pepper
(c) a pepper
(d) pepper

4 A: What are you working on these days?
B: I'm working on a project involving gases of _____ ozone layer.

(a) earth's
(b) earth
(c) the earth's
(d) an earth's

Part 2 Choose the best answer for the blank.

5 Any students who do not finish the term paper by _____ deadline will not be allowed to attend the convocation ceremony in June.

(a) a May
(b) May
(c) in May
(d) the May

6 In Bermuda, Techno Centre products are extremely popular in _____ of different industries.

(a) a vast ranges
(b) the vast ranges
(c) a vast range
(d) vast range

7 The sidewalk is in _____ that it probably should have been fixed years ago.

(a) a very bad conditions
(b) the bad conditions
(c) very bad conditions
(d) very bad condition

8 Mr. McGowan said that _____ by the President was mainly about economics, but also touched on social issues.

(a) the speech
(b) speeches
(c) speech
(d) a speech

Part 3 Identify the option that contains an awkward expression or an error in grammar.

9. (a) A: Jill, there's a letter for you.
   (b) B: I'll read it later, honey. I'm watching movie.
   (c) A: Okay, It's from the bank, and it looks important.
   (d) B: I'll look at it right away then.

10. (a) A: Which restaurant would you like to go tonight?
    (b) B: Actually, anywhere is fine with me.
    (c) A: What about the Italian place downtown?
    (d) B: Oh, I don't like one.

11. (a) A: When did you see Ms. Anderson?
    (b) B: I saw her two weeks ago.
    (c) A: I heard that she was planning an European tour.
    (d) B: That's correct. She flew to Zurich last week.

Part 4 Identify the option that contains an awkward expression or an error in grammar.

12. (a) Throughout history, humans have been developing new means of communication. (b) Advanced in technology make communication far easier today than in the past. (c) Historically, communication generally involved travel over long distances. (d) Today, we can communicate instantly with people around the world.

13. (a) The origins of the modern household can be traced back to early 20th century. (b) Previously, people lived together in large family units. (c) Today, many people live in large homes that exceed their needs. (d) This pattern appears to be spreading around the world.

정답: 20p

Weekly Test

Part 1 Choose the best answer for the blank.

1. A: Jonathan is often irritated if he has to help clean the house.
   B: Really? _____, he doesn't seem to mind doing it.
   (a) When asked
   (b) To ask when
   (c) Asking when to
   (d) When to ask

2. A: What did you think of the play?
   B: It was OK, all things _____.
   (a) to consider
   (b) consider
   (c) considering
   (d) considered

3. A: I'd like to visit the Grand Canyon.
   B: There's a contest going on at the grocery store. If you enter, you can win _____ for one person.
   (a) a three-week's trip
   (b) three-week trip
   (c) three-week's trip
   (d) a three-week trip

4. A: Jonathon really gave me _____?
   B: He's always good for that.
   (a) a good advice
   (b) the good advice
   (c) some good advice
   (d) all good advice

Part 2 Choose the best answer for the blank.

5. After _____ for a short time, we talked it through and ended up apologizing.
   (a) arguing
   (b) argue
   (c) being argue
   (d) argued

6. _____ government funding might just be the key to an improvement in social programs.
   (a) Properly channeled
   (b) Having channeled properly
   (c) Properly being channeled
   (d) Properly channeling

7. All _____ health care should be provided free of charge to citizens.
   (a) American believes
   (b) Americans believe
   (c) American believe
   (d) Americans believes

8. A: You seem upset. What's the matter?
   B: My goldfish died the other day and I don't know _____.
   (a) what to do
   (b) to do it
   (c) to have done it
   (d) how to do

Part 3 Identify the option that contains an awkward expression or an error in grammar.

9. (a) A: I'm having a lot of trouble with this assignment.
   (b) B: You should ask Maria for some help.
   (c) A: You don't think she would mind?
   (d) B: Not at all. She's always willing to helpful.

10. (a) A: It looks like all of the tables are taken.
    (b) B: That's okay. We can go to another cafe.
    (c) A: But you don't have a car, do we?
    (d) B: Sure I do. It's just down the road.

11. (a) A: Hurry, Sam! We don't want to be late!
    (b) B: I'm coming. Do I have to bring my notebooks?
    (c) A: You only have to bring one. And you ought to bring pen, too.
    (d) B: Okay, I'm just about ready.

Part 4 Identify the option that contains an awkward expression or an error in grammar.

12. (a) It is important to organize all of your important documents before taking an international trip. (b) As security measures becomes increasingly tighter, proper documentation is required prior to boarding. (c) These security measures have also increased wait times at airports. (d) All passengers must arrive at least two hours prior to boarding.

13. (a) Misunderstandings in online communication are more common than in spoken communication. (b) It is easy to misread the tone of a message sent via e-mail. (c) It is important to read over your messages carefully to assure that your message clear. (d) Follow these tips before clicking on the send button.

정답: 21p

대명사의 용법 및 형용사, 부사, 비교급, 관계사를 포함하는 영어의 수식어 용법을 완벽하게 정리한다.

대명사는 무엇을 받는지, 형용사는 무엇을 수식하는지, 관계사는 무슨 격으로 쓰였는지, 비교급은 비교하는 대상이 무엇인지를 파악하는 것이 관건이다!

대명사는 그것이 받고 있는 명사와 수, 성, 격이 일치하는지를 반드시 확인하며 인칭대명사, 지시대명사, 재귀대명사 및 부정대명사까지 정리해야 하는데 최근 시험에서는 중·고등학교 때 배운 가장 기본적인 것만 알아도 대부분의 문제들을 풀 수 있으므로 너무 깊이 나갈 필요 없이 기본적인 내용에 충실하면 된다. 형용사는 품사 자체로서의 기능, 한정과 서술용법, 부사의 경우 빈도부사나 부정부사의 위치, 비교급은 원급, 최상급과의 용법의 차이, 라틴계 형용사의 용법 및 관용표현 등을 중점적으로 학습해야 한다.

Chapter 11. 대명사

Pretest

Choose the best answer for the blank.

1 A: Do you remember the restaurant we went to last month?
B: _____ on 7th Avenue?

(a) Which (b) That
(c) The one (d) It

2 A: Did Jane decide to divorce her husband?
B: Yeah, the choice was completely _____.

(a) she (b) her
(c) hers (d) herself

3 A : Can you pass me the milk, please?
B : I'm sorry, but there isn't _____ left.

(a) none (b) any
(c) anyone (d) some

4 The secretary decided to buy green decorations instead of _____.

(a) red that (b) red
(c) buy red (d) red one

5 A: That chocolate cake was absolutely delicious.
B: I wish you hadn't found it. Now there's _____ left!

(a) anything (b) some
(c) none (d) no one

6 Mr. Jameson just said that _____ are scheduled to meet with the director of studies at 4:00 tomorrow.

(a) me and you (b) you and me
(c) I and you (d) you and I

정답: 22p

문법파일 55

대명사, 이 정도는 기본!

대명사 it은 앞에 언급된 무언가를 받는다. 계절, 날짜, 요일, 시간, 거리, 날씨, 명암, 상황 등을 나타내는 비인칭 주어로도 쓰이며 the, this, that과 단수 보통명사(같은 물건 일 때)가 함께 쓰일 때 뒤에서 그것을 지칭하기도 한다. 반면에 one은 사람이나 사물을 막연하게 나타낸다.

앞에 나온 명사의 반복을 피하며 〈a+단수 보통명사〉(종류는 같으나 다른 물건 일 때) 형태로 쓰인다. 물질명사나 소유격 다음의 one은 생략한다.

타동사나 전치사의 목적어가 주어와 같을 때 재귀대명사 oneself를 쓰는 경우도 명심하며 최근에 출제율이 급증하고 있는 It ~ that 강조용법의 경우 강조하고자 하는 대상을 It과 접속사 that 사이에 위치시킨다는 점을 명심한다.

1. 불특정한 cake를 받는 one

Marilyn thought she would pick up a cake, but the bakery that she went to didn't have _____.
Marilyn은 케이크를 사오려고 했으나, 그녀가 갔던 빵집에는 신선한 케이크가 하나도 없었다.

(a) any fresh ones (b) any fresh one
(c) no fresh ones (d) no fresh one

2. ① 불특정한 사람은 someone이나 anyone / ② 부정문 = anyone

A: I was asked to come by today to pick up a bag of clothing for donation.
기부를 위한 의류 한 봉지를 오늘까지 가지고 오라는 요청을 받았어요.
B: That's odd. I wasn't informed that _____ would be coming by today.
그건 이상하군요. 오늘까지 누가 올 것이라는 이야기를 저는 듣지 못했는데요.

(a) it (b) they
(c) anyone (d) I

문법파일 56

인칭대명사와 재귀대명사

인칭대명사 (Personal Pronoun): I, you, he, she, they, we, etc.
재귀대명사 (Reflexive Pronoun): myself, yourself, himself, herself, etc.
소유대명사 (Possessive Pronoun): mine, yours, his, hers, etc.

3. ① 타동사의 목적어가 주어와 같을 경우는 재귀대명사 / ② lizard = themselves

To maintain their body heat in cold weather, lizards must expose _____ to sunlight.
추운 날씨에 체온을 유지하기 위해 도마뱀들은 몸을 태양빛에 노출시켜야만 한다.

(a) those (b) themselves
(c) ones (d) them

4. 전치사 뒤는 목적격

A: Who ordered this Chinese food? 이 중국 요리는 누가 주문했죠?
B: It's for _____. Thank you. 제 것입니다. 감사합니다.

(a) I (b) myself
(c) my (d) me

문법파일 57
부정대명사, 지시대명사 정리

nothing/something/anything의 경우 주어, 보어, 목적어 역할을 하는데 Sally sees nothing wrong with what her classmates are doing.처럼 형용사가 뒤에서 수식하는 경우가 있다. 관용적 표현으로는 for nothing(헛되이, 까닭 없이; 무료로)이 있으며 Think nothing of it.(감사·사죄에 대해: 천만에! 무슨 말씀을!)도 있으므로 암기하자. something은 긍정 의문문에, anything 부정 의문문에 쓰인다.

anything else 그 밖의 다른 무엇
anything goes 제멋대로 하다
anything like 조금이라도 ~한

5. most of 보통명사 = ~의 대부분, 대부분의 ~

She decided to donate _____ her earnings to the disadvantaged people in the world.
그녀는 자신의 수익 대부분을 세계의 가난한 사람들에게 기부하기로 결정했다.

(a) most (b) almost
(c) most of (d) a most

6. other people을 받는 others / cf. another = 또 하나, 하나 더

Nearly 500 people worked inside the nuclear plant, while hundreds of _____ worked in the uranium mines outside of the city.
근 500명의 사람들이 핵공장 내부에서 일을 했고, 다른 수백 명은 도시 외곽의 우라늄 광산에서 일을 했다.

(a) other's (b) another
(c) others (d) other

문법파일 58
기타 대명사의 용법

불가산명사의 경우 one으로 받지 않고 앞에서 소유격으로 수식된 명사가 같은 문장에서 반복되면 that이나 those로 받는다. no one과 nobody는 단수로 받되, 오직 사람만 받으며 none은 수와 양을 전부 받으며 사람을 포함한 수를 받을 때에는 복수, 양을 받을 때에는 단수로 받는 것이 특징이다.

7. ① contributions를 받는 대명사 = those / ② 소유격 = those of Einstein

It has been suggested that Newton's contributions to science were not as valuable as _____.
과학에 대한 뉴턴의 공헌은 아인슈타인의 공헌만큼 값지지 않다는 이야기가 있어왔다.

(a) Einstein (b) Einsteins
(c) those of Einstein (d) of Einstein

8. 의문문에서 쓰이는 anything

A: Would you like _____ else, maybe coffee or dessert? 다른 것 더 드시겠어요, 커피나 디저트?
B: No thank you. Just the bill will be fine. 고맙지만 사양할게요. 계산서나 주시면 되겠습니다.

(a) anything (b) nothing
(c) one thing (d) thing

① **one vs. the other** : 둘 중의 하나는 one, 나머지 하나는 the other
② **others vs. the others** : 막연한 나머지는 others, 지정된 나머지는 the others
③ **some vs. others** : 단독으로 쓰인 others는 other people의 뜻
④ **another** : 한 개의 것을 말한 다음에 다른 한 개의 것을 말할 때
⑤ **the one ~, the other...** : 전자는~, 후자는…(순서가 있음)

9. distinguish A from B / 둘 중 하나는 one, 다른 하나는 the other

A : Julie and Kate are twins so they wear the same sweater and the same pants.
   Julie와 Kate는 쌍둥이라서 똑같은 스웨터에 똑같은 바지를 입어.
B : Wow. It will be almost impossible to distinguish one from _____ then.
   우와, 둘 중 하나를 구별하기distinguish란 거의 불가능하겠다.

(a) other
(b) the other
(c) another
(d) others

문법파일 59

TEPS에서만 출제되는 대명사의 어순

① 단수 인칭은 2-3-1 인칭 순으로 쓴다.
This is what you, your daughter and, I will surely going to do. 이것이 당신, 당신의 딸, 그리고 제가 확실히 할 일입니다.

② 복수 인칭은 1-2-3 인칭 순으로 쓴다.
We, you and they all want acceptance letter. 우리, 당신들, 그리고 그들은 모두 수락 편지를 원하고 있습니다.

10. 대명사의 어순

This is what _____ am certainly convinced of. 이것이 당신, 당신 아들, 그리고 제가 확실히 확신하는 것이다.

(a) you, your son and I
(b) I, you and your son
(c) your son, you and I
(d) I, your son, and you

11. 타동사+대명사(목적어)+부사

A: Would you mind if I borrowed your economics textbook this weekend? 이번 주말에 당신의 경제학 교재를 제가 좀 빌려도 될까요?
B: Not at all. Why don't you _____ this afternoon? 물론이죠. 오늘 오후에 가져가지 그러세요?

(a) picking up it
(b) picking it up
(c) pick up it
(d) pick it up

〈타동사+부사〉 구문에서 목적어가 대명사로 올 경우 목적어는 동사와 부사 사이에 위치한다.

12. 타동사+목적어(대명사)+부사

A: **Have you been watching TV all morning?** 오전 내내 TV를 보고 있었나요?
B: **No, I _____.** 아니요, 방금 켰어요.

(a) turned it just on
(b) just turned it on
(c) have it just turned on
(d) just turned on it

Answers

1. (b) **2.** (c) **3.** (b) **4.** (d) **5.** (c) **6.** (c) **7.** (c) **8.** (a) **9.** (b) **10.** (a) **11.** (d) **12.** (a)

Daily Test

Part 1 Choose the best answer for the blank.

1 A: Excuse me. Can I have another piece of chocolate cake?
B: I'm afraid there's _____ left.

(a) none
(b) no one
(c) anything
(d) some

2 A: We have just over 2 liters of water.
B: I'm worried _____ enough for such a long hike.

(a) that isn't
(b) these aren't
(c) she isn't
(d) they aren't

3 A: I think you have to be extremely brave to go skydiving.
B: That's not true. _____ can do it, even you.

(a) Nobody
(b) Anyone
(c) Someone
(d) Anyone else

4 A: _____ did you think of the movie?
B: It was OK, but not great.

(a) What
(b) What's
(c) When
(d) How

Part 2 Choose the best answer for the blank.

5 The tours cater mostly to _____ in their early 20s who are athletic.

(a) person
(b) them
(c) those
(d) whom

6 I bought the most delicious peaches here last week, but I can't seem to find _____ again.

(a) them
(b) that
(c) it
(d) these

7 All of the hotel staff _____ pleasant, even early in the morning.

(a) are appearing
(b) appearing
(c) appears
(d) appear

8 If _____ not a problem, I'll come by this evening to pick up those tapes.

(a) you are
(b) the one is
(c) it's
(d) those are

Part 3 Identify the option that contains an awkward expression or an error in grammar.

9. (a) A: Excuse me. Would it be possible for me to have a blanket and a set of earphone please?
   (b) B: Sure, sir. Here you are. Is there something else I can do for you?
   (c) A: Actually, yes. I was wondering if we could get some drinks now.
   (d) B: Not right now, sir. But once the plane is airborne, I'll bring drinks for you.

10. (a) A: I'd love to move into a new apartment.
    (b) B: Have you started looking at what's on the market?
    (c) A: Yes, I found such that would be much less than what I'm paying now.
    (d) B: That's exciting. Let me know if you want me to look at anything with you.

11. (a) A: How are these invitations for?
    (b) B: They're for a surprise party I'm throwing for my sister next week
    (c) A: Wow. Where's the party?
    (d) B: At my place. I was planning to order pizza and make a cake.

Part 4 Identify the option that contains an awkward expression or an error in grammar.

12. (a) Studies have shown that active people live 20% longer than their inactive peers. (b) This suggests that it is important to incorporate at least one hour of activity into your daily routine. (c) In the winter months, it is a good idea to get a gym membership. (d) This encourage you to exercise even on the coldest days.

13. (a) A number of cases have recently come to light involving defective batteries in Bellworth computers. (b) Over 20,000 batteries have been recalled since January, 2007. (c) If you owns a Bellworth computer, please check the serial number on your battery. (d) The serial numbers within the recall can be found at www.bellworth/recall.com.

정답: 23p

Chapter 12. 형용사

Pretest

Choose the best answer for the blank.

1 It is _____ why he chose to finish his studies overseas.

(a) not entire clear
(b) not entirely clear
(c) entirely not clear
(d) entire clear not

문법파일 60

2 A: Are you sure this is _____?
B: Absolutely.

(a) the imaginable way best
(b) the imaginable best way
(c) the best way imaginable
(d) the way best imaginable

문법파일 61

3 Janet Black quickly became _____ singer that her songs were recognized in over 20 different countries.

(a) such great
(b) so a great
(c) so great a
(d) very great

문법파일 61

4 A : Dad, I'm thirsty. Can I have something to drink?
B : You can have some orange juice, although there isn't _____ left.

(a) few
(b) little
(c) some
(d) much

문법파일 62

5 You need to greet him in a _____ manner.

(a) friendly
(b) friend
(c) more friend
(d) much friend

문법파일 63

6 A: Do you know where a good place to talk privately?
B: Yes, that _____ parliament building is good.

(a) gray brick old
(b) old gray brick
(c) gray old brick
(d) old brick gray

문법파일 64

정답: 24p

문법파일 60

한정용법과 서술용법

명사를 꾸미는 적절한 형용사 고르기, 문장의 구조에 적합한 품사로서의 형용사 고르기는 항상 출제되는데, 한정용법이란 형용사가 명사의 앞뒤에서 직접 명사를 수식하는 경우이며 서술용법이란 형용사가 주격보어나 목적격보어로 주어의 성질, 상태를 서술하는 용법이다.

1. ① 한정용법 = 명사의 앞뒤에서 직접 수식

A: Is there _____ about Jane that you don't like? 네가 맘에 안 드는 Jane에 대한 특별한 것이 있니?
B: I just don't like the way she's always going out with men. 나는 그녀가 남자들과 데이트 하는 방식이 맘에 안 들어.

(a) particular something (b) particularly something
(c) something particular (d) something particularly

2. ① 서술용법 = 불완전 자동사의 보어 또는 주격, 목적격보어

A: Matthew, are you hesitating to propose to Kathy? Matthew, Kathy에게 프러포즈하는 데 주저하고 있어?
B: The problem is, she doesn't seem _____ to buy a house for me.
문제는 그녀가 날 위해 집을 살 정도로 부자가 아닌 것 같아.

(a) enough wealthy (b) enough wealthily
(c) wealthily enough (d) wealthy enough

문법파일 61

TEPS가 좋아하는 형용사의 어순

enough는 명사를 서술하는 형용사일 때에는 주로 명사의 앞에 위치하지만 형용사나 부사를 수식하는 부사로 쓰일 때는 반드시 뒤에 위치한다는 점에 유의한다. 또한 형용사가 명사 뒤에서 위치하는 경우는 (1) 수식어가 붙어서 길어질 때 (2) thing, body, one으로 끝나는 명사와 같이 쓰일 때 (3) 최상급 뒤에 나오는 명사를 -ible, -able로 끝나는 형용사가 수식할 때이므로 명심하기 바란다.

3. ① enough(형용사)+명사 / ② for 목적어+to부정사 = 누가 ~하기에 충분한 무엇

There were hardly _____ in the conference room. 대회장에는 모두가 앉을 자리가 거의 부족했다.

(a) enough seats for everyone to sit down (b) enough seats to sit down for everyone
(c) seats for everyone enough to sit down (d) seats to sit down enough for everyone

4. 형용사+enough(부사)+to부정사 = ~하기에 충분히 어떠한

The girl was _____ admit that she stole the chocolate bar.
그 소녀는 자신이 초콜릿 바를 훔쳤다는 사실을 인정할 만큼 정직하지가 못했다.

(a) not too enough honest to
(b) not honest enough to
(c) not honest too enough
(d) too enough honest to

문법파일 62

수량 형용사

many+복수 보통명사(가산명사)+복수동사
many a+단수명사+단수동사
= a (good, large, great) number of = a number of = numbers of

much+불가산명사+단수동사
= a great[good] deal of = a great[good, large] of = an amount[a quantity] of

lots of+복수 보통명사(가산명사)+복수동사
lots of+불가산명사 +단수동사 = a lot of = plenty of

few 거의 없는 (부정)
a few+복수 보통명사(가산명사)+복수동사 : 조금 있는 (긍정)

little 거의 없는 (부정)
a little+불가산명사 +단수동사 : 조금 있는 (긍정)

several+복수 보통명사(가산명사)+복수동사 : 몇몇의

no+가산명사+복수동사 : ~이 없는
no+불가산명사+단수동사

5. 불특정 다수를 받는 some (몇 개) / few+복수명사 / none = no one

A: Would you like me to pick up a dozen eggs on my way home?
  제가 집에 가는 길에 계란 12개를 사가지고 갈까요?
B: Actually, I bought _____ this morning. 실은 오늘 아침에 제가 몇 개 샀어요.

(a) that (b) few
(c) some (d) none

6. 관사+수사+단위명사+단수명사

A: Where were you? 어디 갔다 오셨어요?
B: I just came home from _____. 2주 휴가에서 방금 돌아왔습니다.

(a) two-weeks vacation (b) two-week vacation
(c) a two-week vacation (d) a vacation two weeks

7. ① 조동사+동사원형 / ② 수백, 수천, 수만, 수십만 = hundreds, thousands, tens of thousands, hundreds of thousands

(a) Every year, thousands of homes are damaged due to flooding. (b) It is critical that your home insurance covers such damage. (c) Otherwise, the costs can exceed thousand of dollars. (d) Talk to your insurance company about coverage plans today, and find out what you can do to protect yourself, and your home, in the case of a flood.

매년 수천 채의 주택들이 홍수에 피해를 입는다. 당신의 주택 보험이 그러한 피해를 보상해주는지는 매우 중요하다. 그렇지 않으면, 그 비용은 수십만 달러를 초과할 수도 있다. 당신의 보험 회사에 오늘 보장 정책에 대해 물어보고, 당신 자신과 당신의 집을 홍수가 일어났을 때 어떻게 보호할 수 있는지를 알아내라.

문법파일 63

부사와의 관계

주어와 본동사 사이에 위치할 수 있는 것은 영어의 8품사 중에 조동사와 부사 밖에 없다. 형용사는 그 자리에 절대로 들어갈 수 없으며 문장을 볼 때 무조건 -ly로 끝났다고 해서 부사로 보지 말고 friendly, lovely, weekly, monthly 등의 형용사들도 있다는 것을 명심하자.

-ly 형태의 형용사

- **friendly** 우호적인
- **lovely** 귀여운
- **motherly** 어머니다운
- **orderly** 규칙적인
- **manly** 남자다운
- **lonely** 고독한
- **costly** 비싼
- **womanly** 여자다운
- **timely** 적시의
- **comely** 아름다운
- **yearly** 연간의
- **weekly** 주간의
- **ugly** 추한
- **monthly** 매달의
- **homely** 가정적인
- **lively** 활기찬

8. ① a+형용사+명사 어순

A: I can't see "Fishing Review" at the newsstand anymore. 가판대에서 더 이상 Fishing Review가 안 보이더라.
B: The book used to be published _____ but now the company went bankrupt.
그 책이 월간으로 나왔는데, 지금 그 회사가 파산했어.

(a) on monthly basis (b) on month basis
(c) on a monthly basis (d) on the monthly basis

9. ① really가 '확실히, 아주'라는 뜻으로 명사를 강조할 때는 동사 앞에 온다. / ② they(the telemarketers) really are (irritating)

A: Telemarketers are so irritating! 전화판매원들 때문에 너무 짜증이 나요!
B: Yes, _____. 네, 정말 그래요.

(a) they really are (b) really are they
(c) really they're (d) they are really

문법파일 64
기타 명심해야 할 사항들

형용사와 부사는 혼동하기 쉬워서 항상 그 용도와 다른 품사들과의 관계를 파악하도록 하며, 〈대소형용사+모양 형용사+성질, 상태 형용사+신구, 노소 형용사+색깔 형용사+재료 형용사〉로 나열할 수 있는 형용사의 어순에도 각별히 유의하도록 한다.

10. 신구, 노소+색상+재료

A: Have you got any suits to wear for the reception? 환영회 때 입을 정장이 있나요?
B: Sure, I have _____. 그럼요, 두벌의 예쁜 핑크색 옷이 있어요.

(a) two pretty pink ones (b) pretty two pink ones
(c) two pink pretty ones (d) pink two pretty ones

형용사가 여럿 열거될 때 순서를 묻는 문제이다. '지시, 수량, 대소, 성질·상태, 색깔, 신구, 재료'의 순으로 나열하면 된다. 문제에서, 수량 형용사 two, 성질을 나타내는 형용사 pretty, 색깔을 나타내는 pink의 순으로 열거해야 한다. 정답은 (a) two pretty pink ones이다.

11. 성질, 상태+색깔+재료

My girl friend Jerry wore _____ shawl around her shoulders.
내 여자친구 Jerry는 어깨에 아름다운 파란 실크 숄을 둘렀다.

(a) a beautiful blue silk (b) blue silk a beautiful
(c) beautiful blue silk (d) a blue beautiful silk

12. all of+정관사+형용사+명사

It is important to design a routine that exercises _____ of the body.
몸의 모든 중요 근육들을 운동시키는 일정한 순서를 정하는 것이 중요하다.

(a) all of the major muscle groups
(b) the all major muscle groups
(c) all of major muscle groups
(d) the major all muscle group

13. 대소+모양+재료

My sister Kate wants to buy a _____ table. 우리 Kate 언니는 작은 사각 나무 테이블을 사고 싶어한다.

(a) small square wooden
(b) square small wooden
(c) wooden small square
(d) small wooden square

Answers

1. (c) 2. (d) 3. (a) 4. (b) 5. (c) 6. (c) 7. (c) thousand → thousands 8. (c) 9. (a) 10. (a)
11. (a) 12. (a) 13. (a)

Daily Test

Part 1 Choose the best answer for the blank.

1 A : Mary, this cake is _____ I'll have another piece.
B : Sure. I can give you the recipe if you'd like.

(a) good
(b) that good
(c) so good that
(d) that so good

2 A : I'm happy to see either movie. _____ one would you prefer?
B : I think I'd rather see the action film.

(a) Which
(b) Whichever
(c) What
(d) Whatever

3 A: Where do you think we should hold the auditions?
B: Well, the theater has nice lighting, but the auditorium can accommodate _____ people.

(a) more
(b) most
(c) mostly
(d) the more

4 A: Which type of coffee would you prefer?
B: It doesn't matter to me. _____ kind will do.

(a) Only
(b) Some
(c) Any
(d) Such

Part 2 Choose the best answer for the blank.

5 _____ forms of reading materials used in the lesson include newspapers and magazines.

(a) Another
(b) Other
(c) Other's
(d) The others

6 Could you help me to decide _____ actor should play the lead role?

(a) whichever
(b) whatever
(c) which
(d) that

7 The new security measures were _____ small-scale theft in popular shopping malls.

(a) enough not stopping
(b) not stopping enough
(c) not enough to stop
(d) enough to not stop

8 From downtown it's only _____ to the ski resort in Golden.

(a) 10-minute drive
(b) 10-minutes drive
(c) a 10-minute drive
(d) 10-minute drives

Part 3 Identify the option that contains an awkward expression or an error in grammar.

9 (a) A: This looks wonderful. Thanks for making dinner.
(b) B: It's no problem. I'm happy to do it.
(c) A: This is one of my favorite dishes. You know how I like green curry much.
(d) B: That's why I made it. I remembered that it was your favorite.

10 (a) A: Hi. I'm interested in applying for a job at this bookstore.
(b) B: Great. Do you have any previous work experience?
(c) A: Yes. I actually worked in a bookstore in Dublin for 4 years.
(d) B: That sounds quite impressed. Why don't you fill out an application?

11 (a) A: Do you want to go to see a movie tonight, James?
(b) B: Sounds good. Do you have specific anything in mind?
(c) A: I want to see that new 007 movie.
(d) B: Deal! Let's go and see it.

Part 4 Identify the option that contains an awkward expression or an error in grammar.

12 (a) Until the age of ten, Howard Stone had been in and out of foster house. (b) He was in one of those foster homes where he met Craig Vaughn, who temporary adopted him. (c) However, Howard's mother refused to give him up a year later, and the case went to court. (d) There, Howard was faced with the decision to choose who would take permanent legal custody of him.

13 (a) Hurricanes are among the earth's most destructive acts of nature. (b) While some last only a few hours, their effects can be widespread. (c) Some hurricanes in the past have caused billions of dollars in structural damage to buildings. (d) Few are as destructively as the one that hit the West Coast of the U.S in 2004.

정답: 25p

Chapter 13. 비교급

Pretest

Choose the best answer for the blank.

1 A: It's amazing how quickly technology becomes outdated these days.
B: I know. It's advancing at _____ rate than most people ever envisioned.

(a) the faster
(b) a fast
(c) a much faster
(d) the fastest

2 As a result of traffic delays, it took John _____ to get home from his office.

(a) more than twice time
(b) twice as much time as
(c) twice somuch time
(d) twice as much time

3 A: How many pamphlets would you like?
B: _____ many as you can give me.

(a) As
(b) Much
(c) So
(d) Such

4 The cost of tuition was _____ what he had anticipated.

(a) a little higher than
(b) a little higher
(c) a higher
(d) a little than higher

5 China has _____ population.

(a) world's larger
(b) the world's largest
(c) the world's larger
(d) a world's large

6 James Wilson is two years _____ my younger brother.

(a) senior to
(b) senior than
(c) more senior than
(d) as senior as

7 A: Can you find a question that's easier to solve?
B: Actually, this one is the _____. The rest are even more difficult.

(a) easier
(b) easiest
(c) easy
(d) ease

문법파일 65

어형 변화의 개념

형용사와 부사는 원급, 비교급, 최상급으로 어형 변화를 하는데 TEPS에서는 원급, 최상급보다 비교급의 출제 비중이 높다. 수량, 성질, 모양 등을 나타내는 형용사나 부사의 원급, 우등, 열등 비교의 기본 특징과 관용적 표현을 익히고 최상급의 형태까지 함께 학습해 보도록 한다.

1. ① least는 little의 최상급 = 가장 적은 것 / ② worst는 bad의 최상급

A: Thanks for bringing flowers tonight. 오늘 밤 꽃을 가져다주어 고마워요.
B: Oh, it was _____ I could do after everything you've done for me over the past few weeks.
오, 지난 몇 주간 당신이 제게 해주신 모든 일들에 비하면 아무것도 아니에요.

(a) the least
(b) the worst
(c) the most
(d) the few

2. ① good의 비교급은 better / cf. 원급은 as good as I had imagined

A: What do you think about Mike's new screenplay? Mike의 신작 영화 대본에 대해 어떻게 생각해요?
B: I was surprised. It's _____. 놀랐지요. 제가 상상했던 것보다 더 좋던데요.

(a) as best as I had imagined
(b) better than I had imagined
(c) the best as I had imagined
(d) more better than I had imagined

문법파일 66

동등선언 – 원급비교

비교 대상 두 개를 놓고 우열을 가른다기보다는 동등하게 비교하는 것으로서 처음에 나오는 부사 as와 두 번째 나오는 등위접속사 as의 용법을 잘 파악해야 한다. 원급을 가지고도 여러 관용표현이 다음과 같이 나올 수 있으므로 모두 암기해두자.

① **not so much A as B = B rather than A** : A라기 보다는 오히려 B
② **as ~ as+주어+can = as ~ as possible** : 가능한 ~, 되도록 ~한
③ **as long as** : ~하는 한
④ **as good as** : 거의 ~인, ~나 다름없는
⑤ **as far as possible = as much as possible** : 되도록 (많이), 가급적

3. ① 시험에서 잘 = as well on the exam / ② 예상했던 것만큼 = as she had expected

Karen did not do _____ she had expected given the amount of time she studied.
Karen은 공부한 시간을 감안하면 예상했던 것보다 시험을 잘 치지 못했다.

(a) as well on the exam as
(b) on the exam as well as
(c) as on the exam well as
(d) as well as on the exam

4. 배수 표현 = 배수(twice, three times…) as 형용사 as

A: My phone bill arrived, and it's $60 this month! 제 전화요금 고지서가 도착했는데, 이번 달에 60달러나 나왔어요!
B: Wow! That's nearly _____ mine usually is. 우와! 그건 저의 보통 때 요금보다 거의 두 배나 많은데요.

(a) twice much as
(b) twice as much as
(c) as twice as much
(d) twice as much

문법파일 67
난 너보다 우월해 – 비교급

비교 대상 두 개를 놓고 어느 대상이 더 높고 낮은지 우열을 따지며 비교하는 등위접속사 than의 용법을 명확히 파악해야 한다. 또한 관용표현 중 〈the+비교급, the+비교급〉은 출제율이 높으므로 아래 표현들과 함께 꼭 외워두자.

① **the+비교급, the+비교급** : ~하면 할수록 더욱더 …하다
② **the+비교급+of the two** : '둘 사이에'라는 구문이 비교급을 한정하면 정관사 the를 써야 한다.
③ **more than / less than** : ~ 이상/~보다 적은
④ **B rather than A** : A라기보다는 오히려 B한
⑤ **know better than to+동사원형** : ~할 만큼 어리석지 않다

라틴계 비교 : cf. 〈as ~as〉나 〈-er+than〉의 형태가 아닌 전치사 to를 수반하는 비교급

① **senior to** : ~보다 연장자의, 나이가 든
② **junior to** : ~보다 어린
③ **superior to** : ~보다 뛰어난, 우수한
④ **inferior to** : ~보다 열등한

* prior to(~ 이전에는)는 라틴계 비교급에서 파생된 형태이나 전치사의 범주에서 기억하도록 하자.

5. ① 더 쉬운 = easier / ② 훨씬 더 쉬운 = much easier

A: Should I take Main St. to get to the theatre? 극장으로 가려면 Main 가로 가야 하나요?
B: I think there might be a much _____ way to get downtown. 시내로 가는 더 쉬운 길이 있을 거예요.

(a) easy
(b) easier
(c) easiest
(d) more easy

6. ① the 비교급, the 비교급 = ~하면 할수록 더 …하다 / ② 어순 주의

During weather like today, I always say that _____, the better.
오늘 같은 날씨에는, 저는 이동할 거리가 짧을수록 더 좋다고 항상 말하곤 합니다.

(a) the less have you to travel
(b) the less you have to travel
(c) the travel you have less of
(d) the less you to have travel

7. ① spicy의 비교급 = spicier / ② 훨씬 더 맛이 강한 = much spicier

Indian food is very similar to Pakistani food, except that it tends to be _____.
인도 요리는 훨씬 더 향료가 강한 편이라는 점만 빼면 파키스탄 요리와 매우 비슷합니다.

(a) less spicier
(b) very spicier
(c) much spicier
(d) more spicier

문법파일 68

내가 모든 것의 지존 – 최상급

〈the+형용사+est〉 또는 〈the most+형용사〉로 표현되며 셋 이상 중에서 최고의 지존을 가르는 어법이다. 최상급 문장의 뒤에는 〈+of all/+in+장소/+ever 현재완료시제〉 등이 나온다. 또한 비교급으로 최상급을 나타내는 표현으로 〈비교급+than+ever〉, 〈비교급+than+any other+단수명사〉, 〈비교급+than+all the other+복수명사〉, 〈as ~ as+ever〉 등이 있고, 관용표현으로는 〈the last person+to+동사원형(가장 ~할 것 같지 않은 사람)〉, for the most part(대부분, 거의), 〈the latest+명사(가장 최신의 ~)〉가 있다.

8. 비교급을 이용한 최상급의 표현

A: Everyone was so helpful with this project proposal. 이 프로젝트 제안서에 대해 모두들 너무 잘 도와주셨어요.
B: I agree, but I think that more credit should go to Jim than _____. 동감입니다만, 다른 그 누구보다 Jim에게 더 많은 공이 돌아가야 할 것 같습니다.

(a) anyone has
(b) to anyone else
(c) to someone
(d) to anyone else's

9. all the more 형용사 = 더욱 더 ~한

The fire safety training was _____ as there was a fire alarm just the next week.
그 소방 훈련은 바로 그 다음 주에 화재 경보가 울렸기 때문에 더욱 더 가치가 높아졌다.

(a) the most valuable of all
(b) all the valuable more
(c) more valuable for
(d) all the more valuable

문법파일 69

기타 암기할 사항

다음 표현들은 헷갈리므로 모두 암기하도록 한다.

- **far** : 비교급은 **farther**(거리) / **further**(정도), 최상급은 **farthest**(거리) / **furthest**(정도)
- **late** : 비교급은 **later**(시간) / **latter**(순서), 최상급은 **latest**(시간) / **last**(순서)
- **old** : 비교급은 **older**(늙은) / **elder**(손위의), 최상급은 **oldest**(늙은) / **eldest**(손위의)
- **good**, **well** : 비교급은 **better**, 최상급은 **best**
- **much**, **many** : 비교급은 **more**, 최상급은 **most**
- **bad**, **ill** : 비교급은 **worse**, 최상급은 **worst**
- **few** : 비교급은 **fewer**, 최상급은 **fewest**
- **little** : 비교급은 **less**, 최상급은 **least**

10. ① 더 가까이 = closer / ② farther(더 먼)는 far의 비교급

A: Am I too far from the microphone? 제가 마이크에서 너무 떨어져 있나요?
B: Yes, you are. Could you please move a little _____? 네, 그렇습니다. 좀 더 가까이로 움직여주시겠어요?

(a) less
(b) better
(c) farther
(d) closer

11. ① it ~ to부정사 구문 / ② 비교 대상 = to do extensive research vs. to ground your ideas on ~

It is better to do extensive research _____ your ideas on general assumptions.
아이디어를 일반적인 추측에 기반하기보다는 광범위한 연구를 하는 것이 낫다.

(a) than to ground
(b) to ground
(c) grounding
(d) than grounded

12. not as much as = ~만큼 많지 않은

A: Did you enjoy the musical production? 그 뮤지컬 공연은 즐거우셨나요?
B: I did, although not _____ as I had expected to. 네, 제 기대에는 못 미쳤지만요.

(a) much
(b) as much
(c) much so
(d) much as

13. 가능한 한 자주 = as often as possible = as often as it can be

The information is changed _____ to ensure that customers have access to up-to-date data. 그 정보는 고객들이 최신 자료에 접근할 수 있도록 최대한 자주 변경된다.

(a) as often as possible
(b) often as possible
(c) as possible as often
(d) possible as often

Answers

1. (a) **2.** (b) **3.** (a) **4.** (b) **5.** (b) **6.** (b) **7.** (c) **8.** (b) **9.** (d) **10.** (d) **11.** (a) **12.** (b) **13.** (a)

Daily Test

Part 1 Choose the best answer for the blank.

1 A: Are you concerned about your upcoming surgery?
B: Not at all. Actually, I'm _____ as ever.

(a) most positive
(b) as positive
(c) more positive
(d) positively

2 A: Did you give Professor Barger a good evaluation?
B: I did. I strongly believe that he's as much concerned with his students _____ he is with his own research.

(a) so
(b) because
(c) as
(d) for

3 A: Could we move the meeting to _____ we had planned?
B: Sure, what would be the best time for you?

(a) a later time than
(b) a late time as
(c) a time later than
(d) the late time that

4 A: Have you managed to contact all of the students for the next course?
B: I'm working on it, but it's taking much longer than _____ it would.

(a) my thinking
(b) thought I
(c) my thought
(d) I thought

Part 2 Choose the best answer for the blank.

5 James is quite a bit older than _____ kids on the team.

(a) any others
(b) all the other
(c) all others
(d) other than

6 In the early 1900s, Canada was responsible for _____ than any other country.

(a) more grain exports
(b) the more grain exports
(c) the number of grain exports as
(d) more grain exports as

7 I can't imagine anything _____ being woken up from a deep sleep by a knock on the door.

(a) least
(b) worse than
(c) worst
(d) less than

8 It seems that _____ time spent worrying about things that you can't change, the better.

(a) the little
(b) the little that
(c) the less as
(d) the less

Part 3 Identify the option that contains an awkward expression or an error in grammar.

9 (a) A: What characteristics do you like about your new girlfriend?
(b) B: She's kind, sincere, honest, and intelligent.
(c) A: Do you care that you're almost twice old as she is?
(d) B: No, I don't think age is important when it comes to love.

10 (a) A: Hello Daisy? Have you finished the time sheets for this week?
(b) B: Yes. I'll fax that to you as soon as possibly.
(c) A: Great. I need to look it over by tomorrow.
(d) B: Okay, I'll put it on the top of my list.

11 (a) A: John, I've thought about a nice place to visit for our holiday.
(b) B: You did? Well, I hope it's good than the place we visited last summer.
(c) A: This time I am thinking about going overseas.
(d) B: Sounds like a great idea, but we might have to spend lots of money.

Part 4 Identify the option that contains an awkward expression or an error in grammar.

12 (a) Even when you're doing nothing but reading books, your hair is constantly growing. (b) For most people, hair grows all the time, though not always at the same pace. (c) It grows most slowest at night, no matter you're sleeping or not. (d) It grows fastest around 10 in the morning.

13 (a) There is much debate surrounding schools that are divided based on gender. (b) Is it true that girls learn better in an all-girls environments? (c) Much time and research has been out into finding an answer to this question. (d) Studies have shown that girls do, in fact, learn best in single-sex schools.

정답: 26p

Chapter 14. 관계사

Pretest

Choose the best answer for the blank.

1. The Great Barrier Reef in Australia is home to a number of aquatic species _____ not found anywhere else in the world.

(a) that are
(b) that is
(c) is
(d) are

2. It is surprising how few people there are _____ are actually happy at work.

(a) whom
(b) what
(c) who
(d) whose

3. My mother's recipes were among the things _____ were lost in the fire.

(a) who
(b) in which
(c) that
(d) what

4. She is hoping to visit the small town of Ridley _____ his father was born.

(a) that
(b) when
(c) which
(d) where

5. Studies have suggested that _____ has a direct connection to your moods.

(a) where you live
(b) where living
(c) living where you
(d) where do you live

6. Please do not hesitate to ask _____ questions you may have with respect to the presentation.

(a) what
(b) whatever
(c) which
(d) ever

문법파일 70

두 문장을 하나로 – 선행사와 관계대명사

관계대명사는 두 개의 문장을 연결하는 접속사 기능과 함께, 두 개의 문장에서 공통적으로 들어간 명사를 지칭하는 대명사의 기능을 한다. 두 문장에서 중복되는 명사를 선행사라고 하며 관계대명사 왼쪽에 위치시킨다. 사람 관계대명사와 사물 관계대명사의 구분, 선행사와의 수일치, 관계대명사의 격, 선행사를 포함하고 있는 관계대명사 what의 쓰임 등이 주요 출제 대상이다. 관계대명사의 종류는 앞의 선행사가 '사람이냐 사물이냐'로 따지며 관계부사는 앞의 선행사가 '장소, 방법, 시간, 이유' 중 어떤 것을 나타내는지에 따라 그 종류를 결정한다.

1. ① 주격 관계대명사 / ② 선행사 one resort

A: Have you decided where to go for your vacation? 휴가 때 어디로 갈지 결정했나요?
B: John showed me photos from one resort _____ looked pretty nice in the Mayan Riviera.
　John이 Mayan Riviera의 아주 멋진 한 리조트에서 찍은 사진들을 보여주더군요.

(a) that　　　　　　　　(b) of which
(c) who　　　　　　　　(d) that's

빈칸 뒤에 동사 looked가 오므로 주격 관계대명사가 와야 하고, 선행사가 사물이므로 that을 쓴다.

2. 계속적 용법의 관계대명사 which

A: Did you enjoy the conference in Austin? 오스틴에서의 컨퍼런스는 즐거웠나요?
B: It wasn't bad. The weather was beautiful all weekend, _____ made it a worthwhile trip.
　괜찮았어요. 주말 내내 날씨도 좋아서 더더욱 갈만한 여행이 되었죠.

(a) of which　　　　　　(b) in which
(c) where　　　　　　　(d) which

앞 문장 전체를 선행사로 받는 관계대명사 which가 알맞다.

문법파일 71

관계대명사 관련 문제에서 조심할 점들!

관계대명사 바로 뒤에 주어가 온다고 해서 무조건 목적격 관계대명사가 생략된 것으로 생각해서는 안 된다. 관계대명사의 격은 그것이 뒤에 이어지는 문장에서 어떤 역할을 하는가에 의해 결정되기 때문이다. 그리고 those 다음에는 보통 관계대명사 who가 와서 '~한 사람들'을 뜻하는 표현으로 쓰인다.

3. 선행사 〈a number of 복수명사〉와 복수동사가 있으므로 주격 관계대명사

There are a number of people in the world _____ have a natural antibody to snake venom.
이 세계에는 뱀의 독에 대한 자연적인 항체를 가지고 있는 사람들이 꽤 많다.

(a) whom
(b) who
(c) whose
(d) who's

선행사가 a number of people이고 빈칸 뒤에 동사 have가 오므로 주격 who가 와야 한다.

4. ① 선행사 books / ② 전치사+관계대명사

Autobiographical works are generally books _____ the author tells the story of his own life and experiences. 자전적 소설은 일반적으로 저자가 그 자신의 인생과 경험을 이야기하는 책들을 말한다.

(a) in which
(b) to which
(c) which
(d) on which

the author tells the story of his own life and experiences in the books가 완전한 문장이다. 전치사 in이 있으며 사물 선행사 the books는 관계대명사 which로 받아야 하므로 in which가 알맞다.

5. ~하는 사람들 = those who

It is known that _____ went to America to look for gold in 1849 were called the 49ers.
1849년에 금을 찾으러 미국에 간 사람들을 49사람들이라고 불렸다.

(a) which they
(b) that who
(c) of whom
(d) those who

••• 문법파일 72
장점도 많고 단점도 많은 관계대명사 that과 what

that 앞에는 콤마(,)를 찍을 수 없으며(계속적인 용법으로는 못 쓰임) 〈전치사+관계사〉 형태로 못쓰고 오로지 주격과 목적격으로만 쓰일 수 있다. 선행사가 〈사람+사물〉, 〈사람+동물〉일 경우 오직 that만 쓸 수 있으며 선행사 앞에 최상급이나 the only 등이 왔을 때에도 오로지 that만 사용할 수 있음에 유의한다. 관계대명사 what은 선행사를 포함하고 '~하는(인) 것'으로 해석한다. 관계대명사이므로 what이 이끄는 절은 주어나 목적어가 빠진 불완전한 절이 되어야 한다.

6. 주격 관계대명사 that

A: Why are you going to see the guidance counselor? 상담 교사를 왜 만나러 가는 거죠?
B: I thought I would talk to her about my academic program, and look into summer jobs _____ are available to students.
제 수업 프로그램에 대해 상의하고 학생들이 할 수 있는 여름 일자리에 대해 알아보려고요.

(a) so
(b) those
(c) if
(d) that

7. 선행사를 포함하는 what

A: John, are you sure this is the book she wants? John, 이게 그녀가 원하던 책이란 게 확실해?
B: Yes, that's exactly _____ she is looking for. 맞아. 그게 정확히 그녀가 찾던 거야.

(a) which
(b) that
(c) what
(d) whom

관계대명사 what은 선행사를 포함하고 있으므로 문장에 선행사가 없는 것이 특징이다.

문법파일 73
관계부사

관계대명사가 〈접속사+대명사〉의 역할을 한다면, 관계부사는 〈접속사+부사〉의 역할을 한다. 관계대명사절은 불완전한 반면, 관계부사절은 완전한 문장을 이룬다. 또한 선행사에 따라서 the time - when, the place - where, the reason - why, (the way) - how를 쓰며 how는 선행사 the way와 같이 쓸 수 없고 선행사와 how 둘 중에 하나만 쓴다는 점에 유의한다.

8. 전치사+관계대명사 = 관계부사

We live in a time in history _____ the divide between the rich and poor is more apparent than ever before. 우리는 역사상 빈부 격차가 그 어느 때보다도 분명한 시기에 살고 있다.

(a) where
(b) which
(c) when
(d) to which

선행사는 시기(a time)이며 in history는 부사구로 보면 된다. 따라서 관계부사 when 아니면 in which로 써야 한다.

9. 접속사와 관계사의 구별

A: Where do you think you lost your coat? 당신 코트를 어디서 잃어버린 것 같아요?
B: I think I left it at Doug's place _____ I was there for his birthday.
　　Doug의 생일 파티에 갔을 때 그 집에 두고 온 것 같아요.

(a) which　　　　　　　　(b) to where
(c) whose　　　　　　　　(d) when

빈칸 앞뒤가 완전한 문장이고, 문맥상 '생일날 그 집에 갔을 때'가 되어야 하므로 when이 알맞다. 이 때 when은 시간 선행사를 취하는 관계부사 when이 아니라 시간 부사절을 이끄는 접속사이다.

문법파일 74

관계사, 이 정도는 알아야지!

관계대명사와 관계부사에 ever를 붙여서 〈선행사+관계대명사(부사)〉 역할을 하는 복합관계사 관련 문제와 관계대명사가 동사나 전치사의 목적어일 때 생략할 수 있는 경우, 주격 관계대명사이면서, 동사가 진행형이거나 수동태일 때 주격 관계대명사와 be동사를 한꺼번에 생략 가능한 경우를 모두 염두에 두고 시험에 임해야 한다.

10. whoever = anyone who

A: William, are you going to throw away that laptop? William, 저 노트북 버릴 거예요?
B: No, I'll give it to _____ wants it. 아니요, 원하는 사람이 있으면 줄 거예요.

(a) whoever　　　　　　　(b) whomever
(c) whenever　　　　　　　(d) whichever

11. ~하는 사람들 = those who

Those _____ suffer from depression often go undiagnosed for years.
우울증에 시달리는 사람들은 종종 몇 년간이나 진단을 받지 못하고 지내기도 한다.

(a) that　　　　　　　　　(b) who
(c) whom　　　　　　　　(d) what

빈칸 뒤에 동사 suffer가 있고 선행사는 those로 사람들이므로 주격 관계대명사 who가 알맞다.

12. 문장 전체를 선행사로 받는 which

My favorite actress Kelly Simpson announced that she was going to retire soon, _____ was very disappointing to many people including myself.

내가 좋아하는 여배우 Kelly Simpson은 곧 은퇴할 것이라고 발표했는데, 나를 포함해서 많은 사람들에게 그 소식은 정말 실망스러웠다.

(a) whose
(b) which
(c) what
(d) that

Answers

1. (a) 2. (d) 3. (b) 4. (a) 5. (d) 6. (d) 7. (c) 8. (c) 9. (d) 10. (a)
11. (b) 12. (b)

Daily Test

Part 1 Choose the best answer for the blank.

1 A: I don't understand why you won't let me read this book.
B: Well, when you become an adult, you can read _____ books you'd like.
(a) which
(b) what
(c) whatever
(d) whenever

2 A: Who should we choose to be the project leader?
B: _____ can make smart and efficient decisions.
(a) Whoever
(b) Who
(c) Those who
(d) Whichever

3 A: I just found out that my rent is going up by $100, _____ makes me so angry.
B: That's terrible. I hope you can afford it.
(a) who
(b) what
(c) that
(d) which

4 A: Our bookshelf is getting so crowded. Why don't we sell some of these books?
B: That's _____.
(a) what I was exactly thinking
(b) exactly I was thinking what
(c) exactly what I was thinking
(d) I was thinking exactly what

Part 2 Choose the best answer for the blank.

5 It is much easier to learn new languages as a child, _____ the mind is still forming its language patterns.
(a) where
(b) in which
(c) when
(d) what

6 The ceremony will honor those _____ have excelled in customer service throughout the year.
(a) who
(b) whom
(c) which
(d) they

7 I have to visit friends in Philadelphia this February, _____ means I won't be able to see you.
(a) what
(b) which
(c) that
(d) why

8 I like this new weight loss program because _____ main focus is on exercise and not dieting.
(a) its
(b) whose
(c) there's
(d) it is

Part 3 Identify the option that contains an awkward expression or an error in grammar.

9
(a) A: I'm so tired tonight.
(b) B: So am I. Why don't we just go to a movie?
(c) A: Sounds good. I'd like to see "The Cave." Is that okay with you?
(d) B: Sure. However you'd like.

10
(a) A: Well, I can't believe this is our last semester. Time goes really fast.
(b) B: You're telling me! Did you figure out which you're going to do after graduation?
(c) A: Sure, I'm going to join IBX corporation.
(d) B: Great, I think you will make it.

11
(a) A: Can you believe it's almost summer break?
(b) B: No, it came so quickly. Have you decided which you're going to do for three months?
(c) A: I think I'm going to work for my dad's construction company.
(d) B: That sounds like a great idea.

Part 4 Identify the option that contains an awkward expression or an error in grammar.

12
(a) Cutting down many trees and making fires in the forests worsen the greenhouse effect. (b) This causes the world's climate to become much warmer. (c) Therefore, terrible things will happen if the ice at the north and south poles melts because of the warmer climate. (d) This is that I'm going to explain to you now about the greenhouse effect today.

13
(a) Many of the foods that we eat today originated from diverse parts of the world. (b) Hummus, for example, is a popular chickpea spread to which is commonly eaten in North America. (c) Many people don't realize that it originally came from the Middle East. (d) Foods such as this have become so ingrained in North American cultures that their origins have been forgotten.

정답: 28p

Chapter 15. 부사

Pretest

Choose the best answer for the blank.

1. A: Hi Jane. Are you coming over for dinner?
   B: Of course. I'm _____ going to stop at the laundromat first.

   (a) just (b) soon
   (c) hardly (d) already

2. A: How is the project coming along?
   B: I'm _____ finished. I just have to read it over one more time.

   (a) then (b) almost
   (c) soon (d) near

3. A: Is it true that you are moving to a small town?
   B: Yeah, I _____.

   (a) don't like big cities just
   (b) don't just like big cities
   (c) don't like just big cities
   (d) just don't like big cities

4. A: Someone was at the door a couple of minutes _____.
   B: Did you notice who it was?

   (a) ago (b) yet
   (c) then (d) since

5. A: Which do you prefer, coffee or tea?
   B: Actually, I don't like _____.

   (a) neither (b) one
   (c) either (d) another

6. A: I ate four slices of pizza today.
   B: I'm surprised that you could eat _____ much.

   (a) that (b) such
   (c) this (d) so that

정답: 29p

문법파일 75

천방지축! 부사의 역할과 위치

부사는 문장에서 동사, 형용사, 또 다른 부사를 수식하여 상태나 정도를 나타내거나 강조해준다. 문장에서 부사의 위치를 묻는 문제가 매월 출제되므로 실용 영어에서 자주 사용되는 부사의 용례를 잘 알아두어야 한다. 정도를 나타내는 부사(very, much, even), 빈도를 나타내는 부사(always, often, usually) 등도 자주 출제되며 문장의 맨 앞에서 문장 전체를 수식하는 문장부사와 유도부사 there도 중요하다.

downtown, home, abroad 등 TEPS에서 오로지 부사로만 출제되는 것들의 이해와 형용사, 동사나 부사를 수식할 때 무조건 뒤에 붙는 부사 enough의 위치 또한 중요하다. 문맥을 파악하여 부사의 의미를 이해하는 연습도 중요하다.

1. 부사 = downtown

A: Where's Mr. Tronton? Tronton 씨는 어디 있죠?
B: He told me that he would go _____. 시내에 갈 거라고 말했어요.

(a) downtown   (b) to downtown
(c) toward downtown (d) for downtown

2. 형용사+enough+to부정사

A: Did you like the movie "Crash?" 〈크래쉬〉라는 영화를 좋아했나요?
B: I did, although I didn't think it was _____ an Oscar.
    네, 하지만 오스카상을 수상할win 정도로 뛰어나다고 생각하지는 않았지요.

(a) enough good for win (b) good enough to win
(c) good enough for win (d) enough good to win

enough가 부사로 쓰일 때는 형용사 뒤에 온다. 그래서 〈형용사+enough+to 부정사〉의 어순에 따라 good enough to win이 정답.

문법파일 76

빈도부사와 부정부사

빈도부사는 be동사 뒤, 일반동사 앞, 조동사와 본동사 사이에 위치하며 still의 경우 부정문에 쓰일 때 조동사 앞에 위치한다. 빈도부사 중에서 seldom, rarely, scarcely 등 '거의 ~하지 않는다' 라는 의미의 같은 부정부사는 이미 부정의 의미를 포함하고 있어서 문장에 쓸 때 not이 필요하지 않다.

빈도부사, 부정부사

frequently, scarcely, ever, always, seldom, regularly, rarely, often, sometimes

3. Rarely+동사+주어

_____ friendly people in New York city. 뉴욕 시에서 그렇게 친절한 사람들을 만나기란 쉽지 않다.

(a) Rarely do you meet such
(b) Rarely you meet such
(c) You rarely do meet so
(d) You meet rarely such

rarely는 '드물게, 좀처럼 ~하지 않는'이란 뜻으로 문장 앞에 오면 주어와 동사가 도치된다. 따라서 you rarely meet such ~는 Rarely do you meet such ~가 된다.

문법파일 77

TEPS에 자주 출제되는 부사들

already, yet 등의 부사는 완료시제와 같이 쓰인다. 문제에서 이들이 나오면 완료형 동사가 나와야 한다. 반대로 완료시제가 나오면 부사 자리에는 의미에 따라 다음의 부사들이 들어간다.

- **already** : 긍정문에서는 '이미', '벌써', 의문문에서는 '이렇게', '빨리', '놀람'의 의미로 쓰인다.
- **yet** : 긍정문에서는 '여전히', '아직도', 부정문에서는 '아직까지', 의문문에서는 '이미'라는 의미이다.
- **recently** : '최근에', '바로 얼마 전에'라는 뜻으로 완료형과 과거형에 모두 쓰인다.
- **just** : '틀림없이', '꼭', '이제 방금'이라는 의미이다.

4. 과거시제와 어울리는 ago

I was in Northern India _____. 나는 몇 년 전에 인도 북부에 있었다.

(a) many years ago
(b) many years since
(c) since many years
(d) many years from now

many는 형용사로 years를 수식하고, ago는 과거 시제와 연결된 부사로 문장 끝에 온다. 따라서 many years ago가 알맞다.

5. still+동사

A: That news report suggested that there is no point in recycling plastics.
  그 뉴스 보도에 따르면 플라스틱을 재활용하는 것은 별 소용이 없다고 하던데요.
B: Well, a large number of people _____. 하지만 아직도 많은 사람들이 그렇지 않다고 믿지요.

(a) still believe that there is
(b) that believe there is still
(c) believe that still there is
(d) still believe that is there

부사 still은 본동사 앞에 온다. 따라서 still believe가 되고, 이어지는 목적어절 내에서는 that 뒤에 there is (a point in recycling plastics)가 온다.

6. rather = 상당히, 꽤

A: Have you told him that his goldfish died? 그에게 그의 금붕어가 죽었다는 것을 이야기했나요?
B: Not yet. I think he'll be _____ upset. 아직 안 했어요. 그가 매우 상심할 것 같아요.

(a) just
(b) rather
(c) very much
(d) only

문장 중간에 쓰여 '조금, 상당히, 꽤'라는 뜻의 부사는 rather를 쓴다. very much는 문장 끝에 쓴다.

7. can't 동사+enough = 아무리 ~하여도 부족하다

A: Is it important that I have this project completed by the May deadline?
제가 5월 마감일까지 이 프로젝트를 완수하는 것이 중요한가요?
B: Absolutely. I told you that last week, and I can't emphasize it _____.
당연하지요. 제가 지난주에도 그렇게 말씀드렸지만, 매우 강조하고 싶군요.

(a) that much
(b) too much
(c) so much
(d) enough

문맥을 잘 따져봐야 하는 문제이다. 〈can't 동사+enough〉를 쓰면 '아무리 ~하여도 부족하다'는 뜻으로 강한 긍정을 나타낸다. that much를 쓰면 '그렇게'란 뜻으로 '그만큼 강조할 수 없다'는 의미이고, too much를 쓰면 '그다지 강조하지 않는다'는 뜻이 된다.

8. 의문부사: when(언제), where(어디), why(왜), how(어떻게 – 수단, 방법)

A: _____? 왜 전화 했어?
B: I want to ask you something about my girl friend. 내 여자 친구에 대해 너한테 물어보고 싶어서.

(a) Why did you call me for?
(b) Why did you call me
(c) What did you call me?
(d) How did you call me for?

문법파일 78

대부사와 기타 부사들

TEPS에서는 대형태의 출제율이 높다. 상대방이 말한 명사를 반복하기 싫어서 다시 쓰는 것이 대명사, 상대방이 말한 동사를 반복하기 싫어서 주로 do로 쓰는 것이 대동사, 상대방이 한 말을 다시 반복할 때 to부정사구에서 to까지만 쓰는 것을 대부정사, 그리고 상대방이 말한 문장 전체를 다시 쓰기 싫어서 긍정문일 경우 so로, 부정문일 경우 not으로 쓰는 경우는 대부사라고 한다. TEPS에서는 이 대부사의 용법이 출제율이 높으므로 기타 여러 부사들의 용법과 함께 꼭 알아두길 바란다.

9. I'm not available을 받는 대부정사 not

A: Are you available to meet for lunch next Thursday? 다음 주 목요일 점심 때 만날 수 있어요?
B: I'm afraid _____. I'll be in Texas next week for a conference.
　　안될 것 같네요. 다음 주에는 컨퍼런스가 있어서 제가 텍사스에 있을 겁니다.

(a) to
(b) no
(c) not
(d) so

I'm afraid I'm not available to ~는 간단히 I'm afraid not으로 대신해 쓸 수 있다.

10. such+관사+명사

Douglas Coupland's first book was _____ a success that he instantly became a well-known writer in North America. Douglas Coupland의 첫 번째 소설은 엄청난 성공을 거두어 그는 북미에서 순식간에 유명 작가가 되었다.

(a) so
(b) such
(c) as
(d) much

such는 뒤에 〈(관사)+(형용사)+명사〉가 오고, so는 뒤에 〈형용사+(관사)+명사〉가 온다.

11. enough가 부사로 쓰일 때 : 동사, 형용사, 부사의 뒤에 위치

A: John, how's your new apartment? John, 새 아파트는 어때?
B: Well, it's _____. 음, 충분히 편안하고, 사치스러운 것은 없어.

(a) comfortable enough but nothing luxurious
(b) enough comfortable but luxurious nothing.
(c) comfortable but luxurious nothing enough
(d) enough comfortable but nothing luxurious

Answers

1. (a) 2. (b) 3. (a) 4. (a) 5. (a) 6. (b) 7. (d) 8. (b) 9. (c) 10. (b) 11. (a)

시험당일 반드시 명심해야 할 부사 핵심사항!

01. TEPS 문법 문제를 풀 때에는 항상 문장구성요소를 확인하여 부사가 올 자리인지의 여부를 확인해야 한다. 다음과 같은 기본사항은 항상 명심하고 문제를 풀어나간다.
① 1형식 완전자동사 뒤에는 부사가 온다.
    She runs fast에서 fast는 형용사가 아니라 부사
② 주어와 본동사 사이에 들어갈 수 있는 품사는 조동사와 부사이며
    be+p.p, have[has]+p.p, had+p.p 사이에 들어가서 수식하는 어구는 부사가 되어야 한다.
③ 파트 3, 4 문제에서는 부사를 사용할 자리에 형용사, 명사를 사용하여 혼동시키므로 주의 하자.

02. enough의 위치 문제는 TEPS 문법의 단골메뉴이다.
명사수식(형용사용법): enough+명사 → 전치수식
동사, 형용사, 부사수식(부사용법): 형용사[부사]+enough → 후치수식

03. 빈도, 정도부사의 위치문제는 출제빈도가 높으므로 반드시 이해합니다.
원칙:
① be 동사 뒤
② 일반동사, have동사 앞
③ 조동사와 본동사 사이/be+p.p.사이
- 빈도부사
  ever, always, seldom, regularly, frequently, scarcely, rarely, often, sometimes
- 정도부사
  mostly, hardly, deeply, generally, completely, almost, greatly, nearly, wholly,

주의사항
① 이어동사 [동사+목적어-(인칭대명사)+부사] 단, 명사일 경우는 앞, 뒤 모두 가능
② 왕래발착동사+[장소+방법(빈도, 양태)+시간]

04. 부사 very와 much의 수식관계는 매우 중요하다.
very 형용사, 부사 / 원급 / 현재분사, 형용사화한 과거분사
much 동사 / 비교급, 최상급 / 과거분사, 서술적으로만 쓰는 형용사

05. 부사나 부사구 앞에는 전치사가 쓰일 수 없다.
upstairs, downstairs, inside, outside, home, abroad, ahead, backwards, overseas 등은 앞에 전치사 없이 사용

Daily Test

Part 1 Choose the best answer for the blank.

1 A: Have you decided when you'll visit your friends in Japan?
B: Probably _____, but I haven't decided on the exact date.
(a) later in the year
(b) in this year later
(c) in the year late
(d) in this later year

2 Generally, the chains of habit are generally _____ to be felt till they are too strong to be broken.
(a) too small
(b) small too
(c) small enough
(d) enough small

3 A: Do you think I should serve vanilla or chocolate ice cream tonight?
B: I think vanilla will go _____ with the strawberry pie.
(a) nicely
(b) nice
(c) niceness
(d) more nice

4 A: Are you excited to go to the Ben Lee concert?
B: Yes, he's my favorite musician. I can _____ wait!
(a) very
(b) hardly
(c) never
(d) almost

Part 2 Choose the best answer for the blank.

5 I find it hard to believe that _____ that story.
(a) anyone is foolish believed
(b) whomever foolish enough to believe
(c) anyone is foolish enough to believe
(d) foolish enough to have believed

6 The price that he is asking for that used stereo is _____.
(a) too high far
(b) high far too
(c) too far high
(d) far too high

7 His injury was far more _____ than what he told his parents over the phone.
(a) severely
(b) severe
(c) than severe
(d) severely from

8 Malaria _____ affect young and healthy travelers.
(a) doesn't usually
(b) does usually
(c) not usually
(d) usually not

Part 3 Identify the option that contains an awkward expression or an error in grammar.

9. (a) A: Wilson, can I talk to you about something that's been bothering me?
   (b) B: Sure, I prefer always people to be direct.
   (c) A: Would you please hold it down when you are on the phone?
   (d) B: Oh, sorry. I didn't realize I was being that loud.

10. (a) A: Do you have any travel plans for the winter holidays?
    (b) B: I'd like to go to Hawaii, but all of the flights are so expensive.
    (c) A: I know. At the same time, it's nice go to somewhere warm.
    (d) B: You're right. I shouldn't worry about the cost.

11. (a) A: John and I went to that new Chinese restaurant on last night.
    (b) B: That's nice. How was it?
    (c) A: The food was excellent, but the service was really slow.
    (d) B: Oh, I hate bad service at restaurants.

Part 4 Identify the option that contains an awkward expression or an error in grammar.

12. (a) The assignment for Monday is to write a five-hundred composition about your idea on greenhouse effect. (b) The paper has to be typed, double spaced, and must have a reference at the back. You also have to be careful about the font sizes. (c) I personally prefer 10-11 size font instead of 8-9, therefore you must check the whole pages of your work before submit the paper. (d) Scarcely I see any students who ignored above points so hopefully you will be the one understand the instructions for the assignment.

13. (a) In the business environment, women often reach what has been termed a 'glass ceiling.' (b) This term refers to the difficulties women face in advancing beyond there male colleagues. (c) Women are commonly paid less than men, and do not always advance to high management positions. (d) Luckily, this has been changing over the last decade, and there is greater equality in the workplace.

정답: 30p

Weekly Test

Part 1 Choose the best answer for the blank.

1 A: I biked 90 miles on my new road bike.
B: That's really impressive. I didn't know you could bike _____ far.
(a) this
(b) as
(c) such
(d) that

2 A: How _____ do you work out at the gym?
B: I try to go about twice a week.
(a) soon
(b) many
(c) much
(d) often

3 A: Do you want to come over for dinner tonight?
B: I'd _____ rather go out to a restaurant.
(a) less
(b) much
(c) more
(d) so

4 A: Do you have a few more of these black bowls?
B: How _____ more do you need?
(a) many
(b) few
(c) much
(d) little

Part 2 Choose the best answer for the blank.

5 Barbara has been _____ lately.
(a) rather unpleasant
(b) unpleasant than rather
(c) rather than unpleasant
(d) unpleasant rather

6 The Yangtze river has been known to rise _____ 10 meters.
(a) much as
(b) with as much
(c) as much as
(d) with much as

7 Even though Ben was adopted, he was _____ the family as the other children.
(a) as a part much of
(b) much a part as of
(c) much as a part of
(d) as much a part of

8 _____ he chooses to do, I will support him.
(a) Which
(b) Whatever
(c) Whose
(d) Whenever

Part 3 Identify the option that contains an awkward expression or an error in grammar.

9 (a) A: We need to put gas in the car before the trip tomorrow.
(b) B: Good idea. Why don't you go to the gas station on 10th Street?
(c) A: Is there a gas station on that street?
(d) B: Yes, it's right with the corner of 10th Street and 4th Avenue.

10 (a) A: Have you paid the last phone bill, honey?
(b) B: I can't remember. I might have paid it last week.
(c) A: You have to keep track for things like that.
(d) B: I know. I'm sorry. I'll have to check with the phone company.

11 (a) A: I just started a new job, Joseph.
(b) B: That's wonderful. Why don't we go for dinner tonight and you can tell me all about it.
(c) A: Actually, I think I have to stay at work lately tonight.
(d) B: Okay, well, give me a call later in the week and we can get together.

Part 4 Identify the option that contains an awkward expression or an error in grammar.

12 (a) Surveys suggest that over 60% of the adult population in America is either overweight or obese. (b) Doctors have been expressing concern about the pressure this puts the medical system. (c) What is most striking, though, is the percentage of overweight children. (d) Nearly 30% of American children under the age of 10 years old have been categorized as overweight.

13 (a) Environmental scientists have been expressed concern for years about global warming. (b) Up until recently, governments ignored the warnings and failed to focus on environmental policies. (c) This year marks a dramatic change, as scientists and politicians are finally coming together to fight global warming. (d) It has been suggested that by 2010 stronger environmental laws will be in place.

정답: 31p

Part IV

연결사와 일치 및 TEPS 문법 문제의
다양한 유형들을 총정리 한다.

TEPS 문법의 나머지 유형들, 그러나 그들은 결코 무시할 수 없는 알짜들이다. 전치사와 접속사는 둘 다 연결사이지만 단어나 어구를 연결하는 전치사와 문장을 잇는 접속사의 차이점을 묻기도 하고 전치사와 접속사 중 한 가지 품사로만 쓰이는 것을 묻기도 한다. 일치는 수의 일치, 시제 일치, 태의 일치위주로 출제되며 특히 파트 3과 파트 4 문제들에서 일치문제들이 두드러지는 것을 볼 수 있다. 또한 특수구문은 문장 내에서 어순, 도치, 생략, 삽입의 특성을 묻는다.

청해 시험에 등장하는 구어체 문장들도 문법 시험에 상당히 등장하고, 문법을 위한 문법 문제가 아닌, 실제 회화에서 꼭 필요한 구어체 문장의 어순이나 화법 등을 주로 묻는 경우가 많으므로 평소에 문장 단위의 암기를 많이 하는 것이 바람직하다.

Chapter 16. 접속사

Pretest

Choose the best answer for the blank.

1 You should register early _____ you might not get a seat.

(a) but
(b) so
(c) and
(d) or

2 A: I was in China last year, and I saw people riding bicycles without helmets.
B: That's interesting. It's actually against the law not to wear a helmet _____ I live.

(a) where
(b) which
(c) while
(d) that

3 A: I thought the speeches were absolutely awful!
B: _____, you shouldn't have walked out in the middle.

(a) Even though
(b) Therefore
(c) In addition
(d) Even so

4 A: Congratulations on your award!
B: Thank you. I was so happy just to be nominated. I would have been thrilled even _____ I hadn't won.

(a) in spite of
(b) if
(c) thanks to
(d) because of

5 A: I'm surprised you came. I thought you weren't getting along with Jane.
B: I'm not, but I decided to come _____ she won't feel like seeing me.

(a) despite
(b) although
(c) but
(d) yet

6 I will come _____ that it is fine tomorrow.

(a) provided
(b) anyway
(c) since
(d) as

문법파일 79

등위접속사

접속사는 두 개 이상의 의미 덩어리를 연결하는 고리 역할을 하는데 이 중 병렬구조를 묻는 등위접속사(and, or, but)는 거의 매월 출제되므로 꼭 암기한다. 등위접속사는 구와 절을 대등한 관계로 연결시키는 역할을 한다. 다시 말해서, 등위접속사로 연결되는 구와 절은 문법상 동일한 성질과 형태를 갖추고 있어야 하는 것이다.

단어와 단어, 구와 구와 같이 동일한 문장 성분의 연결을 문법 용어로 병렬구조라 하는데 앞뒤 연결 내용을 잘 파악해야 정확하게 문제를 풀 수 있다.

1. 등위접속사 and

A: I'm not sure that I can carry this table to the car by myself.
저 혼자서 이 테이블을 자동차까지 들고 갈 수 있을지 모르겠네요.
B: Don't worry about it. You _____ I can do it together. 걱정 마세요. 우리가 같이 하면 되지요.

(a) nor   (b) or
(c) and   (d) either

주어 you와 I를 잇는 접속사는 and이다. 문맥상 '너와 내가 같이'라는 의미로 or는 답이 될 수 없다.

문법파일 80

종속접속사

양보, 이유, 원인, 조건, 시간, 목적의 부사절을 이끄는 종속접속사에 대한 문제도 빠지지 않고 출제되며 접속사와 전치사의 쓰임을 구별하는 것과 같은 구조를 파악 하는 문제와 적절한 접속사를 고르는 어휘 문제들이 출제된다. 각각의 접속사의 의미와 쓰임을 정확히 알고 있어야 한다.

① 명사절을 이끄는 접속사: that, if, whether
② 시간 접속사: when, before, after, while, as, since, until, by the time, as soon as
③ 이유 접속사: because, since, now that
④ 조건 접속사: if, unless, provided that, in case
⑤ 양보의 접속사: although, though, even though
⑥ 목적의 접속사: that, so that, In order that
cf. 접속부사: thus, besides, moreover, meanwhile, furthermore, therefore, however, otherwise
　　접속부사는 부사이므로 문장을 연결하는 접속사의 기능이 없다는 것을 주의해야 한다.

2. 만일 ~하지 않으면 = unless

A: I have no idea where my car keys are! 제 자동차 열쇠가 어디 있는지 모르겠어요!
B: _____ you find them soon, we won't make it to dinner on time.
빨리 찾지 않으면 우리는 저녁 식사에 늦을 거예요.

(a) Lest (b) If
(c) Otherwise (d) Unless

완전한 두 문장을 잇는 접속사 자리로, 문맥상 '만일 ~않으면'이 적절하므로 if ~ not의 의미인 unless가 정답.

3. 비록 ~일지라도 = even if, even though, although

_____ you have no intentions of calling her back, you should still write down the phone number. 네가 그녀에게 전화를 다시 할 의사가 없다 하더라도 그 전화번호는 받아 적어두는 것이 좋을 것이다.

(a) Even if (b) As
(c) Otherwise (d) Then

완전한 두 문장을 잇는 접속사 자리로, 문맥상 '비록 의사가 없더라도'라는 뜻이므로 even if가 정답. as는 '이유'를 뜻한다.

문법파일 81
접속사와 전치사의 혼동

접속사는 절과 함께, 전치사는 구와 함께 있어야지 별탈이 없다. 연결이 서로 잘못된 문제가 나오면 바로 알아볼 수 있어야 한다. 접속사와 전치사의 구별은 꾸준히 출제되는 유형이다. 특히 접속사인 although, even though와 전치사인 despite, in spite of를 구별하는 문제가 가장 자주 출제된다. 마찬가지로 '~ 동안'이라는 의미를 지닌 during(전치사)과 while(접속사)의 쓰임도 구별해두어야 한다. during 다음에는 시간을 나타내는 명사가 와야 하고 while 다음에는 주어, 동사의 절이 와야 한다.

4. 비록 ~하지만 = although

_____ office employees are entitled to two 15 minute coffee breaks each day, most people never take them.
사무실 직원들에게는 매일 2회, 15분간의 커피 휴식 시간이 부여되어 있지만, 대부분의 사람들은 전혀 이를 사용하지 않는다.

(a) Although (b) Despite
(c) In spite of (d) Unless

문맥상 '~하지만'이란 뜻이어야 하므로 although가 가장 적절하다.

5. ~하는 동안 = while

_____ you were away, there was a fire in the Yorkshire area. 네가 없는 동안, 요크셔 지역에 불이 났어.

(a) As
(b) While
(c) Yet
(d) During

6. 접속사 although+절 cf. despite, in spite of+명사(구)

My sister died from multiple congenital medical problems _____ we gave her every effort to continue life. 우리가 그녀의 목숨을 지속하기 위해 모든 노력을 했음에도 불구하고, 내 여동생은 선천성 다발성 지병으로 숨졌다.

(a) despite of
(b) in spite of
(c) even
(d) although

문법파일 82

기타 접속사 출제 유형들

'~이든 아니든'이라는 의미의 접속사는 whether이며, '~라는 조건 하에서', '만일 ~라면'이라는 뜻은 provided that이 적절하다. 명령문 다음에 and가 나오면 '그러면'이라는 뜻이 되고, or가 나오면 '그러지 않으면'이라는 뜻이 된다. 기타 여러 가지 문제에 등장하는 접속사들을 틈틈이 오답노트에 메모하며 익히는 자세가 중요하다.

7. ~이든 아니든 = whether

There were times when I wondered _____ I will complete my degree or not.
학위degree를 끝낼지 말지 방황하던 때가 있었다.

(a) whether
(b) when
(c) however
(d) even if

8. ~하지 마라, 그렇지 않으면 = or

Don't over mix the batter _____ the muffins will be terrible.
반죽을 너무 과도하게 섞으면 머핀이 엉망이 될 것이다.

(a) and
(b) or
(c) though
(d) but

〈긍정 명령문+and〉, 〈부정 명령문+or〉 구문을 알아두자.

9. nowhere+to부정사 (수동)

The concert was about to begin, and the lead pianist was _____.
콘서트가 곧 시작할 시간이었는데도 수석 피아노 주자는 온데 간데 없었다.

(a) found nowhere
(b) nowhere to be found
(c) nowhere found
(d) found to be there

어순 문제이다. 동사 뒤에 보어로 nowhere가 오고, 피아니스트가 찾는 것이 아니라, 사람들이 피아니스트를 찾는 것이므로 수동형으로 to be found가 와야 한다.

10. if 대용어 = provided that, providing that

Jon said he would be happy to work overtime, _____ he was paid for the hours.
Jon은 기꺼이 연장 근무를 하겠다고 했지만, 그 시간에 대한 수당을 받는 조건하에서였다.

(a) so that
(b) although
(c) unless
(d) provided that

'만일 ~하면'이란 뜻이 알맞으므로 if의 대용어로 쓰이는 provided that이 알맞다.

11. if 대용어구 = providing

You can borrow my BMW, _____ that I can have it back by ten o'clock tonight.
내가 오늘밤 10시까지 되돌려 받을 수 있다면 너는 내 BMW를 빌려가도 돼.

(a) so
(b) such
(c) providing
(d) now

Answers

1. (c) 2. (d) 3. (a) 4. (a) 5. (b) 6. (d) 7. (a) 8. (b) 9. (b) 10. (d) 11. (c)

시험당일 반드시 명심 해야할 접속사 핵심사항!

01. TEPS 문법 문제에서 등장하는 접속사문제에서 가장 빈출되는 것은 '대구법'과의 관계인데 '등위접속사, 상관접속사'로 연결되는 어구는 같은 역할을 하는 품사끼리 동일한 문법적 구조로 연결되어야 하는 법칙이다. [A, B, and C], [A and B], [A or B]형태의 문장이나 상관접속사가 사용된 문장이 나오면 동일한 품사끼리 연결되어 있는 지를 반드시 확인해야 한다.

02. 상관접속사는 다음이 중요하다.
- **not only A but also B:** A뿐만 아니라 B도 ~이다
- **B as well as A:** A뿐만 아니라 B도 ~이다
- **either A or B:** A나 B둘 중에 하나(가 ~이다)
- **both A and B:** A도B도 (모두) ~이다 =>복수취급
- **neither A nor B:** A도 B도 ~이 아니다

03. 몇 가지 예외를 제외한 상당수 접속사는 전치사로도 쓰이므로 절의 요소(S+V)가 있으면 접속사이고 명사 상당어구와 함께 쓰이면 전치사임에 유의해야 하며 접속사 없이는 한 문장에[술어동사가 2개]있을 수 없음을 명심하자.

04. 종속접속사들의 경우 문장 안에서 의 의미를 많이 물어보므로 각 접속사의 의미의 암기에 초점을 맞춘다.

05. 다음 종속접속사는 중요하므로 모두 암기하자.
- **no sooner**과거완료 **than**과거…: ~하자마자 …하다
- **scarcely[hardly]~~when[before]:** ~하자마자 …하다
- **now [seeing] that:** ~이니까
- **as [so] long as:** ~하는 동안, ~하는 한
- **while:** ~하는 동안, 한편

Daily Test

Part 1 Choose the best answer for the blank.

1 A: North Americans generally work 5-days a week, _____ many people in Asia work 6 days a week.
B: I can't imagine not having Saturday and Sunday off work!

(a) if
(b) while
(c) unless
(d) so that

2 A: Employees are required to attend weekly meetings, _____ they are told otherwise.
B: That shouldn't be a problem.

(a) if
(b) that
(c) when
(d) unless

3 A: I'd like to charge that to my credit card.
B: Okay. Please wait a minute _____ I calculate the total amount.

(a) although
(b) while
(c) then
(d) when

4 A: Will I see you at the conference in Houston?
B: I had planned to go, _____ something came up.

(a) but
(b) therefore
(c) whereas
(d) unless

Part 2 Choose the best answer for the blank.

5 Doug took the course last semester as well, _____ he already knew the professor.

(a) although
(b) whereas
(c) so
(d) however

6 Cheating is not only against school policy, _____ it is also against my morals.

(a) and
(b) but
(c) so that
(d) such

7 _____ we create new business, we will definitely face more unemployment situation.

(a) Because
(b) Unless
(c) If
(d) Whether

8 I will certainly go ahead with this proposal _____ our business associate pulls out.

(a) though
(b) despite
(c) notwithstanding
(d) even if

Part 3 Identify the option that contains an awkward expression or an error in grammar.

9 (a) A: Do you know any inexpensive cafes in this neighborhood?
(b) B: Either Roasters Café and Jay's Coffee House would be a good choice.
(c) A: Thanks. Which one is closer?
(d) B: Roasters café is just down the street, on the right.

10 (a) A: Hi Jared. Are you coming on the office ski day tomorrow?
(b) B: I don't think I can because I don't have any skis.
(c) A: I thought you were going to borrow a pair from Phillip.
(d) B: I was, but yesterday he gave them to someone else despite I asked last week.

11 (a) A: Have you seen the movie "Harry Potter?"
(b) B: Are you kidding me? Everybody knows that film, and it has several sequels so you have to tell me which series you are talking about.
(c) A: Is that a blockbuster anyway?
(d) B: I am not sure actually. Although Harry Potter's tremendous figures, some box office analysts predicted it would not be able to match the global might of Titanic. That's why.

Part 4 Identify the option that contains an awkward expression or an error in grammar.

12 (a) Good morning everyone. Before I start today's sociology lecture, I want to talk to you about the main thesis. (b) As you know, the topic for the paper is the relationship between man and his neighborhood. (c) Despite it is not due for five months, I want to receive your paper outlines by next Monday. (d) The thesis should be fifty pages long and have a title page and references.

13 (a) It is widely believed that bicycles have been used since 1800s, and mainly in the United States. (b) Then the French first tried bicycles for scouting expeditions in the Franco-Prussian War. (c) In 1875, when groups of Italians tried maneuvers on bicycles. (d) In the time of World War I, bikes were used extensively by European troops on the front lines.

정답: 33p

Chapter 17. 전치사

Pretest

Choose the best answer for the blank.

1. Even the most argumentative representatives agreed _____ the need for more international aid.

(a) on
(b) in
(c) to
(d) for

문법파일 83

2. A: I'd like to speak with you this afternoon.
B: Sure. Why don't you stop _____ this afternoon?

(a) on
(b) by
(c) to
(d) for

문법파일 85

3. A number of islands in the south of Thailand were _____ the areas hit by the Tsunami in 2005.

(a) since
(b) among
(c) throughout
(d) in which

문법파일 84

4. I had tea _____ the old Empress Hotel in Victoria, BC on my last vacation.

(a) on
(b) in
(c) over
(d) to

문법파일 84

5. A: Can you recall the last time you used your Mastercard?
B: Yes. It was in the morning _____ July 19th at the flower store.

(a) at
(b) on
(c) to
(d) for

문법파일 85

6. A: I haven't received the wedding invitation yet. I'll be surprised if I'm not invited.
B: I know the invitations were sent _____ mail last week, so it should arrive soon.

(a) for
(b) as
(c) by
(d) in

문법파일 86

정답: 34p

170 TEPS 문법·독해 달인이 되는 법

문법파일 83

전치사, 이 정도는 알아야지!

전치사 관련 문제는 전치사 뒤에 동명사가 오는 기본적인 형태 찾기와 혼동하기 쉬운 전치사의 사용에 대해 주로 묻는다. 전치사는 우리말에 없으므로 단순한 암기보다는 전체적인 전치사들의 기본 개념에 유의하며 많은 예제를 통해 자연스럽게 습득하는 것이 최고의 방법이다. 전명구(전치사+명사)를 이루어 앞의 명사나 동사를 수식하는 전치사는 크게 장소, 시간, 방법 등으로 분류할 수 있는데 전치사 관련 문제는 TEPS에서 주로 어느 부분에서 어떻게 출제될 것인지 장담하기 어려우므로 숙어를 외우듯 자주 반복해서 익히는 자세가 중요하다.

1. ~을 제외한 = except

In the winter, it is best to cook with root vegetables _____ sweet potatoes and parsnips.
겨울철에는 고구마나 파스닙을 제외한 구근 채소들을 넣고 요리를 하는 것이 가장 좋다.

(a) along   (b) except
(c) but   (d) through

2. ~기간 이내에 = within

A: When do you expect to finish your phD? 당신은 박사 학위를 언제쯤 마칠 예정인가요?
B: I'm hoping to do it _____ 2 years. 2년 내에 마치기를 희망하고 있습니다.

(a) about   (b) behind
(c) within   (d) from

'2년 이내에'라는 뜻이므로 within을 쓴다.

문법파일 84

장소, 방향의 전치사

장소를 나타내는 전치사 : at, in, out of, on, off

① **at :** ~(에)서 (한 지점, 바라보는 장소, 도착지)
② **in :** ~안에, ~중에, ~에 (at 보다 넓은 장소)
③ **out of :** ~이 미치지 못하는 곳에, ~의 (범위) 밖에
④ **on :** ~위에, ~에 (장소의 접촉)
⑤ **off :** ~에서 (떨어져), ~에서 벗어나 (고정된 것으로부터의 분리)

방향을 나타내는 전치사 : to, away from, on/onto, in/into, out of

① **to :** (방향) ~를 향하여
② **(away) from :** ~에서, ~으로부터
③ **on, onto :** ~위에, ~위로
④ **off :** ~에서 (떨어져), ~에서 벗어나
⑤ **in, into :** ~안에, ~안으로 (내부를 향한 운동 방향)
⑥ **out of :** (안에서) ~밖으로

3. ~와 함께 = with

A: Excuse me. Can you please help me? 실례합니다. 저 좀 도와주시겠어요?
B: Sorry, I'm just with another customer. I'll be _____ you in a minute.
   죄송합니다만, 저는 다른 손님과 함께 있습니다. 잠시만 기다려주세요.

(a) with (b) to
(c) for (d) on

'곧 가겠습니다'라고 할 때 I'll be with you.라고 한다.

4. 근방에, 주변에 = around

A: Is there somewhere to store my bag _____ here? 이 주변에 제 가방을 맡겨둘 곳이 있습니까?
B: Yes, there are small lockers just down the hall. 네, 저 홀 아래에 작은 락커들이 있습니다.

(a) through (b) at
(c) around (d) to

'이곳에 근처에, 주변에'는 around here라고 한다.

5. ~를 향해 떠나다 = leave for

A: When are you leaving _____ college? 대학으로 언제 출발하나요?
B: On September 3rd. 9월 3일에요.

(a) to (b) for
(c) with (d) at

'~를 향해 떠나다'로 목적지를 나타낼 때는 전치사 for를 쓴다.

6. 오랫동안 = for a long time, for a while

A: How long can I keep sesame seeds in the cupboard? 참깨를 찬장에서 얼마 동안 보관할 수 있나요?
B: I'm not sure, but I think they stay fresh _____ a long time.
정확히는 모르겠지만 오랫동안 신선하게 유지될 것 같습니다.

(a) for (b) with
(c) to (d) on

'오랫동안'이라고 할 때는 for a long time이라고 한다.

7. 방향 = to

A: I'd like to see you before the afternoon meeting. 오후 회의 전에 당신을 보았으면 합니다.
B: Sure. Why don't you come _____ my office in the morning? 좋습니다. 아침에 제 사무실로 오시면 어때요?

(a) for (b) on
(c) to (d) in

'~로 오다'는 방향을 나타낼 때는 전치사 to를 쓴다.

문법파일 85

시간 전치사

① in, after, within

in	주로 미래의 시간 경과에 쓰임 : ~지나야, ~지나야만, ~후에
after	주로 과거를 중심으로 한 시간 경과에 쓰임 : ~후에
within	일정한 기간 내를 의미함 : ~(이)내에

② for, during

for	〈수사 + 명사〉를 연결 : ~동안(쭉)
during	기간이나 사건을 나타내는 명사를 연결 : (특정 기간의) ~동안

③ by, till[until]

by	동작, 상태의 완료 : [기한] ~까지(는)
till[until]	동작, 상태의 계속 : [계속] ~까지, ~이 되기까지, ~에 이르기까지(줄곧)

④ at : (때의 한 점, 시각, 시절) ~에

at noon, at night, at dawn, at sunset, at 10:00 a.m., at daybreak, at present, at that time, at the beginning[end] of November, at the end of the week

⑤ on : (특정일, 특정일의 아침·오후·밤 등) ~에, (시간의 접촉) ~하자 곧

on Monday, on my birthday, on the 2nd of April, on Nov. 11th, on New Year's day on the following evening, on Sunday afternoon, on the morning of June 10

⑥ in : ~(사이)에, ~(기간) 중에, ~ 지나면, ~ 후에

월, 연도, 계절 등	in May, in winter, in 1975, in the 80s, in the 21st century in recent years, in the morning, in his absence, in my teens in my boyhood, in the past, in those days, in the near future
시간의 경과	in a moment, in ten minutes, in 5 days

⑦ since, from, through

since	완료시제와 주로 쓰임, 계속의 의미 : ~이래로, ~부터
from A to B	시간, 장소에 모두 쓰임 : A부터 B까지
through	(시간) ~동안 내내[줄곧], ~의 처음부터 끝까지

⑧ before, ahead of

before	특정 사건, 시작, 날짜 등의 명사 앞 : ~보다 전에[먼저, 일찍]
ahead of	미리 계획된 시간, 계획 등의 명사 앞에서 : ~보다 이전에

⑨ after, behind

after	특정 사건, 시각, 날짜 등의 명사 앞에서 : ~의 뒤에, ~가 지나서
behind	미리 계획된 일정을 나타내는 명사 앞에서 : ~에 뒤늦어

8. 시간 = at

A: Do you consider yourself a morning person? 당신이 아침형 인간이라고 생각하십니까?
B: Not really. I like to sleep in the morning and stay up late _____ night.
아닌 것 같아요. 전 아침에 자고 밤에 늦도록 깨어 있는 걸 좋아하거든요.

(a) of (b) at
(c) in (d) for

'밤에'라고 할 때는 at night이라고 한다.

9. 시절, 때 = in

A: When was the last time you had to speak in front of so many people?
많은 사람들 앞에서 마지막으로 연설을 해야 했던 때가 언제였나요?
B: It must have been _____ high school. 고등학교 때였던 것 같아요.

(a) on (b) for
(c) in (d) at

고등학교 때라는 시절, 때를 나타내는 전치사는 in을 쓴다.

10. ~까지 = until

A: How was your exam yesterday? 어제 시험은 어땠어요?
B: It was so long! I was in the exam room _____ the last possible second.
너무 길었어요! 전 최후의 순간까지 시험장에 있었어요.

(a) since (b) by
(c) during (d) until

'최후의 순간까지 시험장에 있었다'는 뜻이므로 until을 쓴다.

11. 시각 = at

Don't forget that we're having dinner _____ 6:30 p.m. 우리가 6시 30분에 저녁을 먹을 거라는 것을 잊지 마세요.

(a) on (b) at
(c) in (d) when

'몇 시, 몇 분에'라는 정확한 시각은 at을 쓴다.

문법파일 86

기타 필수 전치사

① '관계·관련'를 나타내는 전치사 : ~에 관(련)하여, ~에 대하여

on	연설, 연구, 토론, 논문 등 주로 전문적이고 체계적인 주제, 격식체
about	비전문적이고 일상적 내용, 구어체
as for[to], with[in] regard to, as regards, regarding, concerning, respecting, touching, with respect to	격식체에서 쓰이는 표현들
regardless of, without regard to, irrespective of	~에 상관없이, ~에 관계없이

② '제외·예외'를 나타내는 전치사

except	~을 제외하고, ~외에는 (같은 종류 사이의 제외)
except for	~만을 제외하면 (다른 종류 사이의 제외, 가정의 의미를 가짐)
excepting	~을 제외하고 (주로 문두나 not, always, without 뒤에 씀, 격식체)
besides	~(이)외에 (주로 부정문에 사용)
save	~을 제외하고, ~외에는 (주로 문어나 시어에서 쓰임)
but	~을 포함시키지 않고, ~외에는 (제외의 뜻보다는 포함하지 않음을 강조)

전치사로 쓰이는 but은 no, all, nothing, nobody, anywhere가 앞에 오거나 의문사가 있는 의문문에서만 쓰인다.

③ 이유·원인을 나태는 전치사

because of, on account of, owing to, due to : ~ 때문에, ~로 인하여

due to는 주로 서술적으로 쓰이며, 문두에는 거의 쓰이지 않는다.

for, with : ~으로, ~때문에

blame, punish, scold, praise, thank, sorry, grateful, thankful, respected, noted, famous	+for	행위, 상, 벌 등의 이유
anger, cold, fever, hunger, excitement, shiver	+with	외부에서 신체에 끼치는 원인 (공포, 추위, 더위, 허기 등)

at, about, with, of : ~에 (접하여), ~을 보고(감정의 원인)

	angry, happy, glad, amused, surprised, terrified, alarmed, annoyed, disgusted	+at
be+	angry, annoyed, frightened, pleased	+with
	angry, delighted, disappointed, furious, pleased, satisfied	+about
	afraid, resentful, scared	+of

out of : ~에서, ~ 때문에 (동기)

out of +respect, friendship, gratitude, pity, curiosity, kindness, charity, necessity

④ '양보·관계·관련'을 나타내는 전치사 : ~(임)에도 불구하고

in spite of, despite, notwithstanding, with all[for all]

12. 증감 = by

A: Do you think we should continue buying recycled paper at the office?
사무실에서 계속해서 재활용지를 구입해야 한다고 생각하십니까?

B: Absolutely. Our monthly expenses have decreased _____ 10%.
당연합니다. 우리의 월 지출이 10% 가량 줄었습니다.

(a) from (b) at
(c) with (d) by

늘거나 주는 양을 나타내는 수사 앞에는 by를 쓴다.

13. ~에 관해 = on

A: I think $120,000 is a good price for this house. 제 생각에는 12만 달러면 이 집으로서는 좋은 가격입니다.
B: You might be right, but I'd like to get a second opinion _____ that.
당신 말이 맞을 수도 있지만 그 점에 대해 다른 의견도 들어보고 싶네요.

(a) on (b) in
(c) of (d) with

'~에 대한 의견, 생각'이라고 할 때 전치사 on을 쓴다.

14. ~ 대신에 = instead of

_____ meeting at the office, I thought we could meet downtown.
사무실에서 만나는 대신, 나는 우리가 시내에서 만나는 것으로 생각했다.

(a) Instead of (b) As a result of
(c) In spite of (d) Due to

'~대신에'라고 할 때는 instead of라고 한다. as a result of는 '~의 결과로서', in spite of는 '~에도 불구하고', due to는 '~때문에'라는 뜻이다.

15. nothing but

During three days journey we could see nothing _____ the spirals of desert dust.

3일 여정 동안 우리는 사막의 먼지 회오리 외에 아무것도 볼 수 없었다.

(a) except
(b) but
(c) as
(d) irrespective of

Answers

1. (b) 2. (c) 3. (a) 4. (c) 5. (b) 6. (a) 7. (c) 8. (b) 9. (c) 10. (d)
11. (b) 12. (d) 13. (a) 14. (a) 15. (b)

Daily Test

Part 1 Choose the best answer for the blank.

1. A: Do you like my new dress? I bought it yesterday.
B: It's lovely. You have excellent taste _____ clothing.
(a) with
(b) at
(c) for
(d) in

2. A: You can use my car while I'm out of town.
B: Thank you. That's so kind _____ you.
(a) for
(b) with
(c) of
(d) to

3. A: These sandals are the most comfortable pair that we have in the store.
B: Great. I'd like to try them _____. Do you have a size seven?
(a) in
(b) on
(c) with
(d) to

4. A: I heard that the company might be filing for bankruptcy.
B: I'm surprised. Profits have gone up _____ 5% this year.
(a) by
(b) in
(c) for
(d) of

Part 2 Choose the best answer for the blank.

5. People with high profile jobs are _____ greater risk for stress-related illness.
(a) by
(b) in
(c) at
(d) for

6. Attendees are expected to arrive at 9:00 a.m., _____ the orientation will begin.
(a) at which time
(b) by when
(c) until which time
(d) at what time

7. Once the bread dough has been formed, it should be divided _____ four small balls.
(a) for
(b) into
(c) at
(d) of

8. _____ working with people from different cultures, he learned a lot about tolerance.
(a) With
(b) For
(c) On
(d) By

Part 3 Identify the option that contains an awkward expression or an error in grammar.

9 (a) A: Would you mind proofreading my English essay on Milton?
(b) B: Sure, but I have very little time today.
(c) A: That's okay. I can hand it in until Friday.
(d) B: In that case I'll read it over tomorrow morning.

10 (a) A: Hi. May I please speak to Dr. Jacobs?
(b) B: He's busy at the moment. Would you mind to holding?
(c) A: No, that's fine.
(d) B: OK. He should be with you soon.

11 (a) A: Look at this old family photo I just found in a drawer.
(b) B: Wow. How old is it?
(c) A: I'm not sure. It looks like it was taken on 1986.
(d) B: You should hold on to it.

Part 4 Identify the option that contains an awkward expression or an error in grammar.

12 (a) It has been shown that in 2006, more people were reading the newspaper online than in print. (b) Many publishers have responded to this trend by adding security features to their websites. (c) The Globe and Mail, for instance, has online content that is only available to those who have paid of an online subscription. (d) One positive result of the popularity of online newspapers is that far less waste is created.

13 (a) The wedding ceremony will take place at an old church on Bishop Avenue. (b) There will be a reception following the ceremony, and all guests are invited to attending. (c) Dinner will be served at the reception at 6:00 p.m. (d) Please advise us if you have any dietary requirements.

Chapter 18. 일치

Pretest

Choose the best answer for the blank.

1. People, who gain weight with the assistance of modern techniques such as recording systems of food intake, _____ need the same techniques to keep weight off.

(a) seem   (b) seems
(c) seems to   (d) seem to

문법파일 87

2. A great number of American experts _____ to China in order to impart their know-how and expertise to their Chinese counterparts.

(a) has been dispatched   (b) had been dispatching
(c) have been dispatched   (d) were dispatching

문법파일 88

3. The audience _____ quiet as the lights dimmed.

(a) become   (b) became
(c) are becoming   (d) becoming

문법파일 89

4. There _____ a number of good reasons to reschedule the event for a later date.

(a) is   (b) were
(c) was   (d) has been

문법파일 89

5. If there's anyone else here who _____ against the proposed changes, please speak now.

(a) am   (b) is
(c) are   (d) be

문법파일 90

6. Focusing on the text books and _____ a study club _____ two main components to get the best score for TEPS exam.

(a) join - is   (b) joining - is
(c) joins - are   (d) joining - are

문법파일 90

정답: 36p

문법파일 87

수식어구는 수일치와는 상관없다!

TEPS 문법의 일치 문제는 크게 주어와 동사의 수일치, 선행명사와 대명사의 일치, 시제의 일치로 나눌 수 있는데 모든 Part에서 고루 출제되며 특히, 주어·동사의 수일치에 관한 문제는 Part 3, 4에서 주로 출제되는 경향이 있으며 배점도 높다. 주어와 동사가 여러 가지 삽입 요소에 의해 분리되는 경우, 주어를 교란시키는 주어 뒤의 전치사구나 콤마로 연결되는 삽입구, 관계사절 등의 삽입절을 조심해야 한다. 이때는 먼저 문장의 주어와 동사를 찾아야 한다.

1. ① 주어, 동사 수일치 / ② children = 복수동사

A: 80 percent of the children surveyed _____ that they cannot complete their homework every night. 설문에 응답한 어린이들 중 80%가 매일 밤 숙제를 완료하지 못하는 것을 인정한대요.
B: I'm surprised that the children would be so honest. 아이들이 그렇게 솔직하다니 놀라운 걸.

(a) admit   (b) admits
(c) admitting   (d) is admitted

〈숫자+percent of+복수명사〉인 경우는 복수동사로 받고, of 뒤의 명사가 셀 수 없는 명사인 경우는 단수동사로 받는다. 주어가 80 percent of the children이므로 동사는 복수형이어야 한다.

2. 주어, 동사 수일치

(a) New hybrid cars are on the market in North America. (b) While these cars are better for the environment, they remains outside of the price range of most lower to middle class people. (c) The analysts suggested that the cost of hybrid vehicles go down dramatically by 2010. (d) Alternatively, governments may begin offering tax incentives to people buying these cars.

북미에서 신종 하이브리드 자동차가 북미에서 출시되었다. 이 차들은 환경에 이롭지만, 중산층 사람들에게는 가장 싼 가격대에 진입하지 못했다. 전문가들은 2010년까지는 하이브리드 차량들의 가격이 급격히 하락할 것이라고 밝혔다. 대안으로 정부는 이들 자동차를 사는 사람들에게 세금 우대를 제공하기 시작할 수도 있다.

주어가 they로 복수이므로 동사 remains를 remain으로 고친다.

문법파일 88

태의 일치

TEPS에 빈출 되는 일치 관련 문제들은 크게 봤을 때 수의 일치, 시제 일치, 태의 일치 순으로 자주 출제 된다. 이중 태의 일치는 주어와 동사와의 관계가 능동인지 수동인지를 물어보며 주어가 행위의 주체인지, 대상인지를 빠르게 파악만 할 수 있다면 어렵지 않게 정답을 찾을 수 있을 것이다.

3. ① 주어, 동사 수일치 / ② 능동태

All of the accountants from J&S Accounting _____ to be enjoying the party.
J&S 회계사무소에서 온 회계사들 모두는 이 파티를 즐기는 듯 보인다.

(a) seem
(b) seems are
(c) seems is
(d) seeming

seem to부정사는 '~인 듯하다, ~해 보인다'는 뜻이다. 주어가 all of the accountants로 동사의 주체가 되므로 능동태 복수형 seem이 정답이다.

4. 수동태

(a) Over the past 10 years, the one and two dollar bills have been phased out in Canada. (b) They have been replacing with one and two dollar coins. (c) It is still possible to come across the old bills, but it is uncommon. (d) Many people have expressed concern that their wallets have become too heavy with all of the coins.

지난 10년간 캐나다에서 1달러와 2달러 지폐가 사라지고 있다. 이들은 1달러와 2달러짜리 동전으로 대체되고 있다. 아직도 오래된 지폐를 우연히 발견할 수는 있지만, 드문 일이다. 많은 사람들은 그들의 지갑이 그 모든 동전들로 너무 무거워졌다고 우려를 표했다.

(b)의 they는 앞 문장의 the one and two dollar bills를 가리킨다. replace는 타동사로 '~를 대체하다'는 뜻인데 주어 bills는 coins으로 대체되었다는 뜻이므로 수동태가 되어야 한다. 따라서 have been replaced가 된다.

문법파일 89

TEPS에 자주 나오는 일치

주절의 동사 시제와 종속절의 시제를 일치시켜야 한다. 그런데 주절이 현재 또는 미래인 경우에는 종속절에 어떤 시제가 와도 상관없으므로 주절이 과거인 경우에만 주의하면 된다. 또한 일반적 사실이나 습관의 경우 시제 일치와 상관없이 현재시제를, 역사적 사실의 경우 시제일치와 상관없이 과거시제를 씀에 유의한다.

5. ① 질문이 과거 시제 did, 대답도 과거인 was / ② 〈there+be동사+주어(anything)〉에서 주어에 수일치

A: How did you like living in Canada? 캐나다에서 생활은 어땠어요?
B: I liked it, but there _____ never anything to do in the evening.
좋았어요. 그런데 저녁에 할 것이 전혀 없었어요.

(a) has been
(b) have been
(c) was
(d) were

6. there+be동사+주어

I believe that there _____ a number of options in mountain bikes these days. 요즈음에는 산악 자전거에 많은 옵션들이 붙는 것으로 알고 있다.

(a) is
(b) are
(c) am
(d) be

〈There+be동사+주어〉 구문에서 be동사는 뒤의 주어와 수를 일치시킨다. 여기서 주어가 a number of options로 복수이므로 are를 쓴다.

7. 과거 부사 = 과거시제

(a) The book, "A History of Violence," will be made into a feature film 2 years ago. (b) Within one week it had brought in over 2 million in ticket sales. (c) It was one of the most successful films of the year. (d) It was released on DVD the following year.

폭력의 역사라는 책이 2년 전에 장편 영화로 만들어졌다. 그 영화는 1주일 내에 200만 표 이상을 판매했다. 이 영화는 그해 가장 성공한 영화 중 하나였다. 다음 해에는 DVD로 출시되었다.

2 years ago라는 명백한 과거 시점을 나타내는 부사구가 있으면 동사 시제는 과거를 써야 한다. will be made를 was made로 고쳐야 한다.

8. 접속사+주어+동사

(a) A: I heard that you're planning a family trip to Belize this winter. 이번 겨울에 Belize로의 가족 여행을 계획하고 계시다고 들었어요.
(b) B: Yes. We're very excited about it. 맞아요. 우리는 매우 들떠 있어요.
(c) A: How long will you stay for? 얼마나 머물 예정인가요?
(d) B: We're not sure. It depends if the kids to come. 확실치 않아요. 아이들이 올 수 있는지 여부에 달려 있어요.

if절 뒤에 주어는 the kids인데 동사가 없다. 따라서 to come을 come으로 고쳐야 한다.

문법파일 90
TEPS에 등장하는 조심해야 할 일치 표현들

〈neither A nor B〉 구문의 수일치를 묻는 문제의 경우 보통 nor로 연결되는 단어들이 모두 단수이면 단수동사로, 복수이면 복수동사로 받으면 된다. 그러나 nor로 연결되는 단어의 단·복수가 다를 때 문제가 되는데 이럴 경우에는 B에 일치시킨다.
〈A as well as B〉는 A에 동사를 일치시킨다. 〈both A and B〉에서 A와 B는 대등한 어구여야 한다. 또한 예를 들어 '수프와 샐러드'는 bread and butter(버터 바른 빵)처럼 하나로 취급되는 말이 아니라 각각 별개의 것이므로 복수 취급해야 한다.

9. ① 주어, 동사 수 일치 / ② 삽입절

Students who don't register early _____ of getting into the classes they would like. 일찍 등록하지 않은 학생들은 원하는 강좌를 수강할 기회를 거의 잃게 된다.

(a) has little chance
(b) has a little chance
(c) have little chance
(d) have a little chance

주어 Students 뒤에 관계절 who don't register early가 삽입되어 있다. 빈칸은 동사 자리로 주어와 일치하는 복수동사 have를 쓰고, 문맥상 '기회가 거의 없다'는 뜻이므로 little을 써야 한다.

10. neither A nor B = B에 수 일치

Neither our team members nor our coach _____ meat. 우리 팀 멤버도 우리 코치도 고기를 먹지 않는다.

(a) eats
(b) eat
(c) are eaten
(d) is eaten

11. neither A nor B = B에 수 일치

Neither Sam's mother nor his brothers _____ English. 샘의 엄마도, 그의 형들도 영어를 못한다.

(a) speaks
(b) speak
(c) are to speak
(d) is to speak

12. bread and butter는 한 단어 취급하여 단수로 받음

Bread and butter _____ my most favorite dish until I get to fifteen.
버터 바른 빵은 15살이 될 때까지 내가 가장 좋아하는 음식이었다.

(a) were to
(b) were
(c) was being
(d) was

Answers

1. (a) 2. (b) remains → remain 3. (a) 4. (b) replacing → replaced 5. (c) 6. (b) 7. (a) will be made → was made 8. (d) to come → come 9. (c) 10. (a) 11. (b) 12. (d)

시험당일 반드시 명심해야 할 일치 핵심사항!

01. TEPS 문법에서 가장 배점이 높은 파트 3,4에서는 ① 수의일치, ② 시제일치, ③ 태의 일치 가 많이 출제 된다는 것을 명심한다. 항상 먼저 각 선택지의 주어, 동사를 파악한 후 그 주어 동사간의 3가지 일치여부를 확인하는 것이 가장 중요하다.

02. 주어가 '수식어구'로 분리된 경우 수식어구는 일치와 관계가 없는 것을 명심한다.
→ [주어+수식어구+동사] → 수식어구는 무시하고 주어에 수를 일치시켜야 한다. 또한 '시간, 거리, 가격, 무게'의 복수명사가 하나의 단위를 나타낼 때는 단수 취급하고 부정대명사(every~, no~)가 주어인 경우 단수동사로 받음에 유의한다.

03. 두 개 이상의 주어가 등위접속사 and로 연결된 경우는 대부분 '복수취급' 하나 '불가분의 관계'에 있는 것은 '단수취급' 하는 것을 명심한다.
brandy and water(물탄 브랜디)
all work and no play(공부만 하고 놀지 않는 것)
a needle and thread(실펜 바늘)
watch and chain(줄달린 시계)

04. 최근 빈출되는 '상관접속사'로 이어진 어구가 주어로 쓰인 경우 수일치에 주의한다.
B에 일치하는 것들:
- neither A nor B   not only A but also B
- either A or B   not A but B
→ 동사에 가까운 주어에 일치시킴.
cf. B as well as A는 B에 일치시킴.

05. 유도부사로 시작하는 1형식 문장의 수일치도 빈출되며 관계대명사가 주격인 경우 관계대명사절의 동사는 선행사에 일치시킨다.
There[Here]is + 단수명사
There[Here]are + 복수명사: there는 유도부사로 주어는 동사뒤에옴

Daily Test

Part 1 Choose the best answer for the blank.

1 A: I'm worried that there _____ going to be enough space for the new sofa.
B: Well, did you measure it?

(a) isn't (b) doesn't
(c) hasn't (d) won't

2 A: What do you need, Joseph?
B: Ten pounds _____ all I need.

(a) were (b) is
(c) are (d) have been

3 A: I am terribly sorry for the mistake that I made. I think I'd better quit my job.
B: Don't be too hard on yourself. Neither you, nor I, nor anyone else _____ wrong.

(a) is (b) be
(c) are (d) am

4 A: I think 100 dollars _____ too much to pay for a CD player.
B: I don't think you'll be able to find a better one for less.

(a) are (b) was
(c) were (d) is

Part 2 Choose the best answer for the blank.

5 It was reported that more than half of the congress members _____ present at the conference last night.

(a) was (b) were
(c) is (d) are

6 _____ while they are in school.

(a) Most university students work (b) Most of the university student works
(c) Most of university students work (d) Most university students works

7 Dostoyevsky is considered to be _____ novelists.

(a) Russia greatest (b) great Russian
(c) one of Russia's greatest (d) greatest of Russia

8 I am surprised by the number of _____ suspended in 2006.

(a) drivers whose license is (b) drivers whose licenses were
(c) driver whose license is (d) drivers whose licenses is

Part 3 Identify the option that contains an awkward expression or an error in grammar.

9 (a) A: My sister is coming to visit next weekend with her fiancé.
(b) B: Is he the one who work for the Department of Defense?
(c) A: Exactly. Would you like to meet him?
(d) B: Yes, I'd be interested in speaking to him.

10 (a) A: The company has not done very well this year.
(b) B: I know. I'd say that low sales are one of the biggest issue.
(c) A: I wonder if I should begin looking for a new job.
(d) B: It's probably not a bad idea.

11 (a) A: I started taking some sleeping pills and they don't seem to be doing anything.
(b) B: You should be careful with medicine like those.
(c) A: I'm not sure what else to do. I haven't slept well in weeks.
(d) B: If I were you, I'd talk to the doctor about it.

Part 4 Identify the option that contains an awkward expression or an error in grammar.

12 (a) Colleges across the US have been suffering from a lack of government funding. (b) The result is that college tuitions has risen across the country. (c) A college education is becoming the privilege of the upper class. (d) Many parents are concerned that they will not be able to afford to send their children to college.

13 (a) All airline tickets is subject to a cancellation charge of $30. (b) Tickets can be cancelled up to 24 hours in advance of a flight. (c) For cancellations, please contact our Customer Service Department by phone. (d) Cancellations can also be done through our website.

정답: 36p

Chapter 19. 특수구문

Pretest

Choose the best answer for the blank.

1. _____ on the table, he would have noticed the note from his wife.

(a) Had he looked
(b) He looked
(c) He had looked
(d) He had look

2. A: Should we enter the contest?
B: _____. There's no reason not to.

(a) I suppose so
(b) I don't suppose so
(c) I suppose not
(d) So suppose I

3. _____ in a strict orthodox family, he felt very strongly about his religious beliefs.

(a) To be raise
(b) Having been raised
(c) Having raising
(d) Having raised

4. I believe _____ Canada won the Olympic medal in men's hockey.

(a) in 2002 was the
(b) in 2002 it was
(c) it was in 2002 that
(d) it was that in 2002

5. A: I heard you were planning to take a trip with James to Italy this summer.
B: Yes, it was in Italy _____ we first met.

(a) what
(b) that
(c) though
(d) for

6. Open the front door whenever you are out, _____?

(a) will you
(b) shall you
(c) shall we
(d) is it

7. Let me talk to you for a while as this is pretty serious case, _____?

(a) shall I
(b) shall we
(c) will I
(d) why not

문법파일 91

강조, 삽입, 도치

강조, 삽입, 도치 구문 문제는 회화적인 문법을 강조하는 TEPS에서 상당히 출제율이 높아지고 있는 부분으로서 관련 문제들을 꼼꼼히 다 풀어봐야 한다. '~하자마자 … 하다'라는 뜻의 〈no sooner ~ than…〉 구문은 과거완료시제와 함께 쓰인다. 이때 부정어인 No sooner가 문두로 나오면 조동사와 주어의 순서가 도치된다. hardly, scarcely, little, rarely, barely 등의 부정어가 문장의 맨 앞에 올 경우에는 주어와 동사가 도치된다. 이때 동사가 일반동사이면 do동사에 시제와 인칭이 반영되어 주어 앞에 온다.
if any는 '비록 있다 해도'라는 의미로, 주로 '거의 없다'는 표현과 함께 사용된다. 〈명사(형용사, 부사)+as+주어+동사〉는 '~가 ~하지만'이라는 뜻이다. 모두 외워두자!

1. if any = 혹시 있다면

There are few, _____, books here that I would be interested in reading. 여기에는 내가 읽고 싶은 책들이 있다고 해도 거의 없다.

(a) if not
(b) if any
(c) although
(d) if you like

문장 중간에 삽입구로 '혹시 있다면'이라고 할 때 if any라고 한다.

2. 양보의 as

_____, Sally was not elected to student council the following year. Sally는 인기가 높았지만 다음 해에 학생 위원회에 선출되지 못했다.

(a) Popular she is as
(b) She is as popular as
(c) As she is popular
(d) Popular as she is

as가 양보의 의미로 '~하지만'이라는 뜻으로 쓰일 때는 〈형용사+as+주어+동사〉의 어순이 된다. 따라서 Popular as she is가 정답이다.

문법파일 92

생략

분사구문 중 수동 분사구문에서 being의 생략, 완료수동분사구문에서 having been의 생략은 TEPS에서 중점적으로 출제되고 있는 부분이며 상대방이 말한 문장을 또 쓰기 싫어서 so나 not으로 줄인 대부사 등이 여기에 해당한다.

3. 분사구문

_____ by what he had just discovered, Harold stood speechless in front of the crowd.

그가 방금 발견한 사실에 놀라서 Harold는 군중들 앞에서 말을 잇지 못하고서 있었다.

(a) Shocking
(b) Shock
(c) Shocked
(d) Having shocked

As Harold was shocked by ~에서 접속사와 주어, 그리고 being이 생략된 shocked가 정답.

문법파일 93

It – that 강조구문이란?

It과 that 사이에 강조하고 싶은 명사나 대명사를 집어넣어 그것을 강조하는 문형을 It that 강조구문이라고 한다. 참고로 It과 that 사이에 형용사나 동사가 있으면 그런 경우는 강조구문이라기보다 가주어, 진주어 구문으로 보아야 한다는 점에 유의하자.
시험에서는 It ~ that 강조구문 문장에서 that 자리에 빈칸을 쳐놓고 that을 집어넣는 경우도 있지만 that 대신 관계사를 대신 집어넣는 것을 묻는 경우도 있으므로 참고하자.

4. It과 that 사이에 명사, 대명사 = 강조구문

It was President John F. Kennedy _____ said to his people, "ask not what your country can do for you, but what you can do for your country."

'조국이 당신에게 무엇을 해 줄지 묻지 말고, 당신이 조국을 위해 무엇을 할지 물어라.' 고 국민에게 말한 사람은 바로 존 F 케네디 대통령이었다.

(a) which
(b) that
(c) whose
(d) whom

5. It과 that 사이에 형용사, 동사 = 가주어, 진주어 구문

_____ we have a bright future. Don't let your hopes down.

우리에게 밝은 미래가 있다는 것은 분명해. 희망을 버리지 마.

(a) It is certain which
(b) It is certain that
(c) It is certain when
(d) It is certain where

6. It was not until ~ that

_____ that the researchers uncovered a link between smoking and health risks.

1980년대가 되어서야 연구자들은 흡연과 건강 문제간의 연관성을 발견해냈다.

(a) It was not until the 1980s (b) Until the 1980s it was
(c) Not until the 1980s (d) The 1980s until it was

⟨it was not until ~ that⟩ 구문으로 '~해서야 …하다' 는 뜻이다.

문법파일 94
기타 알아야 할 사항들

명령문의 경우 동사원형으로 시작되는 직접 명령문, Let으로 시작하는 간접 명령문, ⟨명령문+and+좋은 결과⟩, ⟨명령문+or+나쁜 결과⟩로 나타내어지는 조건 명령문, 이렇게 세 가지가 있고 직접 명령문의 경우 2인칭에게만 하는 말이므로 부가의문문은 will you로 나오는 반면 Let으로 시작하는 간접 명령문의 경우 1, 3인칭에게 하는 경우라서 부가의문문이 shall I, 또는 Shall we라고 나오는 점에 유의한다.

7. 조건명령문= 명령문 and 좋은결과 vs 명령문 or 나쁜결과

Drink this cold medicine, _____ you will get better in time. 이 감기약을 마시면, 곧 좋아질 거야.

(a) or (b) and
(c) unless (d) otherwise

8. 부정어 / 도치

_____ the man would come out of the surgery okay.

그 의사는 그 남자가 그 수술을 잘 견뎌낼 것이라고는 거의 생각하지 않았다.

(a) Little thought the doctor (b) The doctor little think that
(c) I think that the little doctor (d) Little did the doctor think that

부정어가 문장 앞에 오면 문장이 도치된다. little이 문장 앞에 왔으므로 주어 the doctor와 thought가 도치되는데 이때 thought는 일반동사의 과거형이므로 did를 대신 쓰고, Little did the doctor think that이 된다.

9. no sooner ~ than ~하자마자 = hardly ~ when = as soon as

_____ than my brand new laptop broke down. 보증 기간이 끝나자마자, 내 새 노트북 컴퓨터가 고장났다.

(a) The guarantee had expired no sooner
(b) Had the guarantee expired no sooner
(c) No sooner had the guarantee expired
(d) No sooner the guarantee had expired

10. 청유 구문 = Why don't we ~?

(a) A: Why do we pick up a movie on the way home? 집에 가는 길에 영화 한 편 보면 어때요?
(b) B: I don't know, it's getting kind of late. 글쎄요, 좀 늦은 것 같은데요.
(c) A: It's only 9 p.m. 저녁 9시밖에 안 됐어요.
(d) B: Yeah, but I have to get up early tomorrow morning. 맞아요, 하지만 전 내일 아침에 일찍 일어나야 하거든요.

'~하자, ~하면 어때?'라는 뜻의 관용 표현은 Why don't we ~?라고 한다.

11. 의문사 / 장소 = Where

A: _____ in Korea are you planning to look for a job? 한국 어디에서 직업을 구할 생각입니까?
B: I'm not sure, but I think I'd like to be close to Seoul. 잘 모르겠지만 서울에 가까운 곳에 살고 싶어요.

(a) What
(b) That
(c) When
(d) Where

Answers

1. (b) 2. (d) 3. (c) 4. (b) 5. (b) 6. (a) 7. (b) 8. (d) 9. (c) 10. (a) Why do we → Why don't we 11. (d)

시험당일 반드시 명심해야 할 특수구문 핵심사항!

01. TEPS에 출제되는 생략 (omission) 구문은 관용적으로 생략되는 구문들의 이해가 중요하다.
① 부사절에서 [주어+be동사]의 생략 → 주어=대명사, 동사=be동사
② [주격관계대명사+be동사]의 생략 → 선행사+(관계대명사+be동사)+ing [~ed]

02. 도치(inversion) 는 각 챕터에서 도치가 되는 경우와 그 형태를 정확히 이해하고 정리하는 것이 필수이다.
- So+V+S, Neither+V+S
- 유도부사가 문두에 오는 경우
- 부정어구[부정부사]의 도치 → never, not, only, hardly 등이 문두에 오면 도치
- 조건절의 if를 생략하는 경우 → 도치됨.
- 양보절에서의 도치

03. TEPS 문법에서 강조(emphasis)는 강조어구들을 암기하는 데에서 출발한다.
① It is[was]+강조어구+that~ 강조구문
② 명사의 강조: the very사용 (바로)
③ 의문문의 강조: on earth, in the world, ever, whatever(도대체)
④ 동사의 강조: 강조의 조동사 do사용
⑤ 대명사의 강조: 재귀대명사사용
⑥ 부정문의 강조: 부정어(not)+at all[in the least, whatever] (결코 ~ 않다)
⑦ 비교급·최상급 강조: much, far, by far cf. 주의 very 사용불가

04. 삽입(insertion)의 경우는 관용어구의 삽입을 암기합니다.
so far as I know (내가 아는 한) **if any** (있다면, 있으면) **as it were** (말하자면)
if you like (원한다면) **as if[S]is[does]** (사실상) **to be sure** (확실히)
that is to say (다시 말하면)

05. 각 문장에 해당하는 부가의문의 이해도 암기하자!

제안	Let ~? → shall we?
	would rather~ → wouldn't ~?
	had better~ → hadn't ~?
직접명령문	will you?
	used to~ → didn't ~?
	have to~ → don't ~?
권유의 명령문	won't you?
	ought to ~ → shouldn't ~?
	had to~ → didn't ~?

→ 부정어(little, hardly...)가 포함된 문장은 긍정의 부가의문이 된다

Grammar | Chapter 19. 특수구문

Daily Test

Part 1 Choose the best answer for the blank.

1 A: You look wonderful tonight.
    B: Thank you. _____.

  (a) Neither do you   (b) So do you
  (c) Also do you   (d) Either do you

2 A: John, your new associate seems to be doing a great job.
    B: I know. I've been greatly surprised. _____ such initiative.

  (a) Rarely do new employees take
  (b) Rarely the new employee takes
  (c) A new employee takes rarely
  (d) The new employees do take rarely

3 A: Do you think I should accept the internship with Darwin Inc.?
    B: Well, it's unpaid. At the same time, it's _____ opportunity.

  (a) such good an   (b) a good such
  (c) such a good   (d) a such good

4 A: Daniel, you've been working on that project all night.
    B: I know, but, tired _____ I am, I need to meet the deadline.

  (a) although   (b) however
  (c) as   (d) that

Part 2 Choose the best answer for the blank.

5 _____ as it sounds, dragonflies have an exceptionally short life span.

  (a) Peculiarly   (b) Peculiar
  (c) Being peculiar   (d) To be peculiar

6 Only if you finish all of your dinner _____ dessert.

  (a) to be given   (b) will you be given
  (c) you will be give   (d) giving to you

7 I have a couple of apples in the fridge, but _____

  (a) much not else   (b) not else much
  (c) not much else   (d) much else not

8 No sooner _____ into the house than he realized he left the groceries in the car.

  (a) had he gone   (b) he was going
  (c) has he gone   (d) he went

Part 3 Identify the option that contains an awkward expression or an error in grammar.

9 (a) A: What did you think of the lecture today?
(b) B: I thought it was interesting. How are you?
(c) A: I found it to be too long and rather boring.
(d) B: Oh well, at least it's over now.

10 (a) A: I'd like to apply for a job with Denver Transit.
(b) B: Certainly sir. Here's an application.
(c) A: What should I do now?
(d) B: You can take the application forms home and fill out them.

11 (a) A: That comedian was so funny!
(b) B: Yeah. I've seen him once before.
(c) A: Really? This is the first time I've seen him.
(d) B: He did a performance in a few months at the same place.

Part 4 Identify the option that contains an awkward expression or an error in grammar.

12 (a) It is widely known that sperm whales are the most popular whales in the sea, but we rarely get to study them because they spend so much time underwater. (b) Surprisingly, sperm whales are great divers. They hold their breath and dive thousands of feet to eat deep sea squid and fish. (c) They spend most of their lives under the sea where they can't be seen. (d) Rarely these energetic animals take a rest at the surface.

13 (a) Attention customers! If you decide to subscribe for JK magazine, you'll receive 50 more issues for only $ 100. (b) That's 30% off the cover price! (c) You'll also receive the TEPS sample test FREE with your paid subscription. (d) If you don't want to continue with JK magazine after your trial period, simply marked the bill return 'Cancel' and owe nothing.

Chapter 20. 문법 문제 비법 총정리

Pretest

Choose the best answer for the blank.

1 A: I don't like staying up late at night.
　　B: _____. It's important to get at least 7 hours of sleep a night.

　　(a) So do I　　　　　　　　(b) So am I
　　(c) Either am I　　　　　　(d) Neither do I

문법파일 95

2 A: I'm sorry I missed the wedding. How was it?
　　B: Everything was perfect. It _____ better.

　　(a) can't be　　　　　　　(b) wasn't
　　(c) must have been　　　 (d) couldn't have been

문법파일 96

3 A: _____ I set up the table?
　　B: It looks nice, but I think the centerpiece is too big.

　　(a) How do you like the way　　(b) Do you like how the way
　　(c) Are you like how the way　　(d) How are you like the way

문법파일 97

4 _____ often live longer than those who are not.

　　(a) People who married　　　(b) People who are married
　　(c) Are married of people　　(d) People are married

문법파일 98

5 (a) A: I don't understand why this red light is so long!
　　(b) B: I think it's so that the pedestrians have time to cross.
　　(c) A: Supposed, this city has more pedestrian traffic that than anywhere else.
　　(d) B: I find that hard to believe.

문법파일 99

6 _____ the book reading, the author will be available to sign autographs.

　　(a) Both before and after　　(b) Before and after both
　　(c) After both before and　　(d) And before after both

문법파일 100

정답: 39p

문법파일 95

문장의 어순을 조심하자

부정문에 대해 동의하거나 맞장구칠 때 〈Neither[Nor]+동사+주어〉 형태를 취한다. 긍정문에 동의할 때의 표현은 〈So+동사+주어〉이다. 지시형용사와 서수형용사의 어순, 빈도부사와 부정부사의 어순, 〈such/quite/what+관사+형용사+명사〉, 〈So+형용사+관사+명사〉 등의 어순도 출제율이 높다.

1. 주어+be동사+부사+보어 어순

My boss is extremely concerned that the project _____. 우리 사장은 그 프로젝트가 이미 예산을 초과했음에 깊이 우려하고 있다.

(a) over-budget is already
(b) is already over-budget
(c) already over-budget
(d) over-budget already is

that절의 주어 the project에 이어지는 어순에서 부사는 be동사 뒤에 위치한다.

2. 부사 quite의 위치

A: Harold's retirement was _____ to everyone at the office. Harold의 은퇴는 사무실의 모두에게 큰 충격을 주었어요.
B: I know. No one expected it. 맞아요. 아무도 생각하지 못했던 일이죠.

(a) the quite shock
(b) a quite shock
(c) quite shock
(d) quite a shock

부사 quite는 〈관사+명사〉 앞에 온다.

문법파일 96

조동사의 다양한 역할

조동사의 관용표현들과 대동사, 강조용법, 그리고 부가의문문의 경우 우리말에서는 잘 쓰이지 않는 미국식 영어만의 독특한 용법이므로 시제와 인칭에 맞추어서 신중하게 풀기 바란다.

3. 동사 강조 = do

A: **John, do you work out nowadays?** John, 요즘 운동하세요?
B: **Not actually, but I _____ a lot of basketball when I was in high school.** 사실은 아니에요. 하지만 고등학교 때 농구를 많이 했어요.

(a) did play
(b) had played
(c) was playing
(d) was to play

4. 명령문의 부가의문문

A: **Put the car in the garage, _____?** 차를 차고에 넣으세요, 네?
B: **I'd rather just leave it on the street.** 그냥 길에 세워두는 것이 좋겠는데요.

(a) shall you
(b) will you
(c) won't you
(d) should you

명령문의 부가의문문은 will you를 쓴다.

5. 일반동사의 조동사

A: **How _____ you get here so quickly?** 어떻게 여기에 그리 빨리 도착했어요?
B: **I decided not to walk and took a taxi.** 걷지 않고 택시를 타기로 했지요.

(a) are
(b) were
(c) did
(d) should

일반동사의 조동사는 do를 쓴다. 시제가 과거이므로 did를 써야 한다.

••• 문법파일 97
문제 안에 숨어 있는 힌트를 재빠르게 파악하라!

TEPS 문법 파트 1, 2 문제 속에서는 반드시 선택지의 정답이 무엇인지를 암시해주는 힌트가 숨어 있으며 50문제를 25분에 푸는 TEPS 문법 시험 시간을 고려해보았을 때 이 힌트를 빠른 시간 안에 파악해서 정답으로 연결시키는 능력이 필수적으로 요구된다. 이것을 위해서는 다양한 유형의 문제들을 많이 풀어보는 것처럼 좋은 방법은 없을 것이다.

6. 소유격 / so+동사+주어

A: Tammy's favorite sport is soccer. Tammy가 가장 좋아하는 운동은 축구에요.
B: That's interesting. So _____. 흥미롭군요. 저도 그래요.

(a) is mine (b) am I
(c) do I   (d) would I

my favorite sport를 받는 mine이 주어이므로 동사는 is를 쓴다.

7. 끝내다 = get over with

A: I think we should meet early and work all day. 우리가 일찍 만나서 하루 종일 일해야 한다고 생각합니다.
B: I agree. I want to get _____ this as soon as possible. 동의합니다. 가능한 한 이 일을 빨리 끝내고 싶어요.

(a) to over with (b) over with
(c) to over it   (d) over it

문법파일 98

두 가지 이상의 문법 사항을 결합시켜 물어보는 문제들!

TEPS 문법 시험의 특징 중 한 가지는 한 문제당 한 가지 문법 사항을 물어보기보다는 두 가지 이상 내용을 coding시켜서 물어보는 스타일이 많으므로 이런 문제들을 잘 풀기위해서는 단순히 빈칸과 선택지만 보고 문제를 풀기보다는 주어진 문장의 의미와 구조를 전체적으로 파악하는 연습이 중요하다.

8. ① 전치사 to / ② 전치사 뒤는 동명사 자리

New findings might just be the key _____ the causes of autism.
새로운 발견들이 자폐증의 원인을 밝히는 데 핵심이 될 지도 모른다.

(a) to unlocking (b) being unlocked
(c) unlocking   (d) unlocked

'원인을 밝히는 열쇠'라는 뜻으로 key는 뒤에 전치사 to를 동반한다. 전치사 뒤는 (동)명사가와야 하므로 to unlocking이 정답.

9. 등위 접속사 / help+목적어+동사원형(to부정사)

A: What movie are you going to bring over tonight? 오늘 밤 어떤 영화를 빌려올 건가요?
B: I have no idea. Why don't you meet me at the video store and _____.
모르겠어요. 저와 비디오 가게에서 만나서 제가 고르는 걸 도와주시지요.

(a) help me choose one
(b) choose one help to me
(c) choose one to help me
(d) help me choose it

and로 연결된 앞뒤는 같은 형식이어야 하므로 meet와 병렬을 이루는 help가 알맞고, help는 목적보어로 동사원형과 to부정사를 둘 다 쓸 수 있다. one은 a movie를 가리키며, 문맥상 choose의 목적어이다.

문법파일 99

파트 3과 4에 집중하라!

문법 파트 3과 4는 배점이 상당히 높으며 전체적인 문맥의 흐름과 논리적 일관성(coherence)을 묻는 경우가 많으므로 수험자들이 공략해야 할 대상인데도 불구하고 많은 수험자들이 의외로 파트 1, 2에는 신경을 더 쓰는데 파트 3, 4는 잘 안 풀릴 경우 그냥 찍어버리는 실수를 범한다. 파트 3, 4에는 일치 관련과 분사구문 및 회화 문법 등이 주로 등장하므로 이러한 빈출하는 유형들을 먼저 본 후 그것들이 모두 맞는 경우 다른 문법적 사항들을 차근차근 따져보아서 다른 보기들과 연결성을 비교했을 때 맞지 않는 보기를 재빠르게 파악하고 다음 문제로 넘어가야 한다.

10. 주어와 동사를 수식어 사이에 두고 분리시켜 수험자를 혼동시키는 함정

(a) The tourism industry has been diversifying as people lose interest in all-inclusive vacations. (b) Many travelers, who were looking for more authentic experience than before, has asked travel agencies to try something new. (c) Travel agencies are beginning to offer educational tours that focus on studying and learning about the local culture. (d) It is expected that this trend will continue.

여행 업계는 사람들이 풀 패키지 휴가에 관심을 잃어가면서 다변화되어왔다. 전보다 더 진정한 경험을 찾고 있던 많은 여행자들은 뭔가 새로운 것을 해보기를 여행사에 요청해왔다. 여행사들은 그 지역 문화를 공부하고 배우는 데 집중하는 교육 여행들을 제공하기 시작하고 있다. 이런 추세는 계속될 것으로 보인다.

11. 수 일치 / money는 셀 수 없는 명사

(a) Advertising has become much more focused over the past few years. (b) A large number of advertisements focus directly on young children. (c) Children are especially vulnerable to advertisements, and often pressure their parents into buying things. (d) An exceptional amount of money are put into company's advertisements.

광고는 지난 몇 년간 집중도가 훨씬 강해졌다. 많은 수의 광고들이 직접적으로 어린 아이들을 대상으로 한다. 어린이들은 특히 광고에 취약하며 자신들의 부모에게 물건을 사달라고 압력을 가하곤 한다. 엄청난 액수의 돈이 회사의 광고비로 투입된다.

an amount는 '양'을 뜻하며 단수 취급한다. 따라서 is가 되어야 한다.

문법파일 100
TEPS 문법에서는 회화체 문제들이 주류를 이룬다!

TEPS 문법은 다른 영어시험과는 달리 총 50문제 중 8~10문제가 문법과는 관련 없이 청해나 어휘 영역에서 접할 수 있는 표현을 묻는다. TEPS에 확실히 대비하기 위해서는 암기 위주의 단편적인 영어 지식이 아닌 청해, 문법, 어휘, 독해가 몸에 자연스럽게 밴 진정한 실용영어 실력이 필요하다.

따라서 정확한 guideline을 제시해주는 지침서를 보면서 네 파트 각각 다르게 요구되는 학습 계획을 정확히 세우고 최신 기출 경향을 파악해서 주어진 시간 안에 최대의 효과를 내는 것이 중요하다. 이를 위해서는 TEPS 네 파트의 문제들이 모두 유기적으로 연결되어 있음을 잊지 말아야 한다. TEPS 시험 점수의 대부분을 차지하는 LC와 RC의 기반은 Grammar와 Vocabulary이며 LC청해 실력이 향상되면 RC 능력도 자연스럽게 향상된다. 일례로 LC 파트 1에서 Would you mind if I smoke here?라는 문장을 접할 수 있는데, 이 문장은 LC에서는 '담배를 피워도 되겠냐'고 하는 허락에 관련된 토픽별 암기 표현으로 등장하며, 문법에서는 가정법 관련 문제로서, 어휘에서는 회피의 뜻을 가지는 mind를 묻는 문제로 등장할 수가 있는 것이다. 또한 LC 파트 4의 경우 긴 장문의 글을 읽고 선택지의 정답을 고르는 것인데 이것은 독해 파트의 지문 분석 능력으로 이어지는 것이다.

12. 의문사+조동사+주어+동사

A: What _____ for the coffee? 제가 커피 값으로 얼마를 드려야 하죠?
B: Don't worry about it. It's on me. 괜찮아요. 제가 살게요.

(a) do I owe you   (b) I owe you
(c) do I owe to you   (d) owe to you

의문사가 있는 의문문은 주어와 동사가 도치되고, owe는 〈owe+간목+직목〉 형식으로 쓰이므로 do I owe you가 정답.

13. can't wait+to부정사

A: Have you heard that the musical "Chicago" is coming to Seoul in April?
뮤지컬 〈시카고〉가 4월에 서울에 들어온다는 소식을 들었나요?
B: Yes, I already have tickets. I can't _____ it. 네, 벌써 표도 구입했는걸요. 어서 보고 싶어요.

(a) wait to see   (b) wait for seeing
(c) waiting to see   (d) wait for to see

'어서 ~하고 싶다'고 할 때는 〈can't wait to부정사〉로 쓴다.

14. 관용표현

A: I heard that the new professor graduated from Harvard. 신임 교수님이 하버드를 졸업하셨다고 들었어요.
B: You _____! 그래요!

(a) say it
(b) do say it
(c) don't say
(d) say not

관용표현으로 익혀두자. '맞다'는 표현으로 You don't say.라고 한다.

15. 의문사가 없는 의문문의 어순

A : Thanks for calling IBM headquarters. How may I assist you? IBM 본사입니다. 어떻게 도와드릴까요?
B : Good morning, _____? 안녕하세요. Joseph 씨 계십니까?

(a) there is Joseph
(b) there Joseph is
(c) is Joseph there
(d) is there Joseph

16. 감탄문 어순 = What 관사+형용사+명사!, How+형용사+주어+동사!

A : Last week my next door neighbor died of leukemia. 지난주에 우리 옆집 이웃이 백혈병으로 죽었어.
B : What _____! 안됐다!

(a) the shame   (b) shame
(c) shames   (d) a shame

17. ~ 후에 = after

_____ the service was finished, the congregation left through the front doors. 예배가 끝난 후 회중들은 정문을 통해 빠져 나갔다.

(a) Afterward   (b) Before
(c) Beforehand   (d) After

접속사 자리로, '~이 끝난 후'라는 문맥이므로 after가 알맞다. 부사들인 afterward는 '이후에, 나중에'라는 뜻이고, beforehand는 '미리, 벌써'라는 뜻이다.

Answers

1. (b) 2. (d) 3. (a) 4. (b) 5. (c) 6. (a) 7. (b) 8. (a) 9. (a) 10. (b) has asked → have asked 11. (d) are → is 12. (a) 13. (a) 14. (c) 15. (c) 16. (d) 17. (d)

Daily Test

Part 1 Choose the best answer for the blank.

1 A: What should we focus on in Jonathan's lesson?
B: I think the two areas _____ need the most work are reading and writing.
(a) what (b) that
(c) where (d) when

2 A: What do you plan to do once you've finished your degree?
B: I'm not sure. My parents are pressing me _____ at an engineering firm.
(a) working (b) work
(c) works (d) to work

3 A: Is everything in order for the picnic?
B: I think so. I just hope that everything goes _____.
(a) plan (b) planned
(c) planning (d) as planned

4 A: I'm leaving for Mexico on Friday.
B: You've been there before, _____?
(a) haven't you (b) aren't you
(c) weren't you (d) don't you

Part 2 Choose the best answer for the blank.

5 As _____, he was responsible for looking after the children every second weekend.
(a) it were (b) they were
(c) he were (d) it would

6 As the preparations were _____, Josephine started to get excited about the party.
(a) being made (b) to make
(c) make (d) making

7 Words are to writers _____ rhythm is to musicians.
(a) so (b) but
(c) what (d) than

8 Those _____ from a headache often feel dizziness and nausea.
(a) suffer (b) to suffer
(c) suffering (d) suffered

Part 3 Identify the option that contains an awkward expression or an error in grammar.

9 (a) A: I don't think I want to see Shannon again after last night.
(b) B: What happened? Did she do something upset you?
(c) A: She was very rude and only talked about herself.
(d) B: I'm surprised. She's not usually like that.

10 (a) A: Have you found a used car that you like?
(b) B: I have! I found such for only $6800.
(c) A: That sounds like a good deal.
(d) B: Yeah, I just have to make sure there's nothing wrong with it.

11 (a) A: I'm surprised to see you here. I thought you were going to France this week.
(b) B: Well, I had planned to, but then I came down with the flu on Sunday night.
(c) A: That's too bad. Were you able to refund the ticket?
(d) B: It wasn't refundable, but I rescheduled of next month.

Part 4 Identify the option that contains an awkward expression or an error in grammar.

12 (a) The homeless population in the city is becoming a serious concern. (b) As winter approaches, the homeless begin to arrives at shelters to escape the frigid temperatures outside. (c) The problem is that the shelters cannot accommodate enough people. (d) This is one of the biggest assignments for all of us today.

13 (a) Bungee jumping has become a popular sport for many young people. (b) It is imperative, though, that youth are aware of the risks in advance. (c) While the rate of injury is extremely low, it is important that safety precautions are taken. (d) Anyone interested for bungee jumping should take some time to ensure that they are aware of the dangers.

정답: 39p

Weekly Test

Part 1 Choose the best answer for the blank.

1 A: What time do you expect the pizza to arrive?
B: Pretty soon. The restaurant said they would send it out _____ quickly as possible.

(a) on
(b) in
(c) to
(d) as

2 A: I'm going for a long bike ride in the mountains.
B: You should take a lot of water with you _____ you get thirsty.

(a) in case
(b) whereas
(c) now that
(d) for

3 A: Are you planning to arrive early for the convocation ceremony?
B: Not _____ I absolutely have to.

(a) though
(b) before
(c) until
(d) unless

4 A: How would you like the chicken cooked tonight?
B: Do it _____ you did last week.

(a) whenever
(b) like
(c) while
(d) as if

Part 2 Choose the best answer for the blank.

5 Janis had just put her bankcard in the machine _____ she noticed the "out of order" sign.

(a) when
(b) so
(c) if
(d) that

6 On top of the building _____ a giant golden statue.

(a) have stood
(b) are standing
(c) stand
(d) stands

7 Charcoal tablets are good _____ a sore stomach.

(a) to cures
(b) curing
(c) cure
(d) for curing

8 I don't agree with the new plan _____ all of our paper supplies from China.

(a) purchasing
(b) to purchase
(c) of purchases
(d) for purchase

Part 3 Identify the option that contains an awkward expression or an error in grammar.

9. (a) A: Can you meet me for a drink tonight?
   (b) B: No, I can't. My boss asked me to work lately.
   (c) A: Okay, maybe we can do it next week then.
   (d) B: That's a great idea.

10. (a) A: When do you think you'll be at the restaurant?
    (b) B: I'm planning to leave my house in lesser than twenty
    (c) A: How long will it take you to get there?
    (d) B: Not long, maybe fifteen minutes or so.

11. (a) A: Have you decided where to go on vacation?
    (b) B: I haven't. My wife and I had been thought about going to Jamaica.
    (c) A: Have you ever been there before?
    (d) B: Just for a week or so nearly 20 years ago.

Part 4 Identify the option that contains an awkward expression or an error in grammar.

12. (a) It is important to obey traffic rules, even when riding a bicycle. (b) Oftentimes cyclists will disobey traffic lights, which can be extremely dangerous. (c) Cyclists on the road must obey the rules in the same way that driving does. (d) Those on bicycles should also wear helmets on the road for safety.

13. (a) A number of scandals have arisen concerning aid money following the tsunami in Asia. (b) A number of people and businesses around the world responded to the tsunami by donating billions of dollars. (c) Months after the destruction, it seems that only a small percentage of that money actually made it to the victims. (d) It has been suggested that corrupt government officials and aid workers are to blamed.

정답: 41p

Test of English Proficiency developed by Seoul National University

Reading Comprehension

Part V

TEPS 독해 문제들의 유형을 전체적으로 파악하고
파트 1중의 문제 유형을 집중적으로 파악한다.

TEPS 독해는 번역 테스트가 아니라 속독 속해 시험이다. TEPS 독해 40문항은 다른 시험들의 독해 section과는 달리 문맥의 논리를 따지거나 깔끔한 번역을 묻는 스타일이 아니라 얼마나 빠른 시간 안에 얼마나 많은 문제를 풀 수 있느냐를 묻는 속독속해 시험이다. 따라서 한 문제당 주어지는 평균 1분 8초가량을 잘 활용하는 사람이 고득점을 얻을 수 있다.

파트 1은 빈칸 메꾸기 유형인데 빈칸 위치가 상단에 위치한 경우는 대부분 주제어를 묻는 유형으로서 비교적 빠른 시간 안에 문제를 풀 수 있는 문제들에 속한다. 그리고 선택지의 어휘 파악이 중요하다. 따라서 지나치게 많은 시간을 끌지 말고 첫 문장을 통해 앞으로 무슨 내용을 전개해 나갈 것인지를 파악하는 것이 관건이라 할 수 있다.

빈칸 위치가 중간이든 하단이든 지문 전체를 자꾸 반복해서 보기보다는 빈칸 주위를 주의 깊게 봐서 앞뒤 문맥의 흐름을 파악하는 것이 중요하다. 서로 인과관계인지, 역접관계인지 등을 파악할 수 있는 능력을 묻는 문제들이 대부분이다. 15, 16번은 항상 연결사 문제인데 평소에 여러 연결사의 종류와 쓰임을 파악할 줄 아는 능력을 키우는 것이 중요하다. 빈칸 위치가 하단인 경우 상당수 문제들이 지문의 첫 문장 내용을 재진술(restate)하는 경우가 많고 이것이 의외로 쉽게 정답을 찾을 수 있게 돕는 매개체가 된다.

Chapter 21. RC 전체 유형 파악

Pretest

Read the passage and choose the option that completes the sentence.

독해파일 1

1. Is your neighborhood looking a little shabby these days? Here is how to _____.
You can start by making signs inviting others in the community to join you in the project. Instead of taking everything on yourself, you can delegate tasks or have people sign up for what they are interested in doing such as purchasing garbage bags, collecting enough tools, gloves, etc. During a meeting, decide where you will have the event, and how much time you will devote to cleaning up there. The City will help you out by providing logistical support, arranging for trash pick-up and lending the tools you require for clean- up day.

(a) organize a community festival
(b) do your own landscaping
(c) organize a clean-up
(d) get aid from your local government

Read the passage and question. Then choose the option that completes the question.

독해파일 2

2. My fiance, Andrew, and I have been together for approximately 3 years. His dad is terminally sick. We agreed to move him into our home and at the same time, I have decided to get a casual job, seven hours a day, four times a week. I have asked my fiance's sisters to care for their father while I work but his sisters went into an uproar about it. One of them told me, "If you can't live on the money Andrew is making, then there is something wrong."
I tried to explain to them that it has nothing to do with how much Andrew makes, I just don't want to ask my husband for money every time I buy things. Besides his sisters are able to take care of their father. To top it off, Andrew agrees with his sisters. What would you suggest?

Q: What best describes the writer's feeling?

(a) Disgraced
(b) Despair
(c) Guilty
(d) Stressed

Read the passage and question. Then identity the option that does NOT belong.

독해파일 5

3. The government has decided to delay plans to declare an end to deflation due to sluggish growth and uncertainty about the economy's future. (a) Experts doubt any declaration will be made, though, before Prime Minister Tomayo Susuki's term ends in November. (b) Susuki has been credited with helping Japan regain its economic strength through sweeping reforms. (c) Until Japanese government sees substantial growth and a steady rise in prices, it cannot declare that deflation is over. (d) Political events often spur government to decide to make declarations regarding the economy.

정답: 43p

독해파일 01

Part 1은 어떻게 출제되는가?

Part 1은 빈칸에 들어갈 내용을 고르는 문제인데, 빈칸의 위치에 따라 대충 어떤 말이 나올지 감을 잡을 수 있다. 빈칸이 앞쪽에 들어가면 문단의 주제와 관련된 내용이 주로 나오고, 뒤쪽에 들어가면 문단을 요약하고 결말을 내는 문장이 들어가게 된다. 원칙은 그렇지만, 요즘 시험에서는 반드시 그런 원칙을 따르지는 않는다. 빈칸이 뒤쪽에 와도 요약이나 결말이 아니라 내용의 연속인 경우가 꽤 많다. 문장들을 연결하는 접속사를 고르는 문제는 빠지지 않고 나오고 있는데 이와 같이 지문의 내용과 문맥을 얼마나 잘 이해하는지를 묻는 문제들이 대부분이다.

Example 1

Propaganda is a marvelous yet treacherous story device. Authors use it in stories primarily to impact an audience so that the impression lasts long after the story has been experienced itself. Through the usage of propaganda, an author can encourage readers to think in certain ways, act certain ways, think about certain things, and take particular actions. Like fire and firearms, propaganda can be used _____ and does not contain an intrinsic integrity. Any morality involved springs directly from the minds of the writer and his or her audience.

(a) to twist readers' beliefs to those of the author 독자들의 믿음을 저자의 믿음으로 바꾸기 위해
(b) to make people behave more ethically 사람들이 더 윤리적으로 행동하도록 하기 위해
(c) to make people do unethical things 사람들이 비윤리적인 일들을 하도록 하기 위해
(d) constructively and destructively 건설적이면서 파괴적으로

해석 선전은 놀랍지만 반역적인treacherous 스토리 장치device이다. 작가들은 인상들이 스토리 자체가 경험된 이후 오랫동안 지속되도록last 독자들에게 영향을 미치기impact 위해 일차적으로 스토리 내에 그것을 사용한다. 선전을 사용함으로써 작가는 독자들이 특정한 방식으로 생각하고, 행동하고, 특정한 것들에 대해 생각하고, 특별한 행동을 하도록 고무할 수 있다. 불과 화기firearm처럼 선전은 건설적으로 그리고 파괴적으로 사용될 수 있으며, 본질적인intrinsic 모습integrity은 갖고 있지 않다. 관련된involved 어느 도덕성morality이든지 저자와 독자의 마음에서 직접 솟아난다spring.

해설 어떤 텝스 독해 문제들을 막론하고 지문의 첫 문장은 일단 주의 깊게 읽어보는 것이 중요하다. 이 문제의 경우에도 일단 첫 문장에서 marvelous yet treacherous라고 하단 빈칸에 나올 내용에 대한 힌트를 제공해준 다음 빈칸 바로 뒤에서 does not contain an intrinsic integrity라는 두 번째 문제 해결의 실마리를 제공하는 것을 발견할 수 있다. 항상 첫 문장과 빈칸 주위를 통해 힌트를 찾는 연습을 하는 것이 중요하다.

독해파일 02

Part 1 공략 대책

Part 1은 빈칸의 위치가 중요한데, 글 전체의 흐름을 파악하는 것과 보기에서 제시한 어구의 정확한 의미를 파악하는 것이 중요하다. 그리고 지문에 반복해서 등장하는 단어가 선택지에 있다면 그게 답인 경우도 있다. 그리고 15-16번(연결사 문제)의 경우 시간이 많지 않고 급하다면 역접의 접속어(however, nevertheless, although 등)가 답인 경우가 많으니 되도록이면 이중에서 답을 고르자. 또한 both A and B(A와 B는 같은 의미의 어구), either A or B(A와 B는 같은 의미의 어구), not A but B(A와 B는 다른 의미의 어구) 등의 내용들이 지문에 실마리로 등장하는 경우가 많으므로 유의하여 읽자.

Example 2

Like to broaden your electrical engineering background by working with complex electronic systems and their associated hardware? As a Weapons Electrical Engineer Officer you would be responsible for all electronic and weapon systems onboard warships. This includes communication and navigation equipment as well as weapon and combat data systems. You must be at least 17 years of age, and must be either an Australian citizen or _____. You must possess a university degree accredited by Engineers Australia and it must be appropriate to the engineering primary qualification you wish to pursue.

  (a) **applying to be one** 시민권자가 되기 위해 신청하기
  (b) **a citizen of another British colony** 제3의 영국 식민지 시민
  (c) **hold permanent residency status** 영구 거주권 소지
  (d) **possess the proper paperwork** 적합한 논문 소지

해석 복잡한 전자 시스템과 그들과 연관된associated 하드웨어를 가지고 일을 함으로써 당신의 전자 공학 지식background을 넓히고broaden 싶은가? 무기 전자 엔지니어 사무관으로서 당신은 전함에 탑재된onboard 모든 전자 및 무기 시스템의 책임을 responsible 지게 된다. 이는 무기와 전투 데이터 시스템뿐만 아니라 통신 및 항해navigation 도구들도 포함한다. 나이는 최소 17세여야 하며, 호주 시민이거나 영구 거주권을 가지고 있어야 한다. 호주 엔지니어 협회로부터 인증받은accredited 대학의 학위를 소지해야possess 하며 그 학위는 당신이 추구하고자pursue 하는 엔지니어링의 주된 자격에 타당하게 연관된 것이어야 한다.

해설 무기 전자 엔지니어 사무관 구인 광고 지문을 읽고 가장 적절한 선택지를 고르는 문제이다. 빈칸의 위치가 하단에 있으므로 지문의 상단 문장뿐만 아니라 빈칸 주위에서 정답의 실마리가 될 힌트를 찾는 것이 중요하다. 이 문제에서는 연결사가 힌트로 나왔는데, either A or B에서 B자리에 어울리는 의미를 찾아야 한다. A의 의미와 비슷한 의미가 되어야 한다.

독해파일 03

Part 2는 어떻게 출제되는가?

Part 2에서 가장 앞부분에 등장하는 대표적인 유형의 문제들이 대의(주제) 파악 유형이다. 그 외에도 지문의 내용과 일치하는 선택지를 고르는 문제, 지문의 내용과 다른 내용의 문장을 고르는 문제 등이 출제된다. 이런 문제들은 지문과 4개의 선택지를 모두 읽어야 하기 때문에 시간이 비교적 많이 걸릴 뿐만 아니라 정확하고도 빠른 독해 능력이 필요하다.

Example 3

The sooner you start feeding kids healthy food choices, the better, and they'll be raised on healthy diets and won't know otherwise. If they don't have options, they're going to eat, rather than go hungry! The U.S. has a huge issue with obesity, even in children. In fact, childhood obesity is such an epidemic now that it has changed the way we call diabetes. What used to be called Juvenile and Adult Onset is now Type 1 and Type 2 because so many children are being diagnosed with Adult Onset.

Q: What is the main idea of the passage? 이 글의 주제는 무엇인가?

(a) How to train children to eat healthily and avoid junk food
아이들이 건강하게 먹고, 정크 푸드를 피하도록 훈련시키는 방법

(b) How to fight childhood obesity before diabetes becomes an issue
당뇨병이 문제가 되기 전에 소아 비만에 대처하는 방법

(c) Why it is important to develop healthy eating habits at a young age
어린 나이에 건강한 식습관을 들이는 것이 왜 중요한가

(d) How childhood diabetes has become prevalent in America
소아 당뇨병이 미국에 어떻게 퍼지게 되었는가

해석 당신의 자녀들에게 건강 음식을 더 빨리 먹이기feeding 시작할수록 더 좋으며, 그들은 건강한 식단에 맞춰 양육되고 그 외의 것에 대해서는 알지 못할 것이다. 자녀들에게 다른 선택option이 없으면 그들은 굶는 것보다는 먹을 것이다! 미국은 어린이들조차도 비만obestiy에 관한 엄청난huge 문제를 안고 있다. 실상 소아 비만은 너무나 심각한 전염병epidemic이어서 이제는 우리가 당뇨병을 부르는 방식까지도 바꾸어 놓았다. 유소년기 발병과 성인 발병onset이라고 전에 불리던 것이 이제는 유형1과 유형2로 불리는데 이는 너무나 많은 어린이들이 성인 발병으로 진단받고diagnosed 있기 때문이다.

해설 영어 글의 대부분은 두괄식이다. 즉, 첫 문장에 주제를 잡고, 그 다음 주제를 뒷받침하는 내용이 이어진다. 이 글도 첫 번째 The sooner you start feeding kids healthy food choices, the better가 주제문이다. 그 다음 The U.S has a huge issue with obesity, even in children.이 근거가 된다. 이어서 childhood obesity와 diabetes와의 관계에 대한 내용이 나온다.

독해파일 04

Part 2 공략 대책

Part 2는 주제나 대의 혹은 글의 논조 파악, 세부 내용 이해, 논리적 추론 등에 관계된 문제가 주로 출제된다. 주제는 보통 단락의 처음이나 마지막 문장(재진술이나 결론)에 요약되어 있다는 것에 주의해야 한다. 한 마디로 글의 전체적인 흐름을 파악해야 하며, 출제자의 의도가 무엇인지 짚어나가며 문제를 푸는 것이 중요하다.

Example 4

If you look closely at society, you will notice that it is undergoing a major shift. There are those who want to embrace technological communication modes wholeheartedly and those wishing not to. The majority of the population still hesitates to pursue these new avenues of communication and some only use it sporadically, rather than those who nearly eat, sleep and breathe exclusively on-line. People who are taking on this new lifestyle are still considered radical. To infrequent users of this technology, they are still largely unaware of the magnitude of the divergence.

Q: What can be inferred from the passage? 이 글에서 추론될 수 있는 것은?

(a) The use of the Internet will soon be ubiquitous in societies.
　인터넷 사용이 곧 사회적으로 편재하게 될 것이다.
(b) Humanity is undergoing a massive change in the way we interact.
　인류는 우리가 상호 작용하는 방식에서 큰 변화를 겪고 있다.
(c) Those who utilize the new communication modes will remain society's fringe.
　새로운 커뮤니케이션 모드를 이용하는 사람들은 사회의 이탈자로 남을 것이다.
(d) Those choosing not to utilize new communication technology will remain unaffected.
　새로운 커뮤니케이션 기술을 이용하지 않는 사람들은 계속 영향을 받지 않을 것이다.

해석 사회를 면밀히 보면, 주요한 변화shift를 겪고undergoing 있는 것을 볼 수 있을 것이다. 기술적인 커뮤니케이션 모드들을 진지하게wholeheartedly 받아들이고embrace 싶어하는 사람들이 있고, 그리고 싶지 않은 사람들이 있다. 오로지exclusively 온라인으로 거의 먹고, 자고, 숨쉬고 있는 사람들보다 대다수majority 인구가 아직도 이런 새로운 커뮤니케이션 방법들을 쫓는 것을 주저하며hesitate, 그것을 오직 가끔sporadically 사용한다. 이 새로운 라이프스타일을 즐기는taking on 사람들은 아직도 급진적으로radical 여겨진다. 이 기술의 드문infrequent 사용자들에 있어, 그들은 여전히 그 확산divergence의 중요성magnitude을 대체로largely 모른다.

해설 본문은 통신 기술의 발달로 사회 전체의 통신 방법, 그리고 사람들의 생활 방식에도 큰 변화가 생기고 있다는 내용이다. 그런 변화를 빠르게 체득하는 사람들이 있는가 하면, 거부해서 드물게 사용하는 사람들도 있다. 지문의 첫 문장에서 정답인 선택지 (b)의 내용을 미리 암시하고 있으며 하단 부분에서도 두 그룹의 사람들을 예로 들어 첫 문장의 내용을 재진술하므로 정답이 (b)라는 것을 명확하게 해주고 있다.

독해파일 05

Part 3은 어떻게 출제되는가?

Part 3은 문법의 Part 4와 비슷하게 보이지만 문법에서는 첫 문장부터 (a), (b), (c), (d)로 나오는 반면 독해 Part 3에서는 주제문이 하나 나온 다음 (a), (b), (c), (d)가 나오는 식이다. 따라서 무조건 첫 문장이 주제문이다. (a), (b), (c), (d) 중 첫 문장과 맞지 않는 하나를 답으로 고르면 된다. 가장 많이 묻는 내용은 다음과 같다.

① 주제(topic)가 안 맞는 것

② 시제가 안 맞는 것

③ 어조(tone)가 안 맞는 것

그리고 이 Part는 지문 내용 중 흐름이 맞지 않은 선택지를 고르는 coherence(응집력) 관련으로 출제되는, 텝스 독해 세 파트 중 배점이 가장 높은 부분이다. 배점이 13-15점이나 되는 가장 중요한 문제이다. 38, 39, 40번 이 3문제는 무조건 처음에 풀어야 하고 반드시 맞아야 한다. 전체 글의 내용과 반대되는 문장을 찾는 문제가 출제되지만, 전체적으로 글이 세부사항을 이야기하고 있을 때에는 같은 내용이라도 너무 포괄적인 의미를 담고 있는 문장이 답이 된다. 마찬가지로 같은 내용을 다루고 있더라도 포괄적인 내용을 이야기하다 갑자기 너무 세부적인 내용을 다루는 문장이 나왔다면 흐름상 어색한 것이므로 주의하여야 한다.

Example 5

In 1003 a Viking called Olaf Langerud sailed west of Greenland and landed on the shores of Newfoundland. (a) At that time, Vikings left their homes each year and sailed to foreign lands in search of food and riches. (b) The sagas of Langerud's voyage describe a land, which he called Vinland, in which Langerud discovered wheat, grapes and trees. (c) The sagas also depict a house that Langerud constructed there; however, Langerud's settlement did not last long. (d) Due to difficulties with the American Indians, the Vikings left Vinland in pursuit of more hospitable land.

해석 1003년에 Olaf Langerud라는 바이킹이 Greenland 서쪽을 항해해서, Newfoundland 해안가shore에 상륙했다. (a) 그 당시, 바이킹들은 매년 고향을 떠나 식량과 부를 쫓아 외국으로 항해했다. (b) Langerud의 항해 기록sagas은 Langerud가 Vinland라 부른 땅을 묘사하는데 그곳에서 Langerud는 밀wheat, 포도, 그리고 나무들을 발견했다. (c) 또한 그 항해담에는 Langerud가 그곳에 지은 집에 대해 적고depict 있다. 그러나 Langerud의 정착settlement은 오래 지속되지 않았다. (d) 미국 인디언들과의 어려움 때문에due to 바이킹들은 더 호의적인hospitable 땅을 찾아 Vinland를 떠났다.

해설 Newfoundland에 상륙한 바이킹 Olaf Langerud의 항해 기록에 대한 내용이다. (a) 문장은 Olaf Langerud에 관한 것이 아니라, 바이킹(Viking)들 전체와 연관된 내용이다. 따라서 내용과 맞지 않다.

Answers

1. (d) **2.** (c) **3.** (c) **4.** (b) **5.** (a)

Daily Test

Part 1 Read the passage and choose the option that completes the sentence.

1 Dear Samantha Wilson;

Thank you for your interest in Canyon Lands Natural History Association. With 18 sales outlets located in some of the most popular national parks in southeastern Utah, CNHA receives numerous unsolicited product submissions. If you would like to become a CNHA vendor, your first step is to understand what we are looking for. Please read _____ _____. We literally receive hundreds of books, interpretive materials, and general merchandise for review every year, and many are rejected immediately because they do not meet our basic requirements. It will save us all time if you only submit products that meet our strict guidelines. The best approach is to look at the products we already carry; our catalog is available on our website store.

Sincerely yours,

CNHA Product Review Committee

(a) the enclosed copy of our product requirements
(b) the following product requirements and submission guidelines
(c) the enclosed catalog of products we currently sell
(d) the enclosed list of books on our top seller list

2 Will new nutrition information labeling make a difference to consumers' choice of food? We don't have sufficient data on Australian and New Zealand consumer behavior to tell us what difference this will make. However, we do have data from a small study conducted in the United States ten years ago when mandatory nutrition information panels were introduced there. This showed that in relation to the food examined, there was a shift of 4% to 5.7% in the direction of healthier choice. This may not seem much. _____ it still translates to a reduction of 320 to 460 deaths in Australia and New Zealand each year — well worth achieving.

(a) In other words
(b) Therefore
(c) However
(d) Consequently

3 The majority of lawyers try to represent their clients in as equitable manner as possible; however, there are large differences between the legal world and the health care world. What is considered acceptable practice in the legal world is balked at in the health care world. To give an example, in the legal system, lawyers often utilize an adversarial approach meant to cause tension and instigate a conflict between opposing parties in pursuit of the truth. At times, information presented in this article may come across as harsh. It is not the writer's intent to discourage you about the US legal process, _____ _____ dealings with the legal system.

(a) and it only wants to aid in clarifying
(b) however it is best not to begin
(c) but to dissuade you from eliciting
(d) but to better prepare you for

Part 2 Read the passage and question. Then choose the option that completes the question.

4 The senior class president at the Rutigers University campus will not be graduating with her classmates next week, university officials said yesterday, after being charged with burglary in the dormitory where she was a resident adviser. The student, Cathy Landrieu, 23, a chemistry major, was arrested along with another Rutigers senior, Sam Callaway, 23, on Monday after they were discovered breaking into a room on the seventh floor of Linus Towers, which houses about 700 undergraduate students, university officials said. In addition, the university police are investigating whether Ms. Landrieu and Mr. Callaway may have been involved in seven other burglaries in the dormitory that have been reported since September.

Q: What is the subject of the talk?

(a) Corruption amongst university administrators
(b) The crime rate of Rutigers University
(c) The fall from status of a highly regarded university student
(d) The long-awaited resolution of a city crime spree

5 This is People's Opinion and I'm your host, Jim Garvin. So there I was in the Grab'n Go, having just paid for my Polish hot dog and walking out into the larger cafeteria, when I saw the manager of the place trying to grab a hold of some guy. The manager repeatedly said, "You must pay for your items." However, the shoplifter managed to tear away from him and escape. Looking back on it, I feel guilty about not helping to catch him. Nobody else in the room tried to help, either. What do you think? Do people need to get more involved when a crime is taking place? Call now and give us your opinion.

Q: What is the main topic of the talk?

(a) The dangers of becoming involved in crime
(b) The best way to reduce shoplifting
(c) Whether or not to stop crime if it is witnessed
(d) People's opinions on punishment for shoplifters

6 The Palm Steak House, which opened at Tampa's West Shore Plaza on Thursday, is almost as famous for what it puts on its walls as for what it puts on its plates. Cartoons, caricatures and portraits cover the walls in all 23 Palm locations. Each time a new Palm opens, the public relations firm retained in that market chooses 200 local notables whose faces will be turned into portraits. A smaller group of national celebrities, your Tom Cruises and Mel Gibsons and the like, goes up there with them. It's a marketing thing: make people customers by making them famous. Wouldn't you want to take clients, family members or friends to the restaurant that honors you by putting your face up on the wall?

Q: What is the best title for the article?

(a) Artists Find Venue at the Palm
(b) Meet Movie Celebrities at the Palm
(c) Special pictures that makes steak House special
(d) Best Steak House in Town

Part 3 Read the passage and question. Then identity the option that does NOT belong.

7 A new poll finds that this summer Canadians plan to travel farther from home and stay for a longer duration at their destinations compared to the previous summer. (a) This summer, 76 percent of consumers polled said they will leave home for five to ten days, compared to 53 percent who planned to stay on vacation for less than one week in 2006. (b) In addition, the poll found that they are venturing farther from home. (c) Fifty-six percent of those surveyed said they will leave their home province for vacation this summer, representing a 13 percent increase in out-of-province travelers. (d) Rising fuel prices will make a large impact on consumers' decisions regarding summer vacation planning.

8 Residents of China's capital are going through disorienting times. (a) Beijing is currently undergoing changes of gigantic proportions. (b) Beijing has become the latest arena for heated debate on the centuries-old question of how China can move forward and still preserve its cultural identity. (c) City planners have been grappling with the monumental task of alleviating congestion in overcrowded central areas, assuaging crippling traffic jams, and accommodating a population experts predict to hit 13 million by 2010. (d) Although this is a common problem for other major metropolises worldwide, Beijing's predicaments are, along with most things in China, more grave and more urgent.

9 With more people becoming concerned about animal rights and what we are actually eating, there has been a small but significant swing towards vegetarianism. (a) As these people enjoy the benefits of their new diet, they show an equal concern for the food their dogs and cats are eating, and vegetarianism for pets is now becoming a growing market. (b) There are claims that in many states animal foods actually contain unusable chicken parts such as ground feathers. (c) The main reason both dogs and cats have been considered traditionally carnivores is because of the structure of their teeth. (d) Hence, there are many people who would argue that it is unnatural to force an animal to live on a strictly vegetarian diet.

정답: 43p

Chapter 22. Part 1 지문 상단의 빈칸

Pretest

Read the passage and choose the option that completes the sentence.

독해파일 6

1 The pollen count in the Charlotte area _____ on Monday. The total hit 1,974 grains per cubic meter of air, one of the highest tree pollen counts in six or seven years of tracking, according to the Carolina Asthma and Allergy Center. Charlotte often has some of the highest tree pollen counts in the country. But weather has made recent days worse than usual. The cold weather we had delayed the pollination, and the rain we had last week and the week before kept it down, so all of a sudden everything is bursting out. Usually it is a little more gradual.

(a) declined from a high range last week to a record low
(b) shot from the mid-high range last week to a near record
(c) increased steadily from a mid range last week to a high range
(d) decreased slightly from last week's record high

독해파일 7

2 Is there an issue that needs to be resolved? _____, why not write down what you are going to say? Be polite, concise and include the following elements: the nature of the problem; how it affects you?; how you feel about it?; what you want to change? Be prepared to negotiate if necessary to bring resolution. By using tact and foresight and by making the effort to see the other point of view and acknowledging it, you will place yourself in a position of strength. Be prepared to offer a compromise if that fits in with what you are aiming to achieve. Assertiveness does not mean digging your heels in for the sake of it!

(a) Before giving up entirely
(b) Before negotiating with your adversary
(c) Before readying yourself for a conflict
(d) Before confronting someone

3 _____ bridge tolls, gas prices, the cost of parking in San Francisco and your time spent driving, there is no better way to commute to San Francisco from Vallejo and the North Bay area than on the bay with Baylink Ferry. For work or play, Baylink passengers enjoy popular destinations and a fast, stress-free alternative to sitting in traffic. Learn about the ferry route and scenic attractions along the way. From the superb San Francisco Bay and City skyline to a close look a the bay's playful sea lions, traveling Baylink provides passengers postcard views of the Golden Gate Bridge, Angel Island State Park, Alcatraz, and more.

(a) Adding up
(b) Excluding
(c) Including
(d) Aside from

4 A TV psychic medium _____ of a missing woman on the anniversary of her disappearance. Joe Power has a reputation for using his abilities to help police and families in unsolved murder cases where the victim's body has never been recovered. Now he has been asked by the mother of Debbie Griggs to help trace her daughter, who is presumed dead. The 34-year-old mother of three, was four months pregnant when she was last seen and her family is convinced that she was murdered.

(a) has predicted the death
(b) has offered to help locate the body
(c) has aided in the recovery
(d) has tried unsuccessfully to locate the remains

5 Dear Mr. Brown,

I am relocating to the Edmonton area because I have a new job as a senior Oracle applications developer at a downtown software company. I wish to _____.
Even though I could meet the expense of renting a place on my own, for the next year my goal is to save money. My top preference is to live close to public transit with a tolerable commute time to the White Avenue Station. I am prepared to pay up to $700 per month. Please let me know if you are able to provide accommodations that fit my conditions. You can call me a call at 403 923-5676.

Sincerely,

Mike Sawyers

(a) reserve a single room with a kitchenette
(b) rent a basement suite of a house
(c) rent a two-bedroom furnished townhouse
(d) rent a room in a house with a couple other people

독해파일 06
항상 선택지를 먼저 읽어라

TEPS 독해 지문들 중 상당수가 선택지에 힌트를 담고 있는 것들이 많다는 사실이 일련의 기출문제들과 서울대가 집필한 텝스 문제들을 통해 확인되었다. 독해의 고수들은 선택지를 먼저 읽어보고 동의어나 반의어들을 제외시킨다든지, 선택지 내에서의 키워드로 미리 문맥을 파악하는 방법으로 정답에 훨씬 쉽게 접근할 수 있다.

Example 1

Waiting for news regarding my _____ application has got to be one of the most nerve-wracking experiences of my life! When the letter finally arrived, I decided to wait to tear it open until my parents got home. At last they walked through the door and I waved the letter in front of them. I then took the letter and slowly started opening it, hearing my mother say, "It's okay if you don't get it; we still love you." I scanned the first few lines which began with the word "Congratulations..." I was overwhelmed and my parents were proud. That contribution made a huge difference in my life. Without that one letter, my future would have been much more difficult. It made my dream of going to a top college possible.

(a) job 직업
(b) scholarship 장학금
(c) award 상금
(d) donation 기부금

해석 장학금 신청application과 관련한regarding 소식을 기다리면서 나는 내 일생의 가장 긴장된nerve-wracking 경험을 해야 했다! 드디어 편지가 도착했을 때 나는 부모님이 집에 돌아오실 때까지 편지 개봉을 기다리기로 했다. 드디어 부모님이 문으로 걸어 들어오셨고, 나는 그들 앞에서 편지를 흔들었다wave. 그리고 나서 편지를 쥐고, 엄마가 '장학금을 못 타도 괜찮아, 우리는 그래도 널 사랑한단다'라고 말씀하시는 것을 들으면서 천천히 개봉하기 시작했다. '축하합니다'라는 말로 시작하는 첫 몇 줄을 훑어보았다scanned. 나는 감격했고overwhelmed, 부모님은 자랑스러워proud 하셨다. 그 편지는 내 인생에 큰huge 차이를 만들었다. 그 한 통의 편지가 없었다면, 내 미래는 훨씬 더 어려웠을 것이다. 그것으로 내 꿈은 가능한 최고 대학에 진학하는 것이 되었다.

해설 어느 지문이든지 인용구 안의 내용들은 선택지 중 정답을 고르는 중요한 단서가 된다. It's okay if you don't get it / going to a top college라고 했으므로 대학 진학을 위한 장학금 관련 편지임을 알 수 있다. 또한 지문의 마지막 줄에서 학교와 관련된 내용이라는 것을 알 수 있으므로 (b)와 (d) 중 정답이 있는데 기부에 관련된 내용은 없으므로 답은 결국 (b)가 된다.

독해파일 07

주제문을 많이 묻는다

Part 1 관련 문제들의 경우 빈칸의 위치가 중요한데, 빈칸이 지문의 위쪽에 위치해 있다는 것은 대부분 주제문을 묻는 취지로 보면 된다. 따라서 일단 빈칸이 들어간 문장과 그 다음 문장 정도까지만 본 다음 선택지를 보고 답을 찾을 수 있는 경우가 상당히 많으므로 지문 전체를 다 읽기 전에 답을 고르는 훈련을 하는 습관이 필수이다.

Example 2

Dear Marie Caroline;

I would like to thank you and your team for your helpfulness and efficiency in assisting in _____. All of your insight into the area was invaluable to us making our decision to buy. Also, the people in the main UK office were always very kind to us in answering our questions and very polite to talk with on the phone. Since we live in America, we were unsure how smoothly the process would go, but from the start, you made the process easy and we would be pleased to share with others. Once again, we would like to thank you with the utmost of appreciation.

With kind regards,

Rebecca Crane

(a) the sale of our former home 이전 집 판매
(b) selling our present home 현재의 집 팔기
(c) our move to the States 미국으로의 이사
(d) the purchase of my property 부동산 매입

해석 Marie Caroline 귀하

귀하와 귀하의 팀에게 제 부동산 매입을 도와주면서assisting 보여주신 도움helpfulness과 능률efficiency에 대해 감사드리고 싶습니다. 그 지역에 대한 귀하의 식견insight은 우리가 매입 결정을 내리는 데 헤아릴 수 없을 만큼 귀중한invaluable 것이었습니다. 또한 영국 본부에 있는 사람들은 우리의 질문에 답하는 데 항상 매우 친절하였고 전화 통화도 매우 공손하였습니다. 우리가 미국에 살고 있기 때문에 우리는 이 절차process가 얼마나 매끄럽게smoothly 진행될 것인지 확신하지 못했으나 처음부터 귀하는 그 과정을 쉽게 만들어주었고 우리는 이를 다른 사람들과 기꺼이be pleased 공유하고 싶습니다. 다시 한번 최고의utmost 사의appreciation로 귀하에게 감사하고 싶습니다.

감사합니다.

Rebecca Crane

해설 빈칸이 들어간 첫 문장 다음에 이어지는 두 번째 문장만 잘 이해해도 그 이하 지문을 읽을 필요 없이 정답을 쉽게 고를 수 있는 문제이다. 두 번째 문장에서 making our decision to buy라는 대목에서 집을 판다는 내용이나 이사가는 것은 아니라는 것을 알 수 있다. 참고로 미국에 살고 있다(since we live in America)고 했으므로 (c)도 답이 될 수 없고 정답은 (d)이다.

독해파일 08

전체 지문을 함축하는 어구를 묻는다

빈칸의 위치가 상단에 오는 유형 중에서 특히 처음 도입 부분부터 빈칸으로 시작하는 경우 앞으로 나올 지문 전체의 내용을 함축하는 단어나 어구를 묻는 경우가 등장한다. 이런 경우 선택지에 등장하는 어휘들의 정확한 뉘앙스 파악이 중요하며 빈칸에 나올 단어와 뒤에 이어지는 지문에 등장하는 어휘간의 의미 연결도 중요하므로 각별히 유의하여 풀도록 한다.

Example 3

_____ which the body desires to be at. It is actually quite difficult to change one's weight much higher or lower than the natural weight; and to compensate, the body changes its metabolism and increases or decreases the appetite in an effort to push the weight to the range it wants to be at. This announcement made by obesity researchers like Dr. Hillman and Dr. Leis, is so at variance with the mainstream belief regarding weight loss the mantra that all a person has to do is eat fewer calories and exercise more.

(a) Each person has the power to lose fat to obtain the ideal weight
    각자는 이상적인 체중을 얻기 위해 지방을 뺄 힘을 가지고 있다
(b) Each person has a comfortable weight range 각자는 편안한 체중 범위를 가지고 있다
(c) An obese person is at a weight 비만증인 사람들의 몸무게는
(d) A skinny person has an over weight range 마른 사람은 지나친 체중 범위를 가지고 있다

해석 모든 사람은 몸이 중력을 받는 편안한comfortable 체중weight 범위를 가지고 있다. 자연적인 체중 범위보다 너무 높거나, 너무 낮게 체중을 변화시키기는 실제actually 상당히 어렵다. 그리고 보완하기 위해, 신체가 추구하는 범위 내로 체중을 돌려 놓기 위해 신체는 신진대사metabolism를 바꾸어 식욕을 늘이거나 줄인다. Hillman 박사와 Leis 박사와 같은 비만obesity 연구가들이 낸 이러한 발표는 체중 감량에 대한 일반적mainstream 인식belief 즉, 칼로리를 적게 섭취하고 더 많이 운동하기만 하면 된다는 주문mantra과는 어긋나는at variance with 것이다.

해설 억지로 하지 않아도 모든 사람은 각자 자기의 적정한 체중 범위를 갖고 있고, 그렇지 않은 경우는 신진대사가 바뀌어서 자연히 체중이 조절된다는 내용이다. 전체 지문을 함축하는 어구는 통상 지문의 상단 첫 문장에 나오기 마련이다. (b)의 comfortable weight range는 지문 둘째 줄의 natural weight, 셋째 줄에 네 째 줄의 weight to the range it wants to be at 등에서 반복된다고 볼 수 있으므로 정답이 무난히 (b)가 되는 것을 알 수 있다.

독해파일 09

모르는 단어는 주위 문맥으로 유추한다.

모르는 단어가 나와도 개의치 말고 앞뒤 문맥을 통해 의미를 유추하는 능력이 필요하다. 독해는 곧 어휘 실력이라는 말이 있을 정도로 어휘 실력은 독해에 필수이지만 진정한 독해의 고수란 모르는 단어에 당황하지 않고 문맥을 통해 유추를 잘 하는 사람들이라 할 수 있다.

Example 4

Although the Idle Theory of Evolution is a slight variation on Darwin's theory of natural selection, its tone and color are quite different. Idle Theory _____ that Darwin invokes in Chapter III of Origin. For instance, it sees no reason to suppose that there is any war, any struggle for survival between the creatures, or for that matter very much competition. Instead, Idle Theory argues that in times of difficulty the creatures simply have to work harder. No war. No struggle. No competition.

(a) is a branch of "natural selection" '자연 선택'의 가지이다
(b) principally accepts the "war of nature" 원론적으로 '자연의 전쟁'을 받아들인다
(c) builds upon the idea of animals competing for dominance
  동물들은 자기가 주도 종이 되려고 경쟁한다는
(d) primarily objects to the "war of nature" '자연의 전쟁'에 주로 반대한다

해석 게으름의 진화설evolution은 다윈의 자연 선택설selection의 약간 다른 변종variation이긴 하지만 이의 어조와 뉘앙스는 사뭇 다르다. 게으름 이론은 다윈이 종의 기원 제3장에서 촉발시킨invokes '자연의 전쟁'에 주로 반대한다. 예를 들어, 생물체들 간에 생존을 위한 어떠한 전쟁이나 어떠한 투쟁struggle 또는 상당한 경쟁competition이라고 부를 만한 것이 있을 것이라고 볼 이유가 없다는 것이다. 그 대신 게으름 이론은 어려운 시기times에서 생물체들이 단순히 더 열심히 일해야 했을 것이라고 주장한다. 전쟁도 없고, 투쟁도 없고, 경쟁도 없다는 것이다.

해설 다윈의 진화설은 적자생존이다. 살아남기 위해 '자연의 전쟁'을 치뤄야 한다는 이론인데 반해 다윈의 진화설의 변종인 게으름의 진화설에서는 '더 열심히 일하라' 그러면, 전쟁도, 투쟁도, 경쟁도 없다는 이론이다. 따라서 다윈의 진화설의 핵심과 비교되는 게으름의 진화설의 요점인 (d)가 정답이다. 통상 선택지 중 반대의 의미를 가진 것들이 두 개가 보일 때는 그 두 개 중 하나가 정답이 되는 경우가 많다. 이 문제에서는 (b)와 (d) 중 하나가 정답인 것을 알 수 있다. 지문의 첫 문장에 등장하는 어휘들이 난이도가 있더라고 셋째 줄의 For instance 이하의 문장에서 내용을 자세히 설명해주므로 그 문장들을 통해 첫 문장과 빈칸이 들어간 두 번째 문장의 내용을 이해할 수 있다.

독해파일 10

필요한 부분만 읽는다

TEPS 독해는 시간을 많이 주지 않는다. 따라서 정해진 시간 안에 지문의 모든 어휘와 내용어들을 읽고 선택지를 본다는 것은 애당초 힘들다. 따라서 질문에 대한 답변을 하기 위해 필요한 부분들만 읽고 답을 고르는 것이 중요하다.

Example 5

Because of Jackson & Associates flexible business approach, they have been able to apply the strengths of local Japanese partners to optimize the development of new product and strategically market and manufacture them. This approach has been quite successful for the company, as they have risen to a top position amongst Japan's consumer product and healthcare industries. Even in times when _____, the company's dominant large sized healthcare sector has continued to grow and be successful. After all, healthcare spending is always necessary no matter what the condition of the economy is.

(a) smaller is safer 더 작은 것이 더 안전하다
(b) higher profits are hard to come by 더 높은 수익은 얻기 어렵다
(c) there are many competitors 많은 경쟁업체들이 있다
(d) bigger is better 클수록 더 낫다

해석 Jackson & Associates의 융통성flexible 있는 사업 접근법 때문에 신상품 개발을 최적화하고optimize, 전략적으로strategically 그것들을 마케팅하고 제조하기manufacture 위해 그들은 현지 일본 거래처들의 강점들strengths을 적용할 수 있었다. 이런 접근법은 그 회사에 상당히 성공적이었으며, 일본 소비재와 의료 산업에서 최고의 위치로 올라섰다. 더 작은 것이 더 안전하다는 시대에도 그 회사가 장악한 대형 사이즈 의료 부문은 계속 성장하고 성공했다. 결국, 의료 소비는 경제 조건이 어떠하든지 늘 필요하다.

해설 부사 even이 힌트이다. 부사 even이나 접속사 although의 경우는 양보의 의미를 가지고 양립되는 어구를 잇는다. 이 문제의 경우 빈칸 뒤에 있는 dominant large sized healthcare sector와 대구되는 내용이 빈칸에 와야 하므로 (a)가 가장 적절하다. even으로 시작하는 이 문장만 잘 읽어봐도 정답의 힌트를 알 수 있다.

Answers

1. (b) **2.** (d) **3.** (b) **4.** (d) **5.** (a)

Daily Test

Part 1 Read the passage and choose the option that completes the sentence.

1 It is about time that we realize that the result of bullying is that there can be _____ _____. Children that are bullied often have low self-esteem and they may become fearful of or disinterested in school. Other bullied children may often become violent and become a bully themselves. Violent incidents that have happened in schools in the last several years can be linked to bullying. Bullied children often become depressed or have other psychological problems. The children that do the bullying also end up with problems. They are at a higher risk of not completing their education, becoming addicted to drugs and alcohol and getting in trouble with the law.

(a) serious long-term problems for all children involved
(b) poor interpersonal relationships with boys
(c) problems at school and at home
(d) open discussion to determine what behavior is acceptable at school

2 In order to be successful, honeybees must learn to be good foragers. If a plant provides little nectar or reward, a honeybee is _____. Honeybees become impressively skilled at associative learning and conditioning. For example, a single forager visits many different flowers every morning. If there is an adequate reward in a certain variety of flower, the honeybee will continue making visits to that kind of flower for the rest of the day for as long as conditions remain the same. Honeybees react surprisingly similar to vertebrate animals when placed in similar experiments.

(a) unable to produce any honey
(b) able to communicate their findings
(c) unlikely to make many repeat visits
(d) likely to recruit other workers

3 Pain is not simply the nerves sending messages of injury to the brain. Because it is highly influenced by one's state of mind and by past experiences, _____. Due to this, pain assessment is extremely difficult because doctors have to rely on the personal interpretation of the individual's pain. With newborns, there isn't even the ability to use language to describe pain. This leads to a problem with no obvious solution.

(a) the interpretation of pain is a very personal thing
(b) the definition of pain is a simple concept
(c) it is very private phenomenon
(d) pain and matter are deeply connected

4 Studies show that people who _____ are healthier, live longer and have reduced risk of developing lifestyle illness. Food choices influence our risk of developing these lifestyle illnesses such as heart disease, cancer and diabetes. Foods, in particular vegetables and fruit, contain a large number of naturally occurring substances known as phytochemicals. Currently, scientists have identified over 12,000 of these phytochemicals many of which are thought to interfere with the processes that cause cancer and heart disease.

(a) eat mainly fruits
(b) eat a wide variety of food
(c) exercise regularly
(d) enjoy cooking

5 _____, which is thought to be mostly formalizable and based on deductive logic, the natural sciences are thought to be essentially based on inductive logic or truth. Unlike the major part of mathematics therefore, which can be performed by a machine or computer, natural science is expected to be essentially developed by and dependent on the human mind or brain.

(a) Despite computer science
(b) Unlike mathematics
(c) Similar to information technology
(d) Popular philosophy

6. In Ottawa a 14-year old boy has been arrested for _____ that crashed Scotia Bank's computer systems for two hours this morning. The boy, going by the nickname Zorro on the Internet, was caught after boasting about his hacking feat online on a chat line. Police suspect the boy to be responsible for a number of other hacking incidents that occurred involving other banks and well-known company websites.

(a) allegedly instigating a cyber attack
(b) continuously making crank calls
(c) making false claims about a bank
(d) spreading rumors of unethical behavior

7. There is conflicting research on how we learn or acquire vocabulary. Some say that low vocabulary is due to low comprehension. Others say that we _____, which means we learn words in groups. It is said that to increase the vocabulary of children, they must be taught to have these associative networks of words and meaning. This will also help their reading comprehension.

(a) build our vocabulary by learning various synonyms
(b) expand our understanding to accommodate greater deviances
(c) enhance our comprehension through our experiences
(d) learn vocabulary through association

8. There are many opportunities _____ in Alicante. The area is home to several museums and old churches. You will have the opportunity to experience Spanish heritage and culture here. The beaches remain one of the most popular attractions in the summer. The shops and cafes of the harbor area are a great place to eat, relax and shop.

(a) for sporting
(b) for sightseeing
(c) to experience the nightlife
(d) to promote tourism

정답: 47p

Chapter 23. Part 1 지문 중간의 빈칸, 연결어

Pretest

Read the passage and choose the option that completes the sentence.

독해파일 11

1 In Europe, the first children's libraries and training programs for children's librarians opened in the early 1900s. The belief that while having good books is important, it is equally important _____ became more popular. As a result, many programs and events were organized such as book weeks, book reviews and book awards. In the United States, Miss Martha Sully was a pioneer in setting up children's libraries. In 1877, she set up a corner in her small town library that was only for children's books. In 1898 in Brooklyn, New York, the Prattle Institute began training children's librarians. Soon after, in 1899, the Carnegie Library in Pittsburgh began to offer weekly story hours. All of these events were crucial in the development of children's literature.

(a) to supervise children while they are reading
(b) to make them available to children
(c) to teach children to find good books for themselves
(d) to make early literacy a priority

독해파일 11

2 For most people, _____ is something they experience at some point on a daily basis. Stress and anxiousness is all too common for many in our society. Sometimes mild to moderate anxiety is able to help you focus your attention and act as a motivator. However, if you are experiencing severe anxiety and often feel helpless or confused and these feelings begin to overtake you, it may be a symptom of something more serious, such as depression.

(a) showing concern
(b) feeling worried or nervous
(c) being sympathetic
(d) experiencing pain

③ _____ the teenage years are a landmark period between childhood and adulthood, teens are often waffling between those identities, misbehaving like kids while trying to show their maturity in order to gain rights. Participating in distinctly adult practices is part of exploring growing up. Both adults and the media remind us that vices like sexual interactions, smoking and drinking are meant for adults only, only making them more appealing. More importantly, through age restrictions, our culture signals that being associated with these vices is equal to maturity.

(a) Due to
(b) Moreover
(c) Because
(d) But

④ SAPA has two buildings in Dingwall, Graesser House which is the main SAPA building housing the majority of activities and staff, and the Technical Building which accommodates laboratories with some offices and stores. The Technical Building is in poor condition and there is insufficient accommodation for current and future staff. There is, _____. This topic was discussed at the University's annual general meeting and it was agreed that priority would be given to this project in the next budget.

(a) therefore, a need to consider an additional building to house laboratory services
(b) for example, a shortage of staff for the current program
(c) moreover, a reason why the building has to come to such a state of disrepair
(d) however, a fundamental difference between the two developments

⑤ If you suffer from severe allergies, we find it very helpful _____. But, not all vacuums are created equally. We recommend getting a vacuum that is able to pick up small particles, such as dust mites, and is able to keep them in. Also, remember to change the vacuum bag frequently as a full bag greatly reduces the efficacy of the vacuum.

(a) to purchase pre-packaged foods
(b) to wash clothing in hot water
(c) to vacuum frequently
(d) to clean your home often

정답: 48p

독해파일 11

주제문의 핵심 어구에 빈칸이 오는 경우

Part 1같은 문장 완성 유형은 항상 지문의 전체 구성을 물어보므로 주제문의 핵심 어구에 빈칸이 오는 경우가 많다. 지문의 첫줄부터 빈칸까지 읽으면서 핵심 어구들을 찾아 연결고리를 만들어가며 정답에 접근해야 한다.

Example 1

At a recent protest, animal rights groups were raising their concern about the welfare of captive animals. They claim that zoos are _____ animals for profit and are no more than prisons for wild animals. Jonathon O'Brian, chairman of the city zoo, countered these claims by saying that zoos are necessary in order to conserve certain animal species. He also says that without zoos, many species would be extinct.

(a) importing 수입하고 있다
(b) raising 기르고 있다
(c) exploiting 이용하고 있다
(d) banishing 내쫓고 있다

해석   최근 항의protest에서 동물 권익right 단체들은 포획captive 동물들의 보호welfare에 대한 그들의 우려를 높이고 있었다. 그들은 동물원들이 이익을 위해 동물들을 이용하고exploit 있고, 야생 동물에게는 그저 감옥일 뿐이라고 주장한다. 시 동물원 원장 Jonathan O'Brian은 동물원들이 특정 동물 종들species을 보호하기conserve 위해 필요하다고 언급하면서 이 주장들에 맞섰다countered. 그는 또한 동물원이 없다면, 많은 종들이 멸종할extinct 것이라고 말했다.

해설   their concern about the welfare of captive animals와 animals for profit을 일단 1차 힌트로 볼 수 있는데 TEPS 독해 지문에서 의미를 파악하는 데 등위접속사 and가 중요한 역할을 하는 경우가 많다. 이 지문의 경우에도 animals for profit과 are no more than 사이에 등위접속사 and가 있는데 and의 앞뒤 내용은 서로 같은 맥락이 되어야 하므로 야생 동물들의 감옥이라는 뒤 내용과 같은 맥락이 되려면 (c)exploiting(이용, 착취)이 나와야 적절하게 연결된다.

독해파일 12

보충 설명 문장의 핵심 어구에 빈칸이 오는 경우

주제문이 주어진 다음 그 주제문을 지지할 만한 문장에 빈칸을 만들어서 정답을 묻는 유형이다. 일단 등장한 주제문에 나왔던 어구들과 관련성이 있는 말들이 선택지에 정답으로 등장하는 경우가 많으므로 이에 유의하여 정답을 고른다.

Example 2

In early history, the only way for news to spread was by travelers who traveled from far and wide. The people would listen eagerly to these travelers and would hear tales of all sorts, including reports of magical beasts. Early writers, _____. Frequently, books about travel and natural history included reports of these mystical animals which became widely accepted, at least until the Christian times. As these stories were passed through the generations, they became more outlandish. A Latin writer, Piny, assembled a large, 37-volume compilation of these fanciful stories and it was called a series of Natural History.

(a) traveled a lot and wrote mainly about what they had seen
많이 여행했으며, 그들이 본 것에 대해 주로 썼다
(b) evidently lacking any scientific knowledge, often confused hearsay with facts
확실히 과학적 지식이 부족해서 사실과 소문을 자주 혼동했다
(c) were generally not Christians and they clearly recorded more from pagan countries
대체로 기독교도들이 아니어서, 그들은 이교도 나라들로부터 더 많은 것들을 명확히 기록했다
(d) were considered learned people and their stories were very popular amongst the nobles
박식한 사람들로 간주되었고 그들의 이야기는 귀족들 간에 매우 유행했다

해석 초기 역사에서 소식이 퍼지는 유일한 방법은 먼 곳에서 여행 온 여행객들에 의해서였다. 사람들은 이 여행객들에게 열심히eagerly 귀를 기울였고, 신비한 짐승beast들에 대한 보고들을 포함한 온갖 종류의 이야기들을 듣곤 했다. 아무래도 과학적 지식이 부족한 초기 작가들은 종종 사실과 소문을 혼동했다confused. 적어도at least 기독교 시대까지는 여행과 자연사에 대한 책들에 널리 인정되었던accepted 이 신화적인 동물들에 대한 보고가 종종 들어 있었다. 이 이야기들이 세대를 통해 전해지면서 그들은 더욱 기이해졌다. 라틴 작가, Piny는 이 공상fanciful 이야기들의 모음집을 37권짜리로 모았으며assembled, 그것은 자연사 시리즈로 불려졌다.

해설 신화나, 마법의 동물에 대한 얘기들은 과학적 지식이 부족했던 초기 작가들에게 저작 대상이었다는 내용이다. 첫 문장에서 the only way for news to spread, 두 번째 문장에서 would hear tales of all sorts 등이 빈칸에 결정적인 힌트라고 볼 수 있다. 즉, 소문과 이야기 위주로 들었기 때문에 사실과 소문은 자주 혼동했을 것이라는 (b)가 가장 적절하다.

독해파일 13

빈칸에 적절한 연결어를 고르는 경우

연결어란 but, however, as a result, therefore, thus 등을 말한다. 이러한 연결어들은 지문의 필자가 뭔가 중요한 내용을 독자들에게 암시하는 장치들이므로 이런 논리 정보 장치들을 잘 체크하면서 집중해야 한다. 각 지문에서 빈칸에 연결을 고르는 문제의 경우 연결어와 (빈칸) 다음의 내용이 주제문인 경우가 많다.

Example 3

Is it a myth that closer planets revolve faster and planets further away revolve slower? Absolutely not. The reason is gravity. The definition of gravity is the measure of the pull between two bodies; therefore, the heavier the planet, the stronger the pull. It depends on the mass of the sun and the mass of the planet you are looking at. _____, the further the distance between the planet and the sun, the weaker the pull is between the two.

(a) **On the other hand** 다른 한편으로
(b) **In other words** 다른 말로 하면
(c) **However** 하지만
(d) **Instead** 대신에

해석 가까운 행성planet들은 더 빨리 공전하고revolve 멀리 있는 행성들은 더 천천히 공전한다는 것은 근거 없는 얘기myth인가? 절대 아니다. 그 이유는 중력이다. 중력gravity의 정의definition는 두 천체 사이에서 서로 당기는pull 힘의 정도이다. 따라서 행성이 무거울수록the heavier 인력은 더 강해진다the stronger. 태양의 질량mass과 여러분이 보는 행성의 질량에 따라 달라진다 depend. 다른 한편으로 행성과 태양 사이의 거리가 멀수록, 그 둘 사이의 인력은 약해진다.

해설 중력이 작용하여, 태양 주위를 도는 행성들은 질량이 클수록 인력의 힘이 크고, 거리가 멀수록 인력이 약해진다는 뜻이다. 질량에서 거리로 얘기를 전환하는 것이므로 on the other hand가 알맞다.

독해파일 14

빈칸의 앞뒤를 잘 살피자!

빈칸이 중간에 등장하는 문제 유형들의 경우 대부분 빈칸의 앞문장과 뒤에 이어지는 문장에 힌트가 대다수 등장하므로 결국 이 힌트들을 얼마나 잘 잡아낼 수 있느냐에 정답 여부가 달려 있는 것이다. 힌트들을 놓치지 않기 위해서는 주제별로 꾸준한 어휘 학습을 하는 것이 중요하다. 빈칸의 앞뒤 문장이 인과관계인지, 역접인지, 대조인지, 순접인지 등을 빠르게 파악하여 정답을 고르는 훈련을 하자.

Example 4

It is typical in most societies for there to be forms of courtesy and rules of etiquette that have developed over time so that people are able to live together peacefully. However, in most modern societies, _____. For example, in some countries that were traditionally divided by the caste system, people are no longer forced to live with this separation. At one time, higher castes were the only ones allowed to wear fine clothing and jewels. They were also unable to share or accept food from lower castes. It was also customary that people from lower castes have to walk a certain distance away from higher caste citizens on the streets.

(a) rules of acceptable behavior are commonly respected
용인할 수 있는 행동 규칙은 보통 높이 평가된다
(b) conforming to these rules have become more common
이 규칙들을 따르는 것이 더 흔해지고 있다
(c) matters of etiquette have become more strict
에티켓 문제는 더 엄격해지고 있다
(d) many traditionally accepted rules of behavior have been relaxed
전통적으로 인정된 많은 행동 규칙들이 느슨해졌다

해석 사람들이 평화롭게 함께 살 수 있도록 대부분의 사회에는 시간을 거쳐over time 발달한 예의courtesy 형식이나 예절 규칙들이 있다. 하지만 대부분의 현대 사회에서는 전통적으로 인정된 많은 행동behavior 규칙들이 느슨해졌다. 예를 들면, 카스트 제도로 나뉘어졌던 몇몇 나라의 사람들은 더 이상 이렇게 분리되어 살아가도록 강요되지 않는다. 한때 높은 카스트들만이 좋은 옷을 입고 보석을 착용할 수 있었다. 그들은 또한 낮은 카스트들과 음식을 나누고 받을 수 없었다. 또한 낮은 카스트 출신 사람들은 길거리에서 높은 카스트들과 멀리 떨어져서 걸어야 했던 것이 관습이었다.

해설 이 문제의 경우 상당히 대표적이면서도 정답에 대한 힌트가 충실히 제시된 유형이라고 할 수 있다. 먼저 빈칸이 들어간 문장 앞의 forms of courtesy and rules of etiquette과 However가 이끄는 문장의 빈칸은 대구되는 내용이 와야 하며 빈칸 뒤의 For example 이하 문장에서 no longer forced to live with this separation 부분에서 빈칸에 들어갈 어구의 힌트를 제시해준다. 따라서 정답은 행동과 규칙들이 이전보다 느슨해졌다고 말하는 (d)가 적절하다.

독해파일 15

힌트는 반드시 주어진다!

많은 수험생들이 빈칸 메우기형 독해 지문을 풀어보면 글이 읽히지 않고 왜 지문에 나왔던 내용이 선택지에서 정답이 되는지를 모르겠다고 얘기한다. 이것은 지문 따로 선택지 따로 분리해서 생각하는 학습 방법 때문에 발생하는 문제이므로 항상 지문 속에는 힌트가 존재한다는 확신을 가지고 문제 풀이에 임하기 바란다.

Example 5

Poetry is the most highly regarded literary genre in ancient China. It is also the only country with literature written in the same language for more than 3,000 years. Typical Chinese poetry _____. This is likely because poems are written in characters and one or two characters may indicate a complex idea or an entire thought, not just one word. Due to the shortness of the poems, these works cannot be compared to English writers of the same period such as Homer, author of "Iliad."

(a) is often more descriptive than English works 종종 영국 작품들보다 더 묘사적이다
(b) is noted for its uniformity 획일성으로 알려져 있다
(c) is known for its briefness 간결성으로 유명하다
(d) is quite similar to prose 산문과 꽤 유사하다

해석 시poetry는 고대 중국에서 가장 고상하게highly 여겨지는regarded 문학 장르였다. 중국은 똑같은 언어로 쓰여진 문학을 3천 년 이상 가진 유일한 나라이다. 전형적인 중국 시는 간결성으로 유명하다. 이것은 시들이 한자로 쓰여져서 하나나 두 개의 한자에 복잡한 사상이나 전체 생각이 들어 있을 수 있기 때문인 듯하다. 시가 짧기 때문에due to 이 작품들works은 '일리어드'의 저자인 호머와 같은 동시대 영국 작가들과 비교될compared 수 없다.

해설 일단 지문의 첫 문장에서는 중국 시에 대한 정의, 즉 문학 장르로서의 위치로 시작해서 두 번째 문장에서 언어로서 시의 표현 방식 그리고 빈칸이 들어간 문장에서는 글의 간결성에 대해서 주제를 세분하고 있다. 빈칸의 다음 문장에서 중국 시는 한자 한두 글자에 함축되어 쓰여지기도 한다고 제시한 내용에서 정답의 힌트를 얻을 수 있다.

Answers

1. (c) 2. (b) 3. (a) 4. (d) 5. (c)

Daily Test

Part 1 Read the passage and choose the option that completes the sentence.

1. Mothers who return to full-time work soon after giving birth should think carefully when choosing who will look after their child. A recent study was released that children that were cared for by relatives and neighbours did not do as well learning to read, write and speak than those placed in nurseries. But that doesn't mean _____. The study also showed that the psychological well-being and behaviour of young children of working mothers was just as good as those with mothers that do not work away from the home.

   (a) working mothers should feel bad
   (b) the pace of learning is worrisome
   (c) working mothers should stop worrying
   (d) While staying at home, mothers should place their children in day care centers

2. Hundreds of movies are produced each year in many different genres. The one thing that all of these different films may have in common is _____. Every single story line develops because a main character has a desire and will do what he or she has to do in order to achieve it. This main character is called a protagonist. The antagonist is the person or power who is trying to stop the protagonist from achieving this goal. The power struggle between the two is what creates the plot or the storyline of the film.

   (a) deception
   (b) conflict
   (c) negotiation
   (d) passion

3. The work-life balance strategy has a goal of reducing stress levels and increasing job satisfaction in the employee while enhancing business benefits for the employer. In our hectic world, the work-life strategy seeks to find a balance between work and play. It is a person's control over the conditions in their workplace. It is accomplished when an individual _____. It mutually benefits the individual, business and society when a person's life is balanced with his or her own job.

   (a) strives to achieve his or her business goals
   (b) takes time to cultivate his or her hobbies and enjoy family time
   (c) feels dually satisfied with his or her personal life and job
   (d) takes measures to prepare for retirement and old age

4 Sometimes we have difficulty understanding the message or meaning of our dreams. Because images appear in such incongruous and nonsensical ways. It is important, however, to not disregard your dreams as _____. Possibly it is your unconscious trying to relay a message to you to help you to resolve some sort of inner conflict. You may not always recognize this immediately but it is possible that you have a problem that you have consciously chosen not to think about. Until the problem is resolved, it may present itself to you in a dream.

(a) expressions of the guilt complex
(b) a group of disorganized thoughts
(c) a form of wish fulfillment
(d) irrelevant inspiration

5 During a divorce or separation, children will react somewhat differently, depending on their age. The good news is that preschool children will try to understand the situation. They attempt to bring some order to their world by attempting to explain to themselves what is happening and by trying to be well behaved. Though it will take some time, most children gradually _____ and adjust to it. In the short term, school grades do not seem to be affected and children are likely to do just as well in school as they did before.

(a) understand the situation
(b) make the correct choice
(c) evaluate their environment
(d) respond the same way to everything

6 Unlike children, adults tend to limit their thinking and problem solving to typical solutions and patterns. Doing this can create restrictions in our circumstances and make us feel stuck in our problems. If you are able to develop a stronger sense of creativity and resourcefulness, you can break those artificial restrictions. Once you are able to unleash your inner creativity, you are _____. Once you begin, it will show up in all areas of your life. Children are masters of creativity. They do not reign in their imagination like most adults. They believe they can do anything. Watch a child for a while and try to be more like them. This will help you lose your inhibitions and break down the self-made boundaries you have set with your imagination.

(a) setting a new trend
(b) making sense of things
(c) helping your imagination to grow
(d) letting a powerful force loose

7 In the last few years, more and more environmentally friendly herbicides have been created by the chemical industry. But we have come to believe that chemicals alone are not the solution to rid the world of weeds. Several scientists have begun to explore alternative biological methods such as insects and micro organisms that would be able to kill weeds. These biological agents are safe for the environment and in fact offer _____ _____. They are able to attack particular crops and leave other plants alone. They are even able to know the difference between the target weed and one that is related to it.

(a) conventional means of protection
(b) the power of specificity
(c) stronger herbicides
(d) healthier wildlife habitats

8 Frequently one's desire for material wealth is related to a problem of a different nature. If material wealth is your main goal, it may be helpful to think directly about the cause of this desire. If you just desire to be rich and you work hard, you will be able to achieve this. Too many people have trouble _____ and they are easily influenced and convinced by others to limit their goals and potential achievement. Follow your heart and do not get discouraged when others try to tell you can't do something. It is up to you to achieve your goals and it is only a matter of how much work you are willing to put into it.

(a) speaking out about their beliefs
(b) believing in themselves
(c) standing up for the truth
(d) prospering financially

Chapter 24. Part 1 지문 하단의 빈칸

Pretest

Read the passage and choose the option that completes the sentence.

독해파일 16

1. In the past 25 years, the living standards of the Chinese people have improved while the poverty population has reduced by a large margin. China has made great progress in education, culture, health and other social fields. The birth rate and natural growth rate of its population have been declining while the life expectancy has been rising and the population migration between the urban and rural areas and among different regions _____.

(a) has stabilized levels
(b) has become normal
(c) has reduced participation
(d) is yet to be seen

독해파일 17

2. For postmenopausal women who are sedentary, overweight, or obese, peddling an exercise bike for just a few minutes a week can improve cardio respiratory fitness. But although riding the bike for 75 minutes a week, spread over three days, improved cardio respiratory fitness, most other cardiovascular risk factors held firm. These included blood pressure, lipid profiles, and weight. _____, low fitness is a powerful, independent risk factor for premature mortality, and it is important to understand the effects of different doses of physical activity, particularly for women with cardiovascular disease, type 2 diabetes, and other chronic diseases.

(a) Furthermore
(b) Otherwise
(c) Accordingly
(d) Nevertheless

3 I stored several photographs on a floppy disk and then scratched its magnetic surface with a paper clip. When disk recovery programs from two other suites tried to fix the disk, they told me incorrectly that everything was fine. Sure enough, within five accesses it became unreadable. But Lost & Found simply rescued my files into a safe directory on the hard drive and made no attempt to fix the scratched floppy — something that software could not have done anyhow. At $70, Lost & Found costs as much as an entire utility suite. If a user customarily stores lots of important data on floppies, the purchase is _____.

(a) optional
(b) avoidable
(c) justifiable
(d) superfluous

4 In many families where partner battering occurs, there may be abuse of children and/or of older people as well, often carried out by a single perpetrator. In addition, there is substantial evidence that children who are victimized or who witness violence against others in the family are later at increased risk as adolescents or adults of being re-victimized and/or becoming perpetrators of violence themselves. The existence of these problems suggests _____ think about and take action against family violence in a unified way, rather than focusing on the particular type of victim or community affected.

(a) a growing awareness of the need to
(b) a small amount of interest in the way we
(c) an increase in support for upcoming challenges in how we
(d) a drastic and significant change in how we

5 There are two parts to a charge of theft. First, there must be an act of taking, moving, or using something without the permission or knowledge of the true owner. Second, the person taking or moving the item must have known that the property belonged to someone else. This means that if the person who took or moved the item _____ that he or she had the right to take or use the object, or made a mistake as to who owned the object, then he or she should not be found guilty of theft.

(a) mistakenly believes
(b) honestly believes
(c) mistakenly disbelieves
(d) honestly disbelieves

독해파일 16

미괄식 문제는 결론을 묻는다

TEPS 독해 Part 1의 경우 빈칸의 위치가 가장 중요한데, 빈칸이 상단에 있는 경우 주제문 찾기, 빈칸이 중간에 있는 경우는 연결어 찾기, 빈칸이 하단에 있는 경우는 결론을 나타내는 어구 찾기로 이해하면 된다. 빈칸이 하단에 있는 문제 유형들은 일단 지문 전체를 다 읽어야 하므로 다른 빈칸 유형들보다 배점이 높다고 볼 수 있다. 세부적인 부분보다는 글 전체를 이해하며 정답으로 접근해나가야 한다.

Example 1

In general, the better your credit score, the better chance you will be getting an attractive rate on everything. The credit score is a number used to make a decision on a loan or other types of credit. Your credit score is most influenced by your payment history and the amount of your debt. On the other hand, late payments, bankruptcy, foreclosure, or debt collections can lower your score substantially. In addition, too many debts like maximizing your credit score based on your income are warning signs as well and it can definitely affect your score. In order to improve your credit score pay your bills on time, pay down your debt and _____.

(a) make less purchases 구매를 덜 하다
(b) be productive in your job 일에서 생산적이다
(c) apply for credit sparingly 대출 신청을 적게 하다
(d) be more financially responsible 재정적으로 더 책임지다

해석 일반적으로in general 당신의 신용credit 점수가 높을수록 모든 점에서 더 매력적인attractive 등급rate을 받을 가능성이 높아진다. 신용 등급은 대출loan이나 다른 종류의 신용 관련 결정을 내릴make a decision 때 이용되는 수치이다. 당신의 신용 등급은 주로 당신의 지불 역사와 채무 액수에 가장 큰 영향을 받는다influenced. 반면on the other hand 연체나 파산bankruptcy, 질권 상실foreclosure 혹은 채무 회수 등은 당신의 점수를 크게 낮출 수 있다. 또한 당신의 수입에 근거한 신용 한도액을 최대화시키는 것과 같이 너무 많은 부채도 경고 신호이며 이 역시 당신의 점수에 분명히definitely 영향을 줄 수 있다. 당신의 신용 등급을 높이려면 청구서를 제때 처리하고 부채를 갚아 줄이고pay down 대출 신청도 적게 해야 한다.

해설 신용 등급에 대한 내용으로 신용 등급에 가장 영향을 끼치는 요소는 당신의 지불 역사와 채무 액수이다. 본문 중 many debts like maximizing your credit score based on your income are warning signs as well and it can definitely affect your score가 단서로, 부채를 늘리는 것도 신용 등급에 경고 신호가 될 수 있다는 뜻이다. 따라서 대출 신청도 적게 하는 것이 유리하다.

독해파일 17

지문 속에 등장하는 역접 어구에 주목하라!

주제문처럼 보이는 문장이 지문 상단에 등장한다고 할지라도 but, however, nevertheless, although 등의 역접 어구들이 중간에 등장하는 경우 그 역접 어구가 이끄는 절이 지문에서 정답을 고르는 데 상당히 중요한 역할을 하는 경우가 많다. 따라서 이 역접 어구가 이끄는 절은 각별히 주의하며 읽어야 한다.

Example 2

Organic farming techniques avoid the usage of poisonous chemical fertilizers, pesticides and fungicides. These poisons don't just sit on top of the produce, waiting to be easily washed away. Instead, they permeate the earth where they are absorbed by the root systems and carry the chemicals into the fruits, vegetables and herbs via stems, branches and vines. They also permeate the flesh of the fruit or vegetable in question. Washing and peeling the food won't eliminate these substances, because they're buried in the very flesh of the food itself. Organic farming techniques are often more expensive than traditional methods. They, however, _____.

(a) produce healthier foods 건강에 더 좋은 음식을 생산한다
(b) share responsibility for the outcome 결과에 대해 책임을 나눈다
(c) usually fail to create enough product 대개 충분한 상품을 만들지 못한다
(d) eliminate toxins from our bodies 우리 몸에서 독성을 제거한다

해석 유기농organic farming법은 유독성 화학 비료fertilizer와 제초제pesticide 및 살균제fungicide 사용을 피하는 것이다. 이들 독성 물질은 제품의 표면에 얌전히 묻어서 쉽사리 씻겨 나가기를washed away 기다리고 있지 않다. 대신 이 독성들은 뿌리 체계에 의해 흡수되는absorbed 땅에 스며들어permeate 화학물질을 줄기와 가지, 넝쿨vine을 통하여via 과일과 야채, 풀들로 이동시킨다. 이들은 또한 문제의in question 과일이나 야채의 내용물flesh에 스며들기도 한다. 음식의 세척이나 껍질 벗기기peeling로는 이들 물질이 제거되지 않는데, 이는 이들이 그 음식의 내용물 자체에 스며들기 때문이다. 유기농법은 전통적인 traditional 방식보다 종종 더 비싸다expensive. 하지만 건강에 더 좋은 음식을 생산한다.

해설 첫 번째 문장은 이 글의 주제문으로 핵심어는 organic farming techniques이다. 그 다음 비교해서 화학 비료, 제초제, 살충제의 해로움에 대해 쓰고, 마지막은 '그래서 유기농작물이 건강에 더 좋다'는 결론이다. 지문 아래 부분에서 유기농법은 전통적인 방법보다는 비싸다고 하다가 '하지만(however)'이라는 접속부사를 등장시켜 그 뒷부분에 건강에 더 좋은 음식을 생산한다고 제시하는 (a)가 정답으로 가장 적절하다.

독해파일 18

훑어 읽기를 잘하는 사람이 성공한다

빈칸이 하단에 있는 유형들의 경우 일단 지문 전체를 다 읽어야 하므로 지문 중간중간에 있는 문장의 거품들, 즉 수식어를 지우며 key words만 간추려 읽어나가는 것이 중요하다. 특히 숫자가 등장하는 문장들은 주제문을 지지(support)하기 위한 문장들이므로 유의해서 읽으며 정답으로 접근한다.

Example 3

One argument in support of the death penalty is that the threat of death deters murder more effectively than prison. However, research indicates that the death penalty is no more effective as a deterrent to murder than the punishment of life in jail. States with the death penalty on average do not have lower rates of homicide than states without the penalty. The average murder rate per 100,000 people in 1999 among death penalty states was 5.5 and the average murder rate among non-death penalty states was 3.6. A study examining executions in Texas between 1984 and 1997 found that the murder rate was steady and that there was no evidence of a deterrent effect. Thus, It can be concluded that _____.

(a) all nations must in favor of death penalty 모든 나라들은 사형 제도를 찬성해야 한다
(b) capital punishment is not primary action to deter the crime
　　사형 제도는 범죄를 막는 최고의 조치는 아니다
(c) the method of death penalty must be examined 사형 제도의 방법은 조사되어야 한다
(d) further report should be submitted on this issue 이 문제에 대한 추가적인 보고서가 제출되어야 한다

해석 사형제도death penalty를 찬성하는 측의 논점argument은 죽음의 위협threat이 감옥보다 좀 더 효과적으로 살인을 막는다deter는 것이다. 그러나 연구 결과는 사형 제도가 종신형life in jail보다 살인 억제책deterrent으로 더 효과적이지는 못한 것으로 나타났다. 사형 제도를 유지하는 주(州)들은 평균적으로on average 사형 제도가 없는 주들보다 살인homicide 발생률이 낮지 않다. 1999년에 사형 제도가 있는 주들의 인구 10만 명당 평균 살인 발생률은 5.5명이었으며 사형 제도가 없는 주의 평균 살인 발생률은 3.6명이었다. 텍사스에서 1984년부터 1997년 사이에 발생한 사형 집행execution을 조사한 연구 결과에서는 살인율이 지속적으로 유지steady되었으며 억제 효과에 대한 증거evidence도 없었다. 따라서, 사형제도는 범죄를 막는 최고의 조치는 아니라고 결론을 내릴 수 있다.

해설 둘째 줄의 however가 이끄는 문장이 글의 주제를 밝혀주고 있고 다섯째 줄부터 제시되는 수치들이 왜 사형제도가 효과가 없는지를 역설적으로 설명하고 있다. 게다가 A study examining ~ 이후의 문장에서 그 다음에 이어질 결론의 내용을 미리 암시하는 걸로 보아 (b)가 정답으로 가장 적절하다. 참고로 지문 중간중간에 study, research, survey 등으로 시작하는 문장들이 있으면 그것이 주제문이거나 정답에 대한 결정적인 힌트를 알려주는 경우가 많다.

독해파일 19

첫 문장의 내용을 재진술하는 경우도 있다

빈칸이 하단에 나오는 유형들의 상당수는 지문의 첫부분에 등장한 주제문을 다시 한 번 restate(재진술)하는 경우가 많으므로 이 경우에는 지문 중간에 있는 supporting paragraph들에는 너무 신경 쓰지 말고 첫 문장의 내용과 관련성이 큰 어구를 나타낸 선택지를 정답으로 고를 수 있어야 한다.

Example 4

Though late motherhood is a hot trend and we are constantly bombarded by positive images of celebrities enjoying later motherhood, the risks too, are many. There are many difficulties and dangers in late pregnancy. First of all is the delay in conceiving, you might have left it for too late! There is also the increased risk of miscarriage and chromosomal abnormalities. While late motherhood has its advantages, the older you get, the less fertile you become — it is as simple as that. The same goes for men, too. For women, fertility reduces because there is a reduction in the quantity and quality of eggs from the ovaries after 35. But there are also several benefits of _____, as mothers feel more confident and secure and families tend to have a better bank balance.

(a) reproductive technology 복제 기술
(b) putting off motherhood 출산을 늦추는 것
(c) being a wage-earner 봉급쟁이가 되는 것
(d) performing manual labor 육체 노동을 수행하는 것

해석 늦은 나이의 출산이 큰 유행trend을 타고 있고 늦은 출산을 즐기는 유명인사celebrity들의 긍정적인 이미지가 끊임없이 constantly 퍼부어지기는bombarded 하지만 그 위험성 역시 크다. 늦은 임신에는 많은 난제difficulty와 위험이 따른다. 가장 중요한 것은first of all 늦은 수태conceiving인데, 너무 늦은 것은 좋지 않다. 유산miscarriage과 크로모좀 기형abnormality의 위험risk 역시 높아진다. 늦은 출산에는 장점도 따르는 반면 나이가 들수록 임신 가능성도fertile 낮아진다. 매우 간단한 논리이다. 같은 논리가 남성에게도 적용된다. 여성들은 35세 이후부터 난소ovary로부터 나오는 난자의 양과 질이 줄어들기reduction 때문에 임신 가능성fertility이 낮아진다. 하지만 출산을 늦추는 데 따른 몇 가지 장점도 있는데, 어머니들이 좀 더 자신감과 안정secure감을 느낀다는 것과 이때 가족들의 경제적 능력이 더 좋아진다는 점이다.

해설 고령 출산에 대한 내용이다. 요즘 고령 출산이 유행이지만 위험성도 있다는 내용이 이어지고, 마지막에는 고령 출산의 이점(several benefits)이 나오므로 putting off motherhood가 알맞다. 일단 지문의 토픽을 첫 문장에서 late motherhood라고 밝힌 후 지문 마지막 줄에서 한 번 더 그것을 재진술한 경우라고 볼 수 있다.

독해파일 20
선택지 파악에 유의한다

독해 문제에서 선택지 파악은 상당히 중요하다. 선택지를 먼저 읽을 경우 앞으로 지문에서 무슨 내용을 말하게 될 것인지를 묵시적으로 나타내주기 때문인데, 특히 독해 Part 1에 등장하는 선택지들의 경우 상당히 간결하면서도 선택지 내에 답이 나오는 경우도 증가하는 추세이므로 참고하여 문제를 풀기 바란다.

Example 5

Sometimes things that are good for us aren't always fun. I'm sure you can think of a few examples. Going to the dentist, eating our vegetables, and getting enough sleep are all things that are good for us, but sometimes not very enjoyable. Conversely, Staying up all night for the computer games or watching videos till midnight _____ but it definitely gives bad effects to all of us after all. Kids should remind above facts.

(a) are often avoidable 종종 피할 수 있다
(b) are rarely funny 거의 재미있지 않다
(c) could be a lot of fun 재미있을 수 있다
(d) are inevitable 피할 수 없다

해석 때로 우리에게 유익한 것이 항상 재미있는 것만은 아니다. 나는 여러분들이 몇 가지 예를 떠올릴 수 있을 것이라 확신한다. 치과에 가는 것, 야채를 먹는 것, 그리고 충분한 수면을 취하는 것은 모두 우리에게 유익하지만 때로는 괴로운 일이다. 이와는 대조적으로, 컴퓨터 게임을 하느라 밤새 깨어 있거나 자정까지 비디오를 시청하는 것은 재미는 있을 수 있겠지만 우리에게 확실히 나쁜 영향을 준다고 할 수 있다. 아이들에게 위의 사실을 상기시켜주어야 한다.

해설 이 문제는 선택지 분석이 상당히 중요하다. 일단 (a)와 (d), (b)와 (c)가 반대의 내용인데 지문의 내용은 피할 수 있고 없는 일의 차원보다는 재미있고 없는 일들에 초점을 맞추고 있으므로 정답은 (c)가 된다.

Answers

1. (c) **2.** (a) **3.** (b) **4.** (b) **5.** (c)

Daily Test

Part 1 Read the passage and choose the option that completes the sentence.

1 Energy used to generate electricity and directly provide heat is the largest producer of greenhouse gas pollution in Australia — about half of the 543 million tons of carbon dioxide produced annually comes from coal-fired power stations and the use of fossil fuels directly for industrial, commercial and residential activities. It is also the fastest growing source of this pollution causing our planet to overheat. Generating electricity through burning coal is the biggest contributor to greenhouse gas pollution from stationary energy. Australia's heavy reliance on coal means we are one of the biggest greenhouse gas polluters (per person) in the industrialized world after the US. Coal has served _____ well up until now but in a world where the amount of carbon dioxide released into the atmosphere needs to be constrained, Australia must look to new technologies to meet our needs without producing this pollutant.

(a) in industrial activities
(b) in new developments
(c) our energy needs
(d) our environmental concerns

2 Troubles are still not over for New Orleans residents, who only two years ago were battered by Hurricane Louisa. Finding affordable insurance has become next to impossible because private insurers are no longer willing to insure residents in this area without a hefty price tag. Many residents simply cannot _____ to purchase insurance any longer for their homes and businesses.

(a) require
(b) value
(c) set
(d) afford

3 On our list, you will find over 1,000 recruiters from all over the country. Each of these recruiters is searching for health care professionals. It is easy to find other directories that list all sorts of other industries, but we are the only directory available that lists only healthcare firms. This greatly simplifies the task of applying for jobs in the healthcare field. More often than not, the best positions in health care are not listed but are filled by _____ _____ that seek and find suitable applicant for employers. That is why our healthcare recruiter directory is a priceless tool.

(a) companies
(b) stores
(c) candidates
(d) health centers

4 We need to remember that the Internet world can be a dangerous place and we need to learn how to _____. Because we may not be aware of all the pitfalls you can come across on the Internet, there are a few simple precautions that can be taken that will help keep us safe. Do not open email attachments from people you don't know. This can protect your computer from potentially fatal viruses. Also, supervise your children when they are using the Internet. We recommend installing a program that blocks offensive web sites.

(a) avoid the use of computers
(b) travel in groups
(c) stay out of dangerous situations
(d) keep up to date on current events

5 The effect of the September 2001 terrorist attacks on many online jewelry wholesalers' bottom lines was not surprising. _____ as the nation went into shock. But as the country recovered, a patriotic spirit rose across the country like never before. The emotional reactions of men seeking stronger attachments caused them to purchase engagements rings, engraved locks and diamond crosses. Many companies also offered new patriotic product lines featuring the American flag. This caused several wholesalers to finish the year with record breaking sales.

(a) Sales plunged
(b) Sales went on normally
(c) Sales soared
(d) Sales fluctuated

6 The newest installation of the Spiderman saga failed to live up to expectations. The story is simply too long, and slow moving. It seems as if the producers are trying to cramp too many things into one movie. Compared to the first two Spiderman movies, Spiderman 3 lacks luster. Macguire and Dunst's performances _____. Their portrayals of the characters lack the energy and hype present before. Apart from the fantastic visuals, there really isn't much to look forward to in this film.

(a) leave the film alone
(b) leave much to be desired
(c) leave no stone unturned
(d) leave nothing to be desired

7 When we are faced with such _____ as AIDS, it is tempting to look for someone or some organization to blame for the situation. The world is not short of "conspiracy theories" on the origin of HIV - that it arose from germ-warfare research, from new genetic engineering technology or from growing the polio vaccine in monkey kidney cells. None of these unlikely ideas holds up to what we know about HIV, and its origin in humans may be much more ordinary.

(a) a gradual illness
(b) a natural phenomenon
(c) an appalling catastrophe
(d) a growing technology

8 Do you feel social pressure to _____? It's possible that from a very young age you were taught that marriage is a right of passage and you don't become an adult or a woman until you get married. Remember that this social pressure, real or imagined, doesn't make it true. You do not become a full-fledged adult by becoming married.

(a) get on your feet
(b) get married soon
(c) grow up quickly
(d) be a good girl

정답: 52p

Chapter 25. Part 2 대의 파악

Pretest

Read the passage and question. Then choose the option that completes the question.

독해파일 21

1 Books that may be checked out and taken out of the library are located on the 2nd floor. In order to check out materials from Hightower Library, students must present their current Gordon College identification card. This card is obtained from and updated each semester at the Business Office. Because students are responsible for any overdue fines on the books checked out to them, it is their responsibility to confirm when the books are due back at the library or Circulation Desk.

Q: Which of the following is the best title for the above passage?

   (a) The Library's Preferred Role
   (b) Obtaining a Library Card
   (c) Procedure for Checking Out Books
   (d) The Overdue Library Book Procedure

독해파일 22

2 For the fifteenth straight month, automobile production, including cars, buses and trucks, has increased by over four percent. The Automobile Manufacturers Association (AMA) released these latest figures today. The number of vehicles produced this year was 888,500, compared to 864,600 last year. The increase is being credited to rising domestic demand and expansion in the international automobile market. Reduction in price has increased the afford ability of vehicle purchase for most families and is one of the main reasons for the rise in car sales.

Q: Which of the following best summarizes the newspaper article?

   (a) AMA is seeking ways to increase production.
   (b) The domestic vehicle demand is faltering.
   (c) The auto production industry is reporting low profits.
   (d) The Automobile industry is reporting continuous growth.

3 Memorandum

From: John Walsh

To: All Employees of Bargain City

Date: December 15

This is just a reminder to everyone that our store will be closed on December 25 and 26 for Christmas. We will be open until six o'clock on December 24 and we will reopen on December 27 at 9:00 a.m. I am also looking for volunteers to work on December 31, New Years Eve. Please see me if you are able to work that day.

Q: What is the memorandum about?

(a) The company Christmas party
(b) The stores holiday hours
(c) Training for new employees
(d) A request for volunteers for a charity

4 Often, once children learn to read independently, parents stop reading to them. This change of routine causes great sadness to a child who has come to love falling asleep as you read. Even a teenager will enjoy being read to if you pick books that pique his interest. Select books together, and make sure they're ones you enjoy as well, so your enjoyment will come through as you read to them.

Q: What is the main idea of the passage?

(a) Reading to your child is beneficial at all ages.
(b) Unwillingness to read may just be a bad habit.
(c) Independent reading may create mood changes amongst children.
(d) Teenagers should be encouraged to read to their younger siblings.

5 Parents should explain the purpose of chores so children understand why they are important. When they understand a task has a beginning, middle and end, children become more comfortable with the responsibility. On the other hand, once children are old enough and understand their responsibility, they must learn to complete the task when told to do so. This approach helps to reinforce trust between parents and children. Communicating that you trust your children with responsibility early in life better prepares them for a lifetime of responsibility.

Q: What is the main idea of the passage?

(a) Resourceful parents make much cleverer kids.
(b) Teaching responsibility to children prepares them for later on.
(c) Communication between parents and children is a non-stop challenge.
(d) Parenting children requires a lot of patience.

독해파일 21
글의 상단에 힌트가 있다!

한 단락의 글을 읽고 물음에 가장 적절한 답을 고르는 Part 2 유형은 LC Part 4와 그 스타일이 동일하며 총 21문제(16번~37번)가 출제된다. 주제나 대의 혹은 글의 논조 파악, 세부 내용 이해, 논리적 추론 등에 관계된 문제가 주로 출제된다.

주제는 보통 단락의 처음이나 마지막 문장(재진술 또는 결론)에 요약되어 있는데 기본적으로 가장 많은 문제들이 글의 상단에 key word를 배치하고 출제된다. 한마디로, 글의 전체적인 흐름을 파악해야 하며 출제자의 의도가 무엇인지 짚어나가면서 문제를 푸는 것이 중요하다.

Example 1

One of the main concerns of people who suffer from panic attacks is the underlying reason for their presence. Panic attacks are one of the main symptoms of a more serious panic disorder. Panic attacks can be caused by anxiety and they can sometimes be confused with each other. The difference is, anxiety is somewhat slow in simmering where panic attacks are sudden, violent and they can also temporarily disable the victim from doing anything, including coping with the attack. Unfortunately, the causes of panic attacks can be so diverse that it is difficult to establish a cause-and-effect relationship with them.

Q: Which of the following is the best title for the above passage? 다음 중 윗글의 제목으로 가장 알맞은 것은?

(a) The Relationship between Anxiety and Addiction 긴장과 중독의 연관성
(b) Why Panic Attacks Occur During Sleep 잠 잘 때 왜 공황 발작이 일어나는가
(c) Why Does One Get Panic Attacks? 사람은 왜 공황 발작을 겪는가?
(d) The Effects of Anxiety Disorder 긴장 장애의 영향들

해석 공황 발작panic attack을 겪는 사람들의 주요 관심concerns 중 하나는 그것들이 일어나는 근원적인underlying 이유reason이다. 공황 발작은 더 심각한 공황 장애의 주요 증상들 중 하나이다. 긴장이 공황 발작을 유발하며 이 두 가지는 서로 혼동되는 경우가 있다. 그 차이는 긴장은 어느 정도 부드럽게 끓어오름에 반해 공황 발작은 갑작스럽고 폭력적이며 특히 발작에 대처하는 상황에서 환자가 일시적으로 아무 것도 하지 못하게 만든다. 불행히도, 공황 발작을 유발하는 요소들은 너무나 광범위해서 인과 관계를 규명하기가 어렵다.

해설 첫 번째 문장, One of the main concerns of people who suffer from panic attacks is the underlying reason for their presence.에서 이 글이 어떤 내용이 될지 알려준다. 공황 발작에 대한 내용으로 공황 발작은 공황 장애가 되는 증상 중 하나라고 한다. 또한 그 원인 중 하나가 anxiety(긴장, 초조함)이다.

독해파일 22

반복되는 핵심어를 찾아라!

지문 속에서 계속 반복되는 어구들이 주제어인 경우도 많다. 이것은 일부러 출제자가 그렇게 만들었다기보다는 상당수 글을 쓰다보면 글쓴이가 하고 싶은 말들이 여러 형태의 비슷한 의미의 단어들로 paraphrase되어서 반복 등장하는 경우가 많고 이것을 힌트로 삼아서 정답을 찾을 수 있는 것이다.

Example 2

To celebrate the fifth anniversary of our beverage-recycling program, we are planning a statewide celebration from May 10-14. We are proud of what the citizens of Wisconsin have achieved by recycling their beverage containers and doing their part to help the environment. Since the program began in 2000, more than 500 million beverage containers have been brought in to our depots and recycled. This is garbage that at one time would have been placed in our landfills. To thank everyone for participating in our program, residents are invited to stop their local recycling depot and join in the contests and events. There are many prizes including a grand prize draw worth over $2,000.

Q: Which of the following best summarizes the notice? 다음 중 이 글을 가장 잘 요약한 것은?

(a) An event has been planned to celebrate successful recycling.
재활용 프로그램 성공을 축하하기 위해 행사가 준비되었다.

(b) Nearly 500 million beverage containers have been sold.
거의 5억 개의 음료수 병들이 팔렸다.

(c) The beverage recycling program is celebrating its closing anniversary.
음료 재활용 프로그램은 마감 1주년을 축하하고 있다.

(d) Citizens of Wisconsin are proud to announce it is opening several new locations.
위스콘신 주 시민들은 새로 몇몇 지사 오픈을 발표하게 되어 자랑스러워한다.

해석 음료수 병 재활용recycling 프로그램의 5주년을 축하하기celebrate 위해 우리는 5월 10일부터 14일까지 주 전체에서 statewide 축하 행사를 준비하고 있습니다. 우리는 위스콘신 주 시민들이 음료수 병을 재활용하여 환경 보호에 일조를 한 것을 자랑스럽게 여깁니다. 2000년 그 프로그램이 시작된 이후로 5억 개의 음료수 병이 우리 센터들depots로 와서 재활용되었습니다. 이 양은 쓰레기 매립지landfill로 갔을 쓰레기garbage입니다. 이 프로그램에 참여해주신 모든 분들께 감사하기 위해 콘테스트 행사에 참여하시도록 주민들을 지역 재활용 센터에 초대합니다. 2,000달러가 넘는 대상 추첨을 포함하여 많은 상들이 준비되어 있습니다.

해설 첫 번째 문장에서 To celebrate the fifth anniversary of our beverage-recycling program, 넷째 줄의 more than 500 million beverage containers have been brought ~, 밑에서 셋째 줄 To thank everyone for participating in our program 등의 어구에서 이 재활용 프로그램이 성공적이었다는 사실을 알 수 있다. 따라서 정답으로 (a)가 가장 적절하다.

독해파일 23

지문의 종류부터 파악하자!

텝스 독해에서는 정말 다양한 지문들이 등장하는데, 서간문이나 광고 등 많은 실용문들도 등장하며 이런 지문들은 비전문 학술문이나 기타 설명문들에 비해 어휘도 쉽고 문체도 간결하므로 이러한 지문임이 파악되면 되도록 질문에서 무엇을 요구하는지를 빠르게 파악하며 문제를 풀어나가야 한다. 참고로 이런 지문들의 경우 함정도 그리 많지 않으므로 독해 고수가 아니라 할지라도 그리 크게 염려할 부분은 아니라고 할 수 있다.

Example 3

Dear Sir,

I am writing this letter to inform you of my resignation as of June 3. An opportunity has arisen for me in my specific area of training that I simply cannot pass up. I would like to thank you for the guidance and experience that you have given me over the past three years. Your company is a wonderful organization and I will miss working here.

Sincerely,

Darlene Law

Q: What is the purpose of the letter? 편지의 목적은?

(a) To apply for a career opportunity 취업 기회에 응시하려고
(b) To resign from a job 직장을 사직하려고
(c) To submit a job application 취업 원서를 제출하려고
(d) To turn down a job offer 취직 제안을 거절하려고

해석 사장님께

6월 3일자로 저의 사직resignation을 알려드리고자 이 편지를 씁니다. 제가 단순히 지나칠pass up 수 없는 특정specific 연수training 부문에 저를 위한 특별한 기회가 생겼습니다. 지난 3년 동안 사장님께서 저에게 주신 지침guidance과 경험에 감사드립니다. 귀사는 뛰어난 조직이며, 이곳에서의 근무가 그리워질 것입니다.

Darlene Law

해설 TEPS에 등장하는 서간문들의 경우 대다수가 지문의 상단에 목적이 등장하며 맨 마지막 부분에 한 번 더 편지의 목적을 재진술하는 경우가 많다. 이 지문의 경우에도 첫째 줄에서 inform you of my resignation, 마지막 줄 I will miss working here 등에서 글쓴이가 회사를 그만둘 것이라는 사실을 알 수 있다.

독해파일 24

지문의 첫 문장과 마지막 문장이 일치하는 경우를 주목

Part 1에서도 보았지만 Part 2에서도 마찬가지로 주제문을 찾을 때 지문의 첫 문장에 등장했던 내용들이 하단 부분에 다시 등장하여 그 글에서 요구하는 것이 무엇인지를 확실하게 보여주는 경우가 많다.

Example 4

Further developments in nanotechnology mean that molecular manufacturing is one step closer to mainstream industry. Molecular manufacturing would allow devices and machines to be constructed with molecular precision, meaning every atom would be in the desired place. This would create products that are radically improved. Devices would only be a few nanometers wide. Molecular manufacturing enthusiasts say they could use this technology to clean up the environment, build space elevators, mine for asteroids, end poverty and world hunger and even go inside the human body to offer surgery with extreme precision. Critics of this technology say we should be cautious and consider the risks before proceeding. Regardless, nanotechnology and molecular development will surely be a technology that does many great things.

Q: What is the main idea of the passage? 이 글의 요점은 무엇인가?

(a) Nanotechnology could potentially advance many different industries.
나노 기술은 많은 다른 산업을 잠재적으로 발전시킬 수 있을 것이다.
(b) Using molecular manufacturing requires advanced technology.
분자 제조법 사용은 발전된 기술을 필요로 한다.
(c) Benefits of molecular manufacturing outweigh any consequences.
분자 제조법의 이점은 어떤 결과들보다 중요하다.
(d) Nanotechnology is an unrealistic development.
나노 기술은 비현실적인 개발이다.

해석 나노 기술의 앞으로의 발전은 분자 제조 기법이 주요mainstream 산업에 한 발짝 더 가까워closer졌음을 의미한다. 분자 제조 기법은 모든 원자를 제자리에 위치시키는 분자 차원의 정확도precision를 가지고 도구들devices과 기계들이 만들어지도록 할 것이다. 이로써 급진적으로radically 향상된 제품 생산이 가능해진다. 도구들은 단지 몇 나노 미터 넓이가 될 것이다. 분자 제조법의 열성자들enthusiasts은 그들이 이 기술을 사용하여 환경을 깨끗이clean up 할 수 있고, 우주 엘리베이터를 만들고, 아스테로이드를 채광mine하고, 가난poverty과 세계 기아를 종식시키며, 심지어 인체 내부로 들어가 아주 정밀하게 수술surgery을 할 수 있을 것이라고 말한다. 이 기술의 비평가들은 진행하기proceed 전에 조심해야cautious 하며, 위험을 고려해야 한다고 말한다. 그럼에도 불구하고regardless, 나노 기술과 분자 개발은 분명히 많은 위대한 것을 하는 기술이 될 것이다.

해설 나노 기술 발전에 대한 내용이다. 나노 기술의 반대론자들의 의견도 있지만 마지막 문장 nanotechnology and molecular development will surely be a technology that does many great things가 저자의 결론이다.

독해파일 25

세부적인 내용의 선택지들은 답이 아니다

주제문을 고르는 대의 파악 유형에서는 말 그대로 지문 전체를 아우를 수 있는 핵심 어구를 묻는다. 내용의 일부나 너무 포괄적인 것이 아닌 전체 내용을 확실히 요약한 것을 정답으로 원하는 것이다. 따라서 선택지를 고를 때 지문 속에 등장했던 단어나 어구가 있다고 해서 생각 없이 정답으로 고르다가는 큰 코 다치는 경우가 많으므로 각별히 유의하기 바란다.

Example 5

A Bangladeshi economist was recently awarded the Nobel Peace Prize for turning small loans into a vehicle for great social change for the poverty-stricken families in his country. His bank, called the Gruman Bank, gives loans as low as $9 to help beggars start small businesses or poor women to purchase basket-weaving materials. His style of micro-credit has been duplicated across the globe in the last thirty years since its inception. He believes that poverty can come to an end if there is a more livable situation for the very poor people. He claims that peace will come if there is less gap between very rich countries and very poor countries.

Q: Which of the following best summarizes the newspaper article?
다음 중 이 신문 기사를 가장 잘 요약한 것은?

(a) The difference between rich and poor people is often the country they are from.
부자와 가난한 사람들의 차이는 종종 그들의 출신국이다.

(b) Loans should not be given to poor people.
가난한 사람들에게 대출을 해주지 말아야 한다.

(c) Poverty will decrease if the poor are able to get business loans.
가난한 사람들이 사업 대출을 얻을 수 있으면 가난은 줄어들 것이다.

(d) Peace will come to countries that establish sophisticated banking systems.
우수한 금융 시스템을 설립한 나라들에게 평화가 찾아올 것이다.

해석 한 방글라데시 경제학자가 최근 방글라데시의 빈곤poverty-stricken 가정들을 위해 소액 대출loan을 주요 사회 변화 사업의 도구로vehicle 전환시킨 공로로 노벨 평화상을 받았다. 그가 창설한 Gruman Bank는 거지들이 소규모 사업체를 차릴 수 있도록 돕거나, 가난한 여성들이 바구니를 짜는 재료들을 구입하도록 최저 9달러를 대출해준다. 이것이 시작inception된 이후 지난 30년 동안 그의 소액 대출 프로젝트는 전세계로 퍼졌다. 그는 극빈층들을 위해 더 많은 살 수 있는livable 상황이 마련되면 가난은 종식될come to an end 수 있다고 믿는다. 그는 부자 나라와 가난한 나라들 사이의 차이gap가 적어지면 평화가 올 것이라고 주장한다claim.

해설 일단 지문 전체의 토픽도 중요하지만 다른 선택지들이 왜 답이 아닌지를 파악하는 것 역시 중요하다. (a)의 경우 가난한 나라 사람들에 대한 언급은 있었으나 부자 나라 사람들과의 비교는 없었으며, (b)의 경우 대출을 해주기 위한 것이 지문의 내용이므로 그 반대가 되고, (d)의 경우 아예 등장하지 않는 내용이므로 답은 무난하게 (c)가 된다.

Answers

1. (c) **2.** (a) **3.** (b) **4.** (a) **5.** (c)

Daily Test

Part 2 Read the passage and question. Then choose the option that completes the question.

1 Oftentimes the meaning of the holiday season can be overshadowed with the gift-giving aspect of it. Children can be quite greedy, and focus solely on what they want as gifts. A great way to teach your children about the real meaning of the holidays is to have them choose one of their gifts to give away to someone in need. Another idea is to have your whole family volunteer at a soup kitchen. This will open up your children's eyes to people who have far less than they do, and hopefully will help them to understand how fortunate they are.

Q: What would be the best title for this passage?

(a) Holiday Gift Giving Ideas
(b) The Meaning of Giving
(c) Save Money for the Holidays
(d) Buying for Children

2 Maintaining a balanced and healthy lifestyle can be quite challenging for busy people with no time to buy groceries, let alone cook nutritious meals. There are a couple simple solutions that can make a dramatic difference to your health. To begin with, it is important to work with the time that you have. If you have no time during the week, take some time over the weekend to prepare healthy meals in advance that can be frozen and reheated during the week. Even something as simple as having vegetables chopped up in the fridge to toss into a salad or a stir-fry will help you to eat better throughout the week.

Q: What would be the best title for the passage?

(a) Managing good health with time-saving meals
(b) Recipes for Quick Meals
(c) Tips for a Balanced Fitness Program
(d) Health Benefits of Fresh Vegetables

3 The Media Classified Corporation will be launching a free weekly newsletter entitled Job Classified Weekly in May 2007. The newsletter will be delivered every Monday morning to over 1000 blue and white newspaper boxes and magazine racks across the city. It will be full of new job and career training opportunities in its full-color, tabloid-format pages. Job seekers will have a free and convenient listing of all the best jobs in the city, while job advertisers will have a cost-effective means of getting their available positions into the hands of people looking for them.

Q: What is the purpose of the passage?

(a) To criticize untimely distribution
(b) To introduce a new newsletter
(c) To survey job seekers and advertisers
(d) To confirm receipt of Job Classified Weekly

4 The Story of Creation, in the Old Testament is actually two separate stories. In one story, the world is created in 6 days, from light to man and woman. The second narrative tells the story of Adam and Eve in the Garden of Eden, and their disobedience to God in eating from the Tree of Good and Evil. Biblical scholars attribute these two opposing accounts to different authors of each of the tales. Of course, to religious believers, the entire text is considered to be the word of God, and the theory of authorship is unacceptable.

Q: What is the main idea of the passage?

(a) Scholars argue that the Old Testament is inaccurate.
(b) Religious believers reject the story of Adam and Eve.
(c) There are conflicting stories of creation in the Bible.
(d) The Tree of Good and Evil was not in the Garden of Eden.

5 In the most northern Inuit communities in Canada, the sun sets in late October, and doesn't rise again until early April. Referred to as the 'dark season,' this is a period of 24 hour darkness lasting nearly 6 months. Many people suffer from a Vitamin D deficiency, as this vitamin is usually absorbed from the sun. Vitamin D promotes bone formation and is critical to the development of a strong skeleton. Therefore a deficiency can result in impaired bone mineralization, and can lead to osteoporosis and possibly cancer.

Q: What is the main idea of the passage?

(a) People with a Vitamin D deficiency should be aware of the possibility of various diseases.
(b) All Canadians are at risk of osteoporosis due to lack of sunlight.
(c) Depression is a concern throughout the 'dark season' in the north.
(d) Sunlight provides important vitamins for bone growth.

6 Oftentimes as we grow older our tastes begin to mature. It is common to enjoy foods as an adult that were thought to be terrible as a child. One example is spinach, which is usually on most children's lists of 'worst foods.' Growing to enjoy spinach is important as it has a high nutritional value. It is rich in Vitamins A, C, and E, and several antioxidants. Spinach is also a good source of folic acid, which is especially important for pregnant women.

Q: What is the main point of the passage?

(a) Children should be forced to eat their vegetables.
(b) Spinach should be part of a nutritious diet.
(c) Vitamins A, C, and E are mainly found in spinach.
(d) Taste buds deteriorate over time as we age.

7 In today's business world, it is imperative that you stay connected with your office and clients at all times. Imagine you're away from your desk for 15 minutes, and you return to find that you've just missed the call you were waiting for all day. Maybe you're away from the computer and didn't notice a critical e-mail. If only you had a cell phone, you would never have missed that first call. Better yet, with the new Blackberry F60, you can receive phone calls and e-mails on your handheld device, never being disconnected from the office.

Q: What is this passage about?

(a) A Communication system
(b) A messaging service
(c) Office management
(d) Website difficulties

정답: 55p

Part VI

파트 2와 3의 유형을 파악하고
최근 기출 문제들의 풀이 비법을 총정리 한다.

독해 파트 2는 청해 파트 4와 co-relate되는 상당히 중요한 공략 파트이다. 독해 파트 2는 대의 파악, 세부내용 파악, 추론 문제 유형 등으로 분류될 수 있는데 청해 파트 4와 문제 유형은 같고 접근법 또한 같다. 대의 파악을 물어보는 경우에는 지문의 상단 문장에 힌트가 많이 숨어 있고 세부 내용, 추론 문제 등은 지문의 하단 부분에 힌트가 숨어 있는 경우가 상당히 많다. 따라서 지문을 읽을 때 처음 읽는 경우에는 한번 전체적으로 읽고 두 번째 읽을 때 에는 Question이 무엇이냐에 따라서 지문에서 집중해서 읽을 부분을 찾아내도록 한다.

파트 3은 가장 먼저 풀도록 하자. 파트 3의 문제 수는 3개 밖에 안 되지만 배점이 가장 높은 부분이므로 어휘 시험이 끝나자마자 독해 섹션으로 넘어갈 때 가장 먼저 풀도록 한다. 첫 문장이 무조건 주제문이므로 첫 문장을 잘 읽고 첫 문장과 토픽, 시제 및 어조가 맞지 않는 선택지를 답으로 고르면 된다. 독해 파트 3은 문법 파트 4와도 비슷한 유형이므로 열심히 해두면 일석이조의 효과를 거둘 수 있다.

Chapter 26. Part 2 세부 내용, 진위 파악

Pretest

Read the passage and question. Then choose the option that completes the question.

1 Harold Reynolds is the CEO of Quality Carpet Products, one of the largest carpet manufacturers in the world. Carpet production is one of the worst producers of pollutants, and in 1995, Reynolds became aware of the environmental impacts that his company was causing. Reynolds read the book 'The Ecology of Commerce' in which author and environmentalist Paul Hawken argues that the industrial system is destroying the planet, and that only industry leaders are powerful enough to stop it. Dramatically affected by what he had read, Reynolds set out to reduce Quality Carpet Products' waste by one third. Reynolds is now known for his progressive stance on industrial ecology and sustainability.

Q: Which of the following is correct according to the passage?

(a) Harold Reynolds published a book on sustainable practices.
(b) Carpet production is now one of least polluting industries.
(c) Reynolds was persuaded by the arguments in Hawken's book.
(d) Harold Reynolds was able to cut waste and increase profits by 30%.

2 Over the last 20 years, the traditional Indian practice of yoga has made its way into mainstream America. It seems that everyone is doing it, from prenatal yoga classes to yoga for pets. While yoga evolved as a spiritual practice, in the West it is commonly viewed simply as a form of physical exercise. Some of the Western practices have little to do with the Hinduism and spirituality that are part of the traditional Eastern yoga practices. The popularity of yoga in the Western world has led to its commodification, from organic bamboo yoga mats to $100 yoga pants. It is estimated that 16.5 million Americans now spend $3 billion annually on yoga classes and products.

Q: Which is correct according to the passage?

(a) Americans practicing spend 16.5 million dollars for yoga.
(b) Yoga has been a mainstream for 20 years in India.
(c) The commodification of yoga in the West has detracted from its roots.
(d) The yoga industry brings in more revenue than any other sport.

3 A billion dollar anti-smoking campaign has just been launched in the US to discourage teenagers from taking up the habit. Tobacco contains nicotine, which is an addictive stimulant. In first time users, nicotine causes an increase in alertness and a mild euphoria. In chronic users, nicotine simply relieves the symptoms of withdrawal, such as anxiety and insomnia. The campaign is aimed at deterring new users, as it is far easier to never beginning smoking in the first place than to quit once you've started.

Q: Which of the following is true according to the above article?

(a) Nicotine becomes less addictive with prolonged use.
(b) A new anti-smoking campaign focuses on the harms of quitting.
(c) First time smokers initially suffer symptoms of withdrawal.
(d) Smokers who try to quit will often experience bad effects.

4 Greyhound employees, including drivers and administrative staff have gone on strike as of 12:00 a.m. Tuesday. The union is striking for higher wages and less required overtime work. People who depend on the bus services are upset by the news. Some people have been left stranded between their place of departure and their destinations. Other businesses that depend on the bus service for shipping are left with few affordable options. A union representative offered a statement saying that the strike will last "as long as it takes" until their demands are met.

Q: Which of the following is correct according to the passage?

(a) Greyhound employees are demanding a salary increase.
(b) The strike has inconvenienced drivers and administrative staff.
(c) Bus breakdowns have left people stranded far from their destinations.
(d) Greyhound shipping rates have become unaffordable for many businesses.

5 Anderson Paper Supplies is a leader in professional staffing with over 150 offices throughout North America. At this time, we are seeking a Junior Recruiter to work in our recruitment team. The qualified applicant for the Junior Recruiter position will hold a post secondary degree in Information Technologies, with a minimum of ten years of relevant experience in a similar setting. Interested applicants should send a cover letter and resume to klaurence@anderson.ca before the competition closes on October 21st.

Q: Which of the following is true according to the advertisement?

(a) The Junior recruiter position begins on October 21st.
(b) All applicants must submit a portfolio of their work.
(c) Qualified applicants must hold a Masters degree in IT.
(d) Candidates should send a cover letter and resume by e-mail.

독해파일 26
문제를 먼저 읽어서 집중할 부분을 파악한다

세부 내용 파악 유형은 글 내용의 일부만 묻기보다는 지문 전체를 범위로 삼아서 선택지가 해당 지문에 등장했던 사항인지 아닌지를 묻는 경우가 많다. 따라서 질문과 선택지를 먼저 읽어서 지문에서 무엇을 요구하는지를 빠르게 파악하자.

Example 1

A recent study has suggested that drinking green tea will lead to weight loss. While this claim has not been validated by scientific evidence, it gained popularity after it was promoted on the Oprah Winfrey show. Dr. Nicholas Perricone, an anti-aging specialist, appeared on the Oprahshow, and told viewers that they could lose 10 pounds in six weeks by drinking green tea instead of coffee. It has been suggested that this might be true based simply on the fact that coffee is a high calorie drink to which most people add cream and sugar. If the coffee contained sugar and milk being replaced, a cup of plain green tea would easily have a few hundred less calories.

Q: Which of the following is correct according to the passage? 다음 중 윗글의 내용과 일치하는 것은?

(a) Green tea has proven weight loss effects.
   녹차가 체중 감량에 효과가 있는 것이 입증되었다.
(b) Oprah Winfrey lost 10 pounds by drinking tea.
   오프라 윈프리는 차를 마셔서 10파운드 감량했다.
(c) Cream and sugar add many calories to coffee.
   크림과 설탕이 커피에 많은 칼로리를 더한다.
(d) A cup of tea has more caffeine than coffee.
   녹차 한 잔은 커피보다 카페인이 더 많다.

해석 최근의 한 조사 결과 녹차를 마시는 것이 체중weight 감량loss을 일으키는 것으로 나타났다. 이 주장claim은 과학적 증거 evidence에 의해 증명되지는validated 못했지만, 오프라 윈프리 쇼에서 홍보된promoted 후 큰 인기popularity를 얻었다. 노화방지anti-aging 전문가인 Nicholas Perricone 박사는 오프라 쇼에 출연하여 커피 대신instead of 녹차를 마심으로써 6주 안에 10파운드를 감량할lose 수 있다고 시청자들viewers에게 말했다. 이는 커피가 대부분의 사람들이 크림과 설탕을 타서 먹는 고칼로리 음료라는 단순한 사실에 기반하여based on 맞는 말일 수도 있다는 주장이다. 설탕과 우유를 함유한 커피를 대체하는 한 잔의 순수한 녹차는 몇 백 칼로리가 적다.

해설 통상적으로 correct형의 문제들의 key sentence는 지문의 하단쪽에 등장하는 경우가 많다. 각 선택지별로 분석해보면
  (a) this claim has not been validated by scientific evidence로 오답이다.
  (b) 실제 오프라가 마신 것이 아니라 오프라 쇼에 나온 박사가 말한 내용이다.
  (c) coffee is a high calorie drink to which most people add cream and sugar로 나와 있다.
  (d) 카페인 수치 비교는 언급되어 있지 않다.

독해파일 27

숫자는 오답으로라도 등장한다!

세부 내용 유형에서 반드시 빠뜨려서는 안 되는 사항이 바로 숫자이다. 숫자 정보는 금액이나 시간, 나이, 연도, 통계 수치 등 여러 가지로 등장하는데, 선택지에서 지문과 다르게 제시하거나 반대로 제시하는 경우도 있으므로 각별히 유의하기 바란다.

Example 2

The Canadian Conservative Government has plans to reinstate an old fitness program focusing on school-aged children. The program, Participate Now was a part of the public school curriculum throughout the 80s and 90s, and was later abandoned. Recent studies that show that 45% of children under the age of 14 are overweight have put pressure on the government to take action. Participate Now is set to be implemented in public schools across the country as early as September 2007. The program focuses on creating and maintaining a healthy and active lifestyle.

Q: Which of the following is correct according to the passage? 윗글에 따르면 다음 중 맞는 것은?

(a) Over half of school-aged children are overweight or obese.
   취학 연령대 아동의 반 이상이 과체중이거나 비만이다.

(b) Participate Now was created recently in order to combat childhood obesity.
   Participate Now는 아동 비만에 대처하기 위해 최근에 만들어졌다.

(c) The program was abandoned early in 2000 due to its ineffectiveness.
   이 프로그램은 비효율성 때문에 2000년 초에 없어졌다.

(d) The government has reacted to the high numbers of overweight children.
   정부는 과체중 아동들의 높은 숫자에 반응했다.

해석 캐나다의 보수당conservative 정부는 취학 연령대의 어린이들을 대상으로focusing 하는 이전의 건강fitness 프로그램을 복귀시킬reinstate 계획이다. Participate Now라는 프로그램은 80년대와 90년대를 통하여 공립 학교 커리큘럼의 일부였으나 이후 폐지되었다abandoned. 14세 미만의under 어린이들 중 45%가 비만overweight이라는 것을 보여준 최근의 연구 결과들은 정부에 조치를 취하라take action는 압력pressure을 가했다. Participate Now는 이르면 2007년 9월부터 전국의 공립학교에서 실시될implemented 예정이다. 이 프로그램은 건강하고 활동적인 라이프 스타일을 창조하고 이를 유지하는maintaining 데 중점을 둔다.

해설 correct형의 문제이다. key sentence들이 지문의 하단쪽에 등장하는 경우가 많다. 각 선택지별로 분석해 보면

(a) 45% of children under the age of 14이라고 나와 있다.
(b) 최근에 만들어진 것이 아니라, 80년대와 90년대 시행된 프로그램이다.
(c) 이 프로그램의 폐지 이유는 나와 있지 않다.
(d) Recent studies that show that 45% of children under the age of 14 are overweight have put pressure on the government to take action.을 통해 알 수 있다.

독해파일 28
의학, 과학 등 전문적 지문이 많다

이전만큼은 아니지만 최근 텝스에서도 의학이나 과학 관련 지문들이 상당히 많이 등장하는 편이다. 이 분야는 일단 어휘가 전문적인 데다가 세부적인 사항을 묻는 경우가 많아서 평소에 주제별로 정리된 어휘집을 보는 것이 가장 좋고 질문에서 무슨 사항을 답으로 원하는지를 빠르고 정확하게 파악해야 한다. 최근 지문들은 그리 어려운 어휘들은 등장하지 않으므로 큰 부담을 갖지 않아도 된다.

Example 3

The twenty-four hour clock is no longer commonly used, except in the military and with respect to air travel. For the most part, people use a twelve-hour clock, specifying AM or PM. In the military, however, any confusion as to the time could have detrimental effects; therefore it is important to use a clear system. Using a twenty-four clock, 6 p.m. would be 18:00 hours, clearly not mistaken for 6 a.m., which would be 6:00 hours. Many airlines run on a twenty-four hour clock as well, to avoid mix-ups with flight arrival and departure times.

Q: Which of the following is correct according to the passage? 윗글에 따르면 다음 중 맞는 것은?

(a) The twenty-four hour clock is commonly used, except in the military.
   24시간제 시계가 군대를 제외하고 흔히 사용된다.
(b) A twelve-hour clock is often used to avoid confusion between AM and PM.
   12시간제 시계는 오전과 오후의 혼동을 피하기 위해 자주 사용된다.
(c) Using a twenty-four clock, 6 AM and 6 PM would be 18:00 hours.
   24시간제 시계를 사용할 때 오전 6시와 오후 6시는 18:00시가 된다.
(d) Using a twelve-hour clock can lead to confusion and misunderstandings.
   12시간제 시계 사용은 혼동과 오해를 낳을 수 있다.

해석 24시간제 시계는 군대나 항공 여행 관련with respect to을 제외하면except 더 이상 흔히commonly 사용되지 않는다. 대부분의 경우 사람들은 오전이나 오후를 명시한specifying 12시간제 시계를 사용한다. 그러나 군대에서는 시간에 관한 어떠한 혼동confusion도 해로운detrimental 효과를 미칠 수 있으므로 명확한 체계를 사용하는 것이 중요하다. 24시간제 시계를 사용하면 오후 6시는 18:00시가 되어 6:00시인 오전 6시와 헷갈릴 이유가 없어진다. 많은 항공기들 역시 항공편 도착이나 출발 시간의 혼동mix-up을 피하기avoid 위해 24시간제 시계에 맞춰 운항된다run.

해설 각각의 보기의 내용을 본문과 비교해서 분석해보면 다음과 같다.
   (a) 24시간제 시계는 군대와 항공사에서 주로 사용된다.
   (b) 12시간제가 아니라 24시간제 시계의 특징이다.
   (c) 오전 6시는 6:00시가 되고, 오후 6시가 18:00시가 된다.
   (d) 24시간제가 혼동을 피할 수 있다고 했으므로 12시간제는 혼동을 일으킨다는 논리가 된다.

독해파일 29

단락을 빨리 파악해야 한다.

TEPS 지문들은 서론, 본론, 결론이 전부 갖춰져서 등장하는 경우가 거의 없고 다양한 논문 및 읽기(reading) 자료들에서 일부를 따온 것들이 많다. 따라서 해당 문제에 등장한 지문의 단락이 미괄식인지, 두괄식인지, 주제문은 확실히 있는지 등을 정확히 파악하여 문제를 풀어야 한다.

Example 4

The city of London is experiencing a complete lack of affordable housing. The city is increasingly becoming unaffordable to the working class, who must rely on the generosity of donations to keep local shelters functioning. Further, nearly 16% of the population is living only one paycheck away from losing their homes, or not being able to afford next month's rent. The situation has reached a critical point where in the government must step in and enforce regulations for land being allotted to affordable housing. Having a place to sleep should be a right, and not a privilege of the wealthy elite.

Q: Which of the following is the best title for the above passage? 다음 중 윗글의 제목으로 가장 적절한 것은?

(a) Plummeting Housing Costs 폭락하는 주택 가격
(b) Home design in London 런던의 홈 디자인
(c) Problems of housing shortage in London. 런던의 주택 부족 문제
(d) Owning Vs. Renting 소유 대 임대

해석 런던 시는 현재 적당한affordable 가격의 주택이 완전히 바닥난 상황이다. 런던은 가난한 근로자 계층class이 점차 increasingly 살기 어려운 곳이 되어 가고 있는데, 이들은 지역사회의 보호시설shelter을 기능하도록 하기 위해 기부donation의 아량generosity에 의존해야만rely on 한다. 더욱이further 인구 중 거의nearly 16%는 매월 자신의 집을 잃을 위험에 처해 근근이 살아가거나 다음 달의 집세rent를 낼 형편이 안되는 상태로 살고 있다. 상황은 정부가 반드시 개입하여step in 적당한 가격의 주택으로 토지가 배분되도록allotted 하는 규정regulation을 강화enforce하지 않으면 안 되는 심각한 지경에 이르렀다. 잠잘 곳을 갖는 것은 당연한 일이어야 하며, 부자 엘리트들만의 특권privilege이 되어서는 안 된다.

해설 런던의 무주택 실정에 대한 내용으로 정부가 개입하여 가난한 사람들을 위한 주택 정책을 마련해야 한다는 내용이다. 가난한 사람들의 실정인 nearly 16% of the population is living only one paycheck away from losing their homes, or not being able to afford next month's rent를 가장 적절히 표현한 (c)가 정답이 된다.

독해파일 30

지문에 나온 내용이 다르게 바뀌어 등장한다.

세부 내용 파악과 진위 내용 파악에서도 paraphrasing이 된 정답이 등장하는 경우가 많다. 따라서 지문에 등장한 어구들이 그대로 정답으로 나오는 경우는 LC Part 4에서는 좀 있다해도 독해에서는 그리 흔하지 않다. 따라서 평소에 어휘 학습을 할 때 주제별 정리는 물론 동의어, 반의어 정리도 해두면서 준비하는 것이 바람직하다.

Example 5

2007 appears to be the year to discuss global warming, its causes, and its consequences. While environmental activists have for years been preaching the dire effects of a warming planet, it seems that politicians have finally started to listen. Books such as George Monbiot's "Heat: How to Save the Planet from Burning" have been flying off of bookshelves. Nearly everyone has something to say on the topic. History books will look back and mark this year as the time when mankind began to take responsibility for his impact on the planet. The question remains whether it is too late to undo the damage that has already been done.

Q: Which of the following is true according to the above passage? 다음 중 윗글의 내용에 사실인 것은?

(a) In 2007, environmental activists began to see the impacts of global warming.
2007년에 환경주의자들은 지구 온난화의 영향을 보기 시작했다.

(b) Politicians have been slow to react to the realities of a warming planet.
정치인들은 더워지는 지구의 현실에 대해 늦게 반응했다.

(c) It is too late to undo the damage caused by decades of global warming.
수십 년간 지구 온난화로 야기된 피해를 되돌리는 것은 너무 늦다.

(d) George Monbiot has written a book arguing against fighting global warming.
George Monbiot은 지구 온난화 대처에 반대하는 주장을 펼친 책을 썼다.

해석 2007년은 지구 온난화warming와 그 원인들, 그리고 그 결과consequence를 논의해야 하는 해로 보인다. 환경주의자들이 수년 동안for years 점차 뜨거워지고 있는 지구의 무시무시한dire 결과에 대해 호소해preaching 왔으나, 정치인politician들은 이제서야 귀를 기울이기 시작한 것 같다. George Monbiot의 〈열기: 지구가 불타는 것을 막는 방법〉과 같은such as 책들이 불티나게flying off 팔리고 있다. 거의 모든 이들이 이 주제에 대해 할 말을 갖고 있다. 역사책들은 과거를 돌아보고 이 해를 인류mankind가 자신들이 지구에 끼친 영향impact에 대해 책임을 지기take responsibility 시작한 해로 기록할 것이다. 그러나 이미 저질러진 피해damage를 되돌리기undo에 너무 늦었는가 하는 질문은 여전히 남아 있다remain.

해설 (a) environmental activists have for years been preaching the dire effects of a warming planet으로 나와 있다.
(b) it seems that politicians have finally started to listen이 정치인들이 늦게 지구 온난화에 대해 신경 쓰기 시작했다는 것을 알려준다. finally started to listen을 slow to react로 paraphrasing한 (b)가 정답이다.
(c) 이미 늦었다는 결론이 난 것이 아니라, 질문이 여전히 남아 있다고 했다.
(d) George Monbiot의 책은 온난화로부터 지구를 구하는 방법을 소개한 책이다.

Answers

1. (c) **2.** (d) **3.** (d) **4.** (c) **5.** (b)

Daily Test

Part 2 Read the passage and question. Then choose the option that completes the question.

1 New studies have proven that math is not an innate skill that cannot be learned. For years, it was understood to be the case that certain children with developmental disabilities simply had no 'sense of numbers.' Accordingly, many of these children developed a phobia towards math, which had the result of further debilitating them in mathematics. Professor Jonathan Middleton has recently made ground breaking discoveries that look beyond teaching methods to an even broader understanding of the nature of intelligence. Professor Middleton's research will be published in the June issue of the Globe Education Review.

Q: Which of the following is true according to the newspaper article?

(a) A fear of mathematics can lead to even greater difficulty with the subject.
(b) Math abilities are an inherent skill that cannot be learned.
(c) Professor Middleton offers few new findings in education research.
(d) Children with developmental disabilities cannot learn math skills.

2 This Sunday, Seattle recorded the largest snowfall in the city's recent history. On January 15th, 40cm of snow fell onto the city over a 24-hour period. Seattle often doesn't see any snowfall at all, experiencing warmer temperatures and high levels of rain. This winter, however, bizarre weather across the country has led to sunny December days in New York City, and snowfall in Seattle. City officials in Seattle were at a loss as to what to do, as transportation came to a standstill. The snow is expected to melt by early in the week, and the city should be back on its feet.

Q: Which of the following is true according to the report?

(a) Seattle noted record rainfall on Sunday.
(b) Unusual weather is to blame for Seattle's snowfall.
(c) New York City often boasts sunny days in December.
(d) Seattle's city officials ordered all buses to a standstill.

3 Serving tea in India is considered to be an act of hospitality. As soon as someone enters the home, tea is offered. Indian tea, referred to in Hindi simply as 'chai,' is served piping hot out of small clay cups. It is mixed in the ratio of one part water to one part milk. Loose black tea leaves, cardamom, cinnamon, and sugar are all mixed in to the boiling milk and water, creating a beautiful aroma. As cows are considered to be sacred in India, most often chai is made with water buffalo milk, which is exceptionally rich.

Q: Which of the following is correct about Indian tea?

(a) It is inhospitable not to offer it to a guest.
(b) It is served with a sprinkling of cinnamon on top.
(c) Sugar may be added later according to one's taste.
(d) Chai is always made with one part water and one part cow's milk.

4 Peppermint, a natural plant, is commonly used in holistic treatments. James Belmont's book, Prescription for Nutritional Healing suggests that both the leaves and the flowering top of the plant can be utilized. The peppermint plant contains essential oils, menthol, and vitamin C. It is often used to treat digestive problems, as it increases stomach acidity, which enhances digestion. Peppermint is also used to treat chills, colic, headaches, heart trouble, and poor appetite. One thing to be aware of, however, is that peppermint may interfere with iron absorption.

Q: Which of the following is correct about peppermint?

(a) It increases the body's ability to absorb iron.
(b) It is an organic plant often used by natural healers.
(c) Use of the peppermint leaves may cause chills and headaches.
(d) It boosts stomach acidity which negatively affects digestion.

5 From: dwillows@mail.org
To: jjkinsley@officemail.uk
Subject: Project Proposal
Date: Sun 14 June 2007, 15:12:06
Attachment: Sylvan Lake Proposal June 14 (revised).doc

Dear Mr. Kinsley,

I am sending this message with respect to the development project at Sylvan Lake. I have read over your proposal, and am impressed with your ideas. I have sent your proposal back with a number of revisions (see attached). I would like for you to look over the revisions and call me by the end of the week to discuss them. If you have any questions or concerns, do not hesitate to contact me.

Yours sincerely,

Douglas K. Willows

Q: Which of the following is correct according to the e-mail message?

(a) The initial proposal was sent on June 14, 2007.
(b) Mr. Willows will make revisions by the end of the week.
(c) Mr. Kinsley wrote the preliminary project proposal.
(d) The recipient of the e-mail was unimpressed with the sender's ideas.

6 American Postal Service's Express Post is the fastest and securest way to send parcels across the country. Delivery is guaranteed within 2 business days. When you send a parcel with Express Post, you are given a tracking number, so that you can confirm receipt of the parcel at its destination. It's as easy as calling our toll-free number (1-800-865-5312), or going on to our website at www.americapost.com. You can choose an added security feature, wherein the recipient must sign for the package for it to be received. Call today to find out more about our National Express Post rates.

Q: Which of the following is correct about Express Post?

(a) Parcels can be tracked via American Postal Services' website.
(b) All recipients must sign for parcels upon arrival.
(c) Rates are set and are standard across the country.
(d) Receipt of packages must be confirmed by the sender.

7 Glister Mint mouthwash gives you thousands of reasons to rinse. Taking care of your mouth is important, and often brushing alone does not kill bacteria and germs that build up. Adding Glister Mint to your brushing and flossing will make your routine significantly more effective. In fact, rinsing once in the morning and once before bedtime decreases plague buildup by over 80%. For years, Glister Mint has been the leading mouthwash recommended by dental professionals. No other mouthwash has a longer history of clinically proven results.

Q: Which of the following is correct about the product?

(a) Glister Mint is the leading mouthwash sold at dental offices.
(b) Using Glister Mint significantly decreases the time spent brushing.
(c) The mouthwash has been clinically tested and proven to be effective.
(d) Glister Mint gives you thousands of reasons not to floss.

정답: 58p

Chapter 27. Part 2 추론 문제

Pretest

Read the passage and question. Then choose the option that completes the question.

독해파일 31

1 New studies have shown that Internet usage in the office leads to 33% less productivity in workers. Many offices are considering limiting Internet use, or restricting the sites to which employees have access. Websites such as online poker and personal e-mail account servers are among the most distracting. While some employers are reacting with strict policies, others are taking a more relaxed, liberal approach. Jason Reed, CEO of Reed Consulting, believes that employees work best if given trust and freedom. He believes that so long as employees are finishing what needs to be done by the deadline, he has little concern for what they do on office time.

Q: Which of the following can be inferred from the passage?

(a) Internet usage leads to a 33% increase in workplace productivity.
(b) Employers have the ability to place constraints on Internet access at work.
(c) Jason Reed intends to limit Internet use and restrict sites at Reed Consulting.
(d) Most employers believe that people work best in a free and trusting environment.

독해파일 32

2 Health studies in the USA this month have once again ranked obesity as the leading cause of heart problems in the adult population. The numbers keep going up, with 55% of the population categorized as overweight or obese. The focus over the last few years has been on eating habits, and it appears that fast food might just be to blame. Fast food is inexpensive and convenient, making it a tempting option for many people, especially the working class poor. It is estimated that on any given day, a quarter of the American population enters a fast food restaurant, be it McDonalds, Wendy's, Burger King, and so on. In most food consumed from these establishments, the nutrition level is low, and the fat content is extremely high.

Q: What can be inferred from the passage?

(a) It is surprising to see high levels of obesity in recent health studies.
(b) On any given day, 3/4 of the American population consumes fast food.
(c) Fast food is often lacking in nutrition and low in fat and calories.
(d) Nearly half of the adult American population is not considered overweight.

독해파일 33

3 Manic-depressive disorder — medically termed bipolar mood disorder — is a variant of classic depression. Typically, it begins as depression, with alternating periods of depression and mania. A person with manic-depressive disorder will often show unpredictable behavior, going from high levels of enthusiasm to misery or despair. Symptoms include loss of sleep, withdrawal from society, social discomfort, and loss of interest in home, work, and friends. It has been estimated that 3% of the U.S. population suffers from manic-depressive disorder. While the cause of the disorder is not well understood, it has been suggested that high levels of stress may trigger the mood swings.

Q: Which of the following can be inferred from the passage?

(a) Sufferers often exhibit a wide range of high and low moods.
(b) Manic-depressive disorder is extremely common in the U.S.
(c) People who suffer from the disorder are predictable in their behavior.
(d) Manic-depressive disorder is known to be brought on by stress.

독해파일 34

4 One of the most challenging aspects of learning a new language is understanding idioms. In simple terms, an idiom is an expression that does not translate literally. For instance, the idiom 'it's raining cats and dogs' is used to suggest that it is raining heavily, and not to express that cats and dogs are literally falling from the sky. Oftentimes, idioms have a specific historical or cultural context to them, which would be unknown to someone new to the language. While the challenge of learning these expressions can be overwhelming to many language students, they eventually will come, with plenty of time and practice.

Q: Which statement is true according to the passage?

(a) The expression 'it's raining cats and dogs' has no meaning.
(b) Idioms are expressions that cannot be translated word for word.
(c) Understanding idioms is too overwhelming for language students.
(d) Idioms are non-literal translations without a historical or cultural context.

독해파일 35

5 Have you ever wondered what affects your consumer choices? Market researchers put a lot of time and money into answering this question. A number of factors affect our spending. The first is what is termed 'branding'; companies don't promote individual items, but promote a brand and the values that it embodies. We often buy a brand that we are familiar with, associate with, or even remember from our parent's homes. Second, buying choices are largely affected by the placement of products. At a grocery store, for instance, we are more likely to buy a product that is at eye level. Other products, referred to as 'point of purchase' items are intentionally placed alongside the checkout counter so that we will grab them at the last minute.

Q: What can be inferred from the passage?

(a) Most of our purchases are arbitrary.
(b) Market researchers study consumer spending.
(c) Shoppers are not swayed by product placement.
(d) Point of purchase items are at eye levels on shelves.

정답: 60p

독해파일 31

지문에 근거를 둔 상식이 중요하다!

추론은 지문에 등장하지는 않은 내용이지만 유추를 해서 정답을 골라야 하는 문제로, 상당히 많이 출제된다. 단순한 paraphrase가 아닌 지문 내용을 근거로 해서 다르게 표현한 문장이 등장하므로 평소에 어휘뿐 아니라 다방면의 주제(topic)에 대한 상식을 키우는 훈련을 해야 한다.

Example 1

Author Chris Hawkins has been heavily criticized for his most recent book entitled "Questioning Religion." An atheist and scientist, Hawkins presents the case against a belief in a higher power. While Hawkins' writing has been well received in the past, "Questioning Religion" has been condemned for its lack of solid grounding in research. While presented as evolutionary science, much of the book is simply opinion and conjecture. Chris Hawkins' book is available at all Chapters and Indigo bookstores for $49.95.

Q: Which of the following can be inferred from the above newspaper passage?
다음 중 위 신문 기사에서 추론될 수 있는 것은?

(a) Chris Hawkins is a strong believer in religion.
   Chris Hawkins는 강한 종교 신봉자이다.
(b) Hawkins' new book has been praised by scientists.
   Hawkins의 새 책은 과학자들에 의해 칭송받고 있다.
(c) Questioning Religion is strongly based in scientific inquiry.
   Questioning Religion은 과학적 연구를 강하게 바탕으로 한다.
(d) Hawkins believes in science and not religion.
   Hawkins는 과학을 믿지만, 종교는 믿지 않는다.

해석 작가 Chris Hawkins는 〈Questioning Religion〉이라는 제목의entitled 그의 최신작 때문에 크게 비난을 받았다criticized. 무신론자atheist이자 과학자인 Hawkins는 더 높은 권력에 대한 신앙belief에 반대하는 경우를 제시했다. Hawkins의 저술은 과거에는 평을 잘 받아온 반면 〈Questioning Religion〉은 조사에 있어서 탄탄한solid 근거grounding 부족으로 비난을 받았다condemned. 진화evolutionary 과학으로 대변된 그 책의 상당 부분은 그저 의견opinion이고, 억측conjecture이다. Chris Hawkins의 책은 49.95달러에 모든 Chapters와 Indigo 서점에서 구입할 수 있다.

해설 An atheist and scientist를 통해 (d)가 정답이다. (a)는 무신론자이며 (b)는 비난을 받았다는 지문 내용에서 정답과 거리가 멀다는 것을 알 수 있다. (c)는 지문에 "Questioning Religion" has been condemned for its lack of solid grounding in research.라고 나와 있다.

독해파일 32

선택지를 먼저 읽자

보통 추론 관련 문제들의 선택지에서는 짧은 어구들보다는 하나의 완벽한 문장 형태가 많이 등장한다. 그러므로 일단 선택지를 읽고 난 후 지문을 보는 경우보다 더 정확히 문맥을 파악할 수 있다.

Example 2

Avril Lavigne is quickly becoming one of the most recognized Canadians in the International music industry. From London to Bangkok, you can see posters of the artist for sale, and hear adolescents humming her latest song. At 21, Avril is surprisingly modest about her quick rise to fame. In an interview with Much Music Avril said she was just happy to have such a strong base, and felt privileged to be able to perform at the size of venues that she does. Recently married, Avril leads a quiet life in Los Angeles, California. Outside of her hectic touring schedule, she is mostly content to read books, listen to music, and 'hang out' with her husband, who is also a musician.

Q: Which of the following can be inferred about Avril Lavigne? 다음 중 Avril Lavigne에 대해 추론 가능한 것은?

(a) She is popular around the world.
그녀는 세계적으로 인기가 있다.

(b) She is originally from Los Angeles, California.
그녀는 원래 캘리포니아 주 LA 출신이다.

(c) Her popularity is connected to marrying a musician.
그녀의 인기는 음악가와 결혼한 것과 관련있다.

(d) She is egotistical with respect to her quick rise to fame.
그녀는 빠른 유명세와 관련해서 독단적이다.

해석 Avril Lavigne는 빠르게 국제 음악계에서 가장 인정받는 recognized 캐나다 사람 중 하나가 되고 있다. 런던에서 방콕까지 Avril의 판매용 포스터를 볼 수 있고 젊은이 adolescent들이 그녀의 가장 최근 노래를 웅얼거리는 humming 것을 들을 수 있다. 21살의 Avril은 빠른 유명세에 놀랍게도 겸손하다 modest. Much Music 잡지와의 인터뷰에서 Avril은 그렇게 강한 기반 base을 가져서 그저 기쁘고, 그렇게 큰 공연장 venue들에서 공연할 수 있다는 것이 특혜 privileged를 받은 것 같다고 말했다. 최근 결혼한 Avril은 캘리포니아 로스앤젤레스에서 조용히 살고 있다. 바쁜 hectic 공연 touring 일정 외에 그녀는 독서와 음악 청취 그리고 역시 음악가인 남편과 노는 hang out 것에 대체로 mostly 만족하며 content 산다.

해설 From London to Bangkok, you can see posters of the artist for sale, and hear adolescents humming her latest song.을 통해 인기 있는 여가수임을 알 수 있다. (b)는 결혼해서 LA에 살고 있으며 (c)는 가수로서 전 세계적인 인기를 얻었다는 지문의 언급에서 정답이 아님을 알 수 있다. (d)는 지문에서 Avril is surprisingly modest about her quick rise to fame.이라고 했다.

독해파일 33

숫자 정보에 힌트가 많이 숨어 있다!

숫자 정보나 사람의 이름과 직책, 지명 등 세부적인 정보가 지문의 중간 중간에 많이 숨어 있으므로 되도록이면 빠른 시간 안에 그 힌트들을 파악하여 선택지의 정답으로 이끌고 가는 자세가 필요하다.

Example 3

Over 85% of adult Australians express some level of discontent related to the workplace. The causes of unhappiness vary, from long hours to low pay, as well as a lack of positive reinforcement from superiors. Overall, these findings were directly connected to high levels of stress, both at the office and overlapping into home life as well. The same percentage of people that reported discontent also showed high levels of stress. These findings are disconcerting, as they suggest that a large number of Australians are reacting to displeasure at work by internalizing the stress and letting it pour into other aspects of their lives.

Q: What can be inferred about work related stress? 직장 관련 스트레스 대해 추론할 수 있는 것은?

(a) Over 85% of adult Australians experience it.
  호주 성인 85퍼센트 이상이 그것을 경험하고 있다.
(b) Stress at work is caused by anxiety at home.
  직장 내 스트레스는 가정의 불안감이 원인이다.
(c) 15% of Australians reported displeasure due to low pay.
  호주인 15퍼센트가 낮은 임금 때문에 불만족을 표현했다.
(d) Managers expressed a lack of reinforcement at the office.
  부장들은 회사에서 지원 부족을 표현했다.

해석 성인 호주 사람들 중 85퍼센트 이상over이 직장과 관련해서related to 어느 정도의 불만족discontent을 표현한다. 그 불만족의 원인은 상사로부터의 긍정적인positive 지원reinforcement 부족lack뿐만 아니라as well as 긴 근무 시간부터 낮은 임금pay까지 다양하다vary. 전체적으로overall 이 결과들findings은 직장에서뿐만 아니라 가정 생활로 겹쳐지는overlapping 높은 스트레스와 직접directly 연관되어 있다. 불만족스럽다고 밝힌 같은 퍼센트의 사람들이 높은 스트레스 수치도 보였다. 이 연구 결과들은 당황스럽다disconcerting. 왜냐하면 그것들은 많은a large number of 호주인들이 직장에서의 불만족에 대해 스트레스를 내면화해서internalizing 그들 삶의 다른 측면들aspects에 쏟아내는pour into 것으로 반응하고reacting 있다는 것을 나타내기 때문이다.

해설 Over 85% of adult Australians express some level of discontent related to the workplace.가 이 글의 주제로 (a)가 정답이다. (b)는 일차적 원인은 스트레스인데, 그것이 직장뿐만 아니라 가정과도 관련 있다고 했다. (c)는 15퍼센트는 언급이 없다. (d)는 부장만이 아니고 일반 직장인들이 다 포함된다.

독해파일 34

저자의 태도가 어떤가를 살펴라

그 글을 쓰는 저자가 어떤 태도(attitude)를 가지고 지문을 전개해나갔는가는 선택지의 정답을 고르는 데 상당히 결정적 역할을 할 때가 많다. 글을 읽는 수험자 자신이 글쓴이가 되어서 지문 속에 등장하는 내용에 대한 평가를 해보는 것도 좋은 학습방법이다.

Example 4

Home design has become the new trend of the century. Today, design shows dominate television programming, and nearly everyone has become an interior designer. In one sense, this trend is simply building on people's desire for improvement, whether it is self-improvement, or home-improvement. It has become a competition between neighbors as to who has the newest design features. Newlyweds are going far beyond their budgets to hire designers. It seems that everyone is beginning to believe that what they have defines who they are.

Q: Which statement is true according to the article? 다음 중 기사 내용과 사실인 것은?

(a) Home design is losing significance in television programming.
홈 디자인은 텔레비전 프로그램에서 중요성을 잃고 있다.

(b) The design trend feeds on the desire for enhancement.
디자인 유행은 상승에 대한 욕망을 먹고 산다.

(c) People have little concern for what they own.
사람들은 그들이 소유한 것에 거의 관심이 없다.

(d) Home design is losing popularity to self-improvement.
홈 디자인은 자아 개선에 대한 인기를 잃고 있다.

해석 홈 디자인이 금세기의 새로운 유행trend이 되고 있다. 오늘날 디자인 쇼가 텔레비전 프로그램을 장악한다dominate. 그리고 거의 모든 사람이 인테리어 디자이너가 되고 있다. 어떤 의미에서in one sense, 이런 유행은 그것이 자기 개선self-improvement이든지 가정 개선이든지 간에 단순히 개선에 대한 사람들의 욕망desire을 토대로 한다build on. 누가 가장 최신의 디자인 특색들features을 갖췄는지에 대해 이웃들간에 경쟁competition이 되었다. 신혼부부들newlyweds은 디자이너를 고용하기hire 위해 그들의 예산budget을 훨씬 뛰어넘고far beyond 있다. 모든 사람이 그들이 가진 것what they have이 그들이 누구인지who they are를 정의한다define고 믿기 시작하는 것 같다.

해설 지나친 인테리어 디자인 유행에 대한 비난의 글이다. (a)는 지문에서 점점 더 심해지고 있다고 했고 (c)는 believe that what they have defines who they are라고 해서 오답이고 (d)는 지문에서 building on people's desire for improvement, whether it is self-improvement라고 했으므로 오답이다.

독해파일 35

어휘 훈련은 추론 문제의 기본!

문학, 음악, 예술, 종교 등에 관련된 어휘들이 중요한 것은, 독해는 아는 만큼 읽히기 때문이다. 평소에 공부를 할 때 단순히 어휘를 익혔다고 다음 문제로 그냥 넘어가기보다는 따로 독해용 오답노트를 만들어서 틀린 문제를 적을 때 옆에다가 어휘 정리도 체계적으로 해두면 텝스뿐만 아니라 다른 영어 공부를 할 때도 재산이 될 것이다.

Example 5

J.D. Salinger's "Catcher in the Rye" is on most high school English curriculums. It is a coming-of-age novel, which has defined generations. When people hear the name Salinger, they immediately associate it with this one novel. Most people, however, would be hard pressed to name anything else written by J.D. Salinger. Salinger published a book of short stories, which was not well received. He also published a novel entitled "Franny and Zooey," which explores similar themes of disillusionment, as does "Catcher in the Rye." Zooey's character is similar in a number of ways to Holden Caulfield, in "Catcher in the Rye," as she struggles to interact in a world to which she can't relate.

Q: What can be inferred about J.D. Salinger from the passage?
윗글에서 J.D. Salinger에 대해 추론할 수 있는 것은?

(a) Comparisons can be made between the characters in his novels.
그의 소설 속 등장인물들 간에 비교가 가능하다.

(b) He wrote only one meaningful novel, "Catcher in the Rye."
그는 〈Catcher in the Rye〉라는 오직 한편의 의미 있는 소설을 썼다.

(c) J.D. Salinger wrote "Catcher in the Rye" while in high school.
J.D. Salinger는 고등학교 때 〈Catcher in the Rye〉를 썼다.

(d) Salinger is most well-known for his book of short stories.
Salinger는 단편 소설집으로 가장 잘 알려져 있다.

해석 J. D. Salinger의 〈Catcher in the Rye(호밀밭의 파수꾼)〉은 대부분의 고등학교 영어 교과과정curriculum에 있다. 그것은 세대들generations을 정의한defined 성장(coming-of-age) 소설이다. 사람들이 Salinger란 이름을 들을 때 그들은 즉각 이 소설을 연상한다. 하지만 대부분의 사람들은 J.D. Salinger에 의해 쓰여진 그 밖의 것을 대기가 힘들 것이다. Salinger는 잘 알려지지 않은 단편 소설집을 출간했다. 그는 또한 〈Catcher in the Rye〉와 유사한 환멸disillusionment을 주제로 한 〈Franny and Zooey〉라는 소설을 냈다. Zooey의 성격은 그녀가 자신과 맞지 않는 세상에서 교류interact를 하기 위해 몸부림치는struggle 것처럼 〈Catcher in the Rye〉에서의 Holden Caulfield와 여러 가지 방식으로 비슷하다similar.

해설 〈Catcher in the Rye〉의 주인공 Holden Caulfield와 그의 또 다른 소설 〈Franny and Zooey〉의 Zooey는 서로 비슷하다고 했으므로 (a)가 정답이다. (b)는 지문에서 〈Franny and Zooey〉라는 소설도 있다고 했으며 (c)는 성년(coming-of-age) 소설이고 (d)는 단편 소설집은 잘 알려지지 않았다고 했으므로 정답이 아니다.

Answers

1. (d) 2. (a) 3. (a) 4. (b) 5. (a)

Daily Test

Part 2 Read the passage and question. Then choose the option that completes the question.

1 A lack of funding has caused the closing of the Winston Senior's Complex in Dayton, Ohio. The news has come as a shock to many families who are left with very few options as to how to care for their loved ones. Affordable senior's housing and care facilities in Dayton are already at maximum capacity, often with waiting lists of up to five years. The closing of the Winston Complex is only going to make matters worse. City officials claim that measures will be taken to make up for this shortage in the future. This announcement, however, is of little assurance to families who need a solution immediately.

Q: What can be inferred from the passage?

(a) The city of Dayton has plans to promptly address the problem.
(b) The Winston Senior's Complex relies on external funding.
(c) Affordable senior's housing is easily available in Dayton, Ohio.
(d) Many families are not comfortable putting their loved ones in care facilities.

2 Actress, designer, singer, and heiress to the Hilton Hotel fortune Paris Hilton will be spending the next six weeks in a prison cell following a unsafe driving. While the sentence may appear harsh, this is not the first time that the heiress has faced charges. Within the last eight months, Paris has had three warnings, one fine, and a suspension of her license for unsafe driving. The most recent incident occurred while her license was under suspension. Paris will serve her sentence in confinement, as to avoid any further media attention.

Q: What can be inferred from the passage?

(a) Paris Hilton draws little media attention.
(b) Paris has a history of disorderly driving charges.
(c) Ms. Hilton is set to face a judge for sentencing.
(d) Paris may see her license suspended for disorderly driving.

3 While many Canadians and Americans appear quite similar, there are also a number of striking differences between the two bordering nations. To begin with, Americans are more patriotic than Canadians. Driving through a small American town, visitors will be struck by the number of American flags in people's front yards. While displaying a flag to express National pride is not unheard of in Canada, it is far less common. Second, Americans are more outspoken than their Northern neighbors. While Canadians will often keep an opinion to themselves, Americans will more likely engage in open disagreement.

Q: What can be inferred from the passage?

(a) There are no similarities between Canadians and Americans.
(b) Displaying an American flag is not unheard of in Canada.
(c) Dissimilarities can be noted in the behavior of Canadians and Americans.
(d) All Nationalities are strikingly different from their neighbors.

4 Three things most often strike a first time visitor to Japan: the high costs of everything, the cleanliness of the cities, and the politeness of the people. Japan is a developed nation, and the prices reflect this. From a hotel room to a cup of tea, visitors must come prepared to shell out some money. Once a visitor has had a chance to sort out his or her finances, they will often take note of the beauty of the cities — due in large part to the lack of garbage strewn across the streets, as is often seen in other large cities. In Japan, there is a sense of neatness and order to city life. Finally, any visitor who makes an effort to speak with local people will find them to be kind, polite, and helpful.

Q: What can be inferred from the passage?

(a) Japan is unique in the high costs of everything, from hotels to tea.
(b) Visitors to Japan should aware of positive and negative aspects of the country.
(c) The beauty of Japanese cities is hard to appreciate through the buildings.
(d) Visitors to Japan must come prepared to be scammed out of money.

5 My interest in cooking began 15 years ago when my son was diagnosed with an allergy to wheat and dairy. I immediately panicked, thinking it would be impossible to find things for him to eat, having to move away from most store-bought baby foods. A friend recommended an organic store, and while I was impressed with all of the products available, I was deterred by the price. I decided that my best option would be to buy a wheat and dairy free cookbook and learn to cook for him. The result of this decision was that the entire family began to eat healthier, as we bought almost nothing packaged or preserved, and all of my cooking began with simple, natural ingredients. I always assumed that packaged food products were not safe enough for our family's health, and it inevitably led to my decision after all.

Q: What can be inferred about the author from the passage?

(a) She cannot have any bread or milk due to allergies.
(b) Organic stores have little in the way of allergy-free foods.
(c) Pre-packaged foods are often less nutritious than home cooking.
(d) The author has been cooking nutritious food all her life.

6 Chinese authorities have discovered that burned DVDs are being sold on the black market to a far greater extent than was previously known. Burned DVDs consist of illegal copies of movies, television programs, and games at far discounted prices compared to the originals. While the quality is often poor, many people are willing to take that risk on account of the dirt-cheap prices. For many travelers, China has become a mecca for inexpensive, poor-quality knock-offs, including electronics, clothing, and accessories. Furthermore, it has recently been revealed that the amount of money circulated through the black market connected to DVD sales is shocking, and higher than officials had thought.

Q: What can be inferred from the passage?

(a) The black market in China consists solely of DVD sales.
(b) The Chinese government was unaware of any illegal DVD sales.
(c) Knock-offs are less expensive than originals, but of equal quality.
(d) Chinese officials never used to investigate black markets thoroughly.

7 The 2004 tsunami that struck Asia received International attention. People from around the world responded with generous donations. Governments, corporations, and individuals sent money to tsunami aid projects. Unfortunately, much of this generosity did not make it into the right hands. Some of the money was immediately lost to administrative costs to organize and oversee relief efforts. Other money was lost due to corruption. Many of the projects that were put into effect were so large in scale, and lacking in organization, that they failed to help the people most in need.

Q: What can be inferred from the talk?

(a) The International community was sympathetic to tsunami victims.
(b) There was not enough money donated to properly execute projects.
(c) Much of the money sent for tsunami relief was accidentally misplaced.
(d) The tsunami brought out the worst in people from around the world.

정답: 61p

Chapter 28. Part 2 기타

Pretest

Read the passage and question. Then choose the option that completes the question.

독해파일 36

1 I would like to thank my family, who supported me throughout this long journey. They kept me focused when I wanted to just tear the whole thing up. I'd also like to express my gratitude to my editor, Merle Carlson, whose attention to detail made this book what it is today. Finally, I would like to thank my parents, John and Sally Haroldston, who provided much of the inspiration for the work itself, and have been encouraging throughout the writing process.

Q: Where would you most likely find this passage?

(a) A thank-you note
(b) A recommendation
(c) A public speech
(d) An acknowledgment

독해파일 37

2 With the increasing popularity of the Internet, many colleges and universities offer programs by correspondence. Students are able to work from home, and submit their assignments online. The system is quite convenient for people who are not able to attend regular classes. The question, however, is whether correspondence students are getting the same quality of education as in-class students. While it may be convenient to work from home, part of the post-secondary experience is interacting with like-minded people, be they your peers, graduate students, or professors. While students working from home may cover the same material, they are missing out on the larger importance of being a part of a university or college.

Q: What is the author's attitude toward correspondence studies?

(a) Critical
(b) Appalled
(c) Idealistic
(d) Liberal

독해파일 38

3 One of the greatest challenges currently facing the City of Toronto is dealing with the homeless population. In the past, the solution has been more and more money donated to shelters, so the homeless have a place to sleep. This brings to mind the adage 'Give a man a fish and you'll feed him for a day, but teach a man to fish and you'll feed him for life.' The solution does not lie in supporting the current structure of homelessness, but in promoting social programs that help these people find work. Once they are reintegrated into the working world, they will build confidence, and, even working at minimum wage, will be able to save money to support themselves, instead of relying on government funded shelters.

Q: What does the writer think is important for resolving the challenge of homelessness in Toronto?

(a) Building homeless shelters
(b) Job assistance programs
(c) Increased minimum wage
(d) Affordable housing

독해파일 39

4 It is widely known that the Amish people in the United States live a life that is reminiscent of the earlier settlers of America. They are well known for their traditional practices and down-to-earth lifestyle that maintain to this day. The Amish embrace Puritan Christian beliefs that influence every aspect of their family members and community living. They grow or raise most of what the family consumes. Crops are mainly harvested by horse drawn equipment as gas powered tractors are not utilized. The wife will take care of a family garden to grow fruits and vegetables. Due to the high cost of land and shrinking availability of land, some Amish have recently gone into trade or taken jobs in factories in town. It tells us that their lifestyle might be changed somehow.

Q: Which can be inferred from the Amish people in America?

(a) They do not communicate with people outside of their community.
(b) They cannot afford to buy modern farming equipment.
(c) Their survival mainly depend on the land.
(d) They find it very hard to survive during cold, winter months.

독해파일 40

5 While cosmetic surgery has become commonplace, it is important to be aware of the risks. Many people think nothing of a nose job or a lip enhancement, but all of these surgeries involve going under an anesthetic. Anytime someone goes under anesthetic there is a risk of not coming out of it. While the risk is small, at less than 1%, it is technically an unnecessary danger. For something severe such as a hip replacement or a knee surgery, doctors will often encourage patients to seek out alternatives, and opt for surgery as a last resort only after informing themselves of the risks. Cosmetic surgeries, on the other hand, are purely for aesthetic purposes, making even the slightest risk reason not to go forth with it.

Q: What is advised about cosmetic surgery?

(a) Find alternatives.
(b) Avoid it entirely.
(c) Get a second opinion.
(d) Be informed of the risks.

정답: 63p

해 파일 36
지문의 출처를 묻는 유형

이 지문의 출처가 어디인가를 묻는 유형으로, 그 출처는 주로 논문이나 감사장, 편지 등 그 종류가 다양한데 미국에서 살아보지 않은 사람들은 이 부분에 대한 상식이 부족할 수 있으므로 분량은 많되, 부담없이 접할 수 있는 일반 독해 교재들을 구입해서 함께 공부하면 훨씬 빠르게 고득점 대열에 설 수 있다.

Example 1

Temperatures should be good this weekend, with a high of 6 degrees on Saturday and 4 degrees an Sunday. We don't expect to see the temperature drop below 0 degrees, so this might just be the weekend to pull out your shovels and hoes and start working on that summer garden. Temperatures into the week should be consistent with averages for this time of year. Last year Environment Canada reported an average of 5 degrees in the first of week of May, and this year we should be seeing temperatures at around that mark. Friday should warm up slightly, with a high of 10 degrees.

Q: In what type of report would this passage be found? 이 글은 어떤 종류의 보도에서 볼 수 있나?

    (a) A weekly weather forecast 주간 일기 예보
    (b) An annual weather summary 연간 기후 요약
    (c) A government study 정부 연구
    (d) An agricultural survey 농업 조사

해석 이번 주말 기온temperature은 토요일에 최고high 기온이 6도, 일요일에는 4도가 될 것입니다. 기온이 0도 이하로below 내려가지 않을 것으로 예상하며, 이번 주말에는 삽shovel과 괭이hoe를 꺼내pull out 여름 정원에 작업을working on 시작할 수 있을 것입니다. 다음 주중 기온은 연평균 기온을 유지할consistent 것입니다. 작년에 캐나다 환경청은 5월 첫 주에 평균 5도를 보고했고, 올해도 기온이 그 정도일 것으로 봅니다. 금요일은 최고 기온 10도로 약간slightly 따뜻해질 것입니다.

해설 temperature, this weekend, degree, temperatures into the week, warm up 등으로 보아 주간 날씨 예보이다. (a)와 (b)의 차이점에 유의해야 한다. (b)의 경우 답이 되려면 지문에 일 년치의 예보가 한꺼번에 나와 주어야 한다.

독해파일 37

지문의 분위기와 태도를 묻는 유형

academic(학구적인), descriptive(서술적인), legalistic(형식적인), narrative(이야기체의), idealistic(이상주의적인), skeptical(회의적인), liberal(자유분방한) 등 글의 분위나 태도를 묻는 문제에서는 관련 어휘를 몰라서 틀리는 경우가 많으므로 꼭 문제가 나올 때마다 정리해두었다가 다음 시험에 대비하도록 하자.

Example 2

Local designers Karen Mendez and Tiffany Lewis have focused on natural design, in the sense of a handmade quality with natural flaws, in the Lotus Root Design series. The top-selling pieces are part of the 'discarded wood' series. In this series, bowls are carved from discarded wood from nearby logging projects. Each piece is different, displaying the natural lines and colors of the wood. The interior of the bowls is covered in a bright paint, ranging in color from white to orange to a deep grey.

Q: What is the overall tone of the passage? 글의 전체적인 어조는 무엇인가?

  (a) **Descriptive** 서술적인
  (b) **Academic** 학문적인
  (c) **Narrative** 이야기체의
  (d) **Legalistic** 형식적인

해석 지역 디자이너 Karen Mendez와 Tiffany Lewis는 Lotus Root Design 시리즈에서 자연스런 결함flaw을 그대로 가진 수공handmade 품질감으로 자연스러운 디자인에 집중했다. 최고로 팔리는 작품piece들은 '버려진discarded 나무' 시리즈이다. 이 시리즈의 볼들은 근처nearby 벌목지logging에서 버린 나무를 조각한carved 것들이다. 나무의 자연스런 선과 색깔을 보여주는 모든 작품은 다르다different. 볼 장식interior은 흰색에서 오렌지, 짙은deep 회색까지 다양한 색깔의 밝은 페인트로 칠해져 있다.

해설 글의 어조를 묻는 문제이다. 설명문인지, 논설문인지, 학문을 다루고 있는지를 묻는다. 디자이너의 목각 작품에 대해 설명하는 것이므로 descriptive가 가장 알맞다. 대학 강연 내용이 아니므로 (b)는 아니며, 우화나 소문을 주로 전달하는 이야기체를 의미하는 (c)도 부적절하다. (d)는 규제와 법제도 등을 나타낼 때 주로 쓰는 것이므로 정답은 (a)이다.

독해파일 38

특정 내용을 질문하는 경우

이 유형들은 일종의 세부 내용 파악이라고 볼 수 있는데, 지문에서 원하는 내용이 매우 구체적이므로 오히려 다른 대의 파악이나 세부 내용을 묻는 문제들보다 빠르게 정답을 고를 수 있다. 이 유형이야말로 반드시 질문과 선택지를 먼저 읽은 다음 지문을 봐야만 정확하고 빠르게 정답에 접근할 수 있다.

Example 3

the perfect wedding is often a stressful endeavor for a newly engaged couple. One trend in the last few years is the 'destination wedding.' For instance, a couple may choose to get married on a beach in Jamaica or a vineyard in California. All of the guests fly to the chosen destination, stay in an all-inclusive resort, and nearly all of the details are taken care of by the resort's resident wedding planner. A 'destination wedding' also cuts down on the wedding costs considerably, as the guests pay their own airfare, accommodation, and food and drinks in the 'all-inclusive' resort price.

Q: Which statement is true according to the passage? 글의 내용에 맞는 문장은?

(a) Destination weddings transfer much of the cost to the guests.
목적지 결혼식은 많은 비용을 손님에게 전가시킨다.

(b) Destination weddings have been trendy for the last few decades.
목적지 결혼식은 지난 수십 년 간 유행이었다.

(c) A destination wedding involves a lot of stress for the couple.
목적지 결혼식에는 결혼 커플의 스트레스가 많다.

(d) All-inclusive resorts do not include the costs of meals.
풀 패키지 리조트들은 식사 비용을 포함시키지 않는다.

해석 완벽한perfect 결혼식 준비는 종종 약혼한engaged 커플에게 스트레스가 많은stressful 노력endeavor이다. 지난 몇 년간 한 가지 유행trend은 '목적지destination 결혼'이다. 예를 들면, 자메이카의 해변이나 캘리포니아의 포도밭에서 결혼하는 것이다. 손님들은 전부 정해진chosen 목적지로 비행기를 타고fly 와서 모든 것이 포함된all-inclusive 리조트에 머물고, 거의 모든 세부 사항들은 리조트의 상주resident 웨딩 플래너에 의해 처리된다taken care of. '목적지 결혼'은 또한 결혼식 비용을 상당히 considerably 줄여준다cut down on. 왜냐하면 손님들이 '풀 패키지' 여행값으로 항공비airfare, 숙박accommodation, 음식과 음료수 값을 각자 내기 때문이다.

해설 (a) the guests pay their own airfare, accommodation, and food and drinks in the 'all-inclusive' resort price 를 통해 비용을 손님들에게 부담시킨다는 것을 알 수 있다.
(b) decade는 10년을 뜻한다. 본문에는 One trend in the last few years로 나와 있다.
(c) 결혼식 스트레스를 줄이는 방법으로 떠오른 유행이 '목적지 결혼'이다.
(d) food and drinks in the 'all-inclusive' resort price라고 나와 있다.

독해파일 39

다음에 이어질 내용을 묻는 경우

LC Part 4에도 등장하는 유형인데 지문의 마지막 줄의 내용 다음에 이어질 만한 내용을 묻는 문제이다. 반드시 지문 마지막 줄 문장에 90% 가량 비중을 두어야 하지만 그래도 지문 첫 문장 및 중간 내용도 참고하여야 마지막 문장의 내용을 확실히 이해할 수 있다.

Example 4

Brian Jungen has received international attention for his artwork, which combines traditional Native symbolism with pop culture. A recent exhibition at the Vancouver Art Gallery involved 10-foot tall totem poles made entirely from golf bags. Resembling the Native culture, the totems also make a statement about land use, especially relevant as a new golf course is scheduled to be built on tribal lands just 50km North of Vancouver. Jungen's past work includes traditional Native masks constructed entirely from Nike running shoes. The popularity of Jungen's work may be due, in part, to the accessibility of his work to the general public.

Q: What would most likely follow the passage? 글에 이어질 내용으로 가장 알맞은 것은?

(a) A description of Jungen's artistic influences Jungen의 미술적 영향에 대한 설명
(b) A listing of future art exhibitions in Vancouver 밴쿠버의 향후 미술 전시회 목록
(c) A discussion of the appeal of Jungen's work Jungen의 작품의 호소력에 대한 토론
(d) An evaluation of the art on an international scale 국제적 규모의 예술 평가

해석 Brian Jungen은 전통 원주민native 상징과 팝 컬쳐를 결합한combine 자신의 예술 작품으로 국제적 관심을 받고 있다. Vancouver 아트 갤러리에서 열린 최근 한 전시회exhibition에는 완전히entirely 골프 가방으로 만들어진 10피트 길이의 토템폴이 포함되었다. 원주민 문화를 닮아서resembling 토템들은 특히 관련해서relevant 새 골프장이 Vancouver 북쪽 50킬로미터 지점의 부족tribal 땅에 만들어질 예정이어서 토지 사용에 대해 공식 발표를 한다make a statement. Jungen의 과거 작품에는 완전히 나이키 런닝화로 만들어진 전통 원주민 가면도 있다. Jungen 작품의 인기popularity는 어느 정도in part 작품의 일반 대중에 대한 접근성accessibility 때문이다.

해설 Jungen의 작품의 특징은 전통과 현대를 결합한 것이다. 글에 이어질 내용은 마지막 문장이 단서가 된다. 여기서 그의 작품의 인기 비결이 일반 대중에게 쉽게 다가갈 수 있기 때문이라고 했다. 따라서 그의 작품의 대중 어필에 대한 내용이 이어질 것이다.

독해파일 40

속독이 가장 요구되는 파트!

질문이 구체적일 때에는 너무 시간을 많이 잡지 말고 질문 내용에 근거해서 빠르게 속독해야 한다. 너무 전체적으로 보려고 하지 말고 그렇다고 지문의 한두 부분만 보아도 함정에 빠지기 쉬우므로 필요한 정보들 위주로 해서 빠르게 속독하는 습관을 기르도록 하자.

Example 5

Perfect vacations don't just happen. Oftentimes, taking a relaxed attitude toward a trip results in under-planning, and unnecessary stresses along the way. Do your research, talk to a travel agent, and try to organize as far in advance as possible. Waiting until the last minute often means less availability and higher prices. At the same time, expect the unexpected. Organize as much as possible in advance, but don't be scared of change. Not everything will go as planned, and it's important to be open to last minute changes.

Q: What is advised for a perfect vacation? 완벽한 휴가에 대한 충고는 무엇인가?

(a) You should relax and not plan in advance.
   마음을 느긋하게 하고 미리 계획하지 않는다.

(b) You should be organized but not rigid in your planning.
   준비해야 하고, 계획에 너무 융통성이 없으면 안 된다.

(c) You should shop around for travel agents offering the lowest price.
   가장 낮은 가격을 제시하는 여행사를 찾는다.

(d) You should make sure that everything goes along as scheduled.
   반드시 모든 것이 계획대로 가도록 한다.

해석 완벽한 휴가는 그냥 일어나지 않는다. 종종oftentimes 여행에 대한 느긋한relazed 태도attitude를 갖는 것은 계획 부족 under-planning, 그리고 여행 중 불필요한 스트레스라는 결과를 낳는다result in. 조사research를 하고, 여행사travel agent에 문의하고, 가능한 한 미리in advance 계획을 세우도록 하라. 마지막까지 기다리는 것은 종종 더 적은 기회availability 와 더 높은 가격을 의미한다. 동시에 예상하지 않은the unexpected 것을 예상하라. 가능한 한 미리 많이 준비하라. 하지만 변화를 두려워하지be scared of 말라. 모든 것은 계획대로as planned 가지 않게 마련이다. 그리고 최후의 last minute 변화에 대해 열린 자세를 갖는 것이 중요하다.

해설 휴가 계획에 대한 조언이다. Do your research, talk to a travel agent, and try to organize as far in advance as possible.과 At the same time, expect the unexpected. Organize as much as possible in advance, but don't be scared of change.를 통해 계획을 미리 세우되, 변화를 예상해야 한다고 했다.

Answers

1. (a) 2. (a) 3. (a) 4. (c) 5. (b)

Daily Test

Part 2 Read the passage and question. Then choose the option that completes the question.

1 A thesaurus is an important resource for anyone doing a substantial amount of writing, whether it's creative writing, academic writing, or simply writing a letter to a friend. A thesaurus gives you a list of antonyms and synonyms for any given work. Oftentimes, people become lazy with their vocabulary, and repeat the same word over and over. Other times, there is simply a better word choice that is closer in meaning to what you are trying to express. An online thesaurus will save you the time of having to look up words in a paper copy.

Q: Which of the following would be an appropriate title for the passage?

(a) Shortcomings of an Online Thesaurus
(b) A Guide to all Types of Writing
(c) Expanding your Vocabulary
(d) Antonyms Vs. Synonyms

2 Drainage: A water management principle that uses surfaces of the assemblies to drain water away from the assembly.
Durability: The ability of a material, components, assembly or building to perform its required functions in its service environment over a period of time without unforeseen maintenance, repair or removal.
Envelope: An environment separator, generally between the inside and the outside of the building, but also between dissimilar environments within the building.
Flashing: Materials used to deflect water, make water proof connections, and protect underlying membranes from physical damage.

Q: Where are you most likely to find the above passage?

(a) In a glossary
(b) In a chapter index
(c) In a dictionary
(d) In an encyclopedia

3 Impressing an important client with an exceptional meal at a trendy restaurant is an important part of business. To begin with, choose a restaurant that you know from experience to be first-rate, as far as good food and gracious service. It will impress a client you're able to recommend a nice wine to go with the meal. Call ahead to reserve a table, and be specific about where you'd like to sit, avoiding a crowded table or one tucked away in the corner.

Q: This passage is the introductory part of which of the following?

(a) How to order well in a fancy restaurant
(b) How to select wine and dine for client relations
(c) How to get ahead in the restaurant industry
(d) How to identify a trendy new establishment

4 This ticket is non-refundable and non-transferable. There is a change fee of $40 CAD ($35 USD) plus applicable taxes and any additional fare difference. Same-day change (subject to availability) is permitted at a flat fee of $50 CAD ($45 USD). There is no change fee for fare differences on same-day travel only. Changes and cancellations can be made up to 2 hours prior to departure. Advance seat selection is permitted at no charge (subject to availability). Passengers are requested to check-in at least 2 hours prior to take-off, and to pass through security as early as possible to avoid delays.

Q: Where are you most likely to find the passage?

(a) On a train ticket
(b) On a boarding pass
(c) On an airline ticket
(d) On a ferryboat ticket

5 The Seoul subway system can be rather intimidating for a first-time user, especially a foreigner without a strong grasp of the language and etiquette. The subway system in Korea is one of the most advanced in the world, with connecting lines and trains running every few minutes. However, to one unfamiliar with the system, even something as simple as buying a ticket for the appropriate destination can be difficult. It is important to stay calm, and to not be afraid to ask for help. It's not uncommon to be confused the first time, and people are generally happy to help.

Q: Which of the following is correct according to passage?

(a) The Seoul subway system is the most intricate in the world.
(b) Subway travel in Seoul is impossible for foreign tourists.
(c) Koreans are often ready to lend a hand to confused foreigners.
(d) Each subway line connects with another every few hundred meters.

6 Regular exercise is not only good for your body, but also for your mind. Exercise causes the release of endorphins, a substance in the brain that attaches to the same cell receptors that morphine does. Essentially, endorphins abolish the sensation of pain, allowing us to push ourselves when we exercise. The result, though, is that after working out, we are left with a sense of calm. Many people find that they don't have time to exercise because of a busy work schedule. It is important to make exercise a priority, as it can reduce stress.

Q: Which of the following is correct according to the passage?

(a) Regular exercise increases the level of endorphins in your body.
(b) The release of endorphins can have the result of reducing stress.
(c) A busy work schedule is a good excuse not to exercise.
(d) Morphine is a good alternative to daily exercise.

7 A regulation is defined as a 'legal restriction declared by government administrative agencies through rule making supported by a threat of sanction or a fine.' Regulations are not the same as laws, in the sense that they are not formal written laws of a country or a state. Instead, regulations are intended to produce outcomes that might not otherwise occur, or to avoid negative outcomes. Examples of regulations include attempts to control markets, prices, wages, employment for certain people, or standards for certain industries.

Q: Which of the following is correct according to the passage?

(a) Government administrative agencies do not declare and impose laws.
(b) The terms 'law' and 'regulation' can be used interchangeably.
(c) Regulations are not backed by the threat of a fine.
(d) The intent of regulations is to produce favorable outcomes.

정답: 64p

Chapter 29. Part 3 흐름 찾기

Pretest

Read the passage and question. Then identify the option that does NOT belong.

독해파일 41

1. There continues to be debate as to whether the Canadian government should lower university tuitions across the country. (a) Advocates of lower tuition fees argue that university should be more accessible to people of all incomes. (b) Opponents believe that universities are already under-funded and need students' tuition dollars to offer high quality programs. (c) Of all of the provinces in Canada, the province of Quebec currently has the lowest tuition at $2200 a year. (d) At this point, tuitions will remain where they are, as the government is hesitant to cut costs or increase funding.

독해파일 42

2. Many new businesses take out advertisement space in newspapers and magazines to initially promote their products. (a) Both newspapers and magazines are inexpensive ways to advertise to a large audience. (b) Businesses have the option of taking out full-page ads, all the way down to a few lines in the 'classifieds' section. (c) Especially for a business that is just starting out, printed ads can be an effective promotional tool. (d) Some new businesses choose to go door-to-door instead.

독해파일 43

3. While many people enjoy a cup of tea after dinner, few people know very much about the type of tea that they drink. (a) Tea can essentially be divided into three broad categories, black, green, and rooibos. (b) Green tea is common in Asia, whereas black teas are popular in North America and Europe, usually with milk and sugar added. (c) Rooibos tea originates from South African and has a sweet and nutty taste. (d) Most teas are easily obtained at local supermarkets, or at designer tea shops.

독해파일 44

4. Retail development in the Rocky Mountains has met with criticism from local residents. (a) The retail giant, Indigo, has proposed opening a bookstore in the tourist town of Banff in the Rocky Mountains. (b) Indigo books reported profits of over $4.2 billion in 2005. (c) Local residents are concerned that the bookstore will put smaller shops out of business. (d) There are currently three book shops in Banff that are locally owned, and that stand to lose customers if Indigo comes in offering far lower prices.

독해파일 45

5. The number of American children on medication for Attention Deficit and Hyperactive Disorder (ADHD) continues to increase. (a) ADHD is believed to be genetic, and not caused by one's surroundings. (b) It is becoming more and more common for any misbehavior in young children to be diagnosed and medicated. (c) It has been estimated that up to 15% of school-aged children are taking medication for ADHD. (d) These numbers suggest that physicians may be over medicating, and that children are unnecessarily taking prescription drugs.

정답: 66p

독해파일 41

첫 문장이 무조건 주제문이다

독해 Part 3은 문법 Part 4와 매우 유사한데, 문법 part 4의 경우 흐름은 맞지만 문법적으로 틀린 것을 고르는 유형이므로 첫문장부터 선택지가 등장하지만 독해 Part 3의 경우 문법적으로는 모두 맞으나 전체적인 내용 흐름상 맞지 않는 것을 고르는 유형이므로 첫 문장이 아닌 두 번째 문장부터 선택지 (a)가 등장한다. 따라서 독해 part 3을 풀 때에는 첫 문장을 무조건 주제문으로 간주하고 그 다음에 이어지는 선택지 중 주제문과 맞지 않는 것들을 고르면 된다.

Example 1

The television program, Seinfeld, was on the air longer than any other show, and changed the way sitcoms are seen. (a) Seinfeld aired on NBC from 1989 to 1998, running for a total of nine seasons. (b) Set predominantly in an apartment in New York City, the show moved away from the traditional sitcom structure, and was focused around loose story lines. (c) Many of the catchphrases from the show are still heard today, nearly ten years after the last episode. (d) Many sitcoms since have tried to mimic the structure of Seinfeld.

해석 Seinfeld란 텔레비전 프로는 어느 다른 프로보다 더 오래 방송되었으며 시트콤이 보여지는 방식way을 바꿔 놓았다. (a) 1989년부터 1998년까지 NBC의 Seinfeld는 총 9개 시즌으로 방송되었다. (b) 뉴욕의 한 아파트가 주로predominantly 배경set인 이 프로는 전통 시트콤 구조에서 벗어나서move away, 느슨한loose 스토리 라인에 초점이 맞춰졌다. (c) 그 프로의 캐치프레이즈 중 다수는 마지막 에피소드 후 거의 9년이 지난 오늘날 아직도 회자된다. (d) 그 후 많은 시트콤들이 Seinfeld의 구조를 모방하려고mimic 애썼다.

해설 이 글의 주제는 첫 번째 문장으로 NBC의 장수 프로그램이었던 Seinfeld란 시트콤에 대한 내용이다. 이 프로가 장수할 수 있었던 것은 전통 시트콤 구조와 달랐기 때문이라고 한다. (c)는 장수 방송의 결과로 아직도 사람들이 그 프로의 캐치프레이즈를 기억하고 있다고 볼 수 있지만 본문의 핵심 내용인 sitcome structructure와는 직접 연결이 안되며, 앞 뒤 문장 흐름과 맞지 않는다.

독해파일 42

글의 주제와 무관한 미운 오리를 찾아라!

문법 Part 4에서는 수의 일치, 시제 일치, 태의 일치를 많이 묻지만, 독해 Part 3에서는 토픽의 불일치, 주제의 불일치, 어조(tone)의 불일치 순으로 많이 물어보고 그 중에서도 토픽의 불일치가 가장 많이 등장한다. 따라서 첫 번째 주제 문장과 말하는 바가 다르면 그것이 답이므로 항상 주제 문장을 기준으로 잡고 비교해서 답을 고르도록 한다.

Example 2

As the environment becomes a pressing concern, governments are creating incentives for people to find alternate modes of transportation. (a) On average, large vehicles, such as SUVs put nearly twice as much carbon into the air as do smaller cars. (b) Governments are offering tax breaks to anyone who takes the bus to work instead of driving. (c) Also, people who cycle or walk to work receive even greater tax deductions. (d) The incentive program is intended to discourage people from driving every day to the office.

해석 환경이 심각한pressing 우려concern가 되고 있기 때문에 정부는 교통수단의 대체alternate 수단mode을 찾는 사람들을 위한 인센티브incentive를 만들고 있다. (a) SUV와 같은 대형차들은 소형차들보다 평균 거의 2배의 탄소carbon를 공기 중으로 배출한다. (b) 정부는 운전 대신 직장까지 버스를 타는 사람에게 세금 감면break을 주고 있다. (c) 또한, 자전거를 타거나 걸어서 출근하는 사람들은 더 큰 세금 공제deduction를 받는다. (d) 인센티브 프로그램은 사람들이 매일 직장까지 운전하지 말도록 discourage 하는 것이 목적이다intended.

해설 환경 문제를 해결하기 위한 정부의 대책으로 직장인들이 교통 수단을 자가 운전이 아닌 다른 것(버스, 지하철, 걷기)으로 할 경우 세금 감면의 인센티브를 주겠다는 내용이다. 차의 크기와 이산화탄소 배출량의 관계를 나타내는 (a)는 본문 흐름과 맞지 않다.

독해파일 43

한 번 더 확인이 중요하다!

최근에는 그리 어려운 문제가 등장하지는 않으나 관련 문제 3개 중 하나쯤은 한번에 답이 나오지 않는 경우도 있으므로 섣불리 답을 고르기보다는 한번 더 흐름을 확인해서 불일치하는 것을 고르도록 한다.

Example 3

Identity theft has become increasingly common as people put more and more information on the Internet. (a) Thieves are able to access names, addresses and banking information. (b) For this reason, it is important never to reveal personal information on an unsecured site or on a public computer. (c) While Internet banking is convenient, it is important to only do so from your home computer. (d) It has been predicted that within ten years, nearly all of our purchases will be made online.

해석 사람들이 점점 더 많은 정보를 인터넷에 입력함에 따라 신분 위장identity 절도theft가 점차 흔해지고common 있다. (a) 인터넷 신분 절도범들은 이름, 주소, 은행 정보에 접속이access 가능하다. (b) 이런 이유로 보완이 안되는unsecured 사이트나 공공 public 컴퓨터에는 개인 정보를 절대 노출시키지reveal 않는 것이 중요하다. (c) 인터넷 뱅킹이 편리하지만convenient 집 컴퓨터에서만 하는 것이 중요하다. (d) 10년 이내에within 거의 모든 구매purchase가 온라인으로 이루어질 것으로 예상되고 있다.

해설 인터넷 개인 정보 누출에 대한 내용이다. 인터넷 사용이 늘면서 이름, 주소, 은행 등의 정보가 온라인을 통해 누출될 수 있으므로 이것을 조심해야 한다는 것이다. 마지막 문장은 온라인 구매 추세에 대한 내용으로 본문과 다르다.

독해파일 44

다양한 상식이 요구된다!

다른 파트도 마찬가지지만 Part 3 역시 미국 사람들의 일상생활이나 법제도, 관습 등을 소재로 글을 전개하는 것이 많으므로 영자신문이나 잡지 등을 읽어서 다양한 상식을 키우도록 한다.

Example 4

For those wishing to attend law school, there are a number of factors that will affect entrance. (a) Law school has become a popular option for many recent graduates from Social Sciences and Humanities. (b) One of the most important parts of a law school application is a student's LSAT exam score, which at many universities can be a deciding factor for admission. (c) It is also important that a student has an impressive resume, including relevant work and volunteer experience. (d) Law schools often look closely at a student's undergraduate grades, and any awards received when deciding on acceptance.

해석 법대에 가고 싶어하는wishing 사람들에게는 입학entrance에 영향을 끼칠affect 많은 요소factor들이 있다. (a) 법대는 최근에 많은 사회인문과학Social Sciences and Humanities 졸업생들의 인기 있는 선택option이 되고 있다. (b) 법대 지원의 가장 중요한 파트 중 하나는 학생의 LSAT 시험 성적이다. 많은 대학들에게 그것은 입학에admission 결정적인deciding 요소가 될 수 있다. (c) 또한 학생은 관련 있는relevant 일과 자원봉사volunteer 경험을 포함한including 인상적인impressive 지원서resume를 내는 것이 중요하다. (d) 법대는 종종 학생들의 학부 성적과 합격acceptance을 결정할 때 받은received 상award을 면밀히closely 본다.

해설 법대 진학에 필요한 요건에 대한 내용이다. LSAT 시험 성적이 가장 중요하고, 관련된 일이나 자원 봉사 경력, 그리고 학부 성적 등이 법대 합격에 중요한 영향을 끼친다고 했다. (a) 최근 사회인문과학 졸업생들의 법대 진학 관심은 본문 흐름과 맞지 않다.

독해파일 45

모르는 단어가 나왔다고 해서 당황하지 말자!

모르는 단어가 나와도 그 앞뒤에 등장하는 어휘들과의 연관성을 고려하여 정답을 빠르게 골라야 한다. TEPS 독해는 그리 많은 시간을 주지 않으므로 모르는 어휘에 시간을 뺏겼다가는 더 큰 손실을 경험할 수 있기 때문이다.

Example 5

Milan Kundera is possibly one of the most well renowned Czech writers. (a) Written in both English and French, Kundera's novels have been translated into over 20 different languages. (b) Milan Kundera's works include "The Unbearable Lightness of Being," "The Book of Laughter and Forgetting," and "The Joke." (c) Kundera's writing reflects a number of expansive themes that stretch across all of his novels. (d) The novel has been losing importance over the last decade as a relevant style of writing.

해석   Milan Kundera는 아마도possibly 가장 잘 알려진well-renowned 체코 작가 중 한 명이다. (a) 영어와 불어로 쓰여진 Kundera의 소설은 20여개의 언어로 번역되었다translated. (b) Milan Kundera의 작품work들에는 〈The Unbearable Lightness of Being〉, 〈The Book of Laughter and Forgetting〉, 그리고 〈The Joke〉 등이 있다. (c) Kundera의 작품은 그의 모든 소설 전체에 퍼져 있는stretch 여러 개의 포괄적인expansive 주제를 반영한다reflect. (d) 그 소설은 저자의 관련relevant 스타일로서 지난 10년 동안 중요성을 잃고 있다.

해설   체코 소설가인 Milan Kundera의 작품 세계에 대한 내용이다. 마지막에 the novel이 지시하는 것이 앞 문장에 없으며, losing importance는 Milan Kundera 작품의 또 다른 해석이 될 수 있다.

Answers

1. (c)   **2.** (a)   **3.** (d)   **4.** (a)   **5.** (d)

Daily Test

Part 3 Read the passage and question. Then identity the option that does NOT belong.

1 Divorce rates have been steadily on the rise in the United States over the last 20 years. (a) Young professionals are more and more often putting off marriage until their 30s. (b) In 2006, the rate of divorce in America reached 51%, up from 44% ten years prior. (c) These high rates are disconcerting as an increasing number of children are being raised by only one parent. (d) The reasons for divorce have not been well documented, but one assumption is that couples are not taking the act of marriage seriously.

2 Technology has dramatically changed the ways in which we interact with one another. (a) E-mail allows people to keep in touch at any time of day, whether at home or at the office. (b) Many offices are beginning to limit the amount of time that employees spend on personal e-mail, as it leads to a drop in productivity. (c) Even cell phones keep people connected, at home, at work, or even on the road. (d) It remains to be seen, however, whether these advances have actually improved the quality of interaction, or simply the quantity.

3 The Charter of Rights and Freedoms is essentially a bill of rights entrenched in the Constitution of Canada. (a) Since its implementation in 1882, The Charter has dramatically changed the framework of the Canadian legal system. (b) The Charter guarantees certain political and civil rights to all Canadians. (c) It was designed specifically to unify Canadians around a set of principles embodying those rights. (d) Guaranteeing specific rights and freedoms is a means of protecting the citizens in a nation.

4 Illegal downloading has dramatically affected the movie business around the world. (a) Oftentimes, films are downloaded before they are even released internationally. (b) Film distributors have reacted to this by releasing new films on the exact same date in all the major markets. (c) In 2006, 50% of all Hollywood films went straight to DVD, never being screened at a theatre. (d) Other measures to avoid illegal downloading involve stricter security in theatres to avoid video recording, and harsher penalties for anyone caught downloading or peddling illegally obtained films.

5. A recent poll revealed that a striking number of people believe that the minimum wage in the United States should be raised. (a) 76% of all respondents were in favor of a higher minimum wage. (b) Only 5% thought that the minimum wage could be even lower, with 19% believing that the minimum wage should remain where it is. (c) The minimum wage in America has not changed from the current rate of $4.85 an hour for the last six years. (d) The respondents were divided along political lines, with almost 65% of those in favor of an increased minimum wage being Democrats.

6. The highest selling genre of books in 2006 was the memoir. (a) James Frey's A Million Little Piecesis a perfect example of this trend. (b) Frey initially tried to publish his novel as fiction, and was unable to find a publisher. (c) He rewrote some of the passages, published the book as a personal memoir, and it went on to sell millions of copies. (d) James Frey suffered from a drug addiction and spent a number of months in a rehabilitation centre.

7. There has been a trend in the last few years toward eating only locally produced foods, to avoid the high levels of pollution caused by long distance travel. (a) Pollution has become a predominant political issue with so much focus on global warming. (b) The price of an avocado from Mexico sold in Canada does not reflect the true environmental costs. (c) For this reason, many people have chosen to only eat foods that are produced locally, in an effort to save the environment. (d) Foods produced by local farmers are often slightly more expensive due to the small scale of production, but advocates believe in cutting down on long distances of transportation.

정답: 66p

Chapter 30. 독해 문제 비법 총정리

Pretest

Read the passage and choose the option that completes the sentence.

독해파일 46

1 Many people in the working world find themselves at a plateau in their careers, working at the same level, with the same people, earning the same salary, year after year. If you want to _____ you must be prepared to make a number of changes. To begin with, it is important to set out your goals ahead of time, and make sure that everything you do is advancing you toward those goals. Do not accept a new job that takes you in the wrong direction. Stay focused on the goal in mind, and be prepared to work longer hours and possibly move to a new office or a new city when the right position opens up.

(a) obtain a higher salary
(b) engage in a good relationship
(c) get honest advice
(d) advance in your career

Read the passage and question. Then choose the option that completes the question.

독해파일 48

2 Are your children always hassling you for money? Do you find they have little sense of the importance of saving, and spend haphazardly? The new MTV pre-paid VISA card is the perfect solution. With the pre-paid card, you can load it up for your children. Then, they can spend as they choose, but they cannot charge anything above the initial amount. You can teach them about spending wisely without worry that they'll charge far too much on their credit cards and have overdue payments. The MTV pre-paid VISA is a great introduction for adolescents to spending prudently.

Q: What is this advertisement about?

(a) Promotion of a credit card
(b) Bad credit reports
(c) Overdue VISA payments
(d) A pre-paid music card

Read the passage and question. Then identity the option that does NOT belong.

독해파일 50

3 Ben Stiller has set himself up as one of the leading Hollywood actors with a number of successful comedies. (a) Stiller's films such as 'Along Came Polly' and 'Zoolander' were huge successes at the box office. (b) Comedies have proven to be the highest earning genre of 2006. (c) Ben Stiller not only stars in all of his films, but he has written and directed many of them as well. (d) Out of all male actors in 2005/06. Stiller was among the top 10 with respect to earnings.

정답: 68p

독해파일 46
주제문을 찾아 핵심 내용을 개념화하라

독해 관련 문제 파트 모두 가장 기본이 되는 것은 주제문을 찾아서 그것을 간략하게 머릿속에 개념화시키는 것이다. 이를 위해서는 평소에 많은 연습이 중요하다.

Example 1

The World Wildlife Foundation (WWF) has _____ for its 'Protect the Horn Back Toad' campaign. The campaign was initiated in 2004 after the Horn Back Toad was put onto the Endangered Species list. The World Wildlife Foundation started a massive media campaign to draw attention to the threats to the species, including habitat loss. In January 2007, it was reported that nearly 6000 acres of toad habitat had been reclaimed as result of the WWF efforts, and the Horn Back Toad has been removed from the Endangered Species List.

(a) **been widely praised** 널리 칭송되었다
(b) **failed to get sufficient funding** 충분한 기금을 얻는 데 실패했다
(c) **received international criticism** 국제적인 비난을 받았다
(d) **obtained little news coverage** 뉴스 보도를 거의 얻지 못했다

해석 세계 야생생물 기금(WWF)은 'Horn Back Toad (두꺼비) 보호' 캠페인으로 널리 칭송되어왔다. 그 캠페인은 2004년에 시작되었는데initiate, Horn Back Toad가 멸종 위기endagered 리스트에 등재된put onto 이후이다. 세계 야생동물 기금 foundation은 서식지 상실 등 그 종species이 처한 위협threat에 관심을 끌어들이기draw 위해서 대중매체 캠페인을 시작했다. 2007년 1월에, WWF의 노력의 결과result로서, 약 6000에이커에 이르는 두꺼비toad 서식지habitat가 간척되었으며 reclaimed, Horn Back 두꺼비는 멸종 리스트에서 삭제되었다removed고 보고되었다.

해설 WWF에서 진행한 두꺼비 보호 캠페인에 대한 내용으로 멸종 위기에 있는 두꺼비를 보호하기 위해 서식지를 간척하여 두꺼비를 멸종 리스트에서 삭제시킨 내용이다.

독해파일 47

반복적으로 등장하는 핵심 어구를 찾아라

영어에서 한번 사용한 어휘를 다시 사용하는 것을 그리 좋아하지 않는다는 것쯤은 다들 알고 있을 것이다. 우리말로는 비슷한 의미인데 지문 곳곳에서 다르게 표현되어 반복된 어구들을 빠르게 파악하는 것이 고득점의 기본이다.

Example 2

Have you ever wondered why a homesick kid at summer camp may become physically ill? Doctors have suggested that _____. Oftentimes, children away from home will experience what is termed 'homesickness,' which is essentially an emotional distress from being separated from family. Many times this 'homesickness' will cause a child to become sick, most often in the form of a sore stomach or a lack of appetite. The two things are directly connected, and must not be looked at in isolation.

(a) the brain is capable of coping with physical pain 뇌는 육체적 고통과 맞서 싸울 수 있다
(b) physical pain can cause psychological pain 육체적 고통은 심리적 고통을 유발할 수 있다
(c) emotional upset can turn into physical sickness. 정서적 불안이 육체적 병으로 바뀔 수 있다
(d) homesickness has no physical effects 향수병은 육체적인 영향이 없다

해석 당신은 여름 캠프에 가서 집을 그리워하는homesick 아이가 왜 신체적으로 아프게 될 수도 있는지 궁금해한 적이 있는가? 의사들은 정서적 불안은 신체적인 병으로 바뀔 수 있다는 것을 제시해왔다. 종종, 집을 떠난 아이들은 '향수병'이 무엇인지 경험할 것이며, 그것은 본질적으로essentially 가족으로부터 떨어진separated 것에 대한 감정적인emotional 고통distress이다. 여러 번, 이 '향수병'은 아이가 아프도록 할 것이며, 흔히 속쓰림sore stomach이나 식욕부진lack of appetite 같은 형태form로 나타난다. 그 두 형태는 직접적으로directly 관련되어 있으며, 분리하여in isolation 보지 말아야 한다.

해설 여름 캠프에 간 아동들이 겪는 향수병에 대한 내용이다. 의사들이 전하는 아동 향수병의 원인으로 정서적 불안이 육체적인 병으로 나타난다는 것이 알맞다. emotional upset을 homesickness와 관련시키고 sore stomach과 lack of appetite가 physical sickness의 예로 등장해서 핵심 어구가 example의 형태로 반복된 것을 알 수 있다.

독해파일 48

지문의 종류가 더욱 다양해지고 있다.

실무적인 내용의 문제로는 상품 판매, 예약 편지, 광고 등을 소재로 한 것들이 있었고, 시사적인 내용과 관련해서는 아시아의 금융관련 기사, UN의 위상 약화에 대해 언급한 글 등이 등장한다. 글의 수준은 영자신문을 무리 없이 읽을 수 있는 정도면 된다고 본다. 영자신문은 꼭 시사적인 내용에 익숙해진다는 차원보다는 일반적인 교양을 위해서도 병행해서 학습하면 좋다.

Example 3

Dear Sir,

At Future Store, we are always looking for ways to improve the services that we offer to our customers. Your business is important to us, and we want to know what you think. Please take a moment to give us your feedback, whether you had a positive experience, or have suggestions for changes that can be made in the store. Include your contact information, as all forms will be entered in a draw to win a 27-inch Panasonic HD television. Thank you for shopping at Future Store — always striving to serve you better!

Q: What is the purpose of this letter? 이 편지의 목적은 무엇인가?

(a) To introduce a new business to the public 대중에게 새 사업을 소개하려고
(b) To promote a Panasonic television 파나소닉 텔레비전을 홍보하려고
(c) To research service difficulties 서비스 애로사항들을 조사하려고
(d) To seek customer evaluation information 고객 평가 정보를 구하려고

해석 친애하는 귀하께

Future Store에서, 저희는 항상 고객들에게 제공하는offer 서비스를 향상시키기improve 위한 방법들을 찾고 있습니다. 당신의 일은 저희에게 중요하며, 저희는 당신이 어떻게 생각하고 있는지를 알고 싶습니다. 당신이 긍정적인positive 경험이 있는지, 아니면 가게에서 할 수 있는 변경 사항들과 관련하여 제안이 있는지 잠시 시간을 내서서 의견을 주십시오. 모든 양식들은 27인치 Panasonic HD 텔레비전 획득 추첨draw에 등록될 것이기 때문에 연락 정보를 포함해 주십시오. 항상 더 나은 서비스를 제공하기 위해 애쓰는 Future Store에서의 쇼핑에 감사 드립니다!

해설 Include your contact information, as all forms will be entered in a draw to win a 27-inch Panasonic HD television.을 통해 Future Store의 서비스에 대한 고객들의 평가를 얻고 싶다는 내용임을 알 수 있다.

독해파일 49

역접 어구가 이끄는 문장이 대부분 주제문이다

독해 파트 모두 역접어구들이 이끄는 문장은 출제율도 높을 뿐더러 trigger words라고 해서 역접어구가 등장하면 앞뒤 단락의 문맥을 완전히 바꾸어 놓으므로 지문에서 이들이 보일 경우 항상 긴장하며 내용을 파악하자.

Example 4

Echinacea has been recommended by natural healers for a number of ailments, including sore throats, low energy levels, and initial symptoms of a cold or flu. Echinacea is a natural plant, and therefore does not contain any chemical medicinal qualities. Many people drink Echinacea tea on a daily basis, which ranges in price from $0.25 a bag to designer teas at $2.00 a bag. Echinacea has no harmful effects if taken in excess. However, studies have shown that the plant has little positive effects either, and does almost nothing to prevent a cold or flu. _____ _____, Echinacea should not be used to replace medical treatment.

(a) Due to the high risk of an overdose 과다 복용의 위험 때문에
(b) Considering its relatively high cost 비교적 높은 비용을 고려하여
(c) Given its lack of significant therapeutic effect 중요한 치료 효과가 없으므로
(d) In spite of its chemical medicinal qualities 화학적 약 성분에도 불구하고

해석 Echinacea는 아픈sore 목, 낮은 에너지 레벨, 그리고 초기initial 감기나 독감 같은 증상symptom을 포함하는 여러 병들ailment에 대한 천연natural 약healer으로 추천되어recommended왔다. Echinacea는 자연 식물이므로, 어떤 화학chemical 약medical 성분도 함유하지 않는다. 많은 사람들은 매일 Echinacea 차를 마시며, 차 가격은 한 봉지에 0.25달러에서부터 2달러짜리 브랜드 차가 있다. Echinacea는 과다로in excess 복용한다 하더라도 어떤 부작용harmful effect도 가지고 있지 않다. 하지만, 연구들은 그 식물이 어떤 긍정적인 효과 역시either 없으며, 감기나 독감을 방지하는 어떤 효과도 없다고 제시해왔다. 중요 치료 효과가 없으므로, Echinacea는 의학적 치료treatment를 대체하기replace 위해서 사용되지는 말아야 한다.

해설 Echinacea has no harmful effects if taken in excess. However, studies have shown that the plant has little positive effects either를 통해 Echinacea가 해도 없지만 감기나 독감 같은 증세에 효과가 있는 것도 아니기 때문에 의학 치료를 대체할 수는 없다는 내용이다. 따라서 (c)가 가장 알맞다. however가 이끄는 절이 이 지문에서 가장 중요한 힌트를 제시하고 있으며 주제문으로도 볼 수 있다. 지문 상단의 첫 문장은 Echinacea에 대한 소재 정도이지 주제문으로는 볼 수 없다.

독해 파일 50

결국은 시간이다!

TEPS 독해 영역의 관건은 역시 시간이라고 볼 수 있다. 한 문제의 길이는 평균적으로 5-6줄 정도이고, 단어 수도 100단어를 넘지 않는 것이 보통이다. 그렇지만 여기에 질문을 읽는 시간과 문제를 푸는 시간을 더한다면 기본적으로 1분에 200단어 이상을 소화해낼 수 있어야 한다. 독해 영역에서는 지문의 길이가 4줄 정도밖에 안 되는 짧은 문제도 있고, 10줄이 넘는 긴 지문의 문제도 있다. 대체로 5-6줄 정도가 표준이라고 생각하면 된다. 내용면에서 볼 때 전문적인 학술문은 출제되지 않고 있는데, 앞으로도 이러한 경향은 지속되리라고 판단된다.

Example 5

Joni Mitchell is currently working on a dramatic interpretation of her music in a theatre production set to be on stage in June 2007. Joni Mitchell is most well known for her music career, which has stretched across decades and appealed to generations of music listeners. While she is less recognized for her paintings, it was actually as a painter that she began her artistic career. As an established painter, singer, and songwriter, it will be interesting to see how Mitchell's talents translate onto the stage.

Q: Which of the following best describes Joni Mitchell's work?
다음 중 Joni Mitchell의 작품을 가장 잘 설명한 것은?

(a) It is limited to one aspect of art. 예술의 한 면에 제한된다.
(b) Her paintings first brought her world recognition. 그녀의 그림은 처음에 그녀에게 세계적 인정을 받게 했다.
(c) It became well known ten years ago. 그것은 10년 전에 유명해졌다.
(d) It stretches across artistic disciplines. 그것은 예술적 단련을 거치면서 확장된다.

해석 Joni Mitchell은 현재currently 2007년 6월에 무대에 올릴 연극 작품에 그녀의 음악을 극으로 재연하기interpretation 위한 작업을working on 하고 있다. Joni Mitchell은 그녀의 음악 경력으로 많이 유명한데, 그 경력은 수십 년에 걸쳐서 왔으며 수 세대의 음악 청취자들을 매료시켜appeal왔다. 그녀의 그림들로는 덜less 인정받지만, 실제 그녀가 예술적artistic 경력을 시작한 것은 화가로서 였다. 정평이 난established 화가, 가수, 작곡가로서, 어떻게 Mitchell의 재능talent이 무대stage로 옮겨질지 지켜보는 것은 흥미로울 것이다.

해설 Joni Mitchell은 원래 화가였으나 이후 예술적 재능을 음악으로 뻗쳐 유명해진 사람이라고 했다. Joni Mitchell is most well known for her music career, which has stretched across decades and appealed to generations of music listeners.를 통해 (d)가 정답임을 알 수 있다. 평소에 속독 훈련을 꾸준히 해왔다면 이 문장 말고도 a painter, singer, songwriter 등의 단서들을 통해 쉽게 정답으로 접근할 수 있을 것이다.

Answers

1. (a) **2.** (c) **3.** (d) **4.** (c) **5.** (d)

Daily Test

Part 1 Read the passage and choose the option that completes the sentence.

1. A new 'café culture' seems to have sprouted in North America over the last ten years. It all began with a small, forward thinking coffee shop based in San Francisco called Starbucks. The coffee giant is often criticized today as a multinational corporation with little local ownership that unfairly puts smaller cafes out of business. While the criticisms may be true, Starbucks was created with the idealistic vision of bringing quality coffee to consumers, and supporting fair-trade coffee producers in the developing world. However, critics of the company have expressed concern that _____.

(a) Starbucks offers a superior product to local coffee shops.
(b) coffee producing countries don't have a large enough market to which to sell.
(c) Starbuck's coffee quality standards are not as high as those of local coffee shops.
(d) smaller companies cannot compete with the buying power of Starbucks.

2. Henry David Thoreau, author of the famous novel Walden, has been both praised and criticized. Essentially, Thoreau set out to live a simple life in a small cabin in the woods around Walden Pond, on land owned by Ralph Waldo Emerson. Thoreau left the city life behind, and spent his day focusing on the basics of life, tending a garden for his own meals, reading books, and engaging in introspective thoughts. Thoreau did not go into the woods to become a hermit, but to isolate himself from civil society in order to _____. Criticism of Thoreau has centered around the fact that the cabin was not really very far from his friends and family in Concord, Massachusetts, and therefore not terribly isolated.

(a) gain an objective understanding of it
(b) appreciate the politics of city life
(c) shun society's ills
(d) earn a good living as a farmer

3 The ratio of men to women attending post-secondary schools in North America has, for the first time in history, shifted in the direction of a higher number of women. On average, across North America, 56% of college and university students are women. _____ _____, men continue to dominate in the workforce, with respect to salaries and promotions. This trend suggests that in spite of high levels of education, women are still facing a glass ceiling in the workplace, unable to progress beyond their male counterparts.

(a) Consequently
(b) Moreover
(c) However
(d) Therefore

Part 2 Read the passage and question. Then choose the option that completes the question.

4 Regular exercise is important for everyone, but especially those who are 25 and older. Beginning at the age of 25, if an individual continues to eat the same and exercise the same, he or she will gain one pound every year. Not to mention, as we age, we begin to lose muscle tissue, at a rate of 0.5 pounds per year. This, combined with lower levels of exercise and unhealthy eating patterns, translates into a weight gain of one pound a year. As we age, we must not only maintain our exercise regime, but increase it slightly to avoid weight gain. We must also adjust our eating habits to keep weight gain in check.

Q: Which of the following is correct according to the passage?

(a) Weight gain is natural with age if eating and exercise habits are unchanged.
(b) Beyond the age of 25, we need to exercise twice as much to lose one pound.
(c) Muscle tissue decreases with age, contributing to a weight gain of 0.5 pounds a year.
(d) Gaining weight as we age has been proven to be an inevitability.

5. A single act of kindness can often have a ripple effect. This was the premise of the 2000 film Pay if Forward the notion that for every act of kindness one receives, they will do three acts of kindness in return. The act of kindness is not toward the person who was kind to you, but to three other people, hence the notion of 'paying it forward.' The idea is that if someone is kind to you, then you will be kind to someone else, creating a full circle of kind acts.

Q: What is the best title for the passage?

(a) Kindness Brings Prosperity
(b) Kindness Currency
(c) Kindness Is Contagious
(d) How to be Kind

6. The Maya civilization, at its peak, was one of the most developed and culturally dynamic societies in the world. It is known primarily for its spectacular art, advanced architecture, and highly structured mathematical and astronomical systems. While not originating with them, advances such as writing, epigraphy, and the calendar were fully developed by the Maya civilization. The Maya civilization continued to flourish until the arrival of the Spanish and subsequent conquest. The Maya people never disappeared, and their traditions continue to carry forward.

Q: What is the best title for the passage?

(a) The Conquest of the Maya Civilization
(b) The Challenges Faced by the Maya Civilization
(c) The Imitation of the Maya Civilization
(d) The Achievement of the Maya Civilization

Part 3 Read the passage and question. Then identity the option that does NOT belong.

7 As housing prices continue to rise, Boston is increasingly becoming unaffordable even for middle class people. (a) 2007 has seen the most dramatic rise in housing costs in the city of Boston, with an average 1-bedroom condominium going for $200,000 USD. (b) Many individuals prefer owning to renting as they have more long-term control. (c) Housing prices are reaching a level where it is nearly impossible to buy without an exceptionally large mortgage. (d) Many people end up heavily in debt, struggling to make monthly payments on condominiums and houses that they can't afford.

8 Many first-year university students live in residence to ease the transition from living at home to living on their own. (a) Residences commonly provide meal-plan options, providing healthy meals for otherwise busy students. (b) Oftentimes there are residence advisors who help residents with any problems that they are experiencing. (c) About 15% of first year students choose to live off-campus instead of in a dormitory. (d) Residences also provide a support network as there are a large number of students living together and being presented with the same set of challenges.

9 Hi. My name is Andrew Joseph and I'm looking for a female roommate between the ages of 18 and 20 in the South Melbourne area. (a) You must be the person who are able to sign a sublease agreement. (b) My lease ends at the end of July, so I am aiming to find a roommate who will re-sign the lease with me for another 12 months. (c) There is a spacious apartment in the same complex that will be available on August 1st. (d) You must have a steady job and no prospects of relocating or marriage in the near future.

정답: 68p

ALL ABOUT THE TEPS
TEPS 달인이 되는 법 시리즈

다하지 마라! 이것만 하면 된다!

TEPS 달인이 되는 법 - BASIC

텝스를 처음 준비하는 학습자를 위한 필수 지침서
- 청해, 독해, 문법, 어휘를 20개 Unit으로 한 권에 마스터
- 이익훈어학원 TEPS 전문 강사 죠셉킴 선생님의 노하우 공개
- 초급자에게 가장 필요한 유형 파악과 실전 감각 훈련
- 기출 문제를 바탕으로 출제 경향과 유형별 문제 풀이 전략 제시

청해 '출제문의 종류별 유형'과 '토픽별 유형'에 대한 기본 설명과 '죠셉킴 발음 특강'으로 청해에 필요한 집중력을 키울 수 있습니다.
문법 시험에 출제되는 핵심 내용만 다뤄 실전에 바로 적용할 수 있는 skill foundation을 키울 수 있습니다.
독해 '독해 실력 향상을 위한 문장 보는 법'으로 구문의 핵심을 빠르게 파악할 수 있는 Reading Skill을 연습할 수 있습니다.
어휘 기본 어휘를 충실하게 학습해 청취나 독해에 필요한 어휘와 표현을 자연스럽게 학습할 수 있습니다.

죠셉킴/384쪽/CD 2/비법노트 제공/17,600원

한 권으로 TEPS를 끝낸다.

TEPS 달인이 되는 법 - 기본종합

TEPS 초급자를 위해서 각 영역의 핵심을 한 권에 담았습니다
- 실제 기출 유형 위주로 핵심만 정리
- 정기시험을 매월 보는 전문 텝스 강사 집필
- 문제를 반복해서 풀 수 있는 3단계 문제 구성
- 텝스 강력추천, 고난이도 문제, 필수 문제 구분 등 핵심 부분 표시
- LC 음원 MP3 파일로 사람in 홈페이지에서 무료 제공

청해 최근 기출 문제들을 토대로 알짜배기 구문 및 표현만 담았다.
딕테이션으로 리스닝 할 때 핵심 단어나 표현을 캐취하는 훈련을 할 수 있다.
문법 문법의 기초를 같이 배우기 위해 각 영역마다 상세하게 설명했다.
빈도수가 높은 유형에 관한 설명을 '텝스 강력 추천'으로 따로 정리했다.
독해 이해를 돕기 위해 모든 어휘에 예문을 넣었다.
최근 3년간 빈출어휘가 빠짐없이 정리되어 있다.
어휘 초급자들의 독해 실력 향상을 위해 구문 분석을 넣었다.
각 파트별로 묶인 구성을 통해 실전 감각 익힐 수 있다.

남윤이·황혜선/본책(468쪽)+해설집(100쪽)/CD 2/음원 무료 제공/22,800원

TEPS 고득점을 위한 필수 코스!
TEPS 달인이 되는 법-실전모의고사 ①

기출문제를 완벽히 분석한 2회분 모의고사집
- 텝스 기출을 완벽하게 분석해서 반영한 동급 최강의 문제
- 텝스 명강사의 노하우가 집약된 정확하고 명쾌한 해설
- 문법특강, 문법 추가 문제 등 고득점에 필요한 부록 제공
- 정기시험과 동일한 난이도·문제 유형·문제지·레이아웃

최고 텝스 강사가 만든 2회분 실전 모의고사 죠셉킴 선생님이 TEPS 관리위원회에서 출제한 7년간 정기시험을 철저히 분석, 최신 경향에 꼭 맞춘 문제만으로 400문제를 수록했다.
실전 감각을 키울 수 있다 모든 문제는 기본에 충실하면서도 각 파트의 특성을 정확히 분석하여 텝스 수험생들의 학습에 실질적인 보탬이 될 수 있도록 제작했다.
패턴이 아닌 핵심을 짚어주는 색다른 해설 모든 설명은 정답만을 간략하게 알려주는 패턴 설명이 아닌, 문제 핵심을 파악할 수 있게 설명을 자세하게 달았다.
고득점을 위한 특별한 서비스-TEPS 문법 다지고, 굳히기! 시험에 자주 출제되는 문법 유형을 마무리 연습할 수 있게 별도의 50문제와 고득점에 필요한 필수적인 문법 사항을 따로 정리했다.

죠셉킴/해설집(244쪽)+문제집(88쪽)/CD 2/음원 무료 제공/16,500원

TEPS 어휘 기본은 이 책 한 권으로 끝낼 수 있습니다
TEPS 어휘의 달인이 되는 법-포켓북

1,000개의 어휘로 정리한 텝스 입문자 필독서

TEPS의 핵심만 담았습니다 TEPS를 한 번도 본 경험이 없는 초보자도 충분히 학습할 수 있도록 모든 어휘와 문장을 기출문장유형으로 구성했습니다.
TEPS 어휘 기본은 이 책 한 권으로 끝낼 수 있습니다 주제별 어휘 400개, 연어 200개, 혼동어휘 150개, 2어동사 130개, 숙어 100개, 다의어 20개, 모두 1000개의 필수 어휘를 실었습니다.
알짜 부록을 추가했습니다 시험 유형을 한 눈에 파악할 수 있는 '어휘 출제경향', 학습법을 유형별 정리한 '유형별 학습법', 어휘 학습 체계를 잡아주는 'Part별 특징 및 학습법'을 부록으로 실었습니다.
다양한 학습 자료를 MP3 파일로 무료 제공합니다 전문 성우가 본문 음원 전체를 녹음해서 사람in 홈페이지(www.saramin.com)에서 무료 제공합니다.

죠셉킴/352쪽/음원 무료 제공/8,000원

핵심비법 최신문제로 고득점의 벽을 뚫어라!

teps
문법 / 독해
달인이 되는 법

정답과 해설

죠셉킴 | 대한민국 대표 TEPS 강사

사람in
saramin.com

teps 문법|독해 달인이 되는 법

정답과 해설

죠셉킴 | 대한민국 대표 TEPS 강사

사람in
saramin.com

Grammar 문법

Chapter 1. 문장 구조

Pretest
28p

1. (c)
해석 공룡 홀을 지나서는 '아프리카의 목소리'라는 가장 새로운 상설permanent 전시회exhibition가 있다.
해설 부사구(Beyond the Dinosaur Hall)가 문장 제일 앞에 와서 주어와 동사가 도치되었다. 주어가 the ~ exhibition이며 빈칸은 동사 자리이므로 is가 정답.

2. (a)
해석 A: 토니 아들을 만난 적 있어요?
B: 네, 토니와 아들의 성격personality이 얼마나 서로 다른지 놀랐어요amazing.
해설 의문사 how much 이하 절의 주어가 their personalities이고, 빈칸은 동사 자리이다. differ는 자동사이므로 수동태인 are differed는 탈락. 진행형으로 쓰지 못하므로 are differing도 탈락. 주절의 시제가 현재이므로 have differed도 탈락. 따라서 differ가 정답.

3. (a)
해석 의사는 나에게 담배와 술을 끊으라고give up 권했다recommend.
해설 recommend는 3형식 동사이다. 뒤에 바로 목적어를 취하는데 빈칸 뒤에 동사 give up이 오므로 주격인 I가 와서 접속사 that이 생략된 명사절이 되도록 해야 한다. 또한 〈recommend+목적어+to부정사〉 형식으로도 쓰이므로 to give up이라면 빈칸에는 목적격 me가 올 수 있다.

4. (c)
해석 그 남자는 당신 아기가 그것을 가지고 놀게 하도록 권하지 않을 것이다.
해설 recommend 뒤에 명사절을 이끄는 접속사 that이 왔으므로 that 이하는 완전한 문장이어야 한다. 따라서 주어가 오고, let은 사역동사로 쓰이면 〈let+목적어+원형동사〉 형식으로 쓰이므로 정리하면 you let your baby play with it이 정답.

5. (b)
해석 A: 내가 가지고 있는 Robert Bateman의 원화에 약간의 물 자국stain이 생겼어요.
B: 전문가expert에게 연락해서 원화를 복원하지 그러세요?
해설 빈칸은 앞의 contact와 and로 연결되었으므로 동사 have가 바로 오고, 〈have(사역동사)+사물 목적어+과거분사〉의 형식이어야 하므로 have it restored가 정답.

6. (a)
해석 A: Joseph가 어디에 있는 거 같아?
B: 걔는 도서관에서 과제를 하고 있을 거야.
해설 의문사가 있는 의문문에 do you think가 삽입된 문형으로 어순과 관련된 문제이다. Where is Joseph?와 Do you think?가 합쳐 의문문을 만들 때는 〈의문사(Where)+do you think Joseph is?〉가 된다. 참고로 Do you know?와 Where is Joseph?가 합쳐질 때는 Do you know where Joseph is?가 된다.

Daily Test
34p

1. (c)
해석 A: 그 사람들은 길거리에서 난동riot을 부려서 자신들의 목소리를 듣게 하려고 애쓰고 있었어요.
B: 맞아요. 정부가 그들의 의견opinion에 귀를 기울이는 데 오래 기다린 것은 너무 안 좋았어요.
해설 make+oneself+p.p.(누군가에게 자신의 의견을 알리다) 표현을 묻는 문제이다. make themselves understood(자신들을 이해시키다)와 함께 make themselves heard(자신들의 목소리를 듣게 하다)라는 표현을 외우도록 하자.

2. (a)
해석 A: 이사회board가 너무 사람을 고른다고selective 생각하지 않아요?
B: 아뇨, 회사의 비전을 구현하는embody 이사가 있는 것은 기본이죠fundamental.
해설 〈It is fundamental to부정사(have)〉의 형식이며, 빈칸은 a director를 후치 수식하는 현재분사 자리이다. who embodies로 고쳐 쓸 수 있다. 현재 가지고 있는 것이므로 완료형은 맞지 않으므로 (c)는 탈락되고, embody의 주체가 director이므로 수동형인 (b)와 (d)도 탈락된다.

3. (a)
해석 A: 그 지독한 냄새가 어디서 나는 건지 찾고figure out 있는 중이에요.
B: 그게 뭐 같은데요?
해설 간접의문문의 어순은 〈의문사+조동사+주어+본동사(think)〉의 형식이다. 참고로 know는 의문사가 앞에 오지 않고〈Do you know what+주어+동사?〉의 어순으로 쓴다.

4. (d)
해석 A: 와! James는 젊었을 때 자기 할아버지를 많이 닮았네요look like.
B: 네, 전에 들었어요. 그런데 성격personality은 그의 할머니를 닮았어요.
해설 resemble은 타동사로 '~와 닮다'라고 할 때 능동 현재형으로 쓴다. 따라서 resembles가 정답.

5. (b)
해석 Jeffrey는 그녀에게 얘기해서 파티에 가려고 했는데 그녀가 퇴근하는 것을 거절했어요refuse.
해설 try는 뒤에 to부정사가 온다. 따라서 try to talk이 되고, talk 다음에 '~에게 말하다'고 할 때는 talk to somebody의 형식으로 쓴다. 따라서 try to talk to her가 되고, 전치사 into 뒤에는 -ing가 와야 하므로 into going이 된다.

6. (b)
해석 재정적financial 스트레스는 많은 직원들로 하여금 몸이 아프거나 수술operation을 받은 후에 아주 빨리 일로 복귀하도록 했다.(의역 : 재정적 스트레스 때문에 많은 직원은 ~ 복귀해야 했다.)
해설 cause는 〈cause+목적어(many employees)+to부정사〉의 형식으로 쓰인다. 따라서 to return이 정답.

7. (a)
해석 주요 쟁점은 새 노동법 제안이 국제 표준standard에 미달된다는fall short of 것이다.
해설 빈칸 뒤에는 완전한 문장이 이어지므로 접속사 that이 와야 하고, 주절의 주어와 동사가 빠졌으므로 〈주어+동사〉의 형식인 The main issue is that이 온다.

8. (b)
해석 그 공무원은 내 허가증authorization은 보지도 않았다. 그리고 그는 그저 연필로 그 위에 표시를 하고는 나에게 그것을 돌려주었다hand back.
해설 주어 he에 이어지는 동사가 필요하고, made는 타동사로 바로 목적어가 와야 하므로 a mark를 써서 made a mark(표시하다)가 되고, it은 my authorization을 가리키므로 전치사 on 뒤에 온다. 따라서 made a mark on it이 정답.

9. (d) introduce → to introduce
해석 A: 안녕, John. 어떻게 지내?
B: 안녕, Jennifer. 아주 좋아. 내 동생, Tom은 전에 봤니?
A: 아니, 하지만 그에 대해 얘기를 많이 들었어.
B: 오늘밤 파티에서 그를 너에게 소개시키도록introduce 해줘.
해설 allow는 〈allow+목적어+to부정사〉의 형식으로 쓰인다. 따라서 to introduce가 정답.

10. (d) get to exchange them it → get them to exchange it
해석 A: Baby Bee가 모든 유모차bassinet를 리콜한 것에 놀랐어요.
B: 우리는 Jason이 태어나기 두 달 전에 Baby Bee 유모차를 샀어요.
A: 그것을 산 가게에 전화를 걸어야죠.
B: 네, 다른 브랜드로 교환할 거예요.
해설 목적어 them과 it이 나란히 와서 틀렸음을 알 수 있다. 또한 get to는 '~하게 되다'라는 뜻이다. 여기서 them은 Baby Bee 가게 사람들을 가리키므로 get의 목적어가 되어야 하며, it은 exchange의 목적어로 a Baby Bee bassinet을 뜻한다. 즉, 〈get(사역동사)+목적어+to부정사〉 형식이 되어야 하므로 get them to exchange it이 정답.

11. (b) wish that to do → wish to do that
해석 A: 지난 밤 정말 아름다운 파티를 주최하셨어요host.
B: 고맙습니다. 하지만 다시는 그것을 하고 싶지 않아요.
A: 왜요? 모두 당신이 아주 훌륭하다고 생각했는데요.
A: 그게 우리집은 다 가고 나서 완전huge 엉망mess이었거든요.
해설 wish는 to부정사를 목적어로 취하는 동사이고, that은 party를 가리키며 do의 목적어이므로 wish to do that이 되어야 한다.

12. (b) What it about → What is it about
해석 "수상prime minister이 책을 쓰고 있다는 거 알았어?"하고 나는 내 친구에게 물었다. "아니, 몰랐어."하고 그녀는 대답했다reply. "무엇에 관한 건데?" "하키의 역사에 대해서야." "그 사람이 그 스포츠에 그렇게 전문가expert인지 몰랐어."라고 그녀는 말했다.
해설 What it about?에서 동사가 빠져 있다. 따라서 〈의문사+동사+주어?〉의 형식이므로 What is it about?이 되어야 한다.

13. (c) the phone been utilized → has the phone been utilized
해석 휴대폰의 수명lifespan이 얼마나 되는지 알고 싶어하는 것은 자동차가 얼마나 오래 달릴지 알고 싶어하는 것과 같다. 그것은 많은a number of 요소factor들에 따라 다르다depend on. 그 전화기는 몇 시간이나 사용되었는가be utilized? 명심해야keep in mind 할 또 다른 중요한 요소는 그 전화기를 얼마나 잘 관리했는지이다.
해설 의문사 how many ~가 문장 앞에 왔고, 주어는 the phone이고 been utilized는 동사인데, been utilized는 have 동사와 같이 쓰여 '현재완료 수동' 형식이 된다. 따라서 has the phone been utilized가 되어야 한다.

Chapter 2. 시제

Pretest
36p

1. (b)
해석　Joseph과 Marie는 지난 번 내가 참석한participate in 팀 미팅에서 그 문제를 제기했다.
해설　뒤의 participated와 일치되는 과거시제 raised가 들어가야 한다.

2. (a)
해석　Loren은 첫 아들이 태어난 10년 전에 담배를 끊었다.
해설　아들이 태어난 시점이 10년 전이므로 was born과 일치하는 과거시제 gave up이 들어가야 한다.

3. (c)
해석　Nora는 친절하지 않아서unfriendly 점심 시간에 아무도 그녀 옆에 앉는 것을 좋아하지 않는다.
해설　likes, is가 현재이므로 빈칸에도 현재시제인 when they have가 들어가야 한다.

4. (d)
해석　Darlene은 그녀가 오늘 아침 10시부터 사무실을 청소하고 있었다고 말했다.
해설　과거 특정 시간부터 계속 이어지는 일로, 문장 첫머리의 said에 시제를 일치시켜야 하므로 과거완료진행이 맞다.

5. (c)
해석　Ryan 사건case을 누가 맡을take over지에 대한over 토론은 우리가 도착하기 전에 결정되었었다.
해설　우리가 도착한 시점보다 결정이 먼저 이루어진 것이므로 빈칸은 과거완료가 되어야 한다. 주어가 사물이므로 수동태로 쓰였다.

6. (d)
해석　Katie는 이번 달 말쯤이면 일 년 동안 내 상사인 셈이 된다.
해설　〈by+미래 시점〉이 문장에 있으면 동사는 미래완료시제를 써야 한다. '그 때 쯤이면 ~하는 셈이다'로 해석한다.

7. (d)
해석　그 뉴스 캐스터는 사우스햄튼 대학의 화재가 오늘 새벽에 일어났다고break out 우리에게 말했다.

뉴스 캐스터가 말한 시점보다 화재가 일어난 사건이 먼저이므로 빈칸은 과거완료가 와야 한다. break out은 '화재가 발생하다'는 뜻의 자동사이므로 수동태로 쓰지 못한다.

Daily Test
44p

1. (a)
해석　A: 어젯밤에 일어난occur 강도mugging 사건에 대해 들었어요?
　　　B: 네, 사실in fact 우리 직원 중 한 명이었어요. 우리 회사 건물 바로 밖에서 일어났어요.
해설　강도 사건이 과거에 일어난 일이므로 단순 과거인 happened가 알맞다.

2. (a)
해석　A: Matt에게 무슨 일이 있나요?
　　　B: 그는 자기가 처리할handle 수 있는 이상으로 일을 맡았어요.
　　　take on.
해설　과거에 일을 맡아 지금까지 하고 있는 것이므로 현재완료인 has taken이 알맞다.

3. (a)
해석　A: 해일이 언제 해변shore을 강타했나요?
　　　B: 듣기로 아침 7시에 쓸려 왔다고 했어요.
해설　쓰나미가 해변을 강타한 것이 오늘 아침 7시라는 과거의 일이므로 단순과거인 swept가 알맞다.

4. (a)
해석　A: 그 남자가 공개적으로in public 당신을 비난하는 동안 화가 나지 않았나요?
　　　B: 그랬죠. 그의 안면을 치고 싶은 욕구desire를 참아야hold back 했어요.
해설　제3자가 공개적으로 비난한 행동과 화가 난 행동이 동시에 일어난 것이므로 과거시제가 들어가야 하는데 while(~하는 동안)이 있으므로 과거진행형이 더 적당하다.

5. (b)
해석　내가 어렸을 때 물 속에 빠졌다trap. 그 때 이후로 나는 언제나 물이 무서웠다.
해설　물에 빠진 일은 과거이고, 그 이후 물이 무섭다는 뜻이므로 현재완료가 알맞다.

6. (c)
해석　Peter는 버스가 너무 불편해서inconvenient 매일 아침 자동차로 출근한다.

4　TEPS 문법·독해 달인이 되는 법

해설 습관은 항상 현재로 나타낸다. 따라서 drives가 알맞다.

7. (d)
해석 A: 너 또 늦었잖아! 내가 10시부터 기다리고 있었어.
B: 미안해. 교통이 막혔었어.
해설 '~ 이후로 계속 ~하다'는 뜻이므로 현재완료 진행형이 알맞다. 따라서 have been waiting이 정답.

8. (d)
해석 헨리가 극장에 도착했을 때 쯤에 그 쇼는 이미 시작했다.
해설 헨리가 도착한 시제는 과거이고, 공연이 시작한 것은 그것보다 한 시제 앞서 있으므로 과거완료시제인 had already started가 정답이다.

9. (b) he went for the day → he has gone for the day
해석 A: 펠스 씨를 뵈러 왔는데요.
B: 죄송하지만 퇴근하셨습니다go for the day.
C: 벌써요? 겨우 2시밖에 안 됐습니다.
D: 오후 휴가를 내셨습니다take off.
해설 펠스 씨가 오전에는 근무하다가 오후에 휴가를 낸 것인데, 이럴 때에는 더 이상 자리에 안 계신다는 뜻으로 현재완료형인 he has gone for the day라고 해야 옳다.

10. (d) is taking off → took off
해석 A: 실례합니다. 저는 4시에 파리행 비행기를 타는데요 게이트에 아무도 없습니다.
B: 죄송합니다만 비행기를 놓치셨어요.
A: 무슨 말씀이에요? 저는 4시까지 연착된다고 들었는데요.
B: 맞습니다. 4시에 이륙했습니다. 하지만 당신은 한 시간 전에 탑승하셨어야 했어요.
해설 you should have boarded는 '~했어야 했다는 과거 사실의 반대를 나타내는 표현이므로 비행기가 이미 이륙했다는 것이 된다. 따라서 is taking off를 took off로 바꿔야 한다.

11. (b) appeared → appears
해석 A: 제 딸이 4일 동안 열fever이 나고, 하루에 몇 차례씩 토합니다throw up.
B: 탈수가dehydrated 심해 보이네요.
A: 네. 심지어 물도 못 삼켜요.
B: 병원에 입원시켜야admit to the hospital 할 거예요. 따님 상태가 심각합니다serious.
해설 전체 대화 내용이 현재에 벌어지고 있는 일인데 (b)는 appeared로 과거로 말하므로 틀렸다. 현재 탈수 증세가 있는 것이므로 appears가 되어야 한다.

12. (a) is → have been
해석 지난 30년 동안 무게나 계량으로 상품을 파는 무역 상인들trader은 이제 미터법metric system을 사용하는 상품goods을 팔고 광고하는 것이 법적으로legally 요구되었다. WMAC(무게 및 측량 수정 조항)이 1976년 12월 14일에 법률화되었다. 전 세계 무역trade 및 수출export 업체partner들이 사용했기 때문에 뉴질랜드가 미터법을 적용하는adopt 것은 필연적이었다. 다른 나라들과의 무역 개발developing과 성장growing은 과거에도 그랬고 현재도 뉴질랜드 경제에 결정적crucial이다.
해설 (a) 문장에서 for the last 30 years(지난 30년 동안)가 기간을 나타내므로 현재시제보다 현재완료시제가 더 어울린다. 또한 주어에 맞추어 is를 have been으로 고친다.

13. (d) get → got
해석 나는 전날 밤 친구와 함께 우연히 파티에 참석하게attend 되었다. 소개를 하자, 모두들 내 옷을 빤히 쳐다보는stare at 것 같았다. 처음에는 사람들이 옷이 인상적이라고 생각하는 줄 알았는데 나중에 보니 옷 앞에 커다란 얼룩stain이 묻어 있는 것이었다. 어디서 그런 얼룩이 묻었는지 알 수가 없었다.
해설 (d)에서 where I get the stain from의 시제가 잘못되었다. 전체적으로 시제가 과거형인데 갑자기 현재시제를 쓸 수는 없기 때문이다. 따라서 where I got the stain from으로 고쳐야 한다.

Chapter 3. 조동사

Pretest
46p

1. (d)
해석 바보같이silly 굴지 마! 저 사람이 마돈나일 리 없어!
해설 '~일 리가 없다'라는 강한 부정의 확신이므로 can't가 알맞다. 참고로, mustn't는 '~하지 말아야 한다', won't는 '도대체 ~하려 하지 않는다', shouldn't는 '~하지 말아야 한다'의 의미이다.

2. (c)
해석 비행기가 갑자기 하늘에서 급강하하기drop 시작했을 때 너는 공포에 질렸을frightened 것임에 틀림없다.
해설 과거 사실에 대한 추정은 〈must+have+과거분사〉로 나타내어 '~했었음에 틀림없다'로 해석한다.

3. (a)
해석 A: 운전을 멈출까요, 아니면 계속keep -ing 갈까요?

B: 계속 운전하세요. 감사합니다.

해설 could와 would는 상대에게 허락을 구하는 쓰는 조동사이다. 여기서는 '~할까?'하고 상대의 의견을 묻는 것이므로 sould를 써야 한다.

4. (b)

해설 A: Joe가 이 컴퓨터를 고칠fix 수 있을까요?
B: 시도는 해보겠으나 보장은 못하겠다고 그가 말했어요.

해설 주절 said와 시제가 일치되는 would try가 알맞다.

5. (b)

해설 Margaret은 부모님을 찾아뵙느라 여기 없으므로 그녀가 식당에서 우리를 보았을 리가 없다.

해설 ought는 ought to로 써야 하고, should have p.p.는 '해야 했는데 하지 않았다'는 뜻이고, would have p.p.는 '했을 것이다'는 뜻이다. 여기서는 '~했을 리 없다'는 과거 사실의 강한 부정의 뜻인 could not have p.p. 형식이다.

6. (a)

해설 옥외 광고advertising는 사람들이 어쩔 수 없이 볼 수밖에 없으므로, 결과적으로consequently 더 쉽다.

해설 '~할 수밖에 없다'는 관용어구 〈cannot help –ing〉를 묻고 있다. 이 표현은 〈cannot help but to부정사〉와 같다.

7. (c)

해설 제조업자manufacturer들은 더 이상 과거의 방식대로 자동차를 만들지 않는다.

해설 빈칸은 do not make cars를 과거시제로 받는 조동사가 필요하다. 따라서 be동사는 답이 안되고, should have done과 do는 시제가 맞지 않다. '과거에 ~했다'는 뜻의 used to가 알맞다. to는 make cars를 받는다.

Daily Test

52p

1. (a)

해설 A: 부티크(양품점)에서 그 드레스를 살 건가요?
B: 네, 그럴까 봐요.

해설 '~할지도 모른다'는 추측을 나타내는 might가 알맞다.

2. (b)

해설 A: 욕실에서 무슨 소리를 들었는데, 뭐지?
B: 글쎄, 지금 진이 샤워하고 있을 거야.

해설 강한 추측을 나타내는 조동사 must의 사용과 시제활용을 묻는 문제이다. A의 대사로 볼 때, 현재 물소리가 들리고 있으므로 샤워가 진행 중일 가능성이 높다.

3. (b)

해설 A: 정부가 의료보장 예산budget을 삭감한 이후 환자들의 불만complaint이 계속 늘어나고 있어요.
B: 예전에는 간호사nurse들이 환자들을 잘 돌보았는데 요즘에는 너무나 인력이 모자라는understaff 것 같습니다.

해설 '과거에 ~했다'는 뜻이므로 used to를 써야 한다. take care of는 '~을 돌보다'는 뜻이므로 능동형으로 쓴다. 〈be used to +동사원형〉은 '~하는 데 사용되다'는 뜻이다.

4. (d)

해설 A: 여기 있는 내 친구들 모두 그립겠지만miss 전 이제 제 고향으로 돌아가야만 해요.
B: 짐 싸는packing 데 도움이 필요하면 말씀만 하세요.

해설 문맥상 '도움을 필요로 하다'는 뜻이므로 need가 가장 알맞다.

5. (c)

해설 나는 앞으로 2-3주 내에 그 여자가 의젓한 직업을 찾기를 바란다.

해설 hope를 강조하는 조동사로 쓰일 수 있는 do이다.

6. (c)

해설 Maria는 두 번이나 승진promotion 기회를 놓쳐서passed up 무척 화가 났음에 틀림없다.

해설 과거 사실에 대한 확실한 긍정의 추정을 나타낼 때는 must have p.p.를 쓴다.

7. (c)

해설 Kelly가 임신 중이라면 알코올이 들어간 어떤 것도 마시지 말아야 한다.

해설 문맥상 '~하지 말아야 한다'는 금지를 나타내므로 must not이 가장 알맞다.

8. (c)

해설 Joanne은 Susan을 전혀not ~ at all 닮지resemble 않았으므로 그녀의 딸일 리가 없다.

해설 '~일 리 없다'는 강한 부정의 추측은 can't로 쓴다.

9. (d) ought → ought to

해설 (a) A: James로부터 최근에lately 소식을 들었나요?
(b) B: 지난 주에 그에게 이메일을 보냈지만 답장이 없었어요.
(c) A: 그는 이메일을 확인하는 것에는 형편없어요horrible.
(d) B: 멀리far away 사는 친구들이 그렇게 많으니, 이메일을 좀 더 자주frequently 확인해야 할 텐데요.

해설 ought는 항상 뒤에 to를 동반한다:. ought만 단독으로 절대 쓰지 않는 것에 유의!

10. (c) thinking → think

해설 A: 네트워크 마케팅 회사에서 언제부터 일하기 시작했나요?
B: 교사 일job을 그만 둔quit 후니까 겨우 6개월 전이지요.
A: 이런 종류의 회사들의 미래에 대해 어떻게 생각하세요?
B: 고소득을 얻기 위한 엄청난 잠재력potential이 있습니다.

해설 의문사가 있는 의문문에서는 주어와 동사가 도치되는데 이 때 조동사가 주어 앞으로 가면 동사는 원형이 그대로 쓰인다. 따라서 thinking은 think가 되어야 한다.

11. (c) must have listened → should have listened

해설 A: 오늘 너무 지쳤어요tired. 어젯밤 그 파티에 가는 게 아니었는데.
B: 오늘 일을 해야 하죠, 그렇지 않아요?
A: 네, 당신이 집에 있으라고 말했을 때 당신 말을 들었어야 하는 건데요.
B: 음, 다음 번에는 당신이 기억을 하겠지요.

해설 must have p.p.는 '~였음에 틀림없다'는 뜻이다. 여기서는 '당신 말을 들었어야 했는데 듣지 않아서 후회해요'라는 뜻이므로 should have p.p.가 되어야 한다.

12. (c) used to hurting → used to hurt

해설 나는 우리 선생님, Jim Anderson 씨에 대해 말하고 싶어. 내가 Jackson 중학교에 다녔을 때 우리 교실은 너무 낡았었어. 벽에 단단히firmly 못으로 박혔던nailed 칠판을 내 친구 중 한 명이 우연히accidentally 망치hammer로 때려서 칠판이 느슨해졌어become loose. 그 결과 못이 칠판에서 삐져 나왔고stuck out, Anderson 선생님은 판서하시는 동안 못들에 손을 다치곤 하셨어. 그 칠판은 우리 선생님께 전혀 적합하지suitable 않아서 마침내 선생님은 교장principal 선생님께 그것을 바꿔달라고 요청했어.

해설 조동사 used to 뒤에는 동사원형이 와야 하므로 hurting을 hurt로 고쳐야 한다.

13. (a) need show → need to show

해설 사회적 규범norm은 전통적으로traditionally 사람들이 혈연blood relations에 대해 연대감solidarity을 보여야 한다고 명령해왔다. 이러한 규범들은 사람들이 자신의 연로한elderly 부모들에게 당연히 해야 할 것으로 기대되는 봉양support과 같은 일들을 명한다dictate. 연대감은 가족들을 향한 의무감duty에 의해 더욱 강화되곤enforced 했었다. 그러나 최근 몇 십 년에는 이러한 규범들이 서서히 사라지고erode 있음이 통상적으로 발견된다generally.

해설 이 문제는 자칫 need가 조동사로 쓰였으므로 뒤에 동사원형 show가 온 것이 맞지 않는가하고 착각할 수 있다. need가 조동사로 쓰이는 경우는 주로 부정문이나 의문문일 때이고, 긍정문에서는 본동사로 쓰인다. 주어가 복수 people이므로 need to show가 되어야 한다.

Chapter 4. 수동태

Pretest

54p

1. (d)

해설 A: 투표vote 결과result가 발표되었어요announce?
B: 네, Jacob이 반장class president으로 선출되었어요be elected.

해설 Jacob이 다른 사람들에 의해(by the students) '선출되었다'는 뜻이므로 elected가 알맞다.

2. (b)

해설 이렇게 어려울 줄 알았더라면 나는 결코 이 프로젝트에서 일하겠다고 지원하지offer 않았을 것이다.

해설 동사 offer의 주체가 주절의 주어인 I이므로 능동형이 되어야 한다. 또한 '~하지 않았을 것이다'는 뜻이므로 would have offered가 알맞다.

3. (a)

해설 A: 제 교수님이 제 보고서 제출 기한을 연장extension해주셔서 너무 감사하고thankful 있어요.
B: 당신이 정말로 추가extra 시간이 필요했다는 것을 그 분이 인지하신recognize 것 같네요.

해설 동사 recognize의 주체가 my professor를 받는 she이므로 능동형이 알맞고, 시간이 더 필요했다는 것을 안 시점이 과거이므로 과거형 recognized가 알맞다.

4. (a)

해설 벽에 붙은posted 게시물notice에는 '들어가지 마시오'라고 적혀 있었다.

해설 게시물에 '뭐라고 적혀 있다'고 할 때는 동사 read를 능동형으로 쓴다.

5. (d)

해설 A: Ken과 Susan이 서로 결별하기로 했다는 거 들었어?
B: 음. 나한테는 빅뉴스는 아닌 걸. 그들은 결혼한 지 1년도 안 돼서 싸우기 시작했어.

해설 '~했을 때 …하지 않았었다'는 구문으로 'S+had not 과거분사, when+주어+과거동사'로 쓴다.

6. (d)

해석 우리집 앞뜰은 만들고 나서 이번에 처음으로 눈으로 덮혔다.

해설 my front yard가 주어이므로 빈칸은 동사 자리이다. 따라서 to have covered with는 탈락된다. 또한 사물이므로 능동이 아닌 수동형이 되어야 하므로 (b)와 (c)도 탈락. 따라서 has been covered with가 정답.

7. (c)

해석 Dora는 남편이 축구경기에 몰입되어서absorbed 자신의 말을 듣고listen to 있지 않음을 알고 있었다.

해설 동사 absorb는 '열중시키다, 몰입시키다'는 뜻의 타동사이다. 주어 he는 '축구 경기에 몰입되는' 것이므로 수동형 be absorbed가 되어야 하고, 뒤에 따른 전치사는 in을 쓴다.

Daily Test

60p

1. (a)

해석 A: 쿠바산 시가(엽궐련)가 미국에서는 판매되지 않는다는 것이 사실인가요?
B: 네, 금지령ban이 풀릴 때까지는 미국에서 그것들은 불법illegal입니다.

해설 lift는 '(금지령, 세금 등을) 철폐하다'는 타동사이다. 금지령이 철폐되는 것이므로 is lifted가 알맞다.

2. (d)

해석 A: William 부인, 댁의 따님은 아직도 혼자 사나요?
B: 천만에요. 석달 전에 결혼했어요.

해설 marry는 타동사로 '~와 결혼하다'는 뜻이고, 주어가 '언제 결혼했다'고 할 때는 동작 수동태를 써서 got married라고 한다. be married는 '결혼한 상태'를 나타낸다.

3. (a)

해석 내가 너에게 지난 주에 소포package를 보냈으므로 지금쯤 도착할 것이다.

해설 last week이란 과거 시간을 나타내는 부사구가 있으므로 빈칸은 과거시제 동사가 와야 하고 목적어 the package가 있으므로 능동형인 sent가 알맞다.

4. (c)

해석 A: 회사의 올해 크리스마스 파티는 정말 굉장blast했어요.
B: 맞아요! 다음날 사무실에서는 모두들 기진맥진했었지요 worn out.

해설 지난 크리스마스 파티에 대한 얘기로 전체 시제는 과거이며, everyone은 단수 동사로 받으므로 was worn out이 가장 알맞다.

5. (d)

해석 결핵은 2개월 동안 지속되며, 심각한 통증과 증상을 일으키는 특별한 병이다.

해설 주격 관계대명사 that 뒤에는 동사가 와야 하며, last는 '지속되다'는 뜻으로 자동사로 쓰이므로 조동사 can 뒤에 바로 동사원형이 온다. 또한 be able to도 can과 같은 의미이므로 답이 될 것 같지만 질병에는 be able to를 쓰지 않고 can만 쓴다.

6. (b)

해석 Michael은 사고accident에서 부상을 입었지만 다른 승객passenger들 중 일부에게 응급처치first aid를 실시했다perform.

해설 빈칸은 even though 종속절의 동사 자리이다. injure는 '부상을 입히다, 다치게 하다'는 타동사이다. Michael이 사고로 부상을 입은 것이므로 수동태가 되어야 한다.

7. (d)

해석 올해에는 작년과 비교하여compared to 차량 절도율theft rate이 증가한 것으로 보고되었다.

해설 주어가 an increased rate이므로 단수 동사가 와야 하고, report의 목적어가 없으므로 수동형인 was reported가 알맞다.

8. (a)

해석 이 지역에서 생산되는 원유crude oil의 양amount은 이 나라의 다른 모든 지역에서보다 더 많다.

해설 being 뒤에는 진행형(-ing)이나 과거분사형(p.p.)이 올 수 있는데 manufacture는 '제조하다'는 타동사로 여기서는 뒤에 목적어가 없고, 앞의 crude oil을 수식하므로 수동형인 manufactured가 알맞다.

9. (a)

해석 A: 존스 여사가 회장으로 승진됐다는 소식을 들었습니다.
B: 잘 됐네요. 그럴 만해요.
A: 그래요. 그녀는 일도 열심히 하고 맘이 열린 여인에다가 리더십도 뛰어나죠.
B: 동감합니다.

해설 수동태의 용법을 묻는 문제이다. promote는 〈~를 승진시키다〉라는 타동사이다. 따라서 '승진되다'라는 뜻이 되기 위해서는 수동태가 필요하다. 정답은 (a). 여기서 '회장'이란 뜻의 president 앞에는 아무런 관사가 안 붙는 것도 알아두자.

10. (b) locating → located

해석 A: 휴가 때 어디에서 지낼 예정인가요?
B: 해변가에 위치한 아름다운 리조트에서요.

A: 좋겠네요. 비용에 식사도 포함되어included 있나요?
B: 네, 풀패키지all-inclusive 리조트 중 하나에요.

해설 locate는 '위치시키다'라는 타동사이다. '~이 어디에 위치하다'고 할 때는 통상 과거분사형인 located를 쓴다.

11. (a) tiring → tired

해설 A: 저녁은 외식go out할까요? 요리하기엔 제가 너무 지쳐 있어요.
B: 좋아요, 인도 요리를 먹는 건 어때요?
A: 괜찮죠. Field 가에 맛있는 인도 식당이 있어요.
B: 잘됐네요. 내가 전화해서 예약할게요make a reservation.

해설 tiring은 '피곤하게 하는'이란 뜻이다. 사람 주어인 I가 피곤한 상태라고 할 때는 과거분사형인 tired를 써야 한다.

12. (b) revalue → be revalued

해설 테크놀로지는 탐색exploration하기에 편하다. 하지만 테크놀로지가 효과적으로effectively 사용될 수 있기 전에, 탐색은 가르침과 학습 양쪽에 모두 중요한 것으로 재평가되어야 한다. 테크놀로지가 많이 적용된 교실에서 학생들은 수동적이기passive 보다는 능동적이다. 이는 학생들이 지식을 생산하고produce, 그 지식을 다양한a variety of 형식format으로 보여주는present 것을 가능하게 한다.

해설 조동사 뒤에는 반드시 동사원형이 와야 한다. exploration이 revalue되는 대상이므로 수동형인 be revalued로 써야 옳다.

13. (b) comparing → compared

해설 경기에서 이기는 것은 참가자competitor가 도전 받고 열심히 준비preparation했을 때 만족스런satisfying 경험experience이 된다. 이런 힘든 일 없이는 승리는 공허한hollow 것이 될 것이다. 대부분의 경우에, 경기를 준비하는 데 들인 시간과 비교할 경우 경기 자체에 걸리는 시간은 정말 극도로 적다minuscule. 혼자서 정신적mental, 육체적physical으로 훈련하는 시간들이 경기 참가자의 자신감confidence과 기술expertise을 개발하는 시간들이다. 참가자들은 종종 가장 힘든 적수opponent는 자기 자신의 나태함laziness이나 결단력determination 부족lack이라는 것을 깨닫는다.

해설 틀린 문장은 (b)로 역시 능동과 수동의 문제를 다루고 있다. 이 문장에서 비교되고 있는 것은 time과 hours이다. 비교하는 주체가 나오는 것이 아니라 비교하는 대상이 나오고 있으므로, 동사 compare가 수동태가 되어야 한다. 따라서 이 문장은 ~amount of time compared with the hours spent로 고쳐야 한다.

Chapter 5. 가정법

Pretest

62p

1. (d)

해설 A: Marsha는 당신이 오지show up 않아서 정말 화가 났던데요upset.
B: 다음 번에 그녀를 보면 사과해야겠어요apologize.

해설 the next time으로 미래에 일어날 일을 가정하는 것이므로 will apologize가 가장 알맞다.

2. (d)

해설 A: 라디오 볼륨 좀 올려도turn up 될까요?
B: 안 그러시면 더 좋을 것prefer 같습니다.

해설 I'd는 I would의 줄임말이다. 따라서 if 종속절에는 과거형 동사가 와야 하므로 didn't가 알맞다.

3. (b)

해설 그녀의 보고서는 매우 훌륭했고impressive 그녀가 자신의 연구에 많은 노력effort을 기울였음을 알 수 있었다.

해설 문장 전체의 시제가 과거(were, could)이므로 빈칸도 과거형이 들어가야 하는데 의미상 연구에 많은 노력을 쏟은 것이 먼저 일어난 일이므로 과거완료형이 되어야 한다. 과거분사 put이 있으므로 had가 들어가야 맞다.

4. (c)

해설 나는 인라인 스케이트를 타러 벌써 떠났을 수도 있었지만 가지 않고 너를 기다리고 있었다.

해설 부사 already가 있고, 인라인 스케이트를 타러 갔을 것이라는 뜻이므로 빈칸에는 과거의 사실을 가정하는 would have left가 알맞다.

5. (b)

해설 그 도시가 좀 더 저렴한affordable 주택들housing units을 건설하기로 결정했을 때 집 없는homeless 사람들의 문제는 더욱 심각해져severe 있었다.

해설 문맥상 그 시가 주택을 건설하기 전에 문제가 심각해졌다는 뜻이므로 과거완료형인 had become이 알맞다.

6. (c)

해설 A: 새로운 직장 생활은 어떤가요?
B: 이렇게 좋을 줄 진작 알았더라면 좀 더 빨리 지원할apply 걸 그랬어요.

해설 주절의 시제를 보니 would have applied로 가정법 과거완료에 쓰인 동사구이므로 if 종속절은 과거완료를 써서 If I had know가 되어야 하는데 선택지에는 if를 생략하고 도치된 Had I known이 나왔다.

7. (b)

해석 Jack은 작년에 여자 친구랑 헤어졌다. 하지만 그는 아무 일도 일어나지 않았던 것처럼 행동하려고 애썼다.

해설 he tried to act와 nothing had happened를 잇는 접속사가 들어가야 한다. 문맥상 '마치 ~처럼'이란 뜻이 가장 알맞으므로 as if가 정답이다.

Daily Test

68p

1. (c)

해석 A: 파리에 컨퍼런스가 있다는 것을 제가 알았더라면 좀 더 기대를 했었을 텐데요.
B: 깜짝 놀라게surprise 해드리려고 했죠.

해설 주절을 보니 would have p.p.가 있으므로, If절은 가정법 과거완료가 되어야 한다. 따라서 had known이 정답.

2. (a)

해석 A: 유괴된kidnapped 소년을 찾아 집으로 돌려보내 주면 백만 달러의 포상금reward이 제공됩니다.
B: 그 소년의 가족들은 너무 상심이 커서, 만약 아이를 찾을 수만 있다면 얼마라도 무조건 지불할 겁니다.

해설 현재 아이만 찾는다면 어떤 금액이라도 지불하겠다는 의미로 해석되므로 가정법과거 would pay가 적절하다.

3. (d)

해석 A: 우리는 태양계solar system에 대한 프로젝트를 완성했어야 한다고 생각해요.
B: 네, 그랬다면 더 높은 점수를 받았겠지요.

해설 프로젝트를 끝냈어야 했다는 과거 일에 대해 가정하는 것이므로 가정법 과거완료가 적절하다.

4. (b)

해석 A: 어젯밤에 연극play 보러 갈 수 있었나요?
B: 아니요, 하지만 갔더라면 좋았을 걸 그랬어요.

해설 I wish 가정법으로 과거 사실에 대한 가정이므로 빈칸에는 가정법 과거완료인 had gone이 와야 하는데 gone이 생략되고 had만 온 것이다.

5. (c)

해석 네가 방에 장식하는decorate 일을 마치고 나면, 방이 더 근사해

질 것이다.

해설 once는 '일단 ~하면'이란 뜻이다. 방을 꾸미면 더 좋아 보일 것이다는 뜻이므로 will look이 가장 알맞다.

6. (c)

해석 중국이 산업국(선진국)industrialized country이 되기 위해서는 여성들의 정치 활동과 경제 활동activity 참여율participation rate을 늘려야 한다.

해설 〈It is 형용사(necessary, important, imperative, indispensable, natural)+that+주어+(should)+동사원형〉의 구문으로 여기서 〈should+동사원형〉은 가정법 현재에 해당한다.

7. (b)

해석 지구의 생명체는 오존층의 보호protective 효과effect가 없었다면 진화할evolve 수 없었을 것이다.

해설 전치사 without은 '~이 없다면'이란 뜻으로 if를 대용해서 쓸 수 있다. 여기서 문맥상 '~이 없었다면'이 어울리므로 가정법 과거완료로 판단하여 would not have evolved가 가장 알맞다.

8. (c)

해석 내가 그 항공편에 탑승했었더라면 Tokyo로의 연결편connector flight을 놓치지 않았었을 텐데.

해설 주절의 시제가 would not have missed로 가정법 과거완료이므로, if절은 〈주어+had p.p.〉가 와야 한다. 또한 If는 생략되면 주어와 동사가 도치되므로 Had I boarded가 알맞다.

9. (b) I wish I had been → I wish I were

해석 A: 새 차를 잘 타고 있나요?
B: 그러면 좋을 텐데요.
A: 왜요? 차에 문제가 있습니까?
B: 네, 어제 그 차가 사고를 냈어요.

해설 I wish 가정법으로 A가 현재 시제로 묻고 있으므로 가정법 과거로 답해야 한다. had been은 과거완료이므로 were로 고쳐야 한다.

10. (a) had lived → lived

해석 A: 나는 도시에 집이 있는 것이 싫어요. 나는 시골에 살고 싶어요.
B: 정말요? 그럼 매일 시간을 보내려고 뭘 할 거예요?
A: 시골에 살면, 꽃을 기르고, 수마일을 걸을 수 있을 겁니다.
B: 에이, 현실적이 되세요! 절대 안 걸을걸요. 게다가 당신은 풀 알레르기가 있잖아요.

해설 I wish I had lived는 과거 사실의 반대로 '살았기를 바란다'는 뜻이다. 여기서는 현재의 반대로 '살고 싶다'는 뜻이므로 과거

를 써야 한다. 따라서 I wish I lived 또는 I wish I were로 고친다.

11. (d) I stay → I would be staying

해석 A: 일하는 것이 즐겁습니까?
B: 네, 우리 회사는 아주 좋아요.
A: 그럼 왜 주저하시지요?
B: 이때쯤이면 집에서 아이들을 돌봐야겠다고 늘 희망왔던 것 같습니다.

해설 had hoped와 stay의 시제가 일치하지 않는다. had hoped는 과거완료로 '희망해왔었다'는 뜻이고, hoped의 목적어절인 that절 안에는 by now가 있으므로 '지금쯤이면 집에 있을 것이다'는 의미이므로 would be staying home이 알맞다.

12. (c) would have decreased → would decrease

해석 대중교통public transportation은 도시 지역에서 대기오염air pollution을 줄이는 데 핵심적인 역할role을 한다. 이는 모든 이들이 도울 수 있는 분야area이다. 만약 미국인 다섯 명 중 한 명이 매일 대중교통을 이용한다면 일산화탄소carbon monoxide 오염은 미국 내의 모든 화학 제조업계에서 방출emission하는 양 이상으로 줄어들 것이다. 또한 좀 더 많은 미국인들이 대중교통을 이용한다면 연료fuel 사용량도 줄어서 수입 석유에 덜 의존하게reliant on 될 것이다.

해설 If절이 If one in five Americans used public transportation daily로 가정법 과거이므로 주절은 would have decreased가 아니라 would decrease가 되어야 한다.

13. (d) Anyone should call → Should anyone call

해석 여보, 나에요. 영업부에 그 지위로 승진했다니 기뻐요. 당신의 노고와 인내가 마침내 보답을 받는 거라고 믿어요. 당신이 자랑스러워요. 그래서 우리의 특별한 만찬을 위해 스테이크와 야채를 사려고 David Jones로 나왔어요. 그래서 평소보다 집에 일찍 올 경우엔 내가 집에 없을지도 몰라요. 그렇더라도 직접 요리하려고 하지 말아요. 오늘밤은 내가 할 거니까요. 내가 없을 때 누가 전화하면 메시지 좀 받아줘요.

해설 (d) 문장의 경우 가정법 미래의 도치로 Should anyone call로 해야 적절하다.

Weekly Test

70p

1. (b)

해석 A: 당신이 새로 자른 머리에 대해 사람들이 무슨 말을 했나요?
B: 오늘은 제가 사무실에 없었지만 만약 갔었다면 Jean이 틀림없이 한마디 했겠지요.

해설 Jean이 말했을 것이다(would have said something)라는 말과 이어지려면 내가 사무실에 갔었더라면이 되어야 하므로 가정법 과거완료에 따라 had been이 알맞다.

2. (c)

해석 A: 그 게임이 곧 끝날까요be over?
B: 게임 시간은 2분밖에 안 남았지만 광고commercial가 하도 많아서 너무 오래 걸리고 있어요.

해설 B 문장에 쓰인 동사의 시제가 현재(is)이므로 빈칸도 현재 관련 시제가 들어가야 한다. 광고가 시간이 오래 걸리고 있다는 뜻이므로 현재진행(is taking)이 알맞다.

3. (b)

해석 A: 출근할 때 보통generally 버스를 타시나요?
B: 네, 제가 늦지 않았을 때만요. 늦으면 직접 차를 몰고 가지요.

해설 '늦다, 늦어지다'는 be running late을 쓴다.

4. (b)

해석 A: 그 초콜릿 케이크 먹어봤나요? 정말 맛있어요!
B: 아주 훌륭해요. 누가 만들었는지 혹시 아세요?

해설 케이크의 맛을 보는 것은 현재이지만, 제조는 과거에 일어난 일이므로 과거시제인 made가 알맞다.

5. (d)

해석 그 상점의 대표president는 잠재potential 고객들에게 개점식 opening ceremony에 참석해달라고 초대했다.

해설 〈invite A+to부정사〉 구문으로 빈칸은 동사원형 자리이다. attend는 타동사로 전치사 없이 바로 목적어를 취한다.

6. (b)

해석 검찰prosecutor 측의 더 많은 증인witness 심문을 앞두고pending 조사investigation는 잠시 지연될 것이다.

해설 동사 will be left가 있으므로 동사 hang은 겹쳐서 올 수 없고, being hung은 타동사 hang의 수동태인데 문맥상 맞지 않는다. hanging과 to hang 중에서 조사가 '~한 채' 남겨질 것이다는 뜻으로 현재분사인 hanging이 가장 적당하다.

7. (a)

해석 우리가 최종 결론decision을 도출할 수 있기 전에, 많은 행동 계획avenue들이 심사숙고될taken into consideration 것이다.

해설 조동사 will 뒤에는 동사원형이 와야 하고, 주어가 many avenues이므로 수동태인 be taken into가 와야 한다.

8. (d)

해설 1722년 4월 5일, 부활절 일요일에 발견된 그 섬은 이스터 아일랜드로 명명되었다named.

해설 빈칸은 동사 자리로 주어가 the island이므로 수동태인 was named가 알맞다.

9. (c) you been → you went

해설 A: 당신과 Dana가 문제를 겪고 있다고 들었어요.
B: 네, 결혼이란 건 도무지 그 평판에cracked up 못 미치는 것 같아요.
A: 음, 아마도 상담counselor을 받아볼 시기인 것 같습니다.
B: 아마 그러는 게 좋을 듯 하네요.

해설 주어 you 뒤에 과거분사 been이 와서 어색하다. 〈it's time (that) 가정법 과거〉 문장이므로 been이 아닌 went가 되어야 한다.

10. (c) could → can

해설 A: 어느 대학에 갈지 결정했나요?
B: 나는 Harvard에 가고 싶은데 부모님은 제가 New York 대학에 가는 것을 선호하시죠prefer.
A: 당신은 어쩔 수 없겠네요? 부모님이 등록금tuition을 내주실 거잖아요.
B: 맞아요. 최소한at least 학비 대출loan을 받을 필요는 없을 겁니다.

해설 '무엇을 할 수 있겠어요?, 어쩌겠어요?'라는 뜻이므로 What could you do가 아닌 What can you do?가 되어야 맞다.

11. (d) chooses → chose

해설 A: 신임 부사장vice president이 호주 출신이라는 것 들었어요?
B: 아니요, 몰랐어요.
A: 그렇데요, 그 나라에서 전에 출판사를 경영했다죠own.
B: 정말인가요? 그렇다면 그가 이쪽으로 옮겨왔다는 사실이 놀랍군요.

해설 신임 부사장이 옮겨온 것은 과거 사실이므로 chooses가 아닌 chose가 되어야 한다.

12. (a) will not have taken → will not take

해설 영국 근로자들 중 1/3은 과중한 업무overwork를 불평complaint 하면서도 그들에게 주어진 휴일을 모두 소진하지 않을 것이라고 한다. 이는 145억 파운드 가치의 사용되지 않은unclaimed 휴일이 올해 낭비될waste 것임을 뜻한다. 하지만 정말로 손해를 보는 쪽은 고용주들이 될 것이다. 부족한insufficient 휴일은 직원들로 하여금 일과 생활이 적절한proper 균형을 맞추는 데에 곤란을 겪게 하고, 스트레스와 다른 건강 문제의 위험risk이 발생하며, 이는 역으로in turn 부정적인negative 재정적financial 결과를 유발할 수 있다.

해설 will not have taken은 '~하지 않았을 것이다'라는 뜻이다. 여기서는 문맥상 '~하지 않을 것이다'라고 해야 하므로 will not take가 되어야 한다. 미래완료시제는 〈by+시간/시점〉이 문장에 있을 때 주로 쓰이는 것에 유의하자.

13. (b) She acclaimed star → She became an acclaimed star

해설 1809년에 Fanny Kemble은 연기자acting 가족에 태어났다be born into. 그녀는 영국과 미국 양쪽에서 갈채 받는acclaimed 스타가 되었다. 그녀는 연기를 마땅치 않아disdained 했으나 가족들을 재정적 파탄ruin에서 구하기 위해 강제로forced 떠밀렸다. 그녀는 또한 〈Georgian 농장 자택의 일기〉를 포함including, 대여섯 권의 책을 집필했는데, 이 책은 그녀의 가장 큰 대표작telling work이었다.

해설 acclaimed는 '갈채하다, 인정하다'라는 뜻으로 She acclaimed star ~에서는 star를 수식하는 형용사로 쓰인 것이 되어야 한다. 따라서 이 문장에는 동사가 빠져 있다. She와 star가 같은 사람이므로 became을 써서 She became an acclaimed star가 되어야 한다.

Chapter 6. 부정사

Pretest

1. (d)

해설 대 여섯 시간 동안 공부를 했음에도 불구하고 George의 시험 결과result에는 개선의 여지가 많았다.

해설 a lot을 수식하는 to부정사가 들어가야 하는데 목적어가 사물이므로 수동형이 알맞다.

2. (d)

해설 A: Toronto까지 어떻게 갈 생각입니까?
B: 버스를 타기로 결정했어요decide.

해설 decide는 to부정사를 목적어로 취하는 동사이다.

3. (b)

해설 A: 당신은 Ian을 잘 압니까?
B: 잘 몰라요. 전에 그가 어떤 프로젝트에서 내 파트너로 배정된assigned 적이 있었는데, 그가 수업을 포기했었거든요drop.

해설 be assigned to부정사는 '~로 할당되다'는 뜻이다.

4. (d)

해설 A: 이 수학 공식equation은 매우 어렵네요.
B: 네, 보기에도 정말 풀기 어려운 문제 같아요.

해설 부정관사 a가 있으므로 뒤에는 〈부사+형용사+명사〉의 어순이 와야 하고, 명사를 수식하는 to부정사가 뒤따른다.

5. (d)

해석 A: 지금 쇼핑하러 갈go shopping 거야.
B: 네가 올 때까지 기다릴까, 아니면 먼저 식사할까?

해설 '당신을 ~하기를 기다리다'는 wait for you to부정사를 쓴다. 참고로 to부정사의 의미상의 주어는 〈for+대명사의 목적격 (you, him, her, us, them)〉으로 쓴다.

6. (d)

해석 A: 몇 시간 동안 당신의 스테이플러stapler를 사용해도 좋을까요?
B: 물론이죠, 전 지금은right now 그게 필요하지 않습니다.

해설 빈칸은 본동사 자리이다. 조동사 would가 앞에 있으므로 동사원형이 와야 한다. 또한 〈allow+목적어+to부정사〉는 '목적어가 ~하는 것을 허락하다'는 뜻이다.

7. (c)

해석 불꽃놀이firework가 약 30분 내로 시작될 예정이니 준비를 하세요.

해설 expect는 to부정사가 와서 be expected to do하면 '~할 것으로 기대되다, 예상되다'는 뜻이다.

Daily Test

80p

1. (a)

해석 A: 이번 주말에 제인 결혼식wedding에 갈 거야?
B: 응, 그러려고 해.

해설 am planning to go to Jane's wedding this weekend가 원래 문장인데 앞서 나온 말과 중복되는 것을 피하기 위해서 to까지 쓰고 그 이하를 생략할 수 있다. 이때 남은 to를 대부정사라고 한다.

2. (c)

해석 A: 눈이 너무 건조하고 불편해요uncomfortable.
B: 잠시 휴식break을 취하면서 눈을 쉬게 해야 합니다.

해설 need는 조동사로 쓰일 수도 있지만 본동사로서 need to 형태를 주로 취한다. 조동사 용법일 때 부정형은 need not이며 본동사일 때는 don't need to이다.

3. (d)

해석 A: 야, 애들아, 웬일이야?
B: 딱 맞췄네! 이번 겨울 방학 때 어딜 갈지 논의하는 중이야.

해설 〈의문사+to부정사〉 구문이다. 빈칸은 discuss의 목적어 자리로 discuss가 타동사이므로 전치사 없이 바로 목적어를 취한다. 선택지 중 명사구는 where to go뿐이다.

4. (d)

해석 A: 너무 심한horrible 두통을 앓고 있어요.
B: 집에 가서 좀 누우셔야겠네요lie down. 휴식resting은 고통pain을 줄이는 데 꼭 도움이 됩니다.

해설 help는 to부정사와 원형부정사 둘 다 목적어로 취할 수 있다.

5. (b)

해석 더운 날씨weather에 탈수증dehydration을 피하는avoid 가장 좋은 방법은 물을 많이 마시는 것이다.

해설 주어가 The best way이므로 빈칸은 동사구 자리이다. '가장 좋은 방법은 ~하는 것이다'이므로 be동사 뒤에는 보어 역할을 하는 to부정사의 명사적 용법이 와야 한다.

6. (b)

해석 혼자on one's own 살 수survive 있도록 어린 새끼cub들을 훈련하는 데는 몇 년이 걸릴 것이다.

해설 〈to+동사원형〉을 이용해서 가주어 it이 가리키는 것을 표현한다.

7. (a)

해석 토니 블레어 수상은 중동의 위기를 논의하러 부시 대통령을 만날 예정이다.

해설 빈칸은 동사 자리이므로 meeting과 to meet은 탈락. will은 조동사이므로 바로 동사원형이 와야 하므로 탈락된다. 따라서 정답은 is to meet.

8. (c)

해석 Rebecca는 성인senior 합창단choir에 들어가기에는 너무 어려서 대신instead 어린이 합창단에 들어갔다.

해설 〈too 형용사 to부정사〉는 '너무 ~해서 …하기 어렵다, …하기에 너무 ~하다'는 뜻이다.

9. (a) to knowing → to know

해석 A: 당신이 팔려고 내 놓은for sale 집에 대해 좀 더a bit more 알고 싶습니다.
B: 아주 좋은 거리에 있고, 강에서 가깝습니다.
A: 침실은 몇 개인가요?
B: 3개가 있는데 두 개는 이층에, 하나는 아래층에 있지요.

해설 would like to 뒤에는 원형동사가 와야 한다. 따라서 knowing을 know로 고친다.

10. (c) a long day going → a long day to go

해석 A: 오늘 당신의 계획은 무엇인가요?
B: 오늘 아침에는 식료품grocery점에 가야 하고, Nancy의 생일 케익을 구운bake 다음, 파티를 위한 장식decoration을 만드

는 일을 마무리해야 해요.
A: 우와, 오늘 할 일이 정말 많겠군요.
B: 네, 이 생일 파티 준비는 제가 생각했던 것보다 훨씬 일이 많아요.

해설 be going to 뒤에 원형동사 have가 온 것은 맞는데 a long day 뒤에 going은 to go가 되거나 삭제해야 한다.

11. (b) didn't want → didn't want to

해설 A: 오늘 밤에 영화 보러go to the movies 가는 것 아니었어요?
B: Dana가 자기랑 같이 가자고 했지만 전 가고 싶지 않았어요.
A: 정말요? 당신이 정말 보고 싶어하던 영화를 상영하는 줄 알았는데요.
B: 맞아요, 하지만 최근에lately Dana가 제 신경에 거슬려서요 annoy.

해설 앞 사람 말에 대해 '그러고 싶었어/싶지 않았어'라고 답할 때 want 뒤에 앞의 말인 to go to the movies를 대신해 쓰는 대부정사 to가 반드시 있어야 한다.

12. (a) wishing reside → wishing to reside

해설 임시로라도temporarily Fiji에 거주하면서reside 직장을 갖기를 원하는 사람들은 피지에 도착하기 전에 정당한proper 권리 authority를 취득해야 한다. 대부분의 경우 장래의prospective 고용주들이 이런 사람들의 보증인이sponsor 되어 필요한 준비 arrangement를 해줄 것이다. Fiji는 세계에서 가장 친절한 곳 중 하나로 알려져 있다be noted. 여행을 계획하는 동안 적절한 이민immigration 요건requirement들을 충족시키는satisfy 것만 기억하면 된다.

해설 wish는 to부정사를 목적어로 취하는 동사이다. 따라서 reside는 to reside가 되어야 한다. 참고로 이 문장의 주어는 those, 동사는 require이고, wishing ~은 those를 수식한다.

13. (a) decided to go not on → decided not to go on

해설 Bangalore 의대의 수련의junior doctor들은 파업strike을 하지 않기로 결정했다. 원래 파업은 월요일에 시작하기로 계획되어 있었다. 이는 학교측에서 그들의 봉급stipend을 지불하지 못한 것에 대한against 항의 표시로 계획되었다. 그들은 이달 말까지 그들의 봉급 지불을 위한 기금fund을 풀겠다는release 약속을 받아냈다.

해설 to부정사의 부정은 not을 to부정사 앞에 쓴다. decide는 to부정사를 목적어로 취하는 동사이므로 '~하지 않기로 결정했다'는 decided not to ~가 되어야 한다.

Chapter 7. 동명사

Pretest

1. (b)

해설 A: 내일 그 사람이 운전 면허증 시험에 붙을 거라고 확신해?
B: 확신해. 오랫동안 연습했거든.

해설 전치사 of 뒤에는 (동)명사가 올 수 있다. 따라서 passing이 알맞고 동명사의 의미상의 주어는 소유격으로 나타낸다. 따라서 his passing이 정답.

2. (a)

해설 절차procedure를 설명한 후에 대변인representative은 여러분 질문을 받을 것입니다.

해설 after는 전치사나 접속사로 쓰인다. 전치사로 본다면 뒤에 동명사가 온다. 또한 접속사로 본다면, 주절의 주어(the representative)와 같으므로 생략되고, 주어가 explain하는 주체이므로 현재분사를 써서 분사구문이 된다. 따라서 explaining이 정답.

3. (a)

해설 이 지역 선인장cacti의 가시needle를 만지는 것은 피해야avoid 한다.

해설 avoid는 동명사를 목적어로 취하는 동사이다.

4. (a)

해설 신뢰할 수 없는untrustworthy 정치가를 재 선출 한 뒤 정치 부패 corruption에 대해 불평해봤자 소용이 없다.

해설 it is no use 뒤에는 동명사가 온다. 따라서 complaining이 정답. 유사 표현으로 there is no use in -ing, It's no good -ing, It is of no use to부정사 등이 있다.

5. (d)

해설 A: Jane은 임신을 하려고 노력 중이라면 담배를 끊어야 해.
B: 내말이 말이야!

해설 stop -ing는 '~하는 것을 중단하다, 끊다'는 뜻이다. 한편 stop 뒤에 to 부정사가 오면 '~하기 위해 (하던 동작을) 멈추다'는 뜻이다.

6. (a)

해설 유감스럽게도 너의 사업 제안이 거절당했어.

해설 regret는 뒤에 to부정사가 온다. 지금 현재를 말하고 있는 것이므로 단순 부정사가 온다.

Daily Test

88p

1. (a)

해석 A: Joseph을 어떻게 아세요?
B: 작년에 TEPS 수업에서 알았어요.

해설 I remember (that) he was in my TEPS class last year에서 that절 이하를 구로 만든 것으로 he를 him(의미상 주어)로 고치고, was를 being으로 고쳤다.

2. (b)

해석 A: 많은 사람들이 요즘 불경기에 대해 말하고 싶어하지 않아.
B: 맞아. 나도 그래.

해설 feel like -ing는 '~하고 싶어하다, ~할 기분이다'는 뜻이다.

3. (c)

해석 A: 돈에 대해 걱정하는 게 너를 더 부자가 되게 하는 데 도움을 주진 않아.
B: 알았어. 명심할게.

해설 주어 자리이고, 뒤에 목적어가 나오므로 동명사가 알맞다.

4. (b)

해석 A: 그는 반 친구들 앞에서 놀림당해서 굉장히 창피해했어.
B: 그거 안됐다.

해설 make fun of는 '~를 조롱하다, 놀리다'는 뜻이다. 여기서 주어 he가 놀림을 받은 것이므로 수동형 be made fun of가 되어야 하며, 전치사 of 뒤이므로 동명사형으로 쓴 being made fun of가 정답이다.

5. (d)

해석 우리 헌법은 범죄로 고소된 사람들의 많은 인권을 보장한다.

해설 전치사 to 뒤에는 명사가 와야 한다. accuse는 타동사로 '고소하다'는 뜻이고, accuse A of B(B(죄명)로 A를 고소하다)로 쓰인다. 문제에서 '죄를 저질러'가 B에 해당하고 those가 A에 해당되고, those가 고소당하는 것이므로 수동형을 써서 accused가 된다.

6. (d)

해석 올해 담배를 끊은 캐나다인의 숫자는 그 어느 때보다 많다.

해설 quit은 동명사를 목적어로 취하는 동사이다. 올해 담배를 끊는 것이므로 완료 동명사가 아닌 단순 동명사를 쓴다.

7. (c)

해석 잠깐만, Charlie, 이 카푸치노 커피가 뜨겁지 않네요. 가열이 필요해요.

해설 need는 '~을 필요로 하다'는 뜻이다. it은 카푸치노를 받으므로 It needs heating이 알맞다. It needs to be heated.와 같다.

8. (b)

해석 이렇게 빠른rapid 속도rate로 기술이 발전하다 보니 지금부터 10년 후에는 세상이 어떻게 될지를 알 방법이 없다.

해설 이 문장은 〈전치사구(with~)+주어+동사〉 형식이다. there is no -ing를 관용표현으로 익혀두자.

9. (c) sort → sorting

해석 A: 당신의 집안을 잘 정리된organized 상태로 유지하나요?
B: 그러고 싶은데 시간이 없어요.
A: 열쇠는 한번에 방을 하나 정리하기sort out 시작하는 거요.
B: 그건 좋은 생각이네요.

해설 start 뒤에 또 동사 sort가 이어지므로 틀렸다. start는 -ing를 목적어로 취할 수 있으므로 sorting으로 고친다.

10. (b) to ask → asking

해석 A: 넌 어떻게 Magarette 이모가 너에게 주신 생일 선물을 받고 시무룩할 수가 있니?
B: 내가 적은 돈을 원했는지 큰 돈을 원했는지 이모가 나한테 물어보셨단 말이야.
A: 글쎄, 넌 이모가 너한테 체크 무늬 넥타이를 보내려고 했다는 걸 알았어야 했어.
B: 뭐라고? 난 이모가 현금을 보낸다고 말씀하신줄 알았어.

해설 〈remember+의미상 주어+동명사〉 구문으로 '누가 ~한 것을 기억하다'는 뜻이다. 따라서 동명사로 바꾼다.

11. (a) went to fish → went fishing

해석 A: William, 난 네가 가족이랑 낚시하러 갔다고 생각했지.
B: 음, 나한테 같이 갈 건지 물었는데 난 가고 싶지 않았거든.
A: 어째서? 낚시 안 좋아해?
B: 좋아해, 그런데 난 오클라호마 해변을 안 좋아하는데 가족들이 이번에 그곳에 가려고 했어.

해설 go -ing는 '~하러 가다'는 뜻이다.

12. (a) to get → getting

해석 때때로at one time or another, 대부분의 사람들은 아침에 자리에서 일어나기를 힘겨워 한다. 자명종alarm clock이 울리면go off, 우리는 잠시 후에 다시 울리는snooze 버튼을 더듬어grope 찾아 누르고, 이불을 다시 머리까지 뒤집어 쓰고는 단 몇 분간의 소중한precious 잠 시간을 위해 눈을 질끈tightly 감는다. 그러나 어떤 시점에서 우리는 어쩔 수 없는 일들을 미루는put off 것이 소용없다는there is no use -ing 사실을 깨닫는다. 우리가 일어나지 않으면 아무 일도 이루어지지 않는다. 그날은 아무런 진척progress도 발생하지 않을 것이다.

해설 명사 difficulty 뒤에 아무 연결장치 없이 동사 get이 이어지는 것이 어색하다. '~하는 데 어려움을 겪다'는 뜻의 have difficulty -ing 표현을 익혀두자.

13. (a) key to understand → key to understanding

해설 이런 이유들로 인해, 밀림 덮개canopy를 이해하는 것은 열대 우림rainforest을 이해하기 위한 핵심이다. 그러나 이러한 접근 불가성inaccessibility 때문에 이렇듯 두터운 층layer에 대해 아직도 많은 것이 밝혀지지 않은 상태이다. 밀림 덮개에 대해 좀더 배우려는 초기 시도들은 원주민들을 고용하여 나무에 오르게 하는 것부터 힘들게painstakingly 원숭이들을 훈련시켜 식물 샘플들을 먹지 않고 가지고 내려오게bring down 하기까지에 이르렀다. 1970년대에 과학자들은 장기적인 관찰을 위해 밀림 덮개와 그 표면에 접근하기 위해 산악mountaineering 기법과 밧줄들을 이용하기 시작했으나, 1980년대에는 나무 꼭대기를 연구하기 위한 좀 더 정교한elaborate 방법들이 발견되었다.

해설 key to에서 to는 전치사이다. 전치사 뒤에는 (동)명사가 와야 하므로 understand를 understanding으로 고친다.

Chapter 8. 분사와 분사구문

Pretest
90p

1. (c)

해설 남은 피자가 있으면 내일 점심으로 먹도록 해라.

해설 〈there is+주어〉 구문으로 any pizza가 주어이고, 빈칸에는 주어를 수식하는 단어가 들어가야 하는데 사물 주어이고, 문맥상 '~이 남겨진'이란 뜻이어야 하므로 과거분사 left가 정답이다.

2. (c)

해설 경찰 중 한 명이 담장에 기대어 서 있는 여자아이에게 인사했다.

해설 분사는 앞의 명사를 수식한다. 여기서 lean하는 주체가 the girl이므로 능동형인 현재 분사가 알맞다. the girl leaning은 the girl who is leaning과 같다.

3. (b)

해설 A: 자녀의 이름을 과일 이름을 따서name after 붙이는 게 말이 됩니까?
B: 아니요, 바보silly 같아요.

해설 imagine은 동명사를 목적어로 취하는 동사이다. 따라서 빈칸에는 naming이 알맞다.

4. (a)

해설 A: 오늘 몸이 안 좋아 보이는데요, Ann. 괜찮아요?
B: 기말고사에 대해 걱정하느라 밤을 지새웠더니 완전히 녹초가 되었어요exhausted.

해설 빈칸은 be동사의 보어가 되는 형용사 자리이다. exhaust는 타동사로 '피곤하게 하다, 지치게 하다'는 타동사로 사람 주어가 '피곤하다'고 할 때는 과거분사 exhausted를 쓴다.

5. (d)

해설 마지막 몇 초만에 터치다운 점수를 얻은 시카고 불스가 75-70으로 경기를 이겼다.

해설 접속사 없이 두 문장을 잇는 것은 분사구문이다. 주어가 같으므로 생략되고, score가 타동사로 바로 목적어를 취하므로 Scoring a touchdown ~이 된다.

6. (a)

해설 날씨가 이리 좋은 걸 보니 우리가 소풍을 오늘로 계획했던 건 정말 운이 좋은 일이네요.

해설 뒤에 완전한 문장이 있으므로 앞의 빈칸에는 종속절이 와야 한다. 선택지에 완전한 문장이 없으므로 접속사가 생략된 분사구문임을 알 수 있다. If the weather is good에서 if를 생략하고, 주어 the weather는 주절과 다르기 때문에 그대로 유지한 것이다.

7. (c)

해설 사무실 직원들staff을 만난 후에야 나는 내가 그 곳에서 일하는 것이 실감이 났다.

해설 뒤에 완전한 문장의 주절이 있으므로 앞에는 종속절이어야 하는데 After 뒤에 주어가 없다. 따라서 의미상 주절과 같은 주어가 생략된 분사구문이 들어가야 한다. After I met the office staff를 접속사는 두고, 주어를 삭제한 뒤 met를 meeting으로 바꾼 것이다.

Daily Test
96p

1. (d)

해설 A: 잭이랑, 사라가 헤어졌다는 소식 들었니?
B: 진짜야, 사라기 지금 엄청 상심해 있겠네.

해설 과거분사의 용법을 묻는 문제이다. devastate는 타동사로 '황폐시키다', '망연자실하게 하다'라는 뜻이다. 사람이 주어인 위 문제의 경우 '황폐하게 된', '망연자실해진'의 뜻이 되어야 하므로 과거분사가 와야 한다.

2. (b)

해설 A: 오늘 밤 당신은 매우 지쳐 보여요.

B: 아침 여섯 시부터 깨어 있었더니 완전히 녹초가exhausted 되었어요.

해설 As I have been awake since six o'clock this morning을 분사구문으로 만들 때 접속사와 주어를 삭제하고, 시제(have been)가 주절(am)과 다르므로 having p.p.를 쓴다.

3. (d)

해설 A: 당신의 새 집은 아주 근사하군요spectacular.
B: 제가 어릴 때 자란grow up 집에 비하면 이건 아무 것도 아니에요.

해설 '~와 비교하다'는 compare to나 compare with를 쓴다. If it is compared to ~에서 접속사와 주어를 생략한 분사구문을 쓴다.

4. (b)

해설 A: 그 집은 백만 달러도 넘게 지불했을 게 틀림없어요.
B: 제 부인과 저의 수입income을 모두 합친다 해도 우리는 저런 집을 살afford 수 없습니다.

해설 income을 뒤에서 후치 수식하는 단어로 combine은 '~을 합치다'는 타동사, 여기서 income이 사물명사이므로 '합쳐진'이란 뜻의 combined가 적절하다.

5. (d)

해설 정통orthodox 청교도Puritanism의 환경에서 자랐기 때문에 Joel Austin 목사Rev.(Reverend)는 어린 나이에 신학theology에 상당한considerable 관심을 보였다.

해설 접속사가 없고, 두 개의 절이 이어지므로 분사구문임을 알 수 있다. 주어는 Joel Austin으로 생략되고, raise는 원래 타동사인데 여기서는 '자라다'는 수동의 의미이므로 be raised가 된다. 따라서 완료분사인 Having been raised가 알맞다.

6. (c)

해설 허리 부상injury으로 그 골프 선수는 더 이상 경기를 할 수 없었다.

해설 suffer의 주어가 the golf player이므로 현재분사 suffering이 알맞다. '시점 이후로 계속되다'는 명확한 제시어가 없는 이상 현재 완료 진행은 쓰지 않는다.

7. (b)

해설 어젯밤 Sunnyside 병원에서 여섯 명의 신생아가 태어났다.

해설 〈There+be동사+주어〉 구문이다. 빈칸은 eight babies를 수식하는 단어가 들어가야 하는데 동사 bear는 '낳다'라는 뜻의 타동사이고, 여기서는 babies가 태어나는 것이므로 과거분사 born이 알맞다.

8. (d)

해설 우리 회사의 사장은 지난 달 우리 부서department의 노고hard work를 치하한다appreciate는 메시지를 나에게 남겼다.

해설 a message를 수식하면서 뒤에 that절을 목적어로 취하는 saying이 정답이다.

9. (b) to ask → asked

해설 A: 크리스마스에 우리 가족과 함께 저녁 식사를 하시겠습니까?
B: 제 생각을 해주신 건 고맙지만 Carter 부인이 벌써 저에게 그녀의 집으로 올 것을 요청하셨어요.
A: 음, 당신이 휴일을 혼자alone 보내지 않게 되어 기쁘군요.
B: 네, 좋은 친구들이 이렇게 많다는 건 좋은 일이에요.

해설 접속사 but 뒤에 주어는 Mrs. Carter가 있는데 동사가 없다. 따라서 to ask를 동사 역할을 하도록 asked로 고친다.

10. (c) Stealing → Brian stealing

해설 A: Brain이 구속됐다는arrested 얘기 들었어?
B: 그럴리가! 그 애가 무슨 짓을 했는데?
A: 걔가 밀크 바를 훔치는데 가게 주인이 붙잡았대.
B: 어떻게 그런 일을 할 수 있었을까?

해설 steal의 의미상 주어는 Brian인데, 주절의 주어는 the store owner이다. 주어가 다르므로 분사 stealing 앞에 주어 Brian을 명시해주어야 한다. 이런 문장을 독립분사구문이라고 한다.

11. (c) clean → cleaned

해설 A: 오늘 퇴근을 조금 일찍a little 해도 괜찮을까요?
B: 왜요? 어디 약속appointment이라도 있나요?
A: 네, 스케일링을 받으러 치과dentist에 가야 해요.
B: 좋아요, 그렇다면 별 문제 없습니다.

해설 〈사역동사(have)+사물 목적어+과거분사〉 구문이다. 따라서 clean을 cleaned로 고친다.

12. (a) I decided → so I decided 또는 my weight had reached an all time high → my weight having reached an all-time high

해설 내 나이 36세에 나의 체중weight은 사상all-time 최고조high에 달해 나는 뭔가 조치를 취하기로 결정했다. 새 옷을 사러 갈 때마다 옷 사이즈를 올려야 하는 것이 지겨웠다tired of. 지금current 옷들이 갈수록 작아지는 것도 지켜봤다. 나는 일주일에 4-5회 체육관gym에서 운동을exercising 하기 시작했고 내 식단diet에 더 많은 과일과 야채를 포함시켰다include.

해설 my weight had reached an all-time high와 I decided to do something about it 이 두 문장이 아무런 연결장치 없이 이어져 있다. 따라서 두 문장 사이에 접속어 so를 넣거나, 앞의 문장을 분사구문(my weight having reached an all-time high)으로 처리해야 한다.

13. (c) trusting → trustworthy

해석 폐 협회association는 폐lung의 건강을 개선하고improve 홍보하기promote 위해 일한다. 우리는 천식asthma이나 만성폐쇄성 폐질환과 같은 만성 폐질환, 폐결핵이나 독감, 폐렴pneumonia과 같은 전염성infectious 질환, 그리고 수면성 무호흡apnea과 같은 호흡계 질환disorder들에 주력한다focus on. 우리는 시민들과 정부 양측에 믿을 수 있고reliable 신뢰할 수trustworthy 있는 정보를 제공한다. 우리는 또한 폐질환 환자들이 불충분한inadequate 치료care를 받을 때 이의 개선improvement을 주장하기도advocate 한다.

해설 reliable and trusting에서 〈형용사+and+형용사〉로 연결된 것처럼 보이지만 trusting은 '믿게 하는'이란 뜻으로 여기서는 information을 수식하기에 적절치 않다. '믿을 가치가 있는'이란 의미의 형용사는 trustworthy이다.

Chapter 9. 명사

Pretest
98p

1. (d)

해석 A: 조심해요! 저 앞에 차가 바로straight 우리를 향해towards 돌진하고 있어요.
B: 우리가 비키지 않았더라면 우릴 치겠어요.

해설 〈There+be동사+주어〉 구문이다. There's는 There is의 축약형이므로 주어는 단수형이어야 한다. 따라서 a car가 알맞다.

2. (c)

해석 허리케인이 발생한 동안에 뉴올리언즈 시에 많은 피해damage가 발생했다.

해설 〈There+be동사+주어〉 구문이다. damage는 셀 수 없는 명사이므로 복수형으로 쓸 수 없고, much나 lots of로 수식한다. many는 복수명사를 수식한다.

3. (b)

해석 A: 진화evolution에 관한 Cliff의 연설에 대해 어떻게 생각하셨나요?
B: 그의 관점perspective은 흥미로운데 그의 이론theory을 뒷받침할back up 증거evidence는 부족하더군요.

해설 evidence는 불가산명사이다. 따라서 much로 수식한다.

4. (d)

해석 2세가 넘은 아동들은 충분한 칼슘 섭취를 확보하기ensure 위해 매일 3컵의 우유를 마셔야 한다.

해설 '우유 세 잔'을 영어로 표현할 때 milk는 불가산명사이므로 three milks라고 하지 않고, 단위명사 cup을 써서 three cups of milk로 표현한다.

5. (b)

해석 A: Jonathan은 올해 학교 생활을 잘 하고 있나요?
B: 네, 벌써 대여섯 명의 새 친구들을 사귀었어요.

해설 '학교 생활'이라고 할 때는 관사 없이 school을 쓴다. the school은 '학교 건물'을 뜻한다.

6. (b)

해석 Maria는 너무 자주frequently 두통을 앓아서 정말 문제다.

해설 headache는 가산명사로 앞에 부정관사를 쓰거나 복수명사로 쓸 수 있는데 여기서 so frequently(너무 자주)라는 빈도 부사가 있으므로 복수형이 알맞다.

7. (b)

해석 A: 유치원에 다니는attend 학생들은 몇 살입니까?
B: 아이들은 4살이 되어야만 학업을 시작할 수 있습니다.

해설 '몇 살'이라고 할 때는 〈숫자+years+old〉로 표현한다.

Daily Test
104p

1. (a)

해석 A: 찾는 것을 도와드릴까요?
B: 네. 복사용지를 좀 사고 싶습니다.

해설 paper가 '종이'란 뜻일 때는 셀 수 없는 명사이다. 따라서 복수형으로 쓸 수 없다.

2. (c)

해석 A: 20달러를 바꿀 잔돈change이 있으신지요?
B: 아니요, 5달러짜리 한 장과 1달러짜리 두 장밖에 없어요.

해설 a는 one의 뜻으로 bill을 수식한다. 따라서 5달러짜리 한 장과 1달러짜리 두 장이라고 할 때는 a five dollar bill과 two one dollar bills라고 하는데 여기서 dollar bill은 생략한 것이다.

3. (b)

해석 A: 무릎knee 수술surgery 후 좀 어떠신가요?
B: 최악입니다. 내가 운동을 할 수 있었던 과거의 좋은 시간들만 계속 생각하고 있어요.

해설 time이 '시절'이란 뜻으로 쓰일 때는 복수명사로 쓸 수 있다. 따라서 the good times가 알맞다.

4. (b)

해석 A: 이 케이크는 정말 맛있군요. 어디서 샀어요?
　　　B: 실은 제가 직접 만들었지요.
해설 cake은 불가산명사이다. 따라서 복수형이나 앞에 관사가 올 수 없다. this는 지시형용사이다.

5. (b)

해석 지난 봄에 미국 남부를 강타했던hit 허리케인 때문에 농업계 agriculture industry는 50억 달러에 달하는 손실을lose 입을지도 모른다.
해설 돈의 액수는 불가산이므로 much나 little로 수식하므로 '50억 달러 만큼'이란 뜻은 as much as $5 billion이 된다.

6. (a)

해석 그 자리에 없는absent 사람individual의 험담을 하는speak badly 것은 매우 무례한rude 일로 간주된다.
해설 명사 individual(= person)은 셀 수 있으므로 관사를 쓸 수 있고, 앞에 형용사 absent가 올 수 있다. absent가 모음 발음으로 시작하므로 an을 쓴다.

7. (b)

해석 사무실에서는 모두들 Christopher Donald가 그 일에 가장 적임자라는 데 동의하는agree 것으로 보인다.
해설 '바로 그 사람'이란 뜻이므로 the man을 쓴다. man이 '인간(동물과 비교해서 쓸 때 통칭하여)'이란 뜻으로 쓸 때는 집합명사로 셀 수 없는 명사이지만, '사람'이란 뜻일 때는 관사를 붙여 쓸 수 있다.

8. (b)

해석 캐나다의 법률 협회는 법조계의 추세trend를 논의하기 위해 월 1회 회동을 갖는 법조계 인사들로 구성된 독립independent 단체이다.
해설 group은 셀 수 있는 명사로 앞에 관사와 형용사가 올 수 있다. '캐나다 법률 협회'는 하나의 단체이므로 부정관사를 쓴다.

9. (a) teethbrush → toothbrush

해석 A: 이게 너 칫솔이야?
　　　B: 맞아. 지금 이빨 닦아야 되니?
　　　A: 응, 지금 해야 돼.
　　　B: 여기 있어. 맘에 들 거야.
해설 칫솔은 teethbrush가 아니라 toothbrush이다. 복합명사는 N+N(명사+명사)으로 앞의 명사는 형용사의 역할을 하므로 의미가 복수일지라도 단수형을 취합니다.

10. (b) milks → milk

해석 A: 뭐 필요하세요?
　　　B: 음, 우유가 없어요.
　　　A: 새로 나온 '지중해의 아침'은 어때요?
　　　A: 훌륭하죠! 저거 두 개 주세요.
해설 milk는 셀 수 없는 명사이다. 따라서 milks를 milk로 고친다.

11. (a) a good news → good news

해석 A: 좋은 소식이 있어요!
　　　B: 빨리 듣고 싶군요.
　　　A: 좋아요, 하지만 직접in person 만나서 얘기하고 싶은데요.
　　　B: 물론이죠. 지금 바로 그리로 갈게요.
해설 news는 대표적인 불가산명사이다. 따라서 절대 앞에 관사를 쓰지 않는다. I have bad news!도 같다.

12. (b) must → a must

해석 운동선수athlete들은 먹는 음식에 특별히especially 신경을 써야conscious 한다. 균형 잡힌balanced 식단은 경쟁력competitive 있는 운동 선수들을 위해 필수must이다. 운동선수들은 매일 최소한 8잔의 물을 마시는 것이 중요하다. 사람마다 식단이 다를vary 것이므로, 뛰어난 운동선수들은 먹는 음식에 대해 영양학자nutritionist들과 상의를 해야 한다.
해설 must가 조동사가 아닌 '필수'라는 뜻의 명사일 때는 앞에 부정관사 a와 같이 쓰인다.

13. (b) the breakfast → breakfast

해석 우리는 아침에 일찍 일어나서 6시 50분이 아침을 먹었다. 아침 식사 후 아내는 설거지를 했고, 나는 주차장에서 차를 뺐다. 8시 50분에 집을 출발해 먼저 아들을 유치원에 데려다 주러 갔다. 우리가 도착했을 때 그녀는 집 밖에서 우리를 기다리고 있었다.
해설 식사명 앞에는 관사를 쓰지 않는다. 앞 문장에 breakfast가 나와서 두 번째는 the를 붙여야 할 것 같지만 식사명 앞에는 관사를 쓰지 않는다. 단, 식사명 앞에 형용사가 있을 경우는 관사를 쓸 수 있다.

Chapter 10. 관사

Pretest

106p

1. (d)

해설 A: 그가 제 연락처contact information를 가지고 있는데, 혹시 제가 잘못된 전화번호를 주었을까봐 걱정이 돼요.

B: 전화를 해서 확인하는 것이 좋을 겁니다.
해설 contact information이 곧 phone number를 말하므로 관사 the를 쓰고, 〈형용사+명사〉의 어순을 취한다.

2. (c)
해설 A: Target 상점에서 쇼핑하는 것을 아직도 좋아하시나요?
B: 전엔 그랬는데used to 최근에는lately 그들의 상품 가격이 배로 오른 것 같아요.
해설 price가 '가치, 가격'이라는 뜻일 때는 불가산명사 취급한다. 따라서 in price가 알맞다.

3. (c)
해설 A: 골프 치세요?
B: 네, 보통 한 달에 두 번 쳐요.
해설 부사는 일반동사 앞에 위치한다. 따라서 usually play golf가 되고, 운동 이름 앞에는 관사를 쓰지 않는다.

4. (b)
해설 A: 제가 경제학economics 시간에 내려고 쓴 보고서 기억하세요?
B: 전에 제게 교정을proofread 부탁했던 것 말씀인가요?
해설 the paper를 받는 the one이 적절하다.

5. (b)
해설 의사들은 환자들에게 소문hearsay에 의존하지 말고 손에 쥔at hand 증거를 참조하라고refer to 권고해왔다request.
해설 request는 '요구하다'라는 뜻이므로 that절의 동사는 should를 생략한 동사원형을 쓴다. refer to는 '~을 참조하다'는 뜻으로 뒤에 명사가 오는데 evidence는 불가산명사이다. 따라서 an evidence나 evidences는 탈락. 문맥상 '손에 쥔 그 증거'라는 뜻이므로 the evidence가 알맞다.

6. (a)
해설 Sandra는 그녀의 친구들을 찾기 위해 카페를 계속continually 들락날락했다.
해설 walking을 수식하는 부사가 알맞다. '안으로 밖으로'라는 뜻의 표현은 in and out이다.

Daily Test

112p

1. (b)
해설 A: 잠깐 쉴까요take a break?
B: 아니요, 우리는 지금 계속keep -ing 일을 해야 한다고 생각해요.

해설 take a break는 '휴식을 취하다, 쉬다'는 뜻이고 여기서 break를 수식하는 형용사 short를 쓴 것이다.

2. (d)
해설 A: 이 쿠키들은 어떻게 파나요?
B: 낱개로도individually 팔고, 12개 묶음으로도 팝니다.
해설 '몇 개 단위'라는 표현은 〈전치사 by+정관사+개수〉로 나타낸다. dozen은 12개를 뜻한다.

3. (b)
해설 A: 좀 도와드릴까요?
B: 네, 당신 옆에 있는 후추를 좀 건네pass주시겠어요? 이 계란에 좀 더 향spice을 첨가해야겠어요.
해설 두 화자가 가리키는 대상을 이미 알고 있으므로 the pepper를 쓴다.

4. (c)
해설 A: 요즘these days 무슨 일을 하고work on 있나요?
B: 저는 지구의 오존층ozone layer 가스에 관련된involving 프로젝트에서 일하고 있어요.
해설 유일한 것(sun, moon, earth) 앞에는 정관사 the를 쓴다. ozone layer를 수식하므로 소유격으로 쓴다.

5. (d)
해설 5월 마감일deadline까지 학기말term 보고서를 끝내지 않는 학생들은 6월의 학위convocation 수여식ceremony에 참석이 허락되지 않는다.
해설 월 이름 앞에는 관사를 쓰지 않지만, 여기서 May는 deadline을 수식하는 형용사 역할을 하는 것이므로 deadline을 지칭하는 the가 앞에 온다.

6. (c)
해설 버뮤다에서 테크노 센터의 제품product들은 다양한 여러 업종industry에 걸쳐 엄청난extremely 인기를 누린다.
해설 a range of는 관용적으로 '다양한(= various)'이란 뜻의 표현이다. in a vast range of, in a wide range of 등의 표현을 알아두자.

7. (d)
해설 보행자 도로의 상태가 매우 불량하다. 몇 년 전에 수리가fix 되었어야 할 것이다.
해설 condition이 '상태'라는 뜻일 때는 불가산명사이다. 따라서 〈부사(very)+형용사(bad)+명사(condition)〉의 어순이다.

8. (a)

해석 McGowan 씨는 대통령의 연설이 주로mainly 경제에 관한 것이었지만, 사회적 문제들도 거론했다touch on고 말했다.

해설 '대통령이 말한 연설'이란 특정한 것을 가리키므로 정관사를 쓴다.

9. (b) movie → a movie

해석 A: Jill, 여기 당신에게 편지가 왔어요.
B: 좀 있다later 읽을게요, 여보. 전 지금 영화를 보고 있어요.
A: 알았어요, 이건 은행에서 온 건데 중요해 보이는데요.
B: 그렇다면 지금 당장right away 볼게요.

해설 movie는 가산명사이다. 따라서 영화 한 편은 a movie라고 하며, '영화관에 가다'고 할 때는 go to the movies라고 한다.

10. (d) one → that one

해석 A: 오늘 저녁에 어느 식당에 가고 싶으세요?
B: 실은actually 아무데라도 상관없어요.
A: 시내의 이태리 식당은 어때요?
B: 어, 전 거긴 싫어요.

해설 특정한 the Italian place를 받으므로 it으로 쓰거나 one을 써서 나타낼 때는 정관사 the나 지시형용사 that을 써야 한다.

11. (c) an European → a European

해석 A: 언제 마지막으로 앤더슨을 보았니?
B: 2주일 전에 보았어.
A: 그녀가 유럽여행을 계획하고 있다고 들었는데.
B: 맞아. 지난 주에 취리히로 날아 갔어.

해설 (c) European 앞에 부정관사(a)가 와야 한다. 외형상 European은 모음으로 시작하지만 발음은 반자음 [j]이므로 관사는 a가 되어야 한다.

12. (b) Advanced in → Advancement in

해석 역사를 통틀어throughout 인간은 새로운 방식의 의사소통 수단means을 개발해develop왔다. 기술의 발달은 오늘날의 의사소통을 과거보다 훨씬 far 쉽게 만들었다. 역사적으로 보면 의사소통은 일반적으로generally 장거리 여행을 필요로 했다. 오늘날에는 전 세계 사람들과 실시간으로instantly 의사소통을 할 수 있다.

해설 (b) 문장은 〈주어+make+목적어+보어〉의 형식이다. 그런데 동사 make는 있는데 주어가 형태가 아니다. 따라서 advanced를 불가산명사 advancement로 고쳐서 Advancement in technology makes communication far easier ~가 된다.

13. (a) early → the early

해석 현대 가정household의 기원origin은 20세기 초반으로 거슬러 올라간다be traced back. 그 전에는previously 사람들이 대가족 단위unit로 함께 살았다. 오늘날에는 많은 사람들이 그들의 필요성을 초과하는exceed 넓은 집에서 살고 있다. 이러한 경향pattern은 전 세계로 퍼져나가는spread 것으로 보인다.

해설 '20세기 초반'이라고 표현할 때 앞에 정관사를 붙여 the early 20th century라고 써야 한다.

Weekly Test

114p

1. (a)

해석 A: Jonathan은 집 청소를 도와야 할 때면 자주 화를irritate 냅니다.
B: 정말요? 요청을 받으면 별로 꺼려하는mind 듯 보이지 않던데요.

해설 주절이 있으므로 빈칸은 분사구문이어야 한다. When he is asked에서 접속사는 두고, 주어와 being을 생략한 When asked가 알맞다.

2. (d)

해석 A: 연극은 어땠나요?
B: 전체적으로 고려하면consider 그저 괜찮은 편이었어요.

해설 If all things are considered에서 접속사와 being을 생략한 considered가 알맞다.

3. (d)

해석 A: 전 그랜드 캐니언을 방문하고 싶어요.
B: 지금 식료품점에서 콘테스트가 진행go on 중이에요. 참가하면 1인용 3주 여행권을 탈 수 있어요.

해설 '3주간의 여행'이라고 할 때 trip은 가산명사이므로 부정관사 a을 쓰고, 3주는 week 단위명사가 붙어 three-week라고 한다. '3주간의'라고 해서 소유격으로 쓰지 않도록 한다.

4. (c)

해석 A: Jonathon이 저에게 정말 좋은 조언을 해주었어요.
B: 그는 항상 조언을 잘 해요be good.

해설 advice는 불가산명사로 앞에 관사가 올 수 없다. A piece of advice나 형용사를 써서 some good advice라고 한다.

5. (a)

해석 우리는 잠시 논쟁argue을 벌인 후, 다시 이야기를 하고 나서 사과를apologizing 하고 끝냈다.

해설 주절이 있으므로, 앞에는 분사구문이어야 한다. After we argued for a short time에서 접속사는 두고, 주어를 삭제한 arguing이 알맞다.

6. (a)

해석 정당한 경로로 전달되는 정부 기금funding이 사회 문제의 개선improvement에 있어서의 핵심이다.

해설 한 문장으로 주어는 government funding이고, 동사는 might be이다. 빈칸은 명사를 수식하는 〈부사+형용사〉가 알맞다.

7. (b)

해석 모든 미국인들은 의료 지원이 시민들에게 무상으로free of charge 제공되어야provided 한다고 믿는다.

해설 〈주어+동사(believe)+목적어절(that 절)〉의 형식이다. 미국 사람들은 the American 또는 Americans로 쓴다. 주어가 복수이므로 동사도 복수동사로 쓴다.

8. (a)

해석 A: 심난해upset 보이네요. 왜 그러세요?
B: 제 금붕어가 며칠 전the other day 죽어서 어찌해야 할지를 모르겠어요.

해설 목적어절 what I should do를 명사구로 바꾼 what to do가 알맞다.

9. (d) helpful → help

해석 A: 저는 이 업무assignment를 하면서 많은a lot of 곤란trouble을 겪고 있어요.
B: Maria에게 좀 도움을 요청하지 그러세요.
A: 그녀가 꺼려하지 않을까요?
B: 전혀 아니에요. 그녀는 언제나 기꺼이 도와줍니다.

해설 〈be willing to부정사〉 구문을 알아두자. 따라서 She's always willing to help.가 되어야 한다.

10. (c) do we → do you

해석 A: 테이블이 모두 꽉 찬 것 같네요look like.
B: 괜찮아요. 다른 카페에 가면 되죠.
A: 하지만 당신은 차가 없잖아요, 그렇죠?
B: 차 있어요. 저 길 아래에 세워 놨어요.

해설 부가 의문문에서는 동사와 주어를 앞의 문장과 일치시켜야 한다. don't에 맞춰 do를 쓴 것은 맞는데 주어가 you인데 we를 쓴 것이 틀렸다. you로 고친다.

11. (c) pen → a pen

해석 A: 샘, 서둘러! 우린 늦기 싫단 말이야!
B: 금방 갈게. 공책들 가져가야 되니?
A: 하나만 가져오면 돼, 펜도 가져와야 해.
B: 알았어. 이제 준비ready 다 됐어.

해설 pen은 셀 수 있는 보통명사이므로 앞에 부정관사 a가 와야 한다. 그러므로 (c)의 pen을 a pen으로 고쳐야 한다.

12. (b) becomes → become

해석 해외 여행을 가기 전에는 당신의 모든 중요한 서류document들을 제대로 정리organize하는 것이 중요하다. 보안security 조치measure들이 점차increasingly 엄격해지면서tight 비행기 탑승 전에prior to 정확한proper 서류 제출이 요구된다. 이러한 보안 조치들로 인해 공항에서의 대기 시간도 늘어났다. 모든 여행객들은 최소한at least 탑승 2시간 전에 도착해야 한다.

해설 주어와 동사의 수일치 문제이다. As ~ 절의 주어 security measures가 복수이므로 동사도 수일치시켜 become이 되어야 한다.

13. (c) your message clear → your message is clear

해석 온라인 의사소통에서의 오해misunderstanding는 구두 대화에서보다 더 흔히 발생한다. 이메일로 보내는 메시지의 어조tone는 잘못 읽히기가misread 쉽다. 당신의 메시지가 명확한지를 확인하기assure 위해 작성한 메시지를 주의 깊게 다시 읽는 것이 중요하다. 전송 버튼을 누르기click 전에 다음 조언tip들을 따르라.

해설 동사 assure that 이하에서 that 절 내의 주어는 있는데 동사가 없다. 따라서 clear 앞에 be동사 is를 넣는다.

Chapter 11. 대명사

Pretest

118p

1. (c)

해석 A: 지난 달에 우리가 갔던 식당 기억하세요?
B: 7번가에 있는 것 말인가요?

해설 the restaurant을 받는 the one이 알맞다.

2. (c)

해석 A: Jane은 남편과 이혼할divorce 결심을 했나요?
B: 네, 결정권은 완전히 그녀에게 있었어요.

해설 be동사의 보어 자리이므로 명사가 와야 한다. 따라서 소유 대명사 hers가 가장 알맞다.

3. (b)

해석 A: 우유 좀 건네주시겠어요pass?
B: 미안하지만, 남은 게 하나도 없네요.

해설 부정문에서는 any를 쓰고, 긍정문에서는 some을 쓴다. none은 〈no+단수명사〉를 대신하는 것으로 이미 부정어가 있으므로 there isn't와 no를 같이 쓰면 이중부정이 된다.

4. (b)

해석 그 비서secretary는 빨간색 대신instead of 초록색 장식물decoration을 사기로 결정했다.

해설 red decorations에서 decorations를 생략한 red가 알맞다. 불가산명사는 one으로 받지 않는다는 것을 명심한다.

5. (c)

해석 A: 그 초콜릿 케이크는 정말absolutely 맛 있었어요delicious.
B: 당신이 그것을 발견하지 말았어야 하는데요. 하나도 안 남았군요!

해설 none은 〈no+단수명사〉를 대신해서 쓰는 말로 여기서도 there is no cake left를 there is none left로 쓸 수 있다.

6. (d)

해석 Jameson 씨가 방금 당신과 내가 내일 4시에 이 연구의 지도 교수director와 만나기로 일정이 잡혔다고be scheduled to 말했다.

해설 that절 내에 동사는 are scheduled인데 주어가 없다. 따라서 주어 자리에 오는 대명사가 와야 한다. '나와 당신'이란 표현은 영어에서는 you를 먼저 써서 you and I로 한다.

Daily Test

124p

1. (a)

해석 A: 저기요. 초콜릿 케이크 한 조각 더 주세요.
B: 남은 게 없네요.

해설 〈there is 주어〉 구문으로 주어 자리이므로 대명사가 알맞다. 따라서 none이 정답.

2. (a)

해석 A: 우리에게는 2리터가 조금 넘는 물이 있어요.
B: 그렇게 긴 하이킹에는 충분하지enough 않을 것 같아 걱정이worried 되네요.

해설 〈주어+동사〉가 들어가야 한다. 2 liters of water를 받는 대명사 that과 양을 뜻하므로 단수 취급한다.

3. (b)

해석 A: 스카이다이빙을 하려면 지극히extremely 큰 용기brave가 있어야 할 것 같아요.
B: 그건 사실이 아니에요. 누구나 할 수 있어요. 당신도요.

해설 '누구나, 아무나'는 anyone, nobody는 '아무도', someone '누군가', anyone else '다른 어떤 사람'

4. (a)

해석 A: 그 영화 어땠어요?
B: 괜찮은 편이었지만 대단하진great 않았어요.

해설 의문사가 있는 의문문에서 의문사가 빠져 있다. '그 영화 어떻게 생각하세요?'라는 뜻으로 how가 아닌 what을 쓴다는 것에 유의하자.

5. (c)

해석 그 여행은 주로mostly 체력이 강건한athletic 20대 초반early 사람들을 대상으로cater 한다.

해설 이 문장의 주어는 the tours이고, 동사는 cater이다. 빈칸은 전치사 to의 목적어 자리로 특정하지 않은 일반 사람들이란 뜻의 those가 알맞다.

6. (a)

해석 여기서 지난주에 최고로 맛이 있는 복숭아peach들을 샀었는데, 다시 찾으려니 없다.

해설 the most delicious peaches을 받는 복수 대명사여야 하고, 동사 find의 목적어 역할을 하므로 목적격이어야 한다.

7. (d)

해석 모든 호텔 직원들staff은, 심지어even 이른 아침에도, 상냥해 pleasant 보였다.

해설 빈칸은 동사 자리이다. 동사형이 아닌 appearing은 탈락한다. 매일 벌어지는 상황에 대한 진술이므로 현재시제로 쓴다. staff는 집합명사로 문맥에 따라 복수명사로 받기도 한다. '모든 호텔 직원들'이란 뜻이므로 복수 취급한다.

8. (c)

해석 만약 문제가 안 된다면 나는 오늘 저녁에 들러서 그 테이프들을 받아올pick up 것이다.

해설 종속절에 접속사는 있는데 주어와 동사가 빠져 있다. 상황을 나타낼 때는 대명사 it을 쓴다.

9. (b) something → anything

해석 A: 저기요. 담요랑 이어폰 좀 있나요?
B: 물론이죠. 여기 있습니다. 또 필요한 거 있으세요?
A: 아, 네. 지금 음료를 좀 마실 수 있을까요?
B: 지금 안 됩니다. 하지만 비행기가 이륙하면 음료수를 갖다 드릴게요.

해설 의문문에서는 anything을 주로 쓴다. 따라서 something을 anything으로 바꾼다.

10. (c) such → something

해석 A: 새 아파트로 이사를move into 가고 싶어요.

ANSWERS | 정답과 해설 **23**

B: 매물을 조사해보기 시작했나요?
A: 네, 지금 지불하는 것보다 훨씬much 싼 물건을 발견했어요.
B: 멋지군요. 제가 같이 가보기를 원하면 알려주세요.

해설 such는 특정한 것으로 주격 관계대명사 that절의 수식을 받는다. 하지만 여기서는 문맥상 '새 아파트'라는 특정하지 않은 것을 받아야 한다. 따라서 '~한 것을 발견했다'는 something(어떤 것)을 써야 한다.

11. (a) How are → What are

해설 A: 이 초대장invitation들은 무엇을 위한 겁니까?
B: 그건 제가 다음 주에 제 여동생을 위해 열어주는throw 깜짝 surprise 파티를 위한 거에요.
A: 우와, 파티는 어디서 하나요?
B: 저희 집에서요. 피자를 주문하고order 케익을 만들 생각입니다.

해설 올바른 의문사를 묻는 문제이다. What ~ for?는 목적을 뜻한다.

12. (d) encourage → encourages

해설 연구 결과 능동적인active 사람들은 수동적인inactive 동년배peer들보다 20%나 장수한다는 결과를 보여주었다. 이는 당신의 일상 생활daily routine에 적어도 한 시간 정도의 활동을 포함시키는incorporate 것이 중요하다는 점을 시사한다suggest. 겨울철에는 체육관gym 회원권을 사는 것이 좋다. 그러면 가장 추운 날에도 운동을 하게 될 것이다.

해설 주어와 동사의 수일치 문제이다. 주어가 to get a gym membership을 받는 this를 썼으므로 단수 취급하여, 동사도 단수동사를 써야 한다.

13. (c) owns → own

해설 Bellworth 컴퓨터가 결함이defective 있는 배터리에 관련된 경우들이 최근recently 많이 발견되었습니다. 2007년 1월 이후 2만 개가 넘는 배터리들이 회수되었습니다be recalled. Bellworth 컴퓨터를 소유하고 있는 분들은 배터리의 일련serial 번호를 검사해보기 바랍니다. 회수 범위 내의 일련 번호들은 www.bellworth/recall.com에서 찾을 수 있습니다.

해설 주어와 동사의 수일치 문제이다. 주어가 you이므로 동사는 2인칭에 맞는 own을 써야 한다.

Chapter 12. 형용사

Pretest
126p

1. (b)

해설 그가 왜 그의 공부를 해외에서overseas 마치기로 선택했는지는 완전히 밝혀지지 않았다.

해설 〈it is 형용사+why절〉의 형식이며, 부사는 형용사를 수식하므로 형용사 앞에 오고, 부정어는 be동사 뒤에 온다. 따라서 It is not entirely clear가 알맞다.

2. (c)

해설 A: 이것이 생각할 수 있는 최상의 방법임을 확신하세요?
B: 물론입니다.

해설 imaginable은 강조하기 위해 최상급 형용사 또는 all, every, no 따위와 함께 쓰인다. 여기서도 최상급 표현인 the best와 함께 명사 way를 수식해서 쓰였다. imaginable은 명사의 앞 뒤에 올 수 있다. (ex. every imaginable means = every means imaginable)

3. (c)

해설 Janet Black은 순식간에 너무나 위대한 가수가 되어 그녀의 노래들은 20여 개 국가에서 널리 알려졌다.

해설 전체 문장은 so ~ that 구문인데, so는 〈so+형용사+관사+명사〉의 어순이고, such는 〈such+관사+형용사+명사〉의 어순이다. singer가 가산명사이므로 관사를 써야 한다.

4. (d)

해설 A: 아빠, 목이 말라요. 음료수 좀 마셔도 되나요?
B: 많이 남아 있지는 않지만 오렌지 주스를 마셔도 좋다.

해설 orange juice를 수식하는 형용사로 양 앞에 쓰는 much나 little을 쓸 수 있는데 little은 '거의 없는'의 의미로 there isn't 의 not과 중복된다. 따라서 much가 알맞다. some은 긍정문에 쓰이고, few는 가산명사의 복수형과 같이 쓰인다.

5. (a)

해설 너는 친절하게 그를 맞이해야 한다.

해설 manner를 수식하는 형용사 자리이다. friendly는 형태는 부사같지만 형용사로 쓰인다.

6. (b)

해설 A: 개인적으로 얘기 나눌 좋은 곳 아세요?
B: 네, 저기 오래된 회색 벽돌 의회 건물이 좋아요.

해설 형용사가 한 개 이상 나열 될 때 어순은 '신구·색깔·소재'이다.

Daily Test

132p

1. (c)

해석 A: Mary, 이 케이크가 너무 맛있어서 한 조각piece 더another 먹을까 봐요.
B: 드세요. 필요하시면 요리법recipe도 알려드릴게요.

해설 〈so ~ that〉 구문으로 so와 that 사이에 형용사가 온다.

2. (a)

해석 A: 저는 둘 중either 아무 영화나 괜찮아요. 당신은 어느 것이 더 좋아요prefer?
B: 저는 액션 영화를 보는 게 낫겠어요.

해설 복수의 여러 개 중 하나를 지칭할 때 쓰는 의문형용사는 which를 쓴다.

3. (a)

해석 A: 오디션을 어디에서 개최하는hold 게 좋을까요?
B: 글쎄요, 극장은 조명lighting이 좋지만 강당auditorium은 더 많은 사람들을 수용할accomodate 수 있지요.

해설 극장과 강당을 비교하는 것이고, 명사 people을 수식하므로 more(더 많은)가 알맞다. most는 '대부분의', mostly는 '대체로'이다.

4. (c)

해석 A: 어떤 종류의 커피를 선호하시나요?
B: 전 별 상관없습니다matter. 아무 종류kind나 좋아요.

해설 kind는 '친절한'이란 뜻의 형용사가 아니라, 앞의 type과 같은 '종류'라는 뜻의 명사이다. 따라서 '어느 종류나'라는 뜻이 되도록 any를 쓰는 것이 알맞다.

5. (b)

해석 수업에 쓰이는 다른 형태form의 읽을 거리material에는 신문과 잡지가 포함됩니다.

해설 복수명사 forms를 수식하는 형용사 other가 정답.

6. (c)

해석 주인공lead role을 누가 연기할지 결정하는 것을 도와주겠어요?

해설 여럿 중 하나를 선택할 때 쓰는 의문 형용사는 which이다.

7. (c)

해석 새로운 보안security 조치measure는 인기 있는 쇼핑몰에서의 소규모small-scale 도난theft 사건을 방지하기에는 충분하지 못하다.

해설 부정어 not은 주로 be동사 뒤에 오고, '~하기 충분한'이라고 할 때는 〈enough+to부정사〉이다.

8. (c)

해석 시내에서 Golden에 있는 스키 리조트까지는 운전으로 10분 거리 밖에 안 된다.

해설 〈관사+시간+단위명사+명사〉의 어순을 기억하자. '10분 거리의 운전'은 a 10-minute drive이고, '10분 거리의 걷기'는 a 10-minute walk이다.

9. (c) much → so much 또는 a lot

해석 A: 정말 훌륭하군요. 저녁을 차려주셔서 고맙습니다.
B: 괜찮습니다. 저에게도 기쁨인걸요.
A: 이건 제가 아주 좋아하는 요리dish 중 하나입니다. 제가 그린 카레를 얼마나 좋아하는지 아시죠.
B: 그래서 제가 그걸 만들었죠. 당신이 그걸 좋아한다는favorite 걸 기억하고 있었어요.

해설 much가 동사를 수식할 때는 주로 very나 so와 같이 붙여 쓰인다. 또는 유사 의미로 a lot으로 대신하기도 한다.

10. (d) impressed → impressive

해석 A: 안녕하세요. 저는 이 서점에 취직하는 데apply for 관심이 있습니다be interested in.
B: 잘 됐군요. 전에previous 경력이 있는지요?
A: 네, 사실actually 4년간 더블린의 한 서점에서 일을 했습니다.
B: 아주 인상적이네요. 이 신청서를 기입해fill out주시죠.

해설 impressed는 '감동을 받은'이란 뜻이고, 사물 주어일 경우 '감동적인, 인상적인'이라고 할 때는 impressive라고 해야 한다.

11. (b) specific anything → anything specific

해석 A: 오늘 밤에 영화 보러 가고 싶어, James?
B: 좋아. 마음에 둔 영화 있어?
A: 새 007 영화가 보고 싶어.
B: 좋아. 가서 그거 보자.

해설 anything, something, nothing을 수식하는 형용사는 이 단어들의 뒤에 위치한다.

12. (b) temporary → temporarily

해석 10살 때까지 Howard Stone은 보육원foster house을 들락날락했었다. 그를 잠시 동안temporarily 입양한adopt Craig Vaughn을 만난 곳은 그가 보육원들 중 한 곳에 있을 때였다. 하지만 Howard의 어머니는 일 년 후 그를 포기할give up 것을 거절했고refuse, 그 사건case은 법정court으로 갔다. 거기서 Howard는 누구를 자신의 법적legal 영구permanent 보호자custody로 택할지 결정을 해야 했다.

해설 who는 주격 관계대명사이고 선행사는 Craig Vaughn이다. 관계절 내의 temporary는 동사 adopted를 수식해야 하므로 부사형이어야 한다. 따라서 temporarily로 고친다.

13. (d) destructively → destructive

해설 허리케인은 지구상에서 가장 파괴적인destructive 자연의 행위에 속한다. 어떤 것들은 몇 시간 동안만 지속되지만last 그들의 영향effect은 광범위하게widespread 퍼질 수 있다. 과거의 일부 허리케인들은 건물들에 수십억 달러 가치의 구조적structural 피해damage를 입혀왔다. 2004년 미국의 서해안을 강타한hit 것만큼 파괴적인 것은 거의few 없었다.

해설 as ~ as 사이에는 형용사나 부사가 올 수 있다. 여기서 주어가 few이고 동사가 are로 be동사이므로 부사가 아닌 형용사 보어가 와야 한다. 따라서 destructively를 destructive로 고친다.

Chapter 13. 비교급

Pretest
134p

1. (c)

해설 A: 요즘에는these days 신기술이 얼마나 빨리 진부해지는지outdated 정말 놀라워요amazing.
B: 그러게 말이에요. 대부분의 사람들이 예견했던envision 것보다 훨씬 빠른 속도로 진보하고advancing 있어요.

해설 문장에 than이 보이면 비교급임을 알아야 한다. fast의 비교급은 faster이고, 비교급을 강조하려면 앞에 much, a lot, by far 등을 쓴다. 참고로 속도(rate), 비율을 나타내는 명사는 앞에 주로 전치사 at이 쓰인다.

2. (b)

해설 교통 지체delay로 인하여 John이 사무실에서 집까지 가는 데 두 배의 시간이 걸렸다.

해설 배수 표현을 알자. 〈배수+as 형용사 as 명사〉는 '~의 몇 배 어떠하다'는 뜻이다.

3. (a)

해설 A: 팸플릿을 몇 장을 드릴까요?
B: 주실 수 있는 한 많이 주세요.

해설 '~만큼 …한'은 〈as 형용사 as〉로 표현한다.

4. (a)

해설 수업료tuition cost는 그가 예상했던ancitipate 것보다 조금 높았다.

해설 '~보다 더 …한'은 비교급 more ~ than을 쓴다. high의 비교급은 higher이고, '약간 더'는 a little이라고 한다.

5. (b)

해설 중국의 인구population는 세계 최대이다.

해설 최상급 표현을 알자. 최상급은 〈형용사+est〉 또는 〈most+형용사〉로 나타내고 앞에 정관사 the를 붙인다. large의 최상급은 largest이다. world 앞에는 항상 정관사 the가 붙는다.

6. (a)

해설 James Wilson은 내 남동생보다 2년 선배다.

해설 라틴어 어원의 단어(senior, junior, inferior, superior)의 비교는 more than을 쓰지 않고, to를 쓴다.

7. (b)

해설 A: 풀기에solve 더 쉬운 문제를 찾을 수 있나요?
B: 사실actually 이 문제가 가장 쉬운 겁니다. 나머지는 더 어려워요difficult.

해설 정관사 the가 있어 최상급임을 알 수 있고, easy의 최상급은 easiest이다.

Daily Test
140p

1. (b)

해설 A: 곧 받으실upcoming 수술surgery 때문에 염려되시나요?
B: 전혀 그렇지 않습니다. 사실 여태까지보다 더 긍정적이positive 되었어요.

해설 〈as 형용사 as ever〉를 써서 최상급을 나타내는 표현으로 '지금까지 그 어느 때보다 더 ~한 = 지금까지 가장 ~한'이란 뜻이다.

2. (c)

해설 A: Barger 교수님께 좋은 평가evaluation 점수를 드렸나요?
B: 네. 저는 그 분이 자신의 연구에 쏟는 것만큼이나 학생들에게 관심을concerned 가지고 있다고 확실히strongly 믿고 있거든요.

해설 as much ~ as 구조임을 알아야 한다. concerned는 be concerned with로 '~에 관심을 가지다'는 뜻이다.

3. (a)

해설 A: 우리가 계획했던planned 것보다 더 늦은 시간으로 회의meeting를 미뤘으면 하는데요?
B: 알겠습니다. 언제가 가장 좋으신가요?

해설 '~보다 더 늦은 시간에'라는 표현은 a later time than으로 쓴다.

4. (d)

해석 A: 다음 학기 학생들 모두에게 연락을contact 하셨나요?
B: 지금 하고 있는데요, 제가 생각했던 것보다 훨씬 더 오래 걸리고taking 있어요.

해설 '내가 그것이 그럴 것이다고 생각했던 것보다 훨씬 더 오래'에서 '내가 생각했다'는 삽입어구의 어순은 〈주어+동사〉이다.

5. (b)

해석 James는 팀의 다른 아이들 모두에 비해 상당히quite 나이가 많다.

해설 비교급 more ~ than을 가지고 최상급을 나타내는 표현 중 하나가 비교급 뒤에 〈all of the other+복수명사〉를 쓰는 것이다. '다른 모든 누구들보다 더 어떠하다'는 뜻이다.

6. (a)

해석 1900년대 초반에early 캐나다는 세계 최대의 곡물 수출국이었다.

해설 비교급을 가지고 최상급을 나타내는 또 다른 표현으로 〈more ~ than any other 명사〉가 있다. '어느 다른 무엇보다 더 어떠한'이란 뜻이다.

7. (b)

해석 내 생각에는 깊이deep 잠들어 있을 때 방문 두드리는 소리에 깨어나는be woken up 것보다 초 악의 상황은 없다.

해설 anything을 수식하는 형용사는 anything 뒤에 온다. '~보다 나쁜'은 worse than이다.

8. (d)

해석 당신이 바꿀 수 없는 일에 대해 염려하며worrying 보내는 시간은 적을수록 좋다.

해설 〈the+비교급, the+비교급〉 구문으로 '더 ~하면 할수록, 더 … 하다'는 뜻이다.

9. (c) old as → as old as

해석 A: 당신의 새로운 여자 친구의 어떤 점characteristic이 좋아요?
B: 그녀는 친절하고 진실하며sincere 정직하고 지적intelligent이에요.
A: 그녀보다 거의 두 배나 나이가 많다는 사실에 신경이 쓰이나요?
B: 아니요, 사랑에 관한 한when it comes to 나이가 중요하다고 생각하지 않습니다.

해설 배수 표현은 배수가 〈as 형용사 as〉 앞에 와야 한다. 따라서 '두 배 나이가 많은'이란 말은 twice as old as가 된다.

10. (b) possibly → possible

해석 A: 여보세요, Daisy? 이번 주 일정표time sheet 다 되었나요?
B: 네. 최대한 빨리 팩스로 보내드릴게요.
A: 좋아요. 내일까지는 그것을 검토해look over 봐야 하거든요.
B: 알겠습니다, 제 할 일 중 가장 빨리 처리할게요.

해설 '가능한 한 빨리'라는 표현은 as soon as possible 또는 as soon as I can으로 쓴다.

11. (b) good → better

해석 A: John, 휴가 때 가볼 좋은 장소를 생각했어요.
B: 그래요? 음, 작년 여름에 갔던 곳보다 더 나으면 좋겠어요.
A: 이번에는 해외로 갈까 생각 중이에요.
B: 좋은 생각이에요, 그런데 돈이 너무 많이 들 텐데요.

해설 than이 있으므로 비교급임을 알 수 있다. good의 비교급인 better를 써야 한다.

12. (c) most slowest → slowest

해석 책만 읽고 있을 때조차even 당신의 머리카락은 계속constantly 자란다grow. 대부분의 사람들의 머리카락은 항상 같은 속도pace는 아니지만 늘all the time 자란다. 잠을 자던지, 안 자던지 밤에 가장 늦게 자란다. 오전 약 10시경에 가장 빨리fastest 자란다.

해설 slow는 단음절이므로 최상급에 most가 붙지 않으며 부사의 최상급에는 the가 붙지 않는다. 그러므로 (c)는 it grows slowest가 되어야 한다.

13. (b) environments → environment

해석 성별gender에 근거하여based on 분리된divided 학교들을 둘러싼surrounding 논쟁debate이 많다. 여학생들이 여학생들로만 구성된 환경environment에서 학업 성적이 더 좋다는 것은 사실일까? 이 질문에 대한 답을 찾기finding 위해 많은 시간과 연구가 소요되었다. 연구 결과는 실제로, 여학생들이 단일 성별 학교에서 가장 공부를 잘 한다고 나타났다.

해설 부정관사와 명사의 수일치 문제이다. better는 good의 비교급으로 '더 잘'이란 뜻이고, 그 뒤에 이어진 부정관사 an은 environments를 수식하므로 단수형이 되어야 한다.

Chapter 14. 관계사

Pretest

142p

1. (a)

해설 호주의 그레이트 배리어 리프는 세계의 다른 어느 곳에서도 찾을 수 없는 수많은a number of 수중aquatic 생물 종족들의 보고이다.

해설 이 문장의 주어는 The Great Barrier Reef이고 동사는 is이므로 빈칸은 선행사 a number of aquatic species를 수식하는 형용사절이어야 한다. 빈칸 부분을 보면 a number of는 '많은'이란 뜻이며 of 뒤에 복수명사가 오며, 동사도 복수형으로 받는다. 따라서 관계대명사는 that을 쓰고 주격이므로 동사는 복수형 are를 써야 한다.

2. (c)
해설 행복한 직장 생활을 하는 사람들은 놀랄 만큼 적다.
해설 관계대명사의 격을 묻는 문제이다. 빈칸 뒤에 동사 are가 있으므로 주격임을 알 수 있다. 선행사가 few people로 사람이므로 who가 정답이다.

3. (c)
해설 화재로 인해 잃어버린 것들 중에는 우리 어머니의 요리법recipe 책도 있었다.
해설 빈칸 뒤에 동사 were lost가 있으므로 주격이어야 하고, the things가 선행사이므로 that이 정답.

4. (d)
해설 그녀는 아버지가 태어난 Ridley의 작은 도시를 방문하기를 희망하고 있다.
해설 선행사는 the small town of Ridley로 장소이다. 뒤에 이어지는 절은 his father was born in the small town of Ridley가 원래 문장이다. 따라서 장소 전치사 in과 관계대명사 which를 대신해 쓰는 장소 관계부사 where가 알맞다.

5. (a)
해설 연구 결과는 당신이 사는 장소가 당신의 기분과 직접적인direct 연관connection이 있음을 시사해왔다.
해설 that절 내에 동사는 has이므로 빈칸은 주어 자리이다. 문맥상 '당신이 사는 곳(장소)'이라는 뜻이므로 어순은 〈where+주어+동사〉가 되어야 한다.

6. (b)
해설 프레젠테이션과 관련해with respect to 가질 수 있는 모든 질문들을 주저하지hesitate 말고 하세요.
해설 빈칸 이하가 ask의 목적어가 된다. 따라서 빈칸에는 명사절을 이끄는 복합관계사 whatever가 알맞다.

Daily Test

148p

1. (c)
해설 A: 왜 이 책을 읽지 못하게 하는지 이해가 되지 않아요.
B: 흠, 네가 어른이 되면 네가 원하는 어떤 책이든 읽을 수가 있다.
해설 books를 수식하고, 동사 read의 명사절을 이끄는 복합관계사 whichever가 알맞다.

2. (a)
해설 A: 프로젝트 리더로 누구를 뽑을까요?
B: 현명하고 효율적인efficient 결정decision을 내릴 수 있는 사람이면 누구라도 좋습니다.
해설 B의 답변에는 We should choose가 앞에 생략되어 있다. 빈칸을 포함한 문장은 choose의 목적어로 명사절이다. 선행사가 사람이므로 '누구든지'라는 뜻의 whoever가 알맞다.

3. (d)
해설 A: 우리 집 임대료rent가 100달러나 오를go up 것이라는 사실을 방금 알았어요. 그 때문에 너무 화가 나네요.
B: 그것 참 안 됐네요. 당신이 그 돈을 지불할afford 능력이 되기를 바랍니다.
해설 앞 문장 전체를 선행사로 받는 관계대명사는 which이다.

4. (c)
해설 A: 우리 책장bookshelf이 점점 꽉 차crowded 가고 있어요. 이 책들 중 일부를 팔면 어때요?
B: 저도 똑같은 생각을 하고 있었어요.
해설 어순과 관련된 문제이다. 부사는 be동사 뒤에 와야 하고, 〈의문사+주어+동사〉의 어순이어야 하므로 that's exactly what I was thinking이 알맞다.

5. (c)
해설 아이 때 새로운 언어language를 배우는 것은 훨씬 쉬운데, 이는 머리가 언어 형식pattern을 아직 생성하고form 있는 중이기 때문이다.
해설 빈칸 앞뒤는 완전한 문장이다. 따라서 빈칸은 접속사가 들어가야 하는데, 문맥상 '아이 때, 어린 시절에'라는 뜻이어야 하므로 접속부사는 when이 알맞다.

6. (a)
해설 이 행사ceremony는 올해 고객 서비스에서 가장 우수했던excel in 사람들을 수상하기honor 위한 것이다.
해설 honor의 목적어가 되는 자리이다. 뒤에 동사 have excelled가 오므로 주격이어야 하고, 선행사 those가 사람이므로 who가 알맞다.

7. (b)
해설 이번 2월에 필라델피아에 있는 친구들을 만나러 가야 해서 널

보지 못할 거야.
해설 앞 문장 전체를 받으면서 주격이 필요하므로 which를 쓴다.

8. (a)
해설 나는 이 새로운 체중weight 감량loss 프로그램이 다이어트가 아니라 운동에 중점을focus 두고 있기 때문에 마음에 든다.
해설 이 문장의 동사는 is이고, 주어는 빈칸을 포함한 main focus이므로 주어와 동사가 축약된 there's와 it is는 탈락한다. main focus를 수식해야 하고, 문맥상 앞의 program을 받으므로 대명사 it의 소유격인 its가 알맞다.

9. (d) However → Whatever
해설 A: 오늘 밤 전 너무 피곤해요tired.
B: 저도 그래요. 그냥 영화나 보러 가면 어떨까요?
A: 좋아요. 저는 〈The Cave〉라는 영화를 보고 싶은데요. 당신도 좋아요?
B: 그럼요. 당신이 좋다면 무엇이든 좋습니다.
해설 however는 뒤에 형용사가 와서 같이 쓰여야 하는 단어이다. 주어로 쓰려면 명사절을 이끌도록 하므로 whatever가 되어야 한다.

10. (b) which → what
해설 A: 음, 이게 우리 마지막 학기라니 믿어지지가 않아. 시간이 정말 빨리 간다.
B: 맞아! 졸업graduation 후에 뭐 할지 정했어?
A: 그럼, IBX 사corporation에 들어갈 거야.
B: 잘 됐다. 난 네가 거기서 잘 해낼make it 거라 생각해.
해설 do의 목적어이므로 what을 써야 한다. which는 여러 개 중 하나를 선택할 때 쓴다.

11. (b) which → what
해설 A: 벌써 여름 방학이 다가왔다는 사실이 믿어지나요?
B: 아니요, 정말 빨리 왔네요. 3개월 동안 무엇을 할지 결정하셨어요?
A: 우리 아버지의 건설 회사에서 일을 할까 해요.
B: 아주 좋은 생각인 것 같습니다.
해설 which는 '어떤 것'이란 뜻이다. 여기서 문맥상 '무엇을 할지'에 해당하는 무엇은 what을 써야 한다.

12. (d) that → what
해설 많은 나무를 자르고cutting down 숲에 불을 지르는making a fire 것이 온실greenhouse 효과를 더 악화시킨다worsen. 이것 때문에 지구 온도climate가 훨씬much 더워지고 있다. 따라서 더운 온도 때문에 북극과 남극의 빙하가 녹을melt 경우 끔찍한 일들이 벌어질 것이다. 이것이 오늘 내가 여러분에게 온실 효과에 대해 설명하려고 하는 것이다.

해설 that은 접속사로 뒤에 완전한 문장이 와야 한다. 여기서 explain의 목적어가 없으므로 선행사를 포함한 관계대명사인 what이 와야 한다.

13. (b) spread to which → spread which
해설 오늘날 우리가 먹는 음식들 중 많은 것들은 세계의 다양한 diverse 지역에서 기원되었다originate from. 예를 들어 허머스는 북미에서 즐겨commonly 먹는 인기 있는 병아리콩 스프레드이다. 많은 사람들은 이것이 중동에서 기원했음을 알지 못하고 있다. 이 같은such as 음식들은 북미의 문화에 너무나 깊이 배어ingrained 그 기원origin이 잊혀져 버린 것이다.
해설 선행사 chickpea spread는 뒤에 동사 is commonly eaten의 주어이므로 관계대명사는 주격이 되어야 한다. 따라서 전치사 to가 없어야 한다.

Chapter 15. 부사

Pretest
150p

1. (a)
해설 A: 안녕하세요, Jane. 저녁식사 하러 오시나요?
B: 물론이죠. 먼저 빨래방laundromat에 들르려고 가는 길일 뿐입니다.
해설 '~가는 중이다'는 뜻이므로 already나 hardly는 탈락. soon은 미래 시제와 같이 쓰이므로 역시 탈락된다. 문맥상 '~할 뿐이다'는 뜻이므로 just가 정답.

2. (b)
해설 A: 그 프로젝트는 어떻게 되어 가come along 있나요?
B: 거의 다 끝났습니다. 다시 한번 검토하기만 하면 됩니다.
해설 문맥상 '거의' 끝났다는 뜻이므로 almost가 알맞다. then은 '그 때, 그리고 나서'라는 뜻이고, soon은 '곧', near는 '가까이'라는 뜻이다.

3. (d)
해설 A: 작은 마을로 이사 가신다는 것이 사실인가요?
B: 네, 저는 큰 도시들을 좋아하지 않거든요.
해설 어순 문제이다. 부정문에서 just는 주어 바로 뒤에 오는 것이 일반적이다. 따라서 I just don't like big cities.가 알맞다. I don't just like ~로는 잘 쓰지 않는다.

4. (a)

해석　A: 몇 분 전에 어떤 사람이 문 앞에 왔다 갔어요.
　　　B: 누군지 알아 보았어요notice?

해설　문장의 시제가 과거(was)이므로, 부사도 과거 시제를 나타내는 ago가 알맞다.

5. (c)

해석　A: 커피와 차 중 어느 것이 좋아요?
　　　B: 사실 저는 둘 다 안 좋아해요.

해설　'둘 다 안 좋아하다'고 할 때는 이미 부정의 의미가 있으므로 neither는 don't와 맞지 않는다.

6. (a)

해석　A: 오늘 피자를 4조각slice이나 먹었어요.
　　　B: 당신이 그렇게 많이 먹을 수 있었다니 놀랍군요.

해설　'그렇게 많이'라고 할 때는 that much를 관용적으로 쓴다. 관용표현으로 익혀두자.

Daily Test

156p

1. (a)

해석　A: 일본에 있는 당신의 친구들을 언제 방문할지 결정하셨나요?
　　　B: 올해 후반쯤으로 생각 중인데, 정확한exact 날짜는 아직 정하지 않았어요.

해설　'올해 후반'이라고 할 때는 later in the year라고 한다. 관용표현으로 익혀두자.

2. (a)

해석　일반적으로 습관habit은 너무too 강해서 무너질 수 없을 때까지는 느껴지기에는 너무 작다.

해설　too ~ to의 용법을 묻는 문제이다.

3. (a)

해석　A: 오늘 밤 바닐라와 초콜릿 아이스크림 중 어느 것을 내놓는 serve 게 나을까요?
　　　B: 바닐라가 딸기 파이와 잘 어울릴go with 것 같아요.

해설　어형 문제이다. 동사 go를 수식하므로 부사형인 nicely가 알맞다.

4. (b)

해석　A: Ben Lee의 콘서트에 갈 것이 기대되지 않아요?
　　　B: 네, 그는 제가 제일 좋아하는 음악가musician에요. 정말 빨리 가고 싶어요!

해설　문맥을 잘 따져봐야 하는 문제이다. '기다리지 못하겠다'는 뜻이므로 부정부사인 hardly가 알맞다.

5. (c)

해석　그 이야기를 믿을 만큼 어리석은foolish 사람들이 있다는 것이 믿기 어렵다.

해설　부사 enough가 형용사를 수식할 때의 어순을 묻는다. 〈형용사+enough+to부정사〉를 명심하자.

6. (d)

해석　그 중고used 스테레오에 대해 그가 요구하는 가격은 터무니없이 비싸다.

해설　far too가 형용사 high를 강조 수식한다.

7. (b)

해석　그의 상처injury는 그가 부모에게 전화로 이야기한 것보다 훨씬 far 더 심각severe했다.

해설　어형 문제이다. be동사 was의 보어 자리이고, more ~ than 비교급 구조다. 따라서 빈칸은 형용사 severe가 알맞다. far는 강조 수식하는 부사이다.

8. (a)

해석　말라리아는 젊고 건강한 여행객들에게는 보통 잘 감염되지 affect 않는다.

해설　부사의 위치를 묻는다. 부정어와 본동사 사이에 부사가 온다. 따라서 doesn't usually가 정답.

9. (b) prefer always → always prefer

해석　A: Wilson, 날 괴롭히는 것이 있는데 너한테 말해도 될까?
　　　B: 물론이지. 난 사람들이 직선적인 게 좋아.
　　　A: 통화 중일 때 제발 소리 좀 줄여줄래?
　　　B: 아, 미안. 난 내가 그렇게 목소리가 큰지 몰랐어.

해설　부사 always는 일반 동사 앞에 위치한다. 따라서 always prefer가 되어야 한다.

10. (c) nice go to somewhere → nice to go somewhere

해석　A: 겨울 휴가 때 여행 계획이 있나요?
　　　B: 하와이에 가고 싶은데, 모든 항공편flight이 다 비싸서요 expensive.
　　　A: 맞아요. 하지만 한편으로는 따뜻한warm 곳으로 가는 것도 나쁘지 않지요.
　　　B: 당신 말이 옳아요. 비용cost 걱정은worry about 하지 말아야 겠어요.

해설　〈가주어, 진주어〉 구문이다. it's를 쓰려면 뒤에 to부정사가 와야 하는데 nice go가 어색하다. 따라서 it's nice to go로 써야 한다. 참고로, somewhere warm은 형용사 warm이 somewhere를 후치 수식하고 있다.

11. (a) restaurant on last night → restaurant last night

해석 A: John과 저는 어젯밤 그 새로운 중국 식당에 갔었어요.
B: 잘했군요. 어떻습니까?
A: 음식은 기가 막혔는데 서비스가 너무 느렸어요.
B: 아, 저는 식당의 서비스가 나쁘면 너무 싫어요hate.

해설 '지난 밤'이라고 할 때 앞에 전치사는 생략되어 last night이라고만 쓴다. 이와 유사한 것이 tonight, yesterday, tomorrow, this morning, this afternoon 등이 있다.

12. (d) Scarcely → Scarcely did

해설 온실효과에 대한 자신의 생각을 500자로 작문을 해오는 것이 월요일의 과제입니다. 글은 더블 스페이스로 하여 타이프 쳐야 하며 뒷면에 참고를 기재해야 합니다. 글자 크기 또한 주의해야 합니다. 저는 개인적으로 글자 크기 8-9보다는 10-11 정도를 선호합니다. 따라서 제출하기 전에 글의 모든 페이지를 확인해야 합니다. 위에 언급한 이 지침들을 무시하는 학생은 거의 없었으므로 과제의 지침을 이해했기를 바랍니다.

해설 (d)에서 부정부사 scarcely가 앞으로 나와 도치된 구문인데 부정부사 다음에 did가 보이지 않으므로 추가해야 완벽한 부정부사 강조구문이 된다.

13. (b) there → their

해석 기업 환경에서 여성들은 소위termed '유리천장'이라는 것에 종종 도달한다reach. 이 용어term는 그들의 남성 동료colleague들을 넘어서 승진하는 데advancing 있어서 여성들이 직면하는face 어려움을 말한다refer to. 여성들은 보통commonly 남성들보다 적은less 급여를 받고, 높은 경영직management position으로 승진하기도 어렵다. 운 좋게도 이런 현상은 지난 10년decade간 달라져 왔으며 이제는 직장에서의 평등equality이 더 늘어났다.

해설 there는 부사로 '거기에'라는 뜻이다. 여기서는 male colleagues를 수식하는 소유격 their가 와야 한다.

Weekly Test

158p

1. (d)

해석 A: 나의 새 오토바이를 타고 90마일을 달려보았어요.
B: 정말 대단하군요. 당신이 그렇게 멀리까지 탈 수 있는지는 몰랐어요.

해설 far와 어울려 강조를 나타내는 대명사는 that이다.

2. (d)

해석 A: 체육관에서 얼마나 자주 운동 하시나요?
B: 약 주 2회 정도 하려고 노력합니다.

해설 의문사 how와 어울려 '얼마나 자주'라는 뜻이 되어야 하므로 often이 정답. how many는 '수'를 나타내 뒤에 복수명사가 와야 하고, how much는 '양'을 나타낸다.

3. (b)

해석 A: 오늘 밤 저녁식사 하러 오실래요?
B: 전 식당에서 외식하고픈 마음이 훨씬 큰데요.

해설 I'd는 I would의 줄임말로, rather를 수식하는 부사는 much이다.

4. (a)

해석 A: 이 검은색 사발 몇 개 더 없나요?
B: 몇 개나 더 필요하세요?

해설 much와 little은 양을 나타내어 탈락하고, few는 '거의 없는'이란 부정의 의미가 있으므로 문맥과 어울리지 않는다. black bowls를 가리키므로 수를 나타내는 many가 정답.

5. (a)

해석 Barbara는 최근 들어 마음에 좀 안 드는 구석이 많아졌다.

해설 어순을 묻는 문제이다. 부사는 형용사 앞에 와야 하므로 rather unpleasant가 정답.

6. (c)

해석 양쯔강은 10미터 이상 치솟는 것으로 알려져 있다.

해설 '10미터나 되는 높이로'라는 의미이므로 as much as가 정답.

7. (d)

해석 Ben은 비록 입양되었지만 다른 아이들만큼 가족의 중요한 일부였다.

해설 뒤에 as가 있으므로 원급 비교 어순에 따라야 한다. 〈as+형용사+관사+명사〉에 따라 as much a part of가 정답.

8. (b)

해석 그가 무엇을 하기로 선택하든 나는 그를 지지할 것이다.

해설 빈칸 뒤에 이어진 문장에 목적어가 빠져 있으므로 복합관계사인 whatever가 정답.

9. (d) it's right with the corner of → it's right on the corner of

해석 A: 내일 여행 전에 자동차에 기름을 넣어야 해요.

B: 좋은 생각이네요. 10번가의 주유소에 다녀오지 그래요?
A: 그 거리에 주유소가 있나요?
B: 네, 10번가와 4번가의 모퉁이에 있어요.

해설 올바른 전치사 문제이다. 모퉁이에 있다고 할 때 with가 아닌 on the corner를 쓴다.

10. (c) keep track for things → keep track of things

해설 A: 지난달 전화요금 납부했나요, 여보?
B: 기억이 안나요. 지난주에 납부했을지도 모르겠어요.
A: 그런 일들은 기록을 해두셔야 해요.
B: 알아요. 미안해요. 전화회사에 알아볼게요.

해설 전치사 문제이다. '~을 기록하다'고 할 때 관용표현으로 keep track for가 아닌 keep track of를 쓴다.

11. (c) lately tonight → late tonight

해설 A: 제가 얼마 전 새 직장을 얻었어요, Joseph.
B: 그것 참 잘됐네요. 오늘 저녁을 함께 하며 직장 이야기를 자세히 해주면 어때요?
A: 실은 오늘 밤 야근을 해야 할 것 같아요.
B: 좋습니다, 그러면 이번 주 중에 저에게 전화를 주시고 한번 만나지요.

해설 혼동하기 쉬운 어휘 문제이다. lately는 '최근에'라는 뜻의 부사이다. 문맥상 '오늘밤 늦게'라고 해야 맞으므로 late가 되어야 맞다.

12. (b) puts the medical → puts on the medical

해설 통계 결과 미국의 성인 인구 중 60% 이상이 과체중 혹은 비만으로 나타났다. 의사들은 이 사실이 의료계에 주는 압박에 대해 우려를 표명해왔다. 하지만 더 놀라운 것은 과체중 어린이들의 비율이다. 10세 미만 미국 어린이들 중 근 30%가 과체중으로 분류되었다.

해설 (b) 문장의 구조를 살펴보면, Doctors / have been expressing / concern about the pressure // (that) this puts the medical system.이 되는데 전체 주어는 Doctors, 동사는 have been expressing이고, 목적어는 concern이다. 따라서 this ~ system이 앞의 the pressure를 수식하는 형용사절이어야 하므로, the pressure와 this 사이에 목적격 관계대명사 that이 생략되었음을 알 수 있다. 선행사 the pressure가 관계대명사절에서 목적어 역할을 하므로, the medical system이 전치사구가 되어야 한다. 따라서 전치사 on을 the medical system 앞에 써야 한다.

13. (a) have been expressed → have been expressing

해설 환경학자들은 수년간 지구 온난화 현상에 대해 우려를 표해왔다. 최근에 이르기까지 각국 정부들은 그 경고를 무시하고 환경 정책에 주의를 기울이지 않았다. 올해는 과학자들과 정치인들이 마침내 지구 온난화에 대처하기 위해 손을 잡으면서 극적인 변화가 이루어졌다. 2010년까지는 더욱 강력한 환경 법안이 제정될 것임이 시사되었다.

해설 수동태, 능동태 관련 문제이다. 주어와 동사의 관계가 주어가 동작의 주체이면 능동태를 쓰고, 객체이면 수동태를 쓴다. 여기서 환경학자들이 우려를 표하는 것이므로 능동형이 알맞다. 따라서 have been expressing으로 고쳐야 한다.

Chapter 16. 접속사

Pretest

162p

1. (d)

해설 네가 빨리 등록하지register 않으면 자리seat를 얻지 못할 수도 있다.

해설 문맥상 알맞은 접속사로 '~해야 한다(~해라), 그렇지 않으면'이란 구문으로 or를 쓴다.

2. (a)

해설 A: 제가 작년에 중국에 갔었는데, 헬멧을 쓰지 않고 자전거를 타는 사람들을 봤어요.
B: 흥미롭군요. 제가 사는 곳에서는 헬멧을 쓰지 않으면 불법인데against the law 말이지요.

해설 문맥상 부사절이 되어야 하므로 부사절을 이끄는 장소 부사 where가 알맞다.

3. (d)

해설 A: 그 연설speech들은 정말 형편없었단awful 말입니다!
B: 그렇다 하더라도 중간에in the middle 그렇게 걸어나가선 안 됐지요.

해설 문맥상 '그렇다하더라도, 그럴지라도'라는 뜻의 접속부사가 들어가야 한다. even though는 접속사로 뒤에 완전한 문장이 나와야 하므로 탈락, therefore(따라서)와 in addition(~뿐만 아니라)는 문맥에 맞지 않아 탈락. 따라서 even so가 정답이다.

4. (b)

해설 A: 수상하신 것 축하합니다!
B: 감사합니다. 저는 후보에 오른 것만으로도 좋아서, 상을 타지 않았더라도 정말 설레었을 겁니다.

해설 문맥상 '~할지라도'라는 뜻의 양보 접속사가 알맞다. 힌트로 even이 있으므로 if나 though가 들어갈 수 있다. in spite of는 뒤에 명사(구)가 와야 한다. because of도 뒤에 명사(구)가 와야 하고, 문맥도 맞지 않다.

5. (b)

해석 A: 네가 와서 놀랬어. 나는 네가 저 인이랑 사이가 안 좋다고 생각했어.
B: 안 좋아. 하지만 비록 그녀가 날 보는 걸 싫어할지라도 오기로 결심했어.

해설 빈칸 뒤에 주어와 동사가 있는 절이 나오므로 접속사가 들어가야 한다. 문맥상 '~일지라도, ~하지만'이란 뜻이어야 하므로 although가 알맞다.

6. (a)

해석 내일 날씨가 좋으면 올게.

해설 if의 대용어구로 provided, providing, supposing 등이 쓰인다.

Daily Test

168p

1. (b)

해석 A: 북미 사람들은 통상generally 주 5일을 근무하는 반면 아시아의 많은 사람들은 주 6일을 근무하던데요.
B: 토요일과 일요일을 쉬지off work 않다니 상상이 안돼요!

해설 앞 문장과 뒷문장의 내용 연결을 따져보면 '~한 반면에'라는 뜻의 대조이다. 따라서 접속사 while이 알맞다.

2. (d)

해석 A: 직원들은 달리otherwise 통보를 받지 않는 한 주간 회의에 참석해야attend 합니다.
B: 그것은 아무 문제 없습니다.

해설 otherwise가 문장에 있으면 앞의 내용과 역접 관계가 된다. '주간 회의 참석 통보를 받지 않으면'이란 뜻이므로 unless가 알맞다.

3. (b)

해석 A: 그것을 제 신용카드로 지불하고charge 싶습니다.
B: 좋습니다. 제가 총액total amount을 계산하는calculate 동안 1분만 기다려주세요.

해설 then은 부사이므로 탈락. 문맥상 '~하는 동안'이란 뜻이 알맞으므로 while이 정답.

4. (a)

해석 A: 제가 당신을 휴스턴의 컨퍼런스에서 볼 수 있을까요?
B: 저는 갈 계획이었는데planned 일이 생겼어요come up.

해설 빈칸 앞뒤 내용이 역접 관계이므로 but이 가장 알맞다.

5. (c)

해석 Doug는 지난 학기semester에도as well 그 코스를 수강했기 때문에 이미 그 교수professor를 알고 있었다.

해설 '~했다, 그래서'라는 뜻이므로 결과를 나타내는 so가 적절하다.

6. (b)

해석 부정행위cheating는 학교 정책에 위배될 뿐not only 아니라 나의 도덕morals관념에도but also 위배된다against.

해설 〈not only A but (also) B〉 구문이다. 'A뿐만 아니라, B도'라는 뜻이므로 but이 들어가야 한다.

7. (b)

해석 새 사업을 만들지 않으면 우린 더 많은 실업 상황에 분명히 직면할 것이다.

해설 빈칸은 접속사 자리로 문맥상 '~하지 않으면'에 해당하는 unless가 가장 적절하다.

8. (d)

해석 비록 우리 사업 파트너가 철수하더라도 나는 확실히 이 제안을 추진할 것이다.

해설 접속사 자리이므로 despite나 even so는 탈락.

9. (b) and → or

해석 A: 이 지역neighborhood에 비싸지 않은inexpensive 카페들을 알고 있나요?
B: Roasters 카페나 Jay's 커피하우스가 좋은 선택choice이 될 겁니다.
A: 감사합니다. 어느 곳이 더 가까운가요closer?
B: Roasters 카페가 바로 이 길을 지나 오른쪽에 있습니다.

해설 either가 있으므로 either A or B 구문임을 알 수 있다. 따라서 and를 or로 고친다.

10. (d) despite → even though

해석 A: 안녕하세요 Jared. 내일 있는 직원 스키 행사에 오실 건가요?
B: 저는 스키가 없어서 못 갈 것 같은데요.
C: 당신이 Phillip에게서 하나 빌릴borrow 거라고 생각했는데요.
B: 그러려고 했으나, 제가 지난 주에 부탁했는데도 그가 어제 다른 사람에게 줘버렸대요.

해설 despite는 전치사로 뒤에 명사(구)가 와야 하는데 주어와 동사가 있는 절이 왔으므로 접속사 even though로 고쳐야 한다.

11. (d) Although → Despite/In spite of

해석 A: 영화 〈Harry Potter〉 봤어?
B: 농담해? 그 영화는 다 알지. 그리고 〈Harry Potter〉는 시리즈sequels가 여러 개 있으니까. 네가 어느 시리즈를 말하는지 알려줘야지.
A: 아무튼 그 영화는 블록버스터지?
B: 확신은 안해. 〈Harry Potter〉의 엄청난tremendous 수치figure에도 불구하고 박스 오피스 분석가analyst들은 〈Harry Potter〉가 전 세계적으로 성공작, 〈Titanic〉에 견줄 수는 없을 거라고 예상하거든. 그게 이유야.

해설 although는 접속사이기 때문에 뒤에 주어와 동사가 있어야 한다. 여기서 뒤에 명사구가 나오므로 전치사 despite나 in spite of로 고친다.

12. (c) Despite → Although

해석 여러분, 안녕하세요. 오늘 제가 사회학sociology 강의lecture를 시작하기 전에 주요 논제에 대해 말하겠습니다. 여러분이 아시다시피 논문 주제는 남성과 그 주변 사이에 관계입니다. 5개월 동안 기한은 아니지만, 다음주 월요일까지 논문 개요를 받겠습니다. 논문은 50쪽이고, 제목 페이지와 참고 도서가 있어야 합니다.

해설 despite는 전치사라 뒤에 절이 올 수 없다. 접속사 although로 고쳐야 한다.

13 (c) when → 삭제

해석 자전거는 1800년대부터 주로 미국에서 이용되었다고 널리widely 알려져 있다. 그리고 나서 프랑스 사람들이 처음으로 보불 전쟁에서 정찰scouting 원정expedition을 목적으로 자전거를 사용했다. 1875년, 이탈리아 군은 자전거를 타고 작전maneuver을 시도했다. 제1차 세계대전에서 자전거는 전선front line에서 유럽 군인troop들에 의해 널리extensively 이용되었다.

해설 선택지 (c)가 별다른 이유 없이 완전한 문장이 되어 있지 않다. when이라는 접속사가 무의미하게 붙은 것으로 이를 빼야 올바른 문장이 된다.

Chapter 17. 전치사

Pretest
170p

1. (a)

해석 가장 논쟁argumentative이 심한 대표representative들조차도 국제international 원조aid를 늘릴 필요성need에 동의했다.

해설 〈agree on+사물〉 형식으로 쓰이므로 on이 정답. 참고로 〈agree with+사람〉도 알아두자.

2. (b)

해석 A: 오늘 오후에 당신과 이야기를 좀 하고 싶습니다.
B: 좋습니다. 오늘 오후에 들르시죠stop by?

해설 stop by ~에 들르다 (= drop by)

3. (b)

해석 남부 태국의 많은 섬들이 2005년 쓰나미에 의해 강타 당한hit 지역에 속해 있다.

해설 '~가운데, ~중에'라는 뜻의 전치사는 among이다.

4. (b)

해석 나는 지난 번last 휴가 때 BC주의, 빅토리아의 Empress 호텔에서 차를 마셨다.

해설 장소를 나타내는 전치사로 'Empress 호텔에서'이므로 in이 와야 한다.

5. (b)

해석 A: 당신의 마스터카드를 마지막으로last time 사용한 시점이 기억나세요recall?
B: 네. 7월 19일 아침, 꽃가게에서였습니다.

해설 날짜 앞에는 전치사 on을 쓴다.

6. (c)

해석 A: 전 아직 청첩장wedding invitation을 받지 못했어요. 제가 초대를 못 받는다면 좀 놀랄surprised 것 같은데요.
B: 청첩장이 지난 주에 우편으로by mail 발송되었다고 알고 있어요. 곧 도착할 겁니다.

해설 수단(우편으로)을 나타내는 전치사는 by를 쓴다.

Daily Test
180p

1. (d)

해석 A: 제 새 드레스가 마음에 드세요? 어제 샀거든요.
B: 아름다워요. 당신은 옷에 대한 감각taste이 아주 뛰어나세요.

해설 '분야, 영역'은 전치사 in을 쓴다.

2. (c)

해석 A: 제가 다른 도시에 있는 동안 제 차를 써도 좋습니다.
B: 감사합니다. 너무 친절하시군요kind.

해설 성격, 성질을 나타내는 형용사가 있을 때는 전치사 of를 쓴다.

3. (b)
해석 A: 이 샌들이 우리 가게에 있는 가장 편한comfortable 신발입니다.
B: 좋군요. 한번 신어보고 싶은데요. 사이즈 7이 있나요?
해설 '~을 입어보다, 신어보다'라고 할 때는 try on을 쓴다.

4. (a)
해석 A: 회사가 부도bankruptcy날지도 모른다는 말을 들었어요.
B: 놀랍군요. 올해 수익profit이 5%나 올랐는데요go up.
해설 증감을 나타내는 동사가 있을 때는 그 증감양을 나타내는 수사 앞에 전치사 by를 쓴다.

5. (c)
해석 전문직high profile 종사자들은 스트레스와 연관된related 질병illness에 더 많이 노출되어 있다.
해설 '위험에 처한'이라고 할 때는 risk 앞에 at을 쓴다.

6. (a)
해석 참석자attendee들은 오리엔테이션이 시작하는 시간인 오전 9시에 도착할 예정이다expect to.
해설 시각 앞에는 전치사 at을 쓰고, 그 시각을 선행사로 하여 뒤에 문장이 이어지므로 관계대명사는 which를 쓴다.

7. (b)
해석 빵의 도우dough가 만들어지면be formed 4개의 작은 공 모양으로 나뉘어져야 한다.
해설 '~를 잘라 몇 개로 나누다'라고 할 때는 divide A into B를 쓴다.

8. (d)
해석 다른 문화에서 온 사람들과 일을 함으로써 그는 관용tolerance에 대하여 많은 것을 배웠다.
해설 '~함으로써'라는 뜻의 전치사는 by이다.

9. (c) until → by
해석 A: Milton에 대한 저의 영어 에세이를 교정해proofread주시겠어요?
B: 물론입니다만, 오늘은 시간이 별로 없네요.
A: 괜찮습니다. 금요일까지만 제출하면hand in 되거든요.
B: 그렇다면 내일 아침에 제가 한번 검토해드리지요.
해설 until은 행동의 연속인 반면 by는 일회성 기간을 나타내므로 헷갈리지 않도록 주의한다. 이 문제에서는 리포트를 제출하는 일회성 기간이므로 by가 적절하다.

10. (b) to holding → holding
해석 A: 안녕하세요. Jacobs 박사님과 통화할 수 있을까요?
B: 그 분은 지금 바쁘신데요. 잠시 기다리실래요hold?
A: 좋습니다.
B: 네. 금방 연결되실 겁니다.
해설 mind는 동명사를 목적어로 취한다. 따라서 전치사 to를 쓸 이유가 없다.

11. (c) on → in
해석 A: 제가 방금 서랍drawer에서 찾은 이 오래된 가족사진 좀 보세요.
B: 우와. 얼마나 오래된 거죠?
A: 잘 모르겠는데요. 1986년도에 찍힌 것처럼 보이네요.
B: 그 사진 잘 보관해야겠어요hold on.
해설 연도 앞에는 전치사 in을 쓴다. on은 날짜 앞에 쓴다.

12. (c) paid of → paid for
해석 2006년에는 인쇄된in print 신문보다 온라인 신문을 보는 사람의 숫자가 더 많아졌음이 밝혀졌다. 많은 출판업자publisher들은 그들의 웹사이트에 보안security 기능feature을 추가함으로써 이 추세trend에 반응했다respond to. 예를 들어 The Globe and Mail은 온라인 정기 구독료subscription를 지불한 사람들에게만 보여지는available 온라인 컨텐츠content를 갖추고 있다. 온라인 신문의 인기로 인한 한 가지 긍정적인positive 결과result는 쓰레기waste 발생이 훨씬far 줄어들었다는 점이다.
해설 (c) 문장에서 관계대명사절 내의 who have paid ~를 보면 동사 pay는 전치사 for와 어울려 쓰인다. 따라서 of를 for로 고쳐야 한다.

13. (b) to attending → to attend
해석 이 결혼식은 비숍가의 한 오래된 교회에서 열릴take place 것이다. 식이 끝나면 피로연reception이 열리며 모든 손님들이 초대를 받는다. 저녁식사는 피로연에서 저녁 6시에 제공된다. 개인적으로 식단dietary에 요구사항requirement이 있을 시에는 우리에게 알려주시기를 바란다.
해설 전치사 to와 to부정사의 to를 구분하는 문제이다. '~에 초대하다'고 할 때 장소나, 행사를 나타내는 명사가 오면 전치사 to를 쓰지만, '~하기 위해 초대하다, 초대 받다'고 할 때는 invited to부정사이므로 to attending이 아니라, to attend가 되어야 한다.

Chapter 18. 일치

Pretest
182p

1. (d)

해석 식품 섭취intake 기록recording 장치와 같은such as 현대 기술의 도움assistance으로 체중이 느는gain 사람들은 체중을 줄이기keep off 위한 같은 기술을 필요로 하는 것 같다.

해설 주어가 people이고 빈칸은 동사 자리이다. seem은 자동사로 seem to부정사 형태로 쓰인다. 따라서 정답은 (d).

2 (c)

해석 많은 미국 전문가들이 그들의 노하우와 전문 기술expertise을 중국 본부에 전해주기impart 위해 급파되었다dispatch.

해설 a number of는 many(많은)의 뜻이다. 따라서 a great number of American experts가 주어이므로 동사도 복수형이어야 한다. 또한 dispatch는 타동사로 '급파하다' 라는 뜻인데 여기서는 목적어가 없으므로 '전문가들이 급파되었다' 로 해석하므로 have been dispatched가 맞다.

3. (b)

해석 청중들audience은 조명이 희미해지면서dim 조용해졌다.

해설 audience는 군집명사로 '청중 개인들'을 뜻하므로 복수동사로 받을 수 있다. 그런데 접속사 as절 뒤의 동사가 과거형이므로 시제 일치에 따라 앞에도 became이 되어야 한다.

4. (b)

해석 그 행사를 차후로 미루어야reschedule 할 이유가 많이a number of 있었다.

해설 〈There+be동사+주어〉 구문이다. 주어가 a number of good reasons로 복수이므로 동사는 were가 들어가야 한다.

5. (b)

해석 제안된proposed 변화에 반대하는 사람이 또 있으면 지금 말씀하세요.

해설 주격 관계대명사절의 동사는 선행사와 수가 일치해야 한다. 선행사는 anyone else로 단수이므로 빈칸에는 is가 정답.

6. (d)

해석 교재에 집중하고focus on 스터디 클럽에 참여하는join 것이 텝스 시험에서 좋은 점수를 얻기 위한 두 가지 중요main 요소component이다.

해설 첫 번째 빈칸에는 focusing과 병렬구조이어야 하므로 joining이 맞고, 뒤는 동사 자리로 주어가 focusing과 joining이므로 복수동사 are가 맞다.

Daily Test
188p

1. (a)

해석 A: 새 소파를 놓을 공간space이 부족하지 않을까 염려가 되네요.
B: 흠, 당신이 소파 길이를 재봤나요measure?

해설 be going to부정사 표현이므로 빈칸은 isn't가 알맞다.

2. (b)

해석 A: Joseph, 뭐 필요해요?
B: 10파운드면 돼요.

해설 액수, 값은 단수 취급한다.

3. (a)

해석 A: 제가 한 실수에 대해 정말 죄송합니다. 일을 그만두어야quit 할 것 같습니다.
B: 자신에게on yourself 너무 가혹하지hard 마세요. 당신도 neither, 나도nor, 그 누구도nor anyone 잘못하지 않았어요.

해설 neither A nor B는 B에 수를 일치시킨다. 여기서는 nor anyone else가 제일 마지막에 나오므로 이것에 수를 일치시켜 is가 정답.

4. (d)

해석 A: 100달러는 CD 플레이어 하나를 사기에는 너무 비싼 돈입니다.
B: 더 싼 가격에for less 더 좋은 물건을 찾을 수는 없을 겁니다.

해설 금액은 단수 동사로 받는다. 따라서 is가 정답.

5. (b)

해석 어젯밤에 국회의원들 절반 이상이 회의에 참석했다는 사실이 보고되었다.

해설 half나 분수는 뒤에 오는 명사의 수에 따라 수가 결정된다. 이 문장에서는 the congress members가 복수이므로, 문장의 주어인 More than half 역시 복수로 간주해야 한다. last night 라는 부사로 보아 시제는 과거형. 따라서 정답은 (b) were이다.

6. (a)

해석 대부분의 대학생들은 학교를 다니면서 일을 한다.

해설 most가 형용사로 쓰여 명사와 같이 쓰일 때는 〈most+명사〉로 쓰고, 대명사로 쓸 때는 〈most of the+명사〉로 쓴다. 이때 정관사 the를 반드시 써야 한다. 여기서 주어가 복수명사이므로 동사도 수일치하여 work를 써야 한다. 선택지 중 맞는 것은

Most university students work이다.

7. (c)
해석 도스토예프스키는 러시아의 가장 위대한 소설가 중 하나로 여겨진다be considered.
해설 〈one of+복수명사〉를 알아두자. '러시아의 가장 위대한'이란 뜻이므로 Russia's greatest가 알맞다.

8. (b)
해석 2006년에 면허증이 정지된suspended 운전자들의 숫자에 나는 매우 놀랐다.
해설 the number of 뒤에는 복수명사가 오므로 drivers가 되고, 운전면허증은 driver's license라고 하므로 소유격 관계대명사 whose를 써야 한다. 또한 관계절 내의 주어가 복수이므로 동사는 were가 맞다. 따라서 선택지 중 맞는 것은 drivers whose licenses were가 맞다.

9. (b) work → works
해석 A: 제 여동생이 다음 주말에 그녀의 약혼자와 함께 방문할 겁니다.
B: 약혼자는 국방defense부에서 일한다는 그 사람입니까?
A: 맞습니다. 그를 만나보고 싶으세요?
B: 네, 그와 이야기를 한번 해보고 싶군요.
해설 주격 관계대명사 절 내의 동사는 선행사와 수가 일치해야 한다. 선행사가 he(= her fiancé)이므로 work를 단수형 works로 고쳐야 한다.

10. (b) issue → issues
해석 A: 회사의 올해 실적이 별로 좋지 않습니다.
B: 알고 있습니다. 판매가 저조low sales한 것이 가장 큰 문제 issue 중 하나라고 말하고 싶네요.
A: 새 직장을 알아보기 시작해야 할까 봐요.
B: 그것도 나쁜 생각은 아닐 겁니다.
해설 〈one of 복수명사〉로 쓰이므로 issue를 복수형 issues로 고쳐야 한다.

11. (b) those → that
해석 A: 제가 수면제sleeping pill를 복용하기 시작했는데 별 효과가 없는 것 같아요.
B: 그런 약품medicine들은 주의해서 복용해야 합니다.
A: 아니면 어떻게 해야 할지 모르겠습니다. 몇 주간 제대로 잠을 못 자고 있어요.
B: 제가 당신이라면 의사에게 상의를 하겠어요.
해설 those가 앞의 sleeping pills를 받기 때문에 맞는 것 같지만, '그런 것 같음' 이라고 할 때는 관용적으로 like that이라고 한다.

12. (b) college tuitions → college tuition
해석 미국 전역의 대학들은 정부의 지원금funding 부족에 시달려왔다suffer from. 그 결과는 대학 등록금tuition이 전국적으로 인상된has risen 것이다. 대학 교육은 이제 부유층의 특권privilege이 되어가고 있다. 많은 부모들은 자녀들을 대학에 보낼 재력을 afford 갖추지 못할 것을 우려하고concerned 있다.
해설 tuition은 셀 수 없는 명사이다. 따라서 복수형으로 쓸 수 없다. 동사가 has risen이므로 단수형 tuition으로 고쳐야 한다.

13. (a) is → are
해석 모든 항공권들은 30달러의 취소cancellation 비용charge의 대상이 된다be subject to. 항공권은 비행시간 24시간 전까지in advance 취소될 수 있다. 취소를 하려면 전화로 고객서비스 부서에 연락을 취하라. 우리의 웹사이트를 통해서도through 취소할 수 있다.
해설 주어가 all airline tickets로 복수이므로 동사 is를 are로 고쳐야 한다.

Chapter 19. 특수구문

Pretest
190p

1. (a)
해석 그가 만약 테이블 위를 보았더라면 그의 아내로부터의 노트를 보았을 것이다.
해설 가정법 과거완료 구문으로 가정문에서 if가 생략되면 주어와 동사가 도치된다. If he had looked가 Had he looked가 된다.

2. (a)
해석 A: 우리가 대회에 참가해 볼까요?
B: 그럽시다. 안 할 이유가 없죠.
해설 문맥상 긍정의 의미이므로 I don't suppose so와 I suppose not은 탈락. '그렇게 하자'고 할 때 앞의 문장을 받는 so를 써서 I suppose so.라고 한다.

3. (b)
해석 엄격한 정교 가정에서 길러진 탓에 그는 그의 종교적 신념에 대해 매우 강하게 영향을 받았다.
해설 접속사와 주어가 생략된 분사구문으로 raise는 타동사로 '기르다'라는 뜻이다. 주어 he는 '길러졌다'는 의미가 되어야 하므로 수동태가 맞다. 따라서 Having been raised가 알맞다.

4. (c)

해석 나는 캐나다가 올림픽 남자 하키에서 메달을 딴 것은 2002년 이었다고 믿는다.

해설 it ~ that 강조구문이다. it과 that 사이에 강조할 말을 넣으면 된다. 강조구문의 특징은 it, that을 지우고 올바른 문장 순서로 만들면 완전한 문장이라는 것이다. 따라서 선택지 중 답은 it was in 2002 that이다.

5. (b)

해석 A: 당신이 올 여름에 James와 함께 이탈리아로 여행을 갈 계획이라고 들었어요.
B: 네, 우리가 처음 만난 곳이 이탈리아였거든요.

해설 장소 in Italy를 강조하는 강조구문이다. 따라서 빈칸에는 that이 들어가야 한다.

6. (a)

해석 밖에 있을 때는 언제든지 앞문을 여세요.

해설 명령문의 부가 의문문은 will you를 쓴다.

7. (a)

해석 이것이 아주 심각한 경우이니 잠시 당신에게 말하겠어요.

해설 '~하게 하다, ~하자'는 청유형 문장의 부가 의문문은 shall I, shall we를 쓴다.

Daily Test

196p

1. (b)

해석 A: 오늘밤 아주 멋지십니다.
B: 감사합니다. 당신도 예뻐요.

해설 '~도 그렇다'고 할 때 〈So+동사+주어〉 형식으로 쓴다. '~도 그렇지 않다'할 때는 〈Neither +동사+주어〉로 쓴다.

2. (a)

해석 A: John, 당신의 새 제휴업체들이 큰 일을 하는 것 같던데.
B: 알아. 크게 놀랐어. 새 직원들은 그런 기업심이 거의 없어.

해설 부정어가 제일 앞에 나와 문장이 도치된다.

3. (c)

해석 A: 제가 Darwin 사의 인턴 제안을 받아들여서accept 한다고 생각하세요?
B: 그 일은 무보수지요unpaid. 하지만 동시에 아주 좋은 기회opportunity이기도 하고요.

해설 〈such+관사+형용사+명사〉의 어순을 기억하자.

4. (c)

해석 A: Daniel, 그 프로젝트로 밤을 새워 일을work on 했군요.
B: 맞아요, 지치기는tired 했지만, 마감일을 지켜야meet 하거든요.

해설 as가 양보를 뜻할 때는 형용사가 문장 앞으로 와서, 〈형용사+as+주어+동사〉의 어순이다.

5. (b)

해석 이상하게peculiar 들리겠지만 잠자리는 예외적으로exceptionally 수명life span이 짧다.

해설 as가 양보를 뜻하므로 형용사가 문장 앞으로 와서, 〈형용사+as+주어+동사〉의 어순이다.

6. (b)

해석 네 저녁 식사를 모두 끝내야만 디저트dessert를 줄 것이다.

해설 '~해야만'이라는 only if 가정문이 쓰이면 강조의 의미로 주절에서 주어와 동사가 도치된다. 따라서 will you be given이 정답이다.

7. (c)

해석 냉장고fridge에 사과 두 개가 있긴 하지만 다른 건 거의 없다.

해설 but 뒤에 I have가 생략되고 부정어 not과 much else를 이어서 써야 한다.

8. (a)

해석 그는 집안으로 들어서자마자no sooner ~ than 자동차에 식료품grocery들을 놓아두고 왔음을 깨달았다.

해설 no sooner A than B(A하자마자 B하다) 구문에서 no sooner 뒤에 이어지는 문장은 주어와 동사가 도치된다.

9. (b) How are you → How about you

해석 A: 오늘 강의lecture 어땠어요?
B: 재미있었어요. 당신은 어땠나요?
A: 저에겐 너무 길고 좀 지루한boring 편이었어요.
B: 오, 이런, 아무튼at least 지금은 끝났으니까요.

해설 How are you?는 인사말이다. 의견을 물을 때는 How about you?라고 해야 한다.

10. (d) fill out them → fill them out

해석 A: 저는 Denver Transit에 지원하고apply for 싶습니다.
B: 알겠습니다. 여기에 지원서application가 있습니다.
A: 어떻게 해야 하나요?
B: 지원서를 댁에 가져가서 기입하셔도fill out 됩니다.

해설 application forms를 받는 대명사 them은 동사와 부사 사이에 와야 한다. 따라서 fill them out으로 고친다.

11. (d) in a few months → a few months ago

해석 A: 그 코미디언은 너무 웃겼어요!
B: 맞아요, 전 그를 전에 한번once 본 적이 있지요.
A: 정말요? 저는 그를 이번에 처음 봤는데요.
B: 같은 장소에서 몇 달 전에 공연performance을 한 적이 있어요.

해설 과거 동사 did가 쓰였으므로 in a few months가 아닌 a few months ago라고 해야 한다. 그리고 장소부사구가 시간부사구보다 선행하므로 at the same place 뒤에 a few months ago가 와야 한다.

12. (d) Rarely these → Rarely do these

해석 일반적으로 밀양sperm 고래whale는 바다에서 가장 풍부한abundant 고래라고 여겨진다. 하지만 그 고래들이 물 속에서underwater 너무 많은 시간을 보내기 때문에 그들을 거의 rarely 연구하지 못했다. 놀랍게도surprisingly, 밀양 고래는 대단한 다이버 선수들이다. 숨을 참고hold, 심해deep sea 오징어와 물고기를 먹기 위해 수천thousands of 피트를 다이빙한다. 밀양 고래는 보이지 않는 깊은 바다 아래서 생의 대부분을 보낸다. 이런 원기 왕성한energetic 동물들은 표면surface에서 거의 휴식을 취하지take a rest 않는다.

해설 hardly, rarely가 문장 앞에 오면 문장이 도치된다. 여기서 주어가 these energetic animals이고, 동사가 take인데 도치되므로 조동사 do를 써서 Rarely do these energetic animals take로 고친다.

13. (d) marked the bill return → return the marked bill

해석 고객 여러분 주목해주십시오. JK 매거진을 구독하기로 결정하셨다면 단 100달러에 50부를 더 받아보실 수 있습니다. 이는 30% 할인된 가격입니다! 또한 구독료를 지불하시면 TEPS 샘플 테스트를 무료로 드립니다. 시험 구독 기간 후에 JK 매거진을 계속 보시기를 원하지 않으시면 '취소'를 표시하신 용지를 보내주시면 됩니다.

해설 〈if ~ , 명령문〉 구조이므로 동사 return이 먼저 나오고 marked가 bill을 꾸며주는 형태가 되어야 한다.

Chapter 20. 문법 문제 비법 총정리

Pretest

198p

1. (d)

해석 A: 저는 밤에 늦게까지 깨어 있기stay up 좋아하지 않습니다.
B: 저도 싫어합니다. 밤에 최소한at least 7시간의 수면을 취하는 것이 중요합니다.

해설 '누구도 그렇지 않다'고 할 때는 〈Neither+동사+주어〉를 쓴다.

2. (d)

해석 A: 결혼식에 못 가서 죄송합니다. 식은 어땠나요?
B: 모든 것이 완벽했습니다perfect. 더 좋을 수가 없이 최상이었어요.

해설 시제가 과거형이므로 can't be는 탈락. '더할 나위 없이 좋았다'는 couldn't have been better를 쓴다.

3. (a)

해석 A: 제가 식탁을 차린set up 방식이 어떠세요?
B: 보기 좋긴 합니다만, 중앙 장식centerpiece 꽃이 너무 큰 것 같은데요.

해설 의문사가 있는 의문문의 어순은 〈의문사+조동사+주어+동사〉의 어순이다.

4. (b)

해석 결혼한married 사람들은 그렇지 않은 사람들보다 더 오래longer 사는 경우가 많다.

해설 이 문장의 동사는 live이고 빈칸은 주어 자리이다. marry는 '결혼한 상태'를 나타낼 때 be married라고 표현한다. 따라서 People who are married가 알맞다.

5. (c) Supposed → Supposedly

해석 A: 이 빨간 신호등은 왜 이렇게 긴지 이해가 안가네요!
B: 보행자pedestrian들이 길을 건널cross 시간을 주기 위해서겠지요.
A: 아마도 이 도시가 그 어느 곳보다 보행자 신호가 긴 곳일 거에요.
B: 그럴 것 같지는 않은데요.

해설 문장 전체를 수식하려면 부사형이 되어야 하므로 Supposed를 Supposedly로 고친다.

6. (a)

해석 낭독을 하기 전후에 저자author가 사인autograph을 해줄 것이다.

해설 both A and B는 'A뿐만 아니라 B도'라는 뜻이다.

Daily Test

206p

1. (b)

해석 A: Jonathan의 수업에서는 무엇에 집중해야 할까요?
B: 가장 보충이 필요한 두 과목은 읽기와 쓰기라고 생각합니

다.

해설 주어가 the two areas이고 동사가 need와 are, 두 개이므로 하나는 주어를 수식하는 형용사절이 되어야 한다. 따라서 빈칸은 관계대명사 that이 들어가야 맞다.

2. (d)
해설 A: 당신의 학위degree를 끝마치고 나면 무엇을 할 계획입니까?
B: 잘 모르겠습니다. 우리 부모님은 저에게 엔지니어링 회사firm에서 일을 하라고 압력을 가하고 있죠.
해설 〈press+목적어+to부정사〉는 '누구에게 ~하라고 압력을 가하다'는 뜻이다.

3. (d)
해설 A: 소풍 갈 준비는 다 되었어요?
B: 그런 듯합니다. 모든 일이 계획대로as planned 되기를 희망할 뿐이죠.
해설 '계획대로'라는 의미의 표현은 as planned라고 한다.

4. (a)
해설 A: 저는 금요일에 멕시코로 떠나요.
B: 그곳에 전에 가본 적이 있지요, 그렇지 않아요?
해설 부가의문문 자리로, 본 동사가 have been이므로 haven't you가 알맞다.

5. (a)
해설 말하자면 그는 매월 두 번째 주말에 아이들을 돌볼look after 책임을be responsible for 지고 있었다.
해설 관용표현으로 '말하자면'이라고 할 때 as it were라고 쓰인다.

6. (a)
해설 준비preparation가 되는 동안 Josephine은 파티에 대해 점차 흥분하기 시작했다.
해설 be동사 뒤에는 현재분사나 과거분사가 올 수 있으므로 make는 탈락. 문맥상 '준비가 되어 가고 있는'이란 뜻이므로 수동진행형이 알맞다. 따라서 being made가 정답.

7. (c)
해설 작가들에게 단어는 음악가들에게 리듬과 같다.
해설 〈A is to B what C is to D〉 표현으로 'A가 B에 대한 관계는 C가 D에 대한 관계와 같다'는 뜻이다.

8. (c)
해설 두통headache을 앓는 사람들은 종종 현기증dizziness과 구역질nausea을 느낀다.
해설 이 문장의 동사는 feel이므로 동사 suffer는 탈락한다. to suffer는 문맥상 맞지 않으므로 역시 탈락. those를 능동의 의미로 꾸며주므로 suffering이 정답. suffer는 자동사로 '고통을 겪다'는 뜻으로 전치사 from과 어울린다.

9. (b) upset → to upset
해설 A: 어젯밤 이후로 다시는 Shannon을 안 보렵니다.
B: 무슨 일이에요? 그녀가 당신을 화나게upset 할 짓을 저질렀나요?
A: 그녀는 매우 무례하고rude 자기 이야기만 했어요.
B: 의외인데요. 그녀는 보통 그러지 않는데요.
해설 (b) 문장에서 의문의 동사는 do인데 upset이 동사형으로 쓰여 맞지 않다. something을 수식하도록 to upset으로 고쳐야 한다.

10. (b) such → one
해설 A: 마음에 드는 중고차used car를 찾았나요?
B: 찾았어요! 그런 차를 단 6천8백 달러에 찾았죠.
A: 아주 잘 산 것 같은데요.
B: 네, 잘못된 것이 없도록 철저히 확인만 하면 됩니다.
해설 such는 대명사로 앞에 나온 명사에 대신하여, 기술 내용을 받아 쓸 수 있지만 여기서는 a used car를 대신하므로 one으로 쓰는 것이 더 적절하다.

11. (d) of → for
해설 A: 당신을 여기서 보다니 뜻밖입니다. 이번 주에 프랑스에 가시는 줄 알았어요.
B: 네, 그럴 계획이었는데, 일요일 밤에 독감flu에 걸려 앓아 누웠어요come down with.
A: 안됐군요. 항공권을 환불할refund 수 있었나요?
B: 환불이 안 되는 표였지만 다음 달로 일정을 미뤄 놓았어요.
해설 (d) 문장에서 '다음달로 일정을 재조정했다'는 의미로 쓰려면 전치사 of가 아닌 for가 되어야 한다.

12. (b) arrives → arrive
해설 도시의 집 없는 사람들 숫자는 점차 심각한serious 우려concern를 자아내고 있다. 겨울이 다가오면서approach 노숙자들은 외부의 혹독한frigid 기온temperature을 피하여 보호소shelter에 속속 도착하기 시작한다. 문제는 보호소들이 충분한 사람들을 수용할accommodate 수 없다는 점이다. 이것이 오늘 우리 모두의 가장 큰 과제assignment 중 하나이다.
해설 (b) 문장에서 begin 뒤에 to부정사가 오는데 to부정사는 〈to+동사원형〉의 형태이므로 arrives를 arrive로 고쳐야 한다.

13. (d) interested for → interested in
해설 번지 점프는 많은 젊은이들에게 인기 높은 스포츠로 자리 잡았다. 하지만 젊은이들은 그 위험성에 대해 필수적으로imperative 숙지해야 한다. 부상율the rate of injury은 매우extremely 낮지만 안전을 위한 예방조치safety precautions가 반드시 취해져야 한다. 번지 점프에 관심이 있는 사람들은 시간을 들여 그 위험성에 대해 확실히ensure 인지하도록 해야 한다.

해설 '~에 흥미가 있는'이라는 의미일 때는 interted in으로 써야 한다.

Weekly Test

208p

1. (d)

해석 A: 피자가 몇 시에 도착하나요?
B: 금방요. 식당에서는 가능한 빨리as soon as possible 보내준다고send out 했어요.

해설 〈as 형용사/부사 as possible(가능한 한)〉의 표현을 알아두자.

2. (a)

해석 A: 저는 장거리 산악 자전거 여행을 떠납니다.
B: 목마를thristy 경우에 대비하여in case 많은 양의 물을 지니고 다녀야 합니다.

해설 접속사 자리이다. 문맥상 '목이 마를 경우에 대비하여'라는 뜻이므로 in case가 가장 적절하다. whereas는 '반면에', now that은 '그러므로'라는 뜻이다.

3. (d)

해석 A: 학위수여식convocation cererrony을 위해 일찍 도착할 겁니까?
B: 반드시absolutely 그래야만 할 이유가 없다면 일찍 안 갈 겁니다.

해설 I am not planning to arrive early를 줄여 Not으로 쓰고 있으며, 뒤에 이어지는 문장이 완전한 절이므로 접속사가 들어가야 한다. 문맥상 '반드시 그래야 하지 않아도 된다면'이란 뜻이므로 if ~ not과 같은 unless가 적절하다.

4. (b)

해석 A: 오늘 밤은 닭 요리를 어떻게 해드릴까요?
B: 지난 주에 당신이 했던 것과 똑같이 해주세요.

해설 문맥상 '~처럼, ~같이'가 알맞으므로 like가 적절하다. as if는 '마치 ~처럼'이란 뜻이다.

5. (a)

해석 Janis는 기계에 자신의 은행카드를 넣자마자 '고장out of order' 표시를 발견했다.

해설 접속사 자리로, 문맥상 '~했을 때'가 알맞으므로 when이 적절하다.

6. (d)

해석 건물 꼭대기에는 거대한 황금 동상statue이 서 있었다.

해설 전치사구가 문장 앞에 온 도치 구문이다. 주어가 a giant golden state로 단수명사이므로 복수형인 have stood와 are standing, stand는 모두 탈락한다.

7. (d)

해석 숯charcoal 정제tablet는 쓰린sore 속을 낮게 하는 데 좋다.

해설 '~에 좋다'는 be good for를 쓴다. to cures는 to cure가 되어야 답이 된다.

8. (b)

해석 나는 우리의 모든 종이 보급량supplies을 중국으로부터 구매한다purchase는 새로운 계획에 찬성하지agree with 않는다.

해설 the new plan을 수식하는 to부정사나, 〈전치사+동명사〉의 형태가 들어갈 수 있다. 따라서 to purchase가 정답이고, for purchase는 for purchasing으로 해야 답이 된다.

9. (b) lately → late

해석 A: 오늘 밤 나와 만나 한잔 하실래요?
B: 아니요, 안돼요. 우리 사장님이 야근을 시켰어요.
A: 좋아요, 그럼 다음주 쯤 하죠.
B: 좋은 생각이에요.

해설 (b) 문장에서 lately는 '최근에'라는 뜻으로 문맥상 맞지 않는다. 여기서 늦게까지 일하다는 뜻이어야 하므로 late를 써야 한다.

10. (b) lesser → less

해석 A: 식당에는 언제 올 거예요?
B: 20분 내로 집에서 출발할 예정이에요.
A: 여기 도착하는 데 얼마나 걸리는데요?
B: 오래 걸리지 않아요. 15분 정도면 될 거예요.

해설 lesser는 little의 이중비교급으로 '더욱 작은/적은, 더 못한, 시시한'이란 뜻으로 '가치, 중요성'에 대해 쓰고, 뒤에 than이 따르지 않는다. 따라서 '수량이 적다'고 할 때는 less를 써야 한다.

11. (b) thought → thinking

해석 A: 휴가는 어디로 갈지 결정하셨나요?
B: 아직이요. 제 아내와 저는 자메이카에 갈까 생각하고 있습니다.
A: 그곳에 전에 가 본 적이 있나요?
B: 거의 20여 년 전에 딱 일주일간요.

해설 (b)의 두 번째 문장에서 동사 have been thought를 보면 주어 my wife and I와 태가 맞지 않는다. 주어가 동사의 주체이므로 수동태가 아닌 능동태가 되어야 하므로 had been thought를 had been thinking으로 고친다.

12. (c) driving → drivers

해석 교통법규를 준수하는obey 것은 자전거를 탈 때에도 역시 중요하다. 때로oftentimes 자전거 운행자들은 교통신호traffic light를 위반하는데 disobey, 이는 극히extremely 위험한dangerous 일이다. 노상의 자전거 운행자들은 자동차 운전자들과 같은 방식으로 법규를 준수해야 한다. 또한 자전거를 타는 사람들은 안전safety을 위해 노상에서 헬멧도 써야wear 한다.

해설 (c) 문장에서 사람명사와 사물명사를 구분해야 한다. cyclists와 비교를 하는 것이므로, 병렬이 되도록 driving을 drivers로 고쳐야 한다.

13. (d) blamed → blame

해석 아시아의 쓰나미에 따른following 원조aid 기금에 관련하여 많은a number of 추문scandle이 일어났다. 전 세계에서 수많은 개인과 기업들이 수십억 달러를 기부함으로써donating 쓰나미에 대처했다respond. 파괴destruction가 있은 지 몇 달 후에도 그 돈의 아주 일부만이 실제로 피해자victim들에게 전달된 것으로 보인다. 이는 부패한corrupt 정부 관리들과 지원aid 운동가들의 탓인 것으로be to blame 알려졌다.

해설 '~의 탓이다, ~가 책임이 있다'고 할 때는 be to blame이라고 한다. 따라서 blamed를 blame으로 고쳐야 한다.

Reading Comprehension 독해

Chapter 21. RC 전체 유형 파악

Pretest

214p

1. (c)

해석 동네가 요즘 들어 좀 지저분해shabby 보이나요? 여기 대청소clean-up를 준비하는 방법이 있습니다. 먼저 동네의 이웃들을 당신 프로젝트에 초대하기 위해 푯말을 만들 수 있습니다. 모든 것을 당신 혼자 하는 대신instead of 임무를 위임하거나 쓰레기 봉투 구입, 충분한 도구, 장갑 등을 수집하기 등에 관심이 있는 것에 사람들이 신청하도록sign up 할 수 있습니다. 모임에서 어디서 그 행사를 할지와 대청소에 얼마의 시간을 들일지를 결정하십시오. 시에서 물류 지원logistical support과, 쓰레기 수거pick-up 그리고 대청소날 당신이 요구하는 도구 대여를 하여 도와줄 것입니다.

(a) 지역 축제 준비
(b) 조경하기
(c) 대청소 준비
(d) 지역 정부로부터 지원 받기

해설 주제와 관련된 핵심 어구가 들어가야 한다. cleaning up이 중요 단서가 되며, start by making signs, have people sign up, decide where you will have ~, how much time you will devote 등이 부가적인 단서들이 된다.

2. (d)

해석 제 약혼자 앤드류와 저는 거의 3년을 만나왔습니다. 그의 아버지는 위독하십니다. 우리는 아버지를 집으로 옮겨오기로 동의했고 같은 시기에 저는 일주일에 4번, 하루에 7시간 일하는 임시직을 얻기로 했습니다. 저는 약혼자의 여동생에게 제가 일하는 동안 그들의 아버지의 간호를 부탁했습니다. 그러나 그녀들은 야단법석을 떨었습니다. 그들 중 하나가 제게 말하기를 "네가 앤드류가 벌어오는 돈으로 충분히 살 수 없다면 뭔가 문제가 있는 거야."라고 했습니다. 저는 그들에게 앤드류가 얼마를 벌어오는지는 상관없는 일이며 무엇을 사야 할 때마다 남편에게 돈을 요구할 수는 없다는 것을 설명하려고 했습니다. 게다가 그의 여동생들은 그들의 아버지를 돌볼 수 있습니다. 가장 나쁜 건 앤드류는 그의 여동생들편을 들어준 겁니다. 어떻게 하면 좋을까요?

글쓴이의 심정을 가장 잘 묘사한 것은?

(a) 망신스러운
(b) 절망적인
(c) 죄책감을 느끼는
(d) 괴로운

해설 자신의 상황을 설명하고 해결책을 요청하는 편지글이다. 지문 전반에서 현재의 문제점을 설명하고 있으므로 글의 흐름을 이해해야 한다. 자신의 약혼자까지 상황에 도움을 주지 못하고 있는 머리 아픈 문제로 인해 스트레스를 받고 있다고 보는 것이 가장 적절하다. 아버지가 위독하지만 글쓴이의 상황이 절망적인 것이라고 보기에는 무리가 있다.

3. (d)

해석 정부는 국가 경제 미래에 대한 더딘sluggish 성장과 불확실성uncertainty 때문에 디플레이션 종결 선언 계획을 늦추기로 결정했다. (a) 하지만 전문가들experts은 Tomayo Susuki 수상의 임기term가 11월에 끝나기 전에 혹시 어떤 선언이라도 나오지 않을까 하고 있다. (b) Susuki 수상은 전면sweeping 개혁reform을 통해 일본이 경제적 강점을 회복하도록 한 것으로 신망을 얻어왔다. (c) 일본 정부가 가격면에서 실질적인substantial 성장과 꾸준한 상승을 볼 때까지는 디플레이션이 끝났다고 선언할 수 없다. (d) 정치적 사건들이 정부를 종종 자극하여spur 경제와 관련된 선언을 하도록 하고 있다.

해설 파트 3은 첫 문장이 전체 지문의 흐름을 좌우하는 주제문이 된다. 따라서 첫 문장과 토픽, 시제, 어조가 맞지 않는 선택지를 고르는 것이 파트 3 문제의 기본적인 해법이 되는 것이다. 이 문제의 경우 첫 문장이 정부의 디플레이션 유보 결정으로 시작해서 이어지는 (a), (b), (c) 지문들이 모두 일본 정부의 디플레이션 선언을 유보하는 배경과 이유에 대해 설명하고 있는 반면 (d)의 경우 갑자기 정치적 선언에 관한 이야기가 나오고 있고 이것은 위의 설명과 부합하지 못하므로 정답이 된다.

Daily Test

220p

1. (a)

해석 Samantha Wilson 귀하

Canyon Lands 자연사협회(CNHA)에 대한 당신의 관심에 감사를 드립니다. 남동부 유타의 가장 인기 있는 국립 공원들 중 일부에 위치한 18개의 판매점outlet들로 CNHA는 수많은numerous 자발적인unsolicited 상품 의뢰submission를 받고 있습니다. CNHA의 판매인이 되고 싶다면 당신이 취할 첫 단계는 우리가 원하는 바를 이해하는 것입니다. 우리의 상품 요구사항에 대한 동봉된 문서를 읽어보십시오. 우리는 매년 말 그대로 수백 권의 책들과 설명서, 그리고 검토할 일반 상품merchandise들을 받고 있으며, 많은 것들이 우리의 기본 요구사항requirement을 충족시키지meet 못하기 때문에 즉각적으로 거절을 당합니다. 당신이 우리의 엄격한strict 지침에 맞는 상품들만을 제출한다submit면 우리의 시간이 많이 절약될 것입니다. 최상의 접근 방식approach은 우리가 이미 다루고carry 있는 상품들을 살펴보는 것입니다. 카탈로그는 우리의 웹사이트에서 볼 수 있습니다.

CNHA 상품 검토 위원회

(a) 상품 요구사항에 대한 동봉된 문서

(b) 아래 상품 요구 사항과 의뢰 지침들
(c) 현재 우리가 판매하는 제품들의 동봉된 카탈로그
(d) 동봉된 우리 회사의 베스트 셀러 목록 중 도서목록

해설 CNHA의 outlet이 되기 위해 먼저 할 일로 수신자는 발신자가 보낸 문서를 꼼꼼히 읽어보는 것이다. 그 문서에는 발신자가 원하는 요구 사항들이 있다고 한다. 또한 outlet이 취급하는 카탈로그를 웹사이트에서 살펴보라고 하고 있다. (c)는 웹사이트에서 확인할 수 있고, (d)는 CNHA의 outlet에서 도서도 판매하지만 발신자가 요구하는 내용의 부분일 뿐이다. (b)는 지문 아래 부분에 언급 없이 편지가 끝나고 있으므로 정답이 될 수 없다.

2. (c)

해설 새로운 영양분nutrition 정보 라벨이 소비자의 음식 선택에 변화를 줄 것인가? 우리는 호주와 뉴질랜드의 소비자 행태behavior에서 이것이 어떤 변화를 일으킬지를 알려주는 충분한sufficient 데이터를 얻지 못했다. 그러나 우리는 강제적인mandatory 영양가 정보표이 소개되었던 10년 전 미국에서 행해진 한 소규모 연구에서 데이터를 얻었다. 그 결과는 조사한 음식과 관련in relations to, 4%에서 5.7% 가량 더 건강한 선택 쪽으로 방향 전환shift이 있었음을 보여주었다. 이는 대단치 않게 보일 수 있다. 하지만 그래도 이는 호주와 뉴질랜드에서 320건에서 460건의 사망 감소reduction를 의미하므로 충분히 할 만한 일인 것이다.

(a) 다른 말로 하면
(b) 따라서
(c) 하지만
(d) 결과적으로

해설 문맥에 맞는 연결사를 묻고 있다. 앞의 문장 This may not seem much.와 well worth achieving이 서로 반대이다. 따라서 역접의 연결어 however가 가장 알맞다.

3. (d)

해설 대다수majority 변호사들lawyers은 가능한 한 그들의 고객들clients을 공평하게equitable 대변하려고represent 애쓴다. 하지만 법률legal 세계와 의료health care 세계 사이에는 큰 차이가 있다. 법률 세계에서 받아들여진acceptable 관행practice이 의료 세계에서는 좌절된다balked. 예를 들면, 법조계에서 변호사들은 종종 긴장tension을 일으키고 진실을 쫓는 반대편opposing parties 사이에 충돌conflict을 부추기기instigate 위해 의도적으로meant 적대적인adversarial 접근approach 방식을 이용한다. 때때로at times 이 기사에서 제시된 정보는 무자비한 느낌을 줄지도 모른다. 그것은 미국의 법적 처리에 대해 당신을 낙담시키려는 것이 아니라, 당신이 법률 시스템을 다루는 데 더 잘 준비하도록 하는 저자의 의도이다.

(a) 그리고 그것은 오로지 명확하게 하는 것을 돕고 싶어한다
(b) 하지만 시작하지 않는 것이 가장 좋다
(c) 당신이 유도하는 것을 막기 위해
(d) 당신이 더 잘 준비하도록 하기 위해

해설 이 글은 의료와 연관되어 법적 해결을 준비하는 사람을 위해 쓰는 글임을 추론할 수 있다. legal world와 health care world가 단서가 되며, 여기서 미국의 legal process에 대한 정보를 주고, 그것에 대처하는 준비를 잘 하도록 하기 위한 것이라고 했으므로 not A but B 구문에 따라 (d)가 가장 알맞다.

4. (c)

해설 Rutigers 대학교 캠퍼스의 4학년 학생 회장은 그녀가 기숙사 감독관으로 있던 기숙사dormitory에서 절도 혐의로 고발당한 이후, 다음 주 그녀의 동급생들과 함께 졸업을 하지 못할 것이라고 대학 관계자들이 어제 말했다. 화학 전공major인 23세 Cathy Landrieu 학생은 지난 월요일 약 700명의 학부생들을 수용하는housing Linus Towers의 7층에 있는 한 방에 무단 침입break into한 것이 발각된 후 Rutigers의 동료 4학년 학생인 23세 Sam Callaway와 함께along with 체포되었다고 대학 당국자는 말했다. 또한in addition 대학 경찰은 Landrieu 양과 Callaway 군이 지난 9월 이후 신고된 기숙사의 다른 7건의 절도burglary와도 관련이 있는지 여부를 조사investigate 중이다.

이 글의 주제는 무엇인가?

(a) 대학 행정가들 사이의 부패
(b) Rutigers 대학의 범죄율
(c) 높이 인정받던 한 대학생의 지위 추락
(d) 도시 범죄 창궐의 오랜 해결책

해설 이 글은 Rutigers 대학의 한 여학생의 절도에 대한 기사문이다. 이 여학생은 학생회장이자, 기숙사 감독이었는데 무단으로 다른 학생 방을 침입하여 절도한 혐의를 받고 있다.

5. (c)

해설 이는 대중의 의견(프로그램 이름)이며 저는 사회를 맡은 Jim Garvin입니다. 저는 테이크 아웃 상점에서 폴란드 핫도그 값을 막 지불하고 더 큰 식당 안으로 걸어 들어가려고 할 때 그곳 지배인이 어떤 남자를 붙잡으려고 하는 것을 보았습니다. 지배인은 "당신의 상품 값을 치러야 합니다"라고 반복적으로 말했습니다. 그러나 그 물건 털이범shoplifter은 그를 떼어내고tear away 도망치는 데 성공했습니다. 그때 일을 회상하니 그를 붙잡는 것을 돕지 않은 것에 대해 죄책감guilty을 느낍니다. 그 공간에 있던 다른 누구도 도우려 하지 않았습니다. 여러분은 어떻게 생각하십니까? 사람들은 범죄가 벌어지고take place 있을 때 좀 더 개입이involved 될 필요가 있을까요? 지금 전화하여 여러분의 의견을 들려주세요.

이 담화의 주제는 무엇인가?

(a) 범죄에 연루되는 것의 위험들
(b) 상점 절도를 줄이는 가장 좋은 방법
(c) 범죄가 목격될 경우 범죄를 중지시킬 것인지, 말 것인지
(d) 물건 털이범의 처벌에 대한 일반인들의 의견

해설 사람들의 의견을 묻는 방송 프로그램으로 볼 수 있다. 사회자는 한 범죄 사건을 예로 들면서 시청자들에게 범죄 사건 개입에 대한 의견을 구하고 있다. 따라서 (c)가 가장 적절하다.

6. (c)

해석 지난 목요일 Tampa의 West Shore Plaza에 개점한 Palm Steak House는 그 식당이 벽에 걸어 놓는 것이 거의 접시에 내놓는 것만큼이나 유명하다. 만화들과 캐리커처, 초상화들이 23개의 Palm 점포 전체의 벽들을 뒤덮고 있다. 매번 새로운 Palm이 개점할 때마다 그 시장에서 고용한 홍보 회사는 초상화로 변모할 200명의 지역 유명인들을 선택한다. 톰 크루즈와 멜 깁슨과 같은 소수의 전국적인 유명인들도 그들과 함께 벽에 걸린다. 이는 마케팅 전략으로 당사자들을 유명하게 만듦으로써 그들을 고객으로 만드는 것이다. 당신이라면 당신의 얼굴을 벽에 걸어 놓음으로써 당신을 기리는 식당에 고객이나 가족, 혹은 친구들을 데려가고 싶지 않겠는가?

이 기사의 제목으로 가장 적절한 것은?

(a) 예술가들은 팜에서 집을 찾는다.
(b) 팜에서 유명 영화배우들을 만나라.
(c) 스테이크 하우스를 특별하게 만드는 그림들
(d) 도시에서 최고의 스테이크 하우스

해설 Palm Steak House는 다른 식당들과 다른 어떤 특이한 점이 있는지를 말하고 있다. 음식도 유명하지만 그 식당의 벽에 유명인들의 초상화들이 걸려 있는 것도 유명해진 이유라는 것이다.

7. (d)

해설 새 여론 조사poll에 따르면 올 여름 캐나다 사람들은 작년 여름에 비해 집에서 더 멀리farther 떨어진 곳으로 여행을 가서 그곳에서 더 오랜 기간duration 머무를 계획이라고 한다. (a) 2006년 일주일 미만less than의 휴가를 계획했던 53퍼센트에 비해 올 여름 응답자 중 76퍼센트가 5일에서 10일간 집을 떠날 것이라고 말했다. (b) 뿐만 아니라in addition 투표는 그들이 더 먼 곳으로 모험을venture 할 것이라고 밝혔다. (c) 조사 대상자 중 56퍼센트가 휴가 때 자신이 살고 있는 지역province을 떠날 것으로 응답했는데 이는 지역 외곽으로 떠나는 여행객들에서 13퍼센트가 늘어난 것이다. (d) 연료값fuel prices 인상이 여름 휴가 계획과 관련한regarding 소비자들의 결정에 큰 영향을 끼칠 것이다.

해설 본문은 캐나다 사람들이 올해 여름 휴가 때 더 길게, 더 멀리 갈 것이라고 응답한 여론 조사 발표이다. 그런데 마지막 문장은 연료값 인상이 여름 휴가에 미치는 영향을 내용으로 하고 있어 흐름과 맞지 않는다. 이 문장과 흐름이 맞으려면 연료값 인상으로 휴가가 오히려 짧아지고, 도시 내 이동 계획이 되는 것으로 유추할 수 있다.

8. (b)

해설 중국의 수도에 사는 시민들이 혼돈의disorienting 시대times를 겪고 있다. (a) 베이징은 현재currently 어마어마한gigantic 부분proportion의 변화를 겪고undergo 있다. (b) 베이징은 중국이 어떻게 앞으로 나갈 수 있고, 그것의 문화적 주체성identity을 계속 보존preserve할 수 있을지에 대한 수세기 된 질문의 가장 최근의 열띤heated 논쟁debate의 장arena이 되고 있다. (c) 도시 계획자들은 초만원의overcrowded 중심 지역의 밀집 감소alleviating, 심해진 교통 혼잡jam 완화assuaging, 그리고 전문가들이 예상한 2010년까지 1,300만 명이란 인구 수용accommodating이란 막대한monumental 임무task를 해결하려고 grapple with 노력하고 있다. (d) 비록 이것은 전 세계 다른 주요 수도metropolis들에도 공통된common 문제이지만, 베이징이 처한 곤경predicament은 중국에서 대부분의 것들과 함께along with 더 심각하고grave, 더 시급하다urgent.

해설 본문은 늘어가는 인구와 교통 혼잡, 그리고 과도 밀집이란 문제를 안고 있는 베이징의 문제에 대한 언급이다. 그런데 (b) 문장은 북경의 도시 발전으로 인한 역사적, 문화적 측면에 대해 말하고 있으므로 흐름과 약간 어긋난다.

9. (b)

해설 동물들의 권익right과 사람들이 실제로 먹는 음식에 대해 관심을 갖는 사람들이 점차 늘어나면서 채식주의를 향한 작지만 중요한significant 방향 전환swing이 있었다. (a) 이들은 그들의 새로운 식단의 이점을 향유하게 되면서 자신들의 개와 고양이들이 먹는 음식에 대해서도 동등한 우려concern을 표명하게 되었고 따라서 애완 동물들을 위한 채식주의는 이제 성장하는 growing 시장이 되고 있다. (b) 많은 주(州)에서 동물 음식들이 갈린 깃털과 같이 사용할 수 없는 닭 부산물들을 실제로 포함하고 있다는 주장이 있다. (c) 개와 고양이들이 전통적으로 육식 동물carnivore로 간주되어온 주요 이유는 그들의 구강 구조structure 때문이다. (d) 그러므로hence동물들로 하여금 엄격한 strictly 채식주의 식단으로 살도록 강요하는 것은 부자연스럽다고 주장하는 사람들이 많이 있다.

해설 우선 첫 문장은 동물권리에 대한 걱정이 늘면서 채식주의에 대한 변화가 생겨서 문장에서 애완동물의 채식이 새로운 산업이 되고 있다고 한다. 그런데 이어지는 (b)를 보면 어떤 주에는 갈린 깃털같이 못 먹는 게 들어간다는 주장이 나와서 어색하다. hence(그러므로)가 나온다는 것은 앞에 그것을 뒷받침해주는 문장으로 근거 따위가 있다는 것이다. 여기서 보면 한참 채식주의 붐이 일고 있다고 하다가 밑도 끝도 없이 그러므로 동물을 철저히 채식주의로 살게 하는 것은 부자연스럽다란 주장이 나오는 꼴이니 논리적 구성이 안 맞는다.

Chapter 22. Part 1 지문 상단의 빈칸

Pretest

224p

1. (b)

해설 Charlotte 지역의 꽃가루pollen 수치가 지난 월요일 지난 주의 중상권에서 신기록에 육박하도록 치솟았다. 캐롤라이나 천식 알레르기 센터에 따르면 현재 1제곱 미터의 공기당 총 1,974개의 꽃가루grain 수를 기록, 지난 6, 7년간의 기록 중 가장 높은 나무 꽃가루 수치 중 하나를 기록했다. Charlotte은 국내에서 가장 높은 나무 꽃가루 수치 중 일부를 종종 기록해왔다. 그러나 날씨가 최근 며칠을 평소보다 더 악화시켰다. 이 지역의 추운 날씨가 수분작용pollination을 지연시켰고delayed 지난 주와 그 전 주에 왔던 비가 기온을 낮게 유지시켜 갑자기all of a sudden 모든 것이 한꺼번에 터지고bursting out 있는 것이다. 통상적으로 이 현상은 좀 더 점진적으로gradual 나타난다.

(a) 지난 주 높은 수치에서 최저치로 하락했다.
(b) 지난 주 중간치에서 거의 기록적인 수치로 치솟았다.
(c) 지난 주 중간대에서 높은 수치로 꾸준히 늘어났다.
(d) 지난 주 기록적인 높은 수치에서 약간 줄었다.

해설 본문 중 one of the highest tree pollen counts in six or seven years of tracking과 그 이후 꽃가루 수치가 급격히 늘어난 이유들에 대한 내용이 나오므로 (b)가 가장 알맞다.

2. (d)

해설 풀어야resolved할 문제issue가 있는가? 누군가와 맞서기confront 전에 당신이 할 말을 적어write down보는 것은 어떤가? 공손하고polite 간결하며concise 다음의 요소를 포함시켜라. 문제의 본질nature, 그것이 당신에게 어떤 영향을affect 끼치는가? 당신이 그 점에 대해 어떻게 느끼는가? 당신이 무엇을 바꾸고 싶은가? 해결책resolution을 도출하기 위해 필요하다면 협상을negotiate 할 준비를 하라. 재치tact와 배려foresight를 사용하고 다른 이들의 관점point of view을 이해하고 인정하려는acknowledge 노력을make the effort 한다면 당신은 스스로를 좀 더 유리한 위치로 끌어올리게 될 것이다. 당신이 성취하려 노리는 것과 들어맞는다fit in면 협상안compromise을 제시할 준비를 하라. 고집assertiveness이란 그저 이기기 위해for the sake of 그 자리에서 꿈쩍 않는digging your heels 것을 의미하지는 않는다.

(a) 완전히 포기하기 전에
(b) 당신의 적과 협상하기 전에
(c) 싸움을 준비하기 전에
(d) 누군가와 맞서기 전에

해설 빈칸 다음의 어떤 것에 대한 글을 써보라는 내용인지를 추론해야 한다. negotiate, point of view, compromise, assertiveness 등을 통해 어떤 사람과 충돌이 생겨 그 해결책을 찾기 전에 해야 할 일임을 알 수 있다.

3. (a)

해설 다리 통행료toll와 휘발유 값, 샌프란시스코의 주차 비용과 운전을 하며 소모하는 시간을 더해보면 Vallejo와 North Bay 지역에서 샌프란시스코로 통근commute을 하려면 Baylink 페리를 타고 샌프란시스코 만(灣)을 건너는 것보다than 더 좋은better 방법은 없다. 직장이든 놀기 위해서든 Baylink 승객들passengers은 인기 있는 여행지destination들과 함께 교통체증 속에 앉아 있는 것에 비해 빠르고 스트레스 없는free 대안alternative을 즐긴다. 페리 노선과 그 길을 따라 있는 아름다운 관광지attraction에 대해 알아보라. 멋진 샌프란시스코 베이와 도시의 스카이라인에서부터 샌프란시스코 만(灣)의 장난스런 바다표범들을 자세히 구경하까지 Baylink로 여행을 하면 승객들은 골든 게이트 다리와 앤젤 아일랜드 주립공원, 알카트라즈 등의 아름다운 경관view을 즐길 수 있다.

(a) 더하기
(b) 제외시키기
(c) 포함시키기
(d) ~외에

해설 샌프란시스코로 통행하는 방법으로 지상 교통보다 Baylink 페리를 이용할 때의 이점을 설명하고 있다. 두 번째 문장 There is no better way ~를 통해 첫 번째 요소들을 다 합친 경제적 가치가 페리 이용보다 떨어진다는 내용이 되어야 알맞다.

4. (b)

해설 한 TV 무당psychic medium이 한 실종missing 여인의 1주년을 맞이하여 그녀의 사체를 찾는 것을 돕겠다고 자원했다. Joe Power는 희생자victim의 사체가 발견되지 못한 미해결unsolved 살인 사건들cases에서 경찰과 가족들을 돕기 위해 그의 능력을 사용하는 것으로 유명하다. 현재 그는 Debbie Griggs의 어머니로부터 현재 죽은 것으로 추정되는 그녀의 딸을 찾는trace 것을 도와달라는 요청을 받았다. 34세로 세 자녀의 어머니였던 그녀는 실종된 당시 임신pregnant 4개월째였으며 그녀의 가족들은 그녀가 살해당했다고 확신하고convinced 있다.

(a) 죽음을 예견했다
(b) 사체를 찾는 것을 돕겠다고 자원했다
(c) 회복할 때 도와줬다
(d) 잔해 찾기에 실패했다

해설 using his abilities to help police and families in unsolved murder cases where the victim's body has never been recovered와 to help trace her daughter, who is presumed dead가 단서가 된다.

5. (d)

해설 Brown 씨 귀하

저는 시내의 소프트웨어 회사에서 상임 소프트웨어 개발자로서 새로운 직장을 잡아 Edmonton 지역으로 전근을relocate 가려 합니다. 몇몇 다른 사람들과 함께 주택에서 방을 하나 세 얻고자 합니다. 제가 집을 한 채 빌릴 능력은 됩니다만, 내년의 제 목표는 저축을 하는 것입니다. 시내의 White Avenue 역까지 적당한tolerable 통근 시간commute time을 가질 수 있는 대중교통 수단까지 걸어갈 수 있는 거리에 사는 것이 가장 좋습니다. 저는 월 700달러까지up to 지불할 의사가 있습니다. 저의 요구사항에 충족되는 숙소를 제공해주실 수 있다면 403 923-5676로 전화 주시기 바랍니다.

감사합니다.

Mike Sawyers

(a) 부엌이 딸린 싱글 룸 예약
(b) 주택의 지하실 임대
(c) 가구가 딸린 방 두 개짜리 집 임대

(d) 몇몇 다른 사람들과 쓸 집에 방 하나 임대

해설 이직으로 인해 이사를 가려는 사람이 방을 얻으려는 광고문이다. 예약(reserve)을 하는 목적이 아니므로 (a)는 탈락. I could meet the expense of renting a place on my own, for the next year my goal is to save money.를 통해 혼자 집을 임대할 비용은 있지만 아끼겠다는 뜻이므로 방을 하나 얻을 목적임을 알 수 있다.

Daily Test

231p

1. (a)

해설 이제 우리는 왕따bullying의 결과가 관련된 모든 아동들에게 장기간의 심각한 문제가 될 수 있다는 것을 깨달을 때이다. 왕따를 당한 아이들은 종종 자존감self-esteem이 낮고, 학교를 두려워하거나fearful 무관심해질disinterested 수 있다. 왕따를 당한 다른 아이들은 종종 폭력적이거나violent 그들 자신이 왕따를 하는 당사자가 될 수도 있다. 지난 7년 동안 학교에서 일어난 폭력 사건incident은 왕따와 연결될 수 있다. 왕따를 당한 아이들은 우울증에 걸리거나depressed 다른 정신적 문제를 갖는다. 왕따를 시킨 아이들 역시 문제를 갖는다. 그들은 교육 과정을 마치지 못할 위험이 높고at a higher risk, 마약과 알코올에 중독되거나addicted 법적인 말썽을 일으킨다.

(a) 연루된 모든 아이들에게 심각한 장기 문제들
(b) 남자 아이들과의 나쁜 상호 관계
(c) 학교와 가정에서 문제들
(d) 학교에서 어떤 행동이 인정되는지를 결정하기 위한 공개 토론

해설 왕따가 미치는 심각성에 대한 글이다. 왕따를 당한 아이들과 왕따를 행한 아이들 모두 안 좋은 결과를 낳는다는 내용이므로 (a)가 가장 적절하다.

2. (c)

해설 성공하기 위해 꿀벌은 훌륭한 약탈자forager가 되는 것을 배워야 한다. 식물에 꿀nectar이 적을 경우 꿀벌은 그 식물을 자주 찾지 않을 것이다. 꿀벌들은 연관된associative 학습learning과 조절conditioning 능력에 놀랍도록impressively 훈련이 잘되어 있다. 예를 들어, 한 마리의 약탈자는 매일 아침 많은 다른 꽃들을 찾는다. 어느 특정한 종류의 꽃에 적절한adequate 꿀이 있을 경우 꿀벌은 조건들이 똑같다면as long as 그날 하루 동안 그 종류의 꽃만 계속 찾아갈 것이다. 꿀벌들은 유사한 실험에 놓였을 때 척추vertebrate 동물들과 놀랍도록surprisingly 유사한similar 반응을 한다react.

(a) 어떤 꿀도 생산할 수 없는
(b) 그들이 발견한 것들을 의사소통할 수 있는
(c) 여러 번 반복해서 찾아갈 것 같지 않는
(d) 다른 일벌들을 선발할 것 같은

해설 꿀벌은 꿀이 많은 꽃을 찾는 능력이 있어, If there is an adequate reward in a certain variety of flower, the honeybee will continue making visits라고 나와 있다. 따라서 꿀이 많지 않은 꽃에는 자주 찾아가지 않는다는 내용이어야 한다.

3. (a)

해설 통증pain은 단지 신경들nerves이 뇌로 부상injury에 대한 메시지를 보내는 것이 아니다. 통증은 개인의 마음 상태와 과거 경험에 의해 영향influence을 많이 받기 때문에, 통증의 해석interpretation은 매우 개인적인personal 것이다. 이런 연유로 통증 판단assessment은 의사들이 개인의individual 통증에 대해 개인적인 해석에 의존해야rely on 하기 때문에 매우 어렵다. 신생아들newborns은 통증을 표현할 언어language 사용 능력조차 없다. 이것은 명백한obvious 해결책solution이 없는 문제가 된다 lead to.

(a) 통증 해석은 매우 개인적인 것이다.
(b) 통증의 정의는 간단한 개념이다.
(c) 그것은 매우 개인적인 현상이다
(d) 통증과 사고는 깊이 연관된다

해설 통증은 신경이 뇌로 전달하는 메시지가 아니라, 개인적인 연유로 일어나는 것이라는 해석이다. pain assessment is extremely difficult because doctors have to rely on the personal interpretation of the individual's pain를 통해 (a)가 가장 적절하다.

4. (b)

해설 연구 결과에 의하면 매우 다양한 종류의 음식을 먹는 사람들이 더 건강하고 장수하며 성인병lifestyle illness에 걸릴 확률이 줄어든다고reduced 한다. 음식 선택은 심장병과 암, 당뇨병diabetes과 같은such as 성인병들이 발병할 위험성risk에 영향을 미친다influence. 음식들, 특히in particular 야채와 과일들은 자연 발생적 물질substance인 파이토케미컬(생리 활성 영양 물질)을 다량 함유하고 있다. 현재까지 과학자들은 암과 심장병을 유발하는cause 과정process을 방해하는interfere with 것으로 여겨지는 이러한 파이토케미컬들을 12,000가지 이상 식별해냈다identified.

(a) 주로 과일을 먹는다
(b) 다양한 종류의 음식을 먹는다
(c) 규칙적으로 운동한다
(d) 요리를 즐긴다

해설 음식 섭취와 관련되므로 (c)와 (d)는 우선 답에서 제외된다. 뒤에 야채와 과일에 생리 활성 영양 물질이 많다는 내용이 나오지만, 이는 음식 선택이 미치는 영향을 예로 든 것이므로 과일을 주로 먹는다는 답보다는 음식을 골고루 섭취해야 한다는 내용이 더 적절하다.

5. (b)

해설 대부분 공식화formalizable 가능하고 연역deductive 논리logic

에 기반한 것으로 알려진 수학과는 달리 자연과학은 주로 귀납적inductive 논리나 진실에 기반을 둔다. 따라서 기계나 컴퓨터에 의해 수행될 수 있는 대부분의 수학과는 달리 자연과학은 인간의 생각이나 두뇌에 의존하여 발전될 것으로 예상된다.

(a) 컴퓨터 과학에도 불구하고
(b) 수학과 달리
(c) IT와 유사한
(d) 대중 철학

해설 자연과학(natural science – inductive logic or truth)과 비교(deductive logic)하는 내용이므로 unlike가 알맞다.

6. (a)

해설 오타와에서 14살 소년이 오늘 아침 두 시간 동안 Scotia 은행의 컴퓨터 시스템을 망가뜨린crashed 이른바alledgely 사이버 공격attack 선동instigating 혐의로 체포되었다arrested. 인터넷 상에서 Zorro라는 별명으로 통하는 그 소년은 온라인 채팅에서 자신의 해킹 재주를feat 자랑한boasting 후 체포되었다. 경찰은 다른 은행과 유명 회사 웹사이트와 관련해서 일어난 다른 수많은a number of 해킹 사건들incidents에도 책임이 있는be responsible for 것으로 의심하고suspect 있다.

(a) 이른바 사이버 공격 선동
(b) 계속 장난 전화 하는 것
(c) 한 은행에 대해 잘못된 주장을 하는 것
(d) 비도덕적 행동에 대한 루머를 퍼뜨리는 것

해설 Internet, hacking, online, websites 등으로 볼 때 인터넷 관련 범죄임을 알 수 있다.

7. (d)

해설 어떻게 어휘를 배우거나 습득하는지에 대한 상반되는conflicting 연구가 있다. 어떤 이들은 낮은 어휘력은 낮은 이해력comprehension 때문이라고 말한다. 또 다른 사람들은 우리는 연상을 통해 어휘를 익힌다고 말하는데 이것은 우리가 단어들을 그룹지어in groups 배운다는 것을 의미한다. 어린이들의 어휘력을 늘리려면 그들은 단어와 의미의 연관된associative 네트워크를 배워야 한다. 이것은 또한 독해력reading comprehension에도 도움을 준다.

(a) 다양한 동의어 학습으로 어휘를 늘린다
(b) 더 큰 편차를 받아들이기 위해 이해력을 확산한다
(c) 경험들을 통해 이해력을 높인다
(d) 연상을 통해 어휘를 학습한다

해설 빈칸 뒤의 which means we learn words in groups가 내용을 보충하므로 단서가 되고, 뒤에 these associative networks of words and meaning이 결정적이다.

8. (b)

해설 Alicante에는 관광의 기회opportunity가 많이 있다. 이 지역에는 대여섯 개의 박물관과 오래된 교회가 있다. 여러분은 이 곳에서 스페인 유적heritage과 문화를 경험할 기회를 갖게 될 것이다. 해변은 여름철 가장 인기 있는 관광지attraction 중 하나로 남아 있다. 항구 지역의 상점과 식당들은 먹고 쉬고 쇼핑하기에 아주 훌륭한 장소이다.

(a) 운동을 위한
(b) 관광을 위한
(c) 야간 생활을 경험할
(d) 관광을 홍보할

해설 박물관, 교회, 유적, 문화, 해변 등은 관광과 연관된다. popular attractions가 결정적인 단서가 된다.

Chapter 23. Part 1 지문 중간의 빈칸, 연결어

Pretest

234p

1. (b)

해석 유럽에서 아동 사서librarian들을 위한 최초 아동 도서관과 교육 프로그램이 1900년대 초에 열렸다. 좋은 책들을 갖는 것이 중요한 반면while 아이들이 그것들을 이용할 수 있게 하는 것도 똑같이 중요하다는 믿음이 점점 더 대중화되었다. 결과적으로 도서 주간, 도서 감상문, 그리고 도서 상과 같은 많은 프로그램들과 이벤트들이 기획되었다organized. 미국에서 Martha Sully 씨는 아동 도서관 세우기에setting up 선구자pioneer였다. 1877년에 그녀는 그녀의 작은 마을 도서관에 아동 도서만을 위한 코너를 세웠다. 1898년 뉴욕 브루클린에서는 Prattle Institute가 아동 사서들을 교육하기 시작했다. 곧바로 1899년에는 피츠버그의 카네기 도서관이 주간 이야기 시간을 제공하기offer 시작했다. 이 모든 이벤트들이 아동 문학 발달에 결정적crucial이었다.

(a) 아이들이 책을 읽는 동안 아이들을 감독하는 것
(b) 아이들이 그것들을 이용할 수 있게 하는 것
(c) 아이들에게 스스로 좋은 책을 찾는 것을 가르치는 것
(d) 조기 교육의 우선시를 위해

해설 아동 도서관 건립과, 아동 도서 사서들을 위한 교육 프로그램 마련의 역사를 다룬 내용이다. 좋은 책을 아동들이 볼 수 있게 해야 한다는 문장이므로 (b)가 가장 알맞다.

2. (b)

해석 대부분의 사람들에게 걱정 또는 초조감은 일상daily basis의 어떤 지점에서 경험하는 것이다. 스트레스와 긴장anxiousness은 우리 사회의 대다수에게 아주 흔하다common. 때때로 가벼운 mild 초조에서 보통의moderate 긴장anxiety은 당신이 주의를 집중하고, 동기 부여자motivator로서 행동하도록 도울 수 있다. 하지만, 만일 심한severe 긴장과 종종 의지할 데 없다helpless고 느끼거나 혼란스럽고, 이런 감정들이 당신을 압도할overtake

경우, 그것은 우울증depression과 같은 더 심각한 것의 증상 symptom이 될 수 있다.
(a) 관심 표명
(b) 걱정 또는 초조감
(c) 동정적인 것
(d) 고통 체험

해설 본문 전체 핵심어인 Stress and anxiousness와 유사한 의미가 들어가야 하므로 worried or nervous가 가장 알맞다.

3. (c)

해설 십대의 시기는 어린 시절과 성인 시절 사이의 경계적landmark 시기이기 때문에 십대들은 종종 권리를 얻기 위해 성숙함maturity을 보이려 애쓰면서도 한·편으로는 여러 정체성identity 사이에서 주저하고waffle 어린 0·이들처럼 버릇없이misbehave 굴기도 한다. 확실한 성인들의 풍습에 끼어드는participate 것은 성장에 대한 탐색exploring의 일부이기도 하다. 성인들과 언론은 성행위라든가, 흡연 및 음주와 같은 비행vice이 성인들만을 위한 것이라고 환기시키는데 이는 그 행위들을 좀 더 매력적으로appealing 보이게 할 뿐이다. 더 중요하게, 우리의 문화는 나이 제한restriction을 통해서 이런 비행들에 연관되는 것 자체를 성숙도와 동일시한다는 신호를 보낸다.
(a) ~ 때문에
(b) 더욱이
(c) 때문에
(d) 그러나

해설 빈칸 다음의 내용이 십대가 '~한 시기'라고 언급하고 그 다음에 십대의 행위들이 열거되는데 앞 내용이 이 행위들의 원인이므로 빈칸에는 because가 적절하다.

4. (a)

해설 SAPA는 Dingwall에 두 개의 건물을 가지고 있는데, 이는 SAPA의 본부 건물로써 대부분의 업무와 직원들을 수용housing하는 Graesser House와 일부 사무실과 점포와 함께 실험실들이 있는 Technical Building이 그것이다. Technical Building은 건물의 상태가 좋지 않고 현재 및 미래의 직원들을 감안하면 부족한insufficient 수용 시설이다. 그러므로 실험실 서비스를 수용하기 위한 추가 건물을 고려할 필요가 있다. 이 주제는 대학의 연례 회의에서 논의되었고 다음 예산에 있어서 이 프로젝트에 우선순위를 두기로 합의되었다.
(a) 따라서 실험실 서비스를 수용하기 위한 추가 건물을 고려할 필요
(b) 예를 들어, 현재 프로그램을 위한 직원 부족
(c) 게다가, 왜 그 건물이 그런 파손 상태가 되어야 하는지에 대한 이유
(d) 하지만 그 두 개발 건 사이의 기본적 차이

해설 앞 문장 The Technical Building is in poor condition and there is insufficient accommodation for current and future staff.가 단서가 된다. 건물의 상태가 안 좋고, 직원들을 충분히 수용하지 못하므로, 추가 건물이 필요하다는 내용이다.

5. (c)

해설 만일 당신이 심각한 알레르기로 고생한다면suffer, 진공 청소기로 자주frequently 청소하는 것이 매우 도움이 된다. 하지만 모든 진공 청소기가 똑같지는 않다. 먼지 진드기mite 같은 작은 입자들particles까지 흡입pick up할 수 있고, 그것들이 세지 않도록 할 수 있는 진공 청소기를 구입할 것을 권장한다recommend. 또한 백이 꽉 차면 진공 청소기의 효과efficacy가 크게 줄어들므로 진공 청소기의 먼지 백을 자주 갈아주는 것을 명심하라.
(a) 미리 포장된 음식 구입하기
(b) 뜨거운 물로 옷 세탁하기
(c) 자주 진공 청소기로 청소하기
(d) 집을 자주 청소하기

해설 빈칸 뒤에 문장들에 나온 vaccum이 결정적인 단서이다. 알레르기 예방을 위해 진공 청소기 사용을 권하고 있으므로 (c)가 가장 적절하다.

Daily Test

241p

1. (a)

해설 출산give birth을 한 후 풀타임 직장으로 돌아가는 엄마들은 아이를 돌볼 사람을 선택할 때 매우 심사숙고think carefully해야만 한다. 최근 발표된 연구는 친척relative이나 이웃이 돌본 아동들이 읽기, 쓰기, 말하기를 배우는 데 있어서 탁아소nursery에 맡겨진 아이들에 비하여 떨어진다는 점을 발견했다. 하지만 이것은 일하는 엄마들이 기분 나빠해야 한다는 것을 의미하지는 않는다. 이 조사에서는 또한 심리적인 안정well-being이나 행위에 있어서 일하는 어머니를 둔 아동들이 집에 있는 어머니들과 함께 있는 아동들과 똑같다는 사실도 드러났다.
(a) 일하는 엄마들은 기분 나빠해야 한다
(b) 학습 속도가 걱정된다
(c) 일하는 엄마들은 걱정을 그만해야 한다
(d) 집에 있는 동안, 엄마들은 아이들을 놀이방에 맡겨야 한다.

해설 직장에 다니는 엄마들과 전업 주부의 아동들의 학습 비교 연구에 대한 내용이다. 학습력은 직장에 다니는 엄마들의 아동들이 떨어지지만, 심리적 안정이나 행동 발달은 같다는 내용이므로 빈칸은 앞과 뒤의 내용을 잇기 위해 (a)가 가장 알맞다.

2. (b)

해설 수백 편의 영화들이 매년 많은 다른 장르들로 제작된다. 이 모든 다른 영화들이 공통적으로 가지는 한 가지는 충돌이다. 모든 스토리 라인이 한 명의 주인공이 욕망을 가지고 그것을 성취하기 위해 해야 할 것을 하기 때문에 전개된다. 그 주연 배우는 주인공protagonist이라고 불리운다. 반대자antagonist의 경우 주인공이 목적을 달성하려는 것을 막으려는 사람이나 힘을 가리킨다. 둘 사이의 힘겨루기는 바로 영화의 줄거리를 만든다.
(a) 속임수
(b) 충돌

(c) 협상
(d) 열정

해설 영화에서 흔히 볼 수 있는 주연 배우와 상대역과의 배역상의 충돌, 또는 갈등을 표현한 지문이다. 빈칸 뒤에 이어지는 내용들이 전부 힌트가 되는데 상대 배역 antagonist이 주인공 protagonist으로 하여금 목적을 성취하지 못하게 막고 주인공은 그것에 맞서 싸우는 줄거리가 만들어진다는 내용이므로 정답은 (b)가 된다.

3. (c)

해설 직장과 개인 생활의 균형 전략strategy은 고용주를 위한 사업적 이익을 강화하면서enhancing 개인의 직업 만족도satisfaction를 높이는 목표goal를 가진다. 우리의 갈수록 바빠지는hectic 세계에서 직장-개인 생활 전략은 직장과 여가의 균형을 찾기를 추구한다seek. 이는 개인이 자신의 직업과 사생활과 직장 양쪽에 dually 대해 만족감을 느낄 때 성취된다accomplished. 개인의 생활이 직장과 균형을 이룰 때 개인, 회사 그리고 사회에 상호적으로mutually 이득이 된다.

(a) 자신의 사업적 목표를 성취하기 위해 애쓴다
(b) 개인의 취미를 쌓고, 가족과의 시간을 즐기는 데는 시간이 걸린다
(c) 개인의 사생활과 직장 양쪽에 만족을 느낀다
(d) 퇴직과 노년에 대한 준비하기 위해서 대책이 필요하다

해설 the work-life balance와 find a balance between work and play가 결정적 단서이다.

4. (b)

해설 때때로 우리는 꿈의 내용이나 의미를 의해하는 데 어려움difficulty을 갖는다. 왜냐하면 이미지들이 너무 앞뒤가 맞지 않고incongruous 말이 안 되는nonsensical 방식들로 나타나기 때문이다. 하지만 꿈을 엉터리 생각 덩어리로 무시하지disregard 않는 것이 중요하다. 아마도 그것은 어떤 종류의 내적inner 갈등conflict을 해결하도록resolve 돕기 위해 당신에게 메시지를 전달하려고relay 하는 무의식일지도 모른다. 당신은 항상 이것을 즉각immediately 인정하지recognize 않을지도 모르지만 의식적으로 생각하지 않기로 한 문제를 가지고 있을 수 있다. 그 문제가 해결될 때까지 그것은 당신에게 꿈으로 나타날 수 있다.

(a) 죄의식 콤플렉스의 표현들
(b) 엉터리 생각들의 덩어리
(c) 꿈 성취의 형태
(d) 무관한 영감

해설 howerer는 앞뒤 문장을 역접의 뜻으로 대구시키는 역할을 한다. 꿈에 대한 일반적인 생각들에 대한 것으로 such incongruous and nonsensical ways가 단서가 된다.

5. (a)

해설 이혼divorce이나 별거separation 기간 동안 아이들은 연령에 따라depending on 약간 다르게 반응한다react. 희소식은 미취학 아동들은 그 상황을 이해하려고 애쓴다는 것이다. 그들은 주변 상황을 자신에게 이해시키려 노력하고 그에 맞춰 행동을 잘 하려고 시도하는 방식으로 자기들의 세계에 어떤 질서order를 세우려 시도한다attempt. 시간이 좀 걸리기는 하지만 대부분의 아이들은 점차gradually 상황을 이해하고 그에 적응한다adjust. 단기적으로는in the short term 아이들의 학업 성적grades에 별다른 영향이 없는 것처럼 보인다. 그들은 이혼 전에 했던 것처럼 학교 생활에 잘 적응할 가능성이 높다.

(a) 그 상황을 이해하다
(b) 올바른 선택을 한다
(c) 그들의 환경을 평가한다
(d) 모든 것에 같은 방식으로 응답한다.

해설 미취학 아동에게 이혼이나 별거는 큰 영향을 끼치지 않는다는 내용이다. preschool children will try to understand the situation. They attempt to bring some order to their world by attempting to explain to themselves what is happening and by trying to be well behaved.가 단서가 된다.

6. (d)

해설 아이들과 달리, 성인들은 사고thinking나 문제 해결을 전형적인typical 해결책과 형식들에 제한한다limit. 이는 우리 주변에 경계선을 만들고, 문제들에 얽매어stuck 있다는 느낌을 갖게 한다. 창의력과 임기응변resourcefulness을 개발하면 그러한 인공적인artifical 제한restriction을 없앨 수 있다. 일단 내적inner 창의성을 풀어 놓을unleash 수 있으면, 당신은 어떤 강력한 힘을 풀어loose 놓는 것이다. 일단 시작하면, 그것은 당신의 인생의 모든 영역에 나타날show up 것이다. 아이들은 창의성의 대가들이다. 그들은 대부분의 어른들처럼 상상에 휘둘리지reign 않는다. 아이들은 어떤 것이라도 할 수 있다고 믿는다. 한참 동안for a while 아이들을 지켜보고, 그들처럼 되보려고 애써라. 이것은 억압inhibition을 풀고, 스스로self-made 상상으로 정해 놓은 경계선을 허무는 데 도움이 될 것이다.

(a) 새로운 유행을 만드는 것
(b) 상황들을 이해시키는 것
(c) 상상력 키우기에 도움을 주는 것
(d) 강력한 힘을 풀어놓는 것

해설 사고나 문제 해결에 있어서 창의성을 발휘하라는 것이 요지이다. 그 창의성은 강력한 힘이 될 것이므로 (d)가 가장 알맞다.

7. (b)

해설 지난 몇 년 동안, 더욱 더 많은 환경environmentally 친화적인friendly 제초제herbcide가 화학품 산업체에 의해 만들어졌다. 하지만 우린 화학품들만이 잡초를 없애는 해결책solution이 아님을 믿게 되었다. 몇몇 과학자들이 잡초를 죽일 수 있는 곤충들insects과 미세micro 유기체organism들과 같은 대체alternative 생물학적 방법들을 탐색하기explore 시작했다. 이 생물학적 도우미agent들은 환경에 안전하며, 사실in fact 특이성specificity의 힘을 제공한다. 그들은 특정particular 농작물crop을 공격해서 다른 식물들만 남길 수 있다. 그것들은 심지어 목표 대상 잡초

와 그것과 관련된 잡초를 구분할 수 있다.
(a) 전통적인 보호 수단들
(b) 특이성의 힘
(c) 더 강한 제초제
(d) 더 건강에 이로운 야생 서식지

해설 환경 친화적인 잡초제의 이점을 내용으로 한다. 생물학적 잡초제 역할을 하는 이들은 특정 농작물만을 공격하므로 특이성이 있다고 할 수 있다. 따라서 (b)가 가장 적절하다.

8. (b)

해설 종종 한 사람의 물질적material 부wealth에 대한 욕망은 다른 성질nature의 문제와 관련된다related. 만약 물질적 부(副)wealth가 인생에 있어서 당신의 첫 번째 목표goal라면, 이 욕망의 원인에 대해 직접적으로directly 생각하는 것이 도움이 될 수 있다. 만일 그저 부자가 되고 싶고, 열심히 일한다면, 당신은 이것을 성취achieve 할 수 있을 것이다. 너무 많은 사람들이 그들 자신을 믿기가 어렵고, 그들은 목표와 잠재적potential 성취를 제한하는 다른 사람들에 의해 쉽게 영향을 받거나influenced, 설득당한다convinced. 당신의 마음을 따르라. 그리고 다른 사람들이 당신이 할 수 없다고 말할 때 낙담하지discouraged 말라. 목표를 이루는 것은 당신에게 달렸으며up to, 당신이 그것을 실행하기put into 위해 얼마만큼 일을 할 것인지가 문제matter일 뿐이다.

(a) 그들의 신념에 대해 말하기
(b) 그들 자신을 믿기
(c) 진실을 위해 서기
(d) 재정적으로 번창하기

해설 목표를 이루기 위해서는 제일 먼저 자기 자신을 믿어야 한다는 것이 요지이다. 예를 들어, 부자가 되려면 누가 뭐라고 하던지 열심히 일하면 된다는 것이다. 다른 사람들의 영향을 받지 않으려면 자기 확신이 있어야 하므로 답은 (b)가 가장 알맞다.

Chapter 24. Part 1 지문 하단의 빈칸

Pretest

244p

1. (b)

해설 지난 25년간 중국인들의 생활 수준living standard은 빈곤층이 큰 폭으로by a large margin 감소하면서 개선되었다improved. 중국은 교육과 문화, 의료 그리고 다른 여러 사회 분야에서 큰 진보를 이루어냈다. 출산율과 자연적 인구 증가율growth rate은 낮아지고declining 평균 수명life expectancy은 올라갔다. 그리고 도시와 시골 지역간, 다른 지역간의 인구 이동migration도 일상적인 일이 되었다.

(a) 수준을 고정시켰다
(b) 일상이 되었다
(c) 참가율이 줄었다
(d) 더 두고 봐야 한다

해설 생활 수준은 향상, 사회 여러 분야의 발전, 출산율 저하, 평균 수명 상승, 도시간 이동은 평범, 일상(normal)적인 일이 되어야 문맥이 통한다.

2. (d)

해설 주로 앉아서sedentary 지내고 과체중, 혹은 비만obese의 폐경기postmenopausal 여성들에게 있어서 운동용 자전거를 일주일에 몇 분씩만 타는 것은 심장 호흡기관respiratory의 건강을 증진시킬improve 수 있다. 그러나 3일에 걸쳐서 주당 75분 이상 자전거를 타면 심장 호흡기관의 건강은 증진되지만 대부분의 다른 심장 혈관계 위험 요소들factors은 쉽게 사라지지 않는다held firm. 혈압과 지질lipid 검사, 그리고 체중이 이에 속한다. 그럼에도 불구하고 약한 건강은 조기premature 사망mortality의 강력하고 독립적인 위험인자이며, 다양한 분량dose의 신체활동의 영향을 이해하는 것은 특히 심장혈관계 질환, 2형식 당뇨병 및 다른 만성chronic 질환을 앓는 여성들에게 중요하다.

(a) 게다가
(b) 그렇지않다면
(c) 따라서
(d) 그럼에도 불구하고

해설 연결사 문제이다. 빈칸 뒤에 콤마가 있으므로 접속사가 아닌 부사가 들어가야 한다. 문맥상 앞의 내용의 대조이므로 nevertheless가 가장 알맞다.

3. (c)

해설 나는 플로피 디스크에 대여섯 장의 사진을 저장하고 이의 자성 표면을 클립으로 긁었다scratched. 두 개의 다른 소프트웨어의 디스크 복구recovery 프로그램으로 디스크를 고치려고 시도했을 때, 그들은 모든 것이 정상이라는 틀린 답을 내놓았다. 확실히, 읽기 시도를 다섯 번째 했을 때 디스크는 읽지 못하게 되었다. 그러나 복구 프로그램은 간단히 내 파일들을 하드 드라이브의 안전한 디렉토리 안으로 복구해 놓았을 뿐, 긁힌 플로피 디스크를 수리하려는 시도는make an attempt 하지 않았다. 물론 소프트웨어로는 하지 못하는 일이다. 70달러를 들인 복구 서비스는 유틸리티 소프트웨어 총 가격과 맞먹었다. 만약 사용자가 플로피에 많은 중요 자료들을 자신의 필요에 customarily 맞추어 저장해 놓는다면, 그 구매는 정당화된다.

(a) 선택적인
(b) 피할 수 없는
(c) 정당한
(d) 여분의, 과잉의

해설 빈칸에 내용상 알맞은 단어로 앞 문장에서 70달러를 들여 산 복구 프로그램이 유틸리티 소프트웨어 값과 엇비슷하다는 내용이므로 플로피 디스크에 저장된 파일을 복구하려면 그 정도 가격은 써야 한다는 것이다.

4. (a)

해석 배우자 폭력battering이 발생하는 많은 가정에서는, 종종 한 명의 범인perpetrator에 의해 저질러지는 어린이 혹은 성인들에 대한 학대가 있을 수 있다. 또한 폭력의 희생자가 되거나victimized 혹은 가족 내 다른 이들에 대한 폭력을 목격한 어린이들은 나중에 청소년이나 어른이 되었을 때 다시 희생자가 되거나/되고 스스로 그 폭력의 행위자가 될 위험성이 높다. 이 문제들의 존재existence는, 영향을 받은affected 희생자나 공동체의 특정 유형에 집중하기focusing on보다, 단일화한unified 방법으로 가족 폭행에 대항하여 생각하고 조치를take action 취할 필요성에 대한 인식이 늘고 있음을 가리킨다.

(a) 점점 늘어나는 필요 의식
(b) 우리가 ~하는 방식에 대한 적은 관심량
(c) 우리가 ~하는 방식에 있어 다가오는 어려움들에 대한 지지의 증가
(d) 우리가 ~하는 방식에 있어 과감하고 의미 있는 변화

해설 문장 구조를 살펴보면 The existence of these problems / suggests _____ think about ~으로 동사는 suggests이고, 빈칸은 목적어 자리이다. 그리고 다시 think about가 이어지므로 to부정사로 하여 to가 오거나, 명사절이 되도록 앞에 접속사와 주어를 넣을 수 있다. 문맥상 가정 폭력이 끼치는 영향이 크기 때문에 가정 폭력 사건을 개인 문제가 아니라, 사회적 문제로 응대 조치해야 한다는 내용이다.

5. (b)

해석 절도theft 범죄가 성립하려면 두 가지 사항이 있다. 첫째, 진짜 주인의 허락permission 혹은 인지knowledge 없이 무엇인가를 취하거나, 이동시키거나 혹은 사용하는 행위가 있다. 둘째, 그 물건item을 취하거나 이동시킨 사람은 그 재산property이 타인에게 귀속된belonged 것임을 미리 알고 있었음에 틀림없다must have known. 이는 만약 물건을 취하거나 움직인 그 사람이 그가 그 물건을 취하거나 사용할 권리right가 있다고 진정으로honestly 믿거나 그 물건의 소유자가 누구인지에 대해as to 실수를 했다면make a mistake 그는 절도로 유죄guilty 인정을 받지 않을 것임을 의미한다.

(a) 잘못 믿다
(b) 진정으로 믿다
(c) 잘못해서 믿지 않다
(d) 진정으로 믿지 않다

해설 먼저 절도죄 성립의 두 가지 경우를 들고 있다. 유죄인 경우로 하나는 주인의 허락 없이 물건을 취한 경우이고 또 하나는 남의 물건임을 알고 그 물건을 취득하는 것이다. 다음에 이어지는 물건 주인을 잘못 알고 물건에 손을 댄 경우로 유죄 인정이 되지 않는 것이다.

Daily Test

251p

1. (c)

해석 전기를 발전시키고generate 직접적으로 열을 제공하는 데 사용되는 에너지는 호주에서 온실 가스 오염의 최대 주범이다. 연간annually 생산되는 5억4천3백만 톤의 이산화탄소 중 약 절반 가량이 화석fossil 연료fuel를 태우는 발전소power station와 산업용, 상업용 및 주거용residential 활동을 위해 직접적으로 사용되는 화석 연료들로부터 나온다. 이는 또한 우리의 행성을 과열overheat되게 만드는 오염의 가장 빠르게 증가하는 원천이기도 하다. 석탄을 태우는 전기 발전 방식은 상시stationary 에너지로부터의 온실 가스 오염에 대한 최대의 유인(誘因)contributor이다. 석탄에 대한 호주의 높은 의존도reliance는 우리를 산업화된 국가들 중 미국 다음으로 큰 온실가스 오염원polluter 중 하나로 만들었다. 석탄은 지금까지 우리의 에너지 수요를 잘 충족시켜 주었지만 이제 대기 중으로 방출되는released 이산화탄소의 양을 제한해야constrain 하는 현재의 세계에서 호주는 이 오염원을 생산하지 않으면서 우리의 수요를 채워주는meet 신기술을 반드시 연구해야만 한다.

(a) 산업 활동에서
(b) 새로운 개발들에 있어서
(c) 우리의 에너지 수요
(d) 환경 문제

해설 호주의 온실 가스의 주범이 되는 화석 연료 사용과 에너지 수요의 충족 문제에 대한 내용이다. 빈칸은 화석(석탄)의 에너지 수요에 기여한 바를 나타내므로 (c)가 가장 알맞다.

2. (d)

해석 2년 전 허리케인 루이사에 의해 강타당한battered 뉴 올리언스 주민들residents의 불행은 아직 끝나지 않았다. 개인 보험사insurer들이 상당히 높은hefty 가격표price tag 없이는 더 이상no longer 이 지역 주민들에게 보험을 들어주지 않으려고 하기 때문에 맞는affordable 보험을 찾는 것이 거의next to 불가능하게 되었다. 많은 주민들이 더 이상 집과 사업에 필요한 보험을 구매할purchase 여유가 없다.

(a) 요구하다
(b) 평가하다
(c) 정하다
(d) ~할 여유가 있다

해설 허리케인의 피해를 입은 뉴 올리언스 주민들의 고통에 대한 내용으로 그 중 하나가 보험 들기가 힘들다는 것이다. 보험사들의 비싼 보험 상품을 이 지역 주민들은 구입할 여유가 없다는 내용이다.

3. (c)

해석 저희 명단list을 보시면, 전국에서 1천여 명의 후보recruiter들을 찾을 수 있을 것입니다. 이 사람들 모두 건강 관리 전문직을 찾고 있습니다. 다른 산업들의 온갖 종류의 명단이 있는 다른 디

렉토리를 찾기는 쉽습니다. 하지만 유일하게 건강 관리 회사들firms의 명단이 있는 디렉토리는 우리뿐이다. 이것은 건강 관리 분야의 직장에 응시하는 일task을 상당히 간단히 simplify 합니다. 대개more often than not 건강 관리 부문에서 최고 자리는 목록에 없지만 고용주들에게 알맞은 지원자들을 구하고 찾는 후보자에 의해 채워집니다. 그것이 우리 건강 관리직 선발 명단이 아주 귀중한priceless 툴tool이 되는 이유입니다.

(a) 회사들
(b) 상점들
(c) 후보들
(d) 헬스 센터들

해설 취업 사이트의 광고문이다. 건강 관리 분야의 구직자 명단을 확보하는 유일한 사이트라는 내용이다. '건강 관리의 최고 자리들은 목록에 없는 대신, 고용주에 맞게 개인적으로 채워진다'는 뜻으로 보아 빈칸은 candidates가 알맞다.

4. (c)

해설 우리는 인터넷 세계가 위험할 수 있고, 위험한 상황에 처하지 않는 방법을 배울 필요가 있다는 것을 기억해야 한다. 인터넷 상에서 마주칠come across 모든 함정pitfall들을 모르기 때문에 당신을 안전하도록 도와줄 몇 가지 간단한 예방 조치precaution 들이 있다. 모르는 사람에게 온 이메일 첨부attachment들을 열지 말라. 이것은 당신 컴퓨터를 치명적인fatal 잠재 바이러스로부터 보호할 수 있다. 또한, 자녀들이 인터넷을 사용할 때 그들을 감독하라supervise. 유해한 웹사이트들을 막는block 프로그램 설치installing를 권장한다.

(a) 컴퓨터 사용을 피한다
(b) 그룹별로 이동한다
(c) 위험한 상황에서 벗어난다
(d) 계속해서 현재 사건들의 날짜를 기록한다

해설 인터넷 이용시 유해 사이트로부터 안전을 도모하는 조치들에 대한 내용이다. the Internet world can be a dangerous place가 단서가 되어, stay out of dangerous situations가 정답이다.

5. (a)

해설 많은 온라인 보석 도매업체들의 수익에 2001년 9월 테러 공격이 미친 영향effect은 놀라운 것이 아니었다. 미국이 충격에 휩싸였기 때문에 판매가 추락했다. 하지만 나라가 회복됨에 따라 전과 달리 애국patriotic 정신spirit이 전역에서 떠올랐다. 더 강한 애정attachment을 구하는 남성들의 정서적 반응들reaction은 남성들이 약혼 반지, 조각engraved 자물쇠, 그리고 다이아몬드 십자가를 구매하도록 했다. 많은 회사들 또한 미국기flag를 피쳐링한 새로운 애국 상품들을 제공했다. 이것으로 연말에 여러 도매상들이 기록적인record breaking 매출을 올리게 되었다.

(a) 판매가 추락했다
(b) 판매가 정상적으로 갔다
(c) 판매가 치솟았다
(d) 판매가 오르내렸다

해설 정황상 2001년 9월 테러가 온라인 보석 사업체들에 끼친 영향이 어떠했으라는 것을 알 수 있다.

6. (b)

해설 '스파이더맨' 무용담saga의 최신작이 기대에 미치지live up 못하고 실패했다. 이 이야기는 우선 너무 길고 템포가 너무 느리다. 제작자들이 너무 많은 것들을 한 편의 영화에 우겨 담으려cramp 애쓰는 것처럼 보인다. 첫 번째 두 편의 '스파이더맨' 영화에 비하면compared '스파이더맨 3'은 광채luster가 덜 하다. Macguire와 Dunst의 연기는 아쉬운 점이 많았다. 그들의 등장 인물 묘사는 전편에 보여주었던 힘과 과장성이 부족하다. 환상적인 시각적visual 이미지를 제외하면apart from 이 영화에서 별로 기대할look forward to 점이라고는 없다.

(a) 필름만 남겨두다
(b) 아쉬운 점이 많다
(c) 하나도 빼놓지 않다
(d) 바랄 것이 하나도 없다

해설 영화 스파이더맨의 review로 저자는 작품에 대해 혹평하고 있다. '스파이더맨 3'이 지난 편들에 비해서 광채가 덜 난다고 했고, 주연배우들의 연기도 부족한 것이 많았다는 내용이다.

7. (c)

해설 에이즈와 같이 지독한 재앙에 직면하면faced 우리는 누군가를 혹은 어떤 단체를 찾아 그 상황을 탓하고자 하는 유혹에tempting 빠진다. 세계적으로 HIV의 기원에 대한 '음모conspiracy설'을 충분히 찾아볼 수 있다. 이것이 세균전germ-warfare 연구에서 비롯되었다거나 새로운 유전공학 기술에서, 혹은 원숭이의 신장kidney 세포에서 소아마비polio 백신 세포를 배양하다가 나왔다는 설 등이다. 현실성이 낮은 이러한 생각들 중 우리가 HIV에 대해 알고 있는 것과 부합하는 것은 아무 것도 없으며, 인간에게서의 HIV의 기원origin도 훨씬 더 통상적인 것일 가능성이 있다.

(a) 점차적인 병
(b) 자연적인 현상
(c) 끔찍한 재앙
(d) 성장하는 기술

해설 HIV 바이러스 기원에 대한 여러 가지 설에 대한 내용으로 끔찍한 재앙이기까지한 에이즈가 중심 소재이다.

8. (b)

해설 당신은 어서 결혼하라는 사회적 압력pressure을 느끼는가? 아주 어린 나이부터 당신은 결혼이 바른 길passage이며 결혼할 때까지는 어른이나 진정한 여성이 될 수 없다는 가르침을 받았을 가능성이 있다. 이 사회적 압력은 그것이 사실이든 거짓이든 간에 반드시 진실인 것은 아니라는 점을 기억하라. 결혼을 한다는 것만으로 완전히 자립한full-fledged 어른이 되는 것은 아니다.

(a) 자립하다
(b) 곧 결혼하다
(c) 빨리 자라다
(d) 착한 소녀가 되다

해설 marriage(결혼)에 대한 내용으로 결혼을 한다고 완전한 성인이 되는 것이 아니므로 결혼이란 사회적 압력을 미혼 여성들에게 가하는 것이 맞지 않다는 논지이다.

Chapter 25. Part 2 대의 파악

Pretest

254p

1. (c)

해설 대출을 받아 도서관 밖으로 가져갈 수 있는 책들은 2층에 위치하고 있다. Hightower 도서관에서 자료material를 대출하려면 학생들은 반드시 Gordon College의 현 학생증을 보여주어야 present 한다. 이 학생증은 매 학기semester 사무국에서 발급받거나 갱신한다upated. 학생들은 대출받은 책에 대한 연체료overdue fine에 책임을responsible 지기 때문에 책의 반납일을 도서관이나 대출 데스크에서 확인하는confirm 것 역시 그들의 책임이다.

윗글의 제목으로 가장 알맞은 것은?
(a) 도서관의 우선 역할
(b) 도서관 카드 얻기
(c) 도서 대출의 절차
(d) 연체 도서에 대한 절차

해설 도서관과 관련된 내용임을 알 수 있다. 첫 문장에 books that may be checked out과 두 번째 문장 in order to check out materials가 단서이다. 대출하려면 학생증을 제시해야 하며, 책의 반납일을 꼭 확인해야 한다는 것이다.

2. (d)

해설 자동차 제조 협회(JAMA)의 최신 수치에 따르면, 승용차, 버스 및 트럭 생산량이 15개월 연속straight 40% 이상 상승을 기록했다. 오늘 자동차 제조사 협회(AMA)가 가장 최근 수치figures를 발표했다. 자동차 생산량은 올해 약 888,500대로 올라 작년의 864,600대와 비교했다. 급증하는 내수domestic 수요나 국제 자동차 시장에서 자동차 업체들의 확장expansion은 자동차 생산량 증가에 중대한 공헌을 했다고be credited to. 가격 인하가reduction 대부분의 가정에서 자동차 구매 가능성affordability를 높여주었고, 그것이 자동차 매출 상승의 주요main 원인 중 하나이다.

다음 중 신문 기사를 가장 잘 요약한 것은?
(a) AMA는 생산량을 늘릴 방법들을 찾고 있다.
(b) 내수 자동차 수요가 주춤거리고 있다.
(c) 자동차 생산업은 낮은 수익을 보이고 있다.
(d) 자동차 산업은 지속적인 성장을 하고 있다.

해설 AMA가 발표한 최근 자동차 판매 증가에 대한 내용이다. 그 원인은 내수 수요와 수출 시장 확장이라고 하였다. 또한 자동차 가격 인하가 국내 자동차 구매 수요를 늘린 이유이다.

3. (b)

해설 메모
발신: John Walsh
수신: Bargain City의 전 직원
일시: 12월 15일

이 메모는 우리 매장이 12월 25일과 26일에 크리스마스 휴점을 한다는 것을 모두에게 상기시키기 위한 것reminder입니다. 12월 24일 6시까지 영업을 하고 12월 27일 오전 9시에 다시 개점할 것입니다. 저는 또한 섣달 그믐인 12월 31일에 일할 지원자들volunteers을 모집합니다. 그날 일할 수 있는 분들은 저를 찾아오시기 바랍니다.

무엇에 관한 메모인가?
(a) 회사 크리스마스 파티
(b) 상점 휴일
(c) 신입 사원 교육
(d) 자선 활동을 위한 지원자 요청

해설 이 메모에서는 크리스마스 날 상점 휴점을 알리고, 24일 영업시간, 그리고 31일에 근무할 지원자 모집을 알리고 있다.

4. (a)

해설 일단 아이들이 혼자independently 읽는 법을 배우고 나면 부모들은 그들에게 읽어주기를 그만두는 경우가 많다. 이러한 일상의routine 변화는 당신이 책을 읽어줄 때 잠드는 것을 좋아하게 되었던 아이에게 큰 슬픔sadness을 불러일으킨다. 심지어는 십대들도 당신이 그의 흥미를 자극하는pique 책을 선택했을 경우에 그들에게 읽어주면 좋아한다. 함께 책을 고르되, 당신도 좋아할 만한 책을 고르도록 하여 당신이 그들에게 읽어주면서 기쁨enjoyment을 느끼도록 하라.

이 글의 요점은 무엇인가?
(a) 자녀에게 책을 읽어주는 것은 모든 연령에 이롭다.
(b) 책을 잃지 않으려고 하는 것은 나쁜 습관이다.
(c) 혼자 책 읽기는 아이들 간의 분위기 변화를 만들 수 있다.
(d) 십대들은 동생들에게 책을 읽어주도록 권장되어야 한다.

해설 아이들이 자랐을 때 부모들이 책 읽어주는 것을 그만두지 말고, 계속해서 함께 책을 골라 읽어주는 것이 좋다는 내용이다.

5. (b)

해설 부모들은 자녀들에게 집안일chore의 목적purpose을 설명하여 그것들이 왜 중요한지를 이해하도록 해야 한다. 그 임무task에 처음, 중간, 그리고 끝이 있다는 것을 이해하면, 아이들은 그 책임감을 편하게comfortable 받아들이게 된다. 반면on the other hand 일단 아이들이 충분히 나이가 들어 그들의 책임감을 이해하게 되면 명령을 들었을 때 그 임무를 반드시 완수해야 함을 배워야 한다. 이러한 접근법approach은 부모와 자녀들 간의 신뢰를 강화하는reinforce 데 도움이 된다. 어린 시절에 당신의 자녀가 책임감을 갖고 있음을 믿는다고 의사소통을 하면 그들의 인생에서의 책임감에 좀 더 잘 대비하게 될 것이다.

이 글의 요점은 무엇인가?
(a) 책략이 있는 부모들이 훨씬 똑똑한 아이들을 만든다.
(b) 아이들에게 책임감을 가르치는 것은 미래를 준비시키는 것이다.
(c) 부모와 아이들 간의 의사 소통은 끝없는 도전이다.
(d) 아이를 키우는 것은 많은 인내심이 요구된다.

해설 아이들에게 책임감을 가르치는 이유와 방법 그리고 목적을 설명하는 글이다. 마지막 문장 Communicating that you trust your children with responsibility early in life better prepares them for a lifetime of responsibility.가 핵심이므로 '책임감은 아이들에게 미래를 준비시키는 것이다'가 알맞다.

Daily Test

261p

1. (b)

해석 때때로 축일의 진정한 의미는 선물 주기 측면aspect에 의해 묻혀 버리기도overshadowed 한다. 어린이들은 때로 매우 탐욕스러워greedy질 수 있어서 오로지solely 그들이 선물로 원하는 것에만 집중한다. 자녀들에게 축일의 진정한 의미를 가르치는 한 가지 좋은 방법은 그들에게 선물 중 하나를 선택하여 이를 필요로in need 하는 사람에게 주도록give away 하는 것이다. 또 한 가지 방법은 빈민들을 위한 무료 식당에서 온 가족이 자원봉사volunteer를 하는 것이다. 이는 자신보다 훨씬 적게 가진 사람들을 향하여 자녀들의 눈을 뜨게 만들 것이며 잘만 되면hopefully 자신들이 얼마나 운이 좋은지도 깨닫게 될 것이다.

이 글의 가장 알맞은 제목은 무엇인가?
(a) 축일 선물 주기 아이디어
(b) 주는 것의 의미
(c) 축일을 위한 저축
(d) 아이들에게 사주기

해설 크리스마스나 설 같은 명절의 의미가 선물 주고 받기로 퇴색한다는 내용으로 특히 아이들에게 축일의 의미와 선물을 주는 것의 의미를 가르쳐야 한다고 말하고 있다.

2. (a)

해석 균형 잡힌 건강한 라이프 스타일을 유지하는maintaining 것은 영양가nutritious 있는 식사를 요리할 시간은 고사하고let alone 식료품grocery을 살 시간도 없는 바쁜 사람들에게는 상당히 어려운challenging 일일 수 있다. 여러분의 건강에 극적인dramatic 변화를 줄 수 있는 간단한 해결책이 몇 가지 있다. 우선to begin with 주어진 시간을 활용하는 것이 중요하다. 주중에 시간이 없다면 주말에 시간을 내어, 냉동을 시켰다가 주중에 다시 덥혀reheated 먹을 수 있는 건강 식사를 미리 준비하라. 야채를 썰어chopped 냉동실에 넣어 두었다가 샐러드나 볶음 요리stir-fry에 넣어 먹는 간단한 일 조차도 주중 내내 더 잘 먹을수록 도와준다.

이 글의 가장 적절한 제목은?
(a) 시간을 절약한 음식들을 통해 건강을 챙기는 것
(b) 빠른 식사 요리법
(c) 균형적인 운동 프로그램을 위한 팁
(d) 신선한 야채의 건강상 이점

해설 바쁜 사람들에게 균형 잡힌 식사를 하기란 어렵다. There are a couple simple solutions that can make a dramatic difference to your health. 다음에 방법들을 소개한다. 그 중 하나가 주중에 힘들면 주말에 시간을 내어 평일에 먹을 음식을 준비해 놓으라는 것이다.

3. (b)

해석 Media Classified Corporation은 2007년 5월 Job Classified Weekly로 명명된 무료 주간 뉴스레터를 출범시킨다launch. 이 소식지는 도시 전역에 걸쳐 1000개 이상의 청백 신문 박스와 잡지꽂이rack에 매주 월요일 아침에 배달될 것이다. 천연 색상의 타블로이드 형식의 지면은 새로운 직장과 직업 훈련 기회들로 가득할be full of 것이다. 구직자들은 도시의 모든 최고의 직업들에 대한 편리한convenient 목록을 무료로 받아보게 될 것이며, 구인자들은 효율적 비용으로cost-effective 자신들의 공석available position을 구직자들의 손에 쥐어줄 방법을 얻게 될 것이다.

이 글의 목적은 무엇인가?
(a) 시간이 맞지 않는 배포를 비판하기 위해
(b) 새 소식지를 소개하기 위해
(c) 구직자와 광고주들을 여론 조사하기 위해
(d) Job Classified Weekly의 영수증을 확인하려고

해설 첫 번째 문장 The Media Classified Corporation will be launching a free weekly newsletter entitled Job Classified Weekly in May 2007.가 단서가 된다. 새 주간 구직 잡지의 출간을 발표하고 있다.

4. (c)

해석 구약old testament에서 창조설은 실제로 두 개의 다른 이야기로 되어 있다. 한 이야기에서는, 빛으로부터 남녀에 이르는 세계가 6일 안에 창조되었다. 두 번째 이야기는 에덴 동산에서의 아담과 이브의 이야기와 선악과를 먹음으로써 신에게 불복종disobedience하는 것을 다룬다. 성서biblical학자들은 이 두 건의 상반되는opposing 설명account을 두 설화의 작가가 다르다는 점에 기인한다attribute고 말한다. 물론 종교적religious 신봉자들에게는 모든 문장들text이 신의 말씀이며 따라서 작가authorship 이론은 받아들일 수 없는 설이다.

이 글의 요점은 무엇인가?
(a) 학자들은 구약이 부정확하다고 주장한다.
(b) 종교적 신봉자들은 아담과 이브 설을 거부한다.
(c) 성서에 창조설에 대해 서로 맞지 않는 이야기들이 있다.
(d) 선악과는 에덴 동산에 없었다.

해설 이 문제는 글의 내용과 일치하는 것을 고르라는 유형과 유사하다. 구약 성서에는 창조설에 대해 두 가지 이야기가 있다는 첫 번째 문장이 전체 주제를 이끈다.

5. (a)

해설 캐나다의 북부 Inuit 지역의 대부분에서 태양은 10월 말경에 져서 4월 초까지는 다시 뜨지rise 않는다. '암흑기'로 불리는referred to 이 시기는 24시간 암흑darkness이 근 6개월간 지속되는lasting 때다. 많은 사람들이 비타민 D 결핍deficiency에 시달리는데, 이 비타민은 보통 태양빛으로부터 흡수되기absorbed 때문이다. 비타민 D는 뼈의 형성formation을 촉진시키고 튼튼한 골격skeleton 발전에 필수불가결한 것이다. 그러므로 이 결핍증은 골격 광화mineralization의 불균형을 유발하고 골다공증osteoporosis과 어쩌면possibley 암까지도 일으킬 수 있다.

글의 요점은 무엇인가?
(a) 비타민 D가 결핍된 사람들은 여러가지 질병에 대해 걱정해야 한다.
(b) 모든 캐나다 사람들이 햇볕 부족으로 골다골증의 위험에 있다.
(c) 우울증은 북부의 암흑기 동안 생기는 문제이다.
(d) 햇볕은 뼈 성장을 위한 중요한 비타민을 제공한다.

해설 캐나다 북부의 겨울은 해가 뜨지 않아 사람들이 비타민 D가 부족해지고, 그로 인한 병이 생긴다는 내용이다. 비타민 D 부족으로 인한 질병 발생이 이 글의 핵심이다.

6. (b)

해설 우리가 나이를 먹으면서 우리의 입맛taste도 성숙하기mature 시작하는 경우가 있다. 어린 시절에는 끔찍하게terrible 여겼던 음식들을 성인이 되어 좋아하게 되는 경우는 흔하다. 한 예가 시금치spinach인데, 대부분의 아이들에게 '최악의 음식' 리스트에 올라 있는 음식이다. 시금치를 좋아하게 될 만큼 성장하는 것은 이것이 높은 영양nutritional 가치를 가지고 있기 때문에 중요하다. 시금치는 비타민 A, C, E, 그리고 여러 가지 산화방지 물질antioxidant이 풍부하다. 시금치는 또한 엽산folic acid이 풍부한데, 이는 특히 임산부들에게 중요하다.

이 글의 핵심은 무엇인가?
(a) 아이들이 야채를 먹게 해야 한다.
(b) 시금치는 영양이 풍부한 음식이다.
(c) 비타민 A, C와 E는 주로 시금치에서 발견된다.
(d) 미관구는 나이가 듦에 따라 시간이 가면서 쇠퇴한다.

해설 입맛은 나이가 들면서 바뀌기도 하는데, 그 중 어렸을 적 싫어했던 음식을 나이가 들어서 먹게 되는 경우가 있다. 그 대표적인 것으로 시금치는 비타민이 풍부하다는 내용이다.

7. (a)

해설 오늘날의 업계에서 사무실과 고객은 필수적으로imperative 항상at all times 연결이 된 상태로 있어야 한다. 당신이 책상에서 15분만 떨어져 있으면 자리로 돌아와서return 종일 기다리던 전화를 놓쳤음을 알게 될 것이다. 아마도 컴퓨터에서 떨어져 있다가 중요한critical 이메일을 보지 못하고 지나쳤을 수도 있다. 만약 여러분이 휴대 전화만 가지고 있었다면 그 첫 전화를 놓치지 않았을 것이다. 더 좋은 것은better yet 새로 나온 Blackberry F60이 있다면, 당신의 휴대 전화 단말기로 전화와 이메일을 받을 수 있어 사무실과 연락이 끊기는 일이 결코 없게 될 것이다.

이 글은 무엇에 대한 것인가?
(a) 커뮤니케이션 시스템
(b) 메시징 서비스
(c) 사무실 관리
(d) 웹사이트 어려움

해설 비즈니스에서 통신이 얼마나 중요한지와 24시간 통신 연결을 위한 장치를 광고하는 글이다. 따라서 (a)가 가장 적절하며 (b), (c), (d)는 내용이 너무 세부적이거나 관련성이 떨어진다.

Chapter 26. Part 2 세부 내용, 진위 파악

Pretest

266p

1. (c)

해설 Harold Reynolds는 세계 최대의 카펫 제조업체 중 하나인 Quality Carpet Products의 CEO이다. 카펫 생산은 최악의 오염 물질원pollutant 생산자 중 하나인데, 1995년에 Reynolds는 자신의 기업이 유발시키는causing 환경적 영향impact을 인식하기aware of 시작했다. Reynolds는 '상업의 생태'라는 책을 읽었는데 이의 저자이자 환경학자인 Paul Hawken은 산업 체계가 지구를 파괴하고destroy 있으며 산업계의 지도자들만이 이를 저지할 힘을 가지고 있다고 역설한다argue. 자신이 읽은 내용에 강렬한dramatically 영향을 받은affected Reynolds는 Quality Carpet Products의 쓰레기waste를 1/3 수준으로 줄이는 데reduce 착수했다set out. Reynolds는 이제 산업 생태계ecology와 유력sustainability에 대한 그의 진보적progressive 입장stance으로 유명하다.

다음 중 윗글의 내용과 일치하는 것은?
(a) Harold Reynolds는 지속 가능한 관행에 대한 책을 발행했다.
(b) 카펫 생산은 현재 가장 덜한 오염 산업들 중 하나이다.
(c) Reynolds는 Hawken의 책에 나온 주장들에 의해 설득되었다.
(d) Harold Reynolds는 쓰레기를 줄여서 이익을 30퍼센트 늘

릴 수 있었다.

해설 (a)의 경우 발행한 것이 아니라 읽는 것이고, (b)의 경우 내용이 정반대이며, (d)의 경우 등장하지 않는 내용이므로 소거법을 적용하면 답은 (c)라는 것을 알 수 있다.

2. (c)

해설 지난 20여년간, 인도 전통traditional 요가 수행은 미국의 주류 mainstream 사회로 진출했다make its way. 이제는 출생 전prenatal 요가반에서부터 애완동물 요가에 이르기까지 모든 이들이 요가를 하고 있는 것처럼 보인다. 요가가 정신적인 spiritual 수양으로써 진화한evolve 반면, 서구에서는 일반적으로commonly 단순히 신체적 운동의 한 형식form으로 간주된다viewed. 서구의 일부 수행 방식은 전통 동양 요가 수행의 한 부분인 힌두주의와 정신적 측면과는 거의 관련이 없다have little to do with. 서구 세계에서의 요가의 인기popularity는, 유기농organic 대나무 요가 매트에서부터 100달러짜리 요가 바지에 이르기까지, 요가의 상품화commodification로 이끌었다lead to. 이제는 1천6백5십만 명의 미국인들이 해마다 요가반과 요가 상품에 연간annually 3십억 달러를 소비하고 있는 것으로 추산된다.

이 글의 내용과 일치하는 것은?

(a) 요가를 수행하는 미국인들은 요가에 1천 6백 50만 달러를 쓴다.
(b) 요가는 인도에서 20년 동안 주류를 유지해왔다.
(c) 서구세계에서 요가의 상품화는 그것의 본질부터 흔들렸다.
(d) 요가 산업은 어느 다른 스포츠보다 더 많은 수입을 가져온다.

해설 미국의 요가 수행의 상품화에 대한 비판적인 글이다. 원래 동양 요가는 정신적 수양을 근본으로 하는데 미국에서는 요가가 정신적인 수양보다는 스포츠로 인기를 얻고 있다는 내용이다. While yoga evolved as a spiritual practice, in the West it is commonly viewed simply as a form of physical exercise. 가 결정적인 단서이다.

3. (d)

해설 십대들이 흡연을 시작하지taking up 못하도록discourage 하기 위해 미국에서 10억 달러 상당의 금연anti-smoking 캠페인이 시작되었다launch. 담배에는 니코틴이 함유되어 있는데, 이것이 중독의addictive 자극제stimulant이다. 처음 사용하는 사람들에게 니코틴은 경각심alertness과 가벼운mild 행복감euphoria을 고취시키는 원인이 된다. 상습적chronic 사용자들에게 니코틴은 단순히 불안감이나 불면증insomnia과 같은 금단withdrawal 증상을 완화하는relieve 요인이 된다. 이 캠페인은 신규 흡연자들을 방지하기deter 위한 목적을be aimed at 가지고 있는데, 이는 일단 시작한 후에 끊는 것보다 애당초in the first place 흡연을 시작하지 않는 것이 훨씬far 더 쉽기 때문이다.

다음 중 위 기사의 내용에 비추어 사실인 것은?

(a) 니코틴은 장기 사용으로 덜 중독된다.
(b) 새로운 금연 운동은 금연의 해로움에 초점이 있다.
(c) 처음 담배를 피는 사람들은 금단 증세를 겪는다.
(d) 담배를 끊으려고 하는 사람들은 종종 안 좋은 효과들을 경험한다.

해설 In first time users, nicotine causes an increase in alertness and a mild euphoria. In chronic users, nicotine simply relieves the symptoms of withdrawal, such as anxiety and insomnia.가 (d)의 단서가 된다.

4. (a)

해설 운전사들과 행정 직원administrative staff들을 포함한 Greyhound의 직원들이 화요일 오전 12시를 기하여 파업strike에 돌입했다. 노동조합union은 임금wage 인상과 의무 초과overtime근무 시간을 줄이기 위해 파업을 하고 있다. 버스 서비스에 의존하는depend on 사람들은 이 소식에 당황하고upset 있다. 어떤 이들은 출발한 장소와 목적지destination 사이에서 오도가도stranded 못한 채 버려졌다. 배송을 위해 버스 서비스에 의존하는 여타 사업체들도 마땅한affordable 대안option을 찾지 못한 채 남아 있다. 조합의 한 대표는 그들의 요구 조건demand이 충족될be met 때까지는 '필요한 만큼의 시간 동안' 파업strike이 지속될last 것이라는 성명statement을 발표했다.

다음 중 윗글의 내용과 일치하는 것은?

(a) 그레이하운드 직원들은 봉급 인상을 요구하고 있다.
(b) 파업은 운전사들과 행정 직원들에게 불편을 주고 있다.
(c) 버스 파업은 사람들을 목적지에서 멀리 떨어져 오도가도 못하도록 했다.
(d) 그레이하운드 배송 요금은 많은 사업체들이 감당을 못하게 되었다.

해설 The union is striking for higher wages를 통해 (a)가 정답이다. (b)는 파업하는 노조는 운전사들과 행정직 직원들이며 (c)는 출발지와 목적지 사이에서 버려졌다고 했으므로 정답이 아니다. (d)는 그레이하운드 배송 서비스가 파업으로 회사들에게 영향을 끼치는 것이므로 요금과는 상관없다.

5. (d)

해설 Anderson Paper Supplies는 북미 전역에 걸쳐 150개 이상의 지점을 가진 전문 직종 구인 업계의 선두 기업leader이다. 최근 우리는 채용recruitment 부서에서 일할 신입 채용Junior Recruiter 직원을 모집하고 있다. 신입 채용직의 적임qualified 지원자applicant는 정보기술 분야에 전문대학 이상의 학위를 소지해야hold 하며 유사한similar 분야에서 최소minimum 10년의 관련relevant 경력을 가진 자이어야 한다. 관심 있는 지원자들은 10월 21일 모집이 마감되기 전에 이력서와 자기 소개서 cover letter를 klaurence@anderson.ca로 보내야 한다.

다음 중 광고 내용에 비추어 사실인 것은?

(a) 신입 채용직은 10월 21일부터 시작한다.
(b) 모든 지원자는 업무 포트폴리오를 제출해야 한다.
(c) 적임 지원자는 IT 분야에 석사 학위를 소지해야 한다.
(d) 지원자는 이메일로 자기 소개서와 이력서를 보내야 한다.

해설 (a)는 모집 마감이 10월 21일이므로 정답이 아니고 (b)는 포트폴리오 제출은 내용에 있지 않다. (c)는 will hold a post secondary degree in Information Technologies라고 나와 있다. (d)는 Interested applicants should send a cover letter and resume to laurence@anderson.ca가 단서이므로 정답이다.

Daily Test

273p

1. (a)

해석 새로운 연구 결과들이 수학이 습득될 수 없는 타고난innate 기술skill이 아니라는 것을 증명했다. 수년 동안 발달 장애disability를 가진 특정한 어린이들은 단순히 '숫자 감각'이 없음이 정설case로 여겨져 왔다. 따라서accordingly 이 어린이들 중 많은 수가 수학 공포증phobia을 갖게 되었고, 그 결과 그들에게서 수학적 능력을 더더욱further 박탈하게debilitating 된 것이다. Jonathan Middleton 교수는 최근에 교수teaching 방법을 넘어서 지능의 본질nature을 더욱 광범위하게broader 이해할 수 있게 하는 획기적인 ground breaking 발견을 했다. Middleton 교수의 연구는 Globe Education Review 6월호에 실릴 예정이다.

신문 기사에 따르면 다음 중 사실인 것은?
(a) 수학에 대한 공포는 수학 과목에 훨씬 더 큰 어려움을 일으킬 수 있다.
(b) 수학 능력은 습득될 수 없는 타고난 기술이다.
(c) Middleton 교수는 교육 연구 분야에서 거의 새로운 것을 발견하지 못했다.
(d) 발달 장애가 있는 아이들은 수학 기술을 배울 수 없다.

해설 (a)는 many of these children developed a phobia towards math, which had the result of further debilitating them in mathematics가 단서가 되어 정답이다. (b)는 첫 번째 문장에서 수학적 능력은 타고난 것이 아니라고 했으며 (c)는 Jonathan Middleton has recently made ground breaking discoveries라고 했으므로 전혀 다른 내용이다. (d)는 이것이 과거의 하나의 정설이었다고 나와 있으므로 지문과 다르다.

2. (b)

해설 이번 주 일요일 Seattle은 이 도시의 최근 역사상 최고의 강설량snowfall을 기록했다. 1월 15일, 24시간에 걸쳐 도시 전역에 40센티미터의 눈이 내렸다. Seattle은 눈이 전혀 내리지 않는 경우가 잦으며 따뜻한 기온temperature과 높은 강수량을 경험한다. 그러나 올 겨울에는, 전국적인 기상 이변bizarre weather으로 인하여 뉴욕 시에서는 12월에 화창한 날씨가 찾아오고, Seattle에서는 눈이 내린 것이다. Seattle의 시 당국자들은 교통이 완전히 마비standstill되면서 어찌할 바를 몰랐다be at a loss. 이번 눈은 주 초까지는 녹아서melt 다시 도시가 정상으로 회복될be back on its feet 것으로 예상된다.

다음 중 보도 내용과 사실인 것은?
(a) 시애틀은 일요일 기록적인 강수량을 냈다.
(b) 이상 기후가 시애틀 강설의 원인이다.
(c) 뉴욕 시는 종종 12월에 화창한 날들이 있다.
(d) 시애틀 시 당국자들은 모든 버스에 운행 중지를 명령했다.

해설 (a) rainfall이 아니라 snowfall이다.
(b) bizarre weather across the country has led to sunny December days in New York City, and snowfall in Seattle이 단서이다. bizarre weather를 unusual weather로 바꿔 썼다.
(c) 뉴욕 시가 12월에 화창한 날씨가 되는 것은 이상 기후이다.
(d) 시애틀은 강설로 교통마비를 겪었다.

3. (a)

해설 인도에서 차를 접대하는 것은 환대hospitality의 표시로 간주된다. 누군가가 집에 들어오자마자as soon as 차를 내온다. 인도의 차는 힌두어로 간단히 '차이'라고 불리는데referred, 작은 진흙 잔에 김이 펄펄 날 정도로piping 뜨겁게 낸다. 이는 물과 우유가 1대 1의 비율ratio로 혼합된 것이다. 홍차 잎들과 카더몬, 계피, 그리고 설탕이 끓는 우유와 물에 섞여서 아름다운 향aroma을 만든다. 인도에서는 암소가 신성한sacred 것으로 여겨지므로 차이는 거의 대부분most often 물소 젖으로 만들어지는데, 그 젖은 대단히exceptionally 짙다rich.

다음 중 인도 차에 대한 설명으로 맞는 것은?
(a) 손님에게 차를 내지 않는 것은 예의가 아니다.
(b) 위에 계피를 뿌려 낸다.
(c) 취향에 따라 설탕을 나중에 첨가할 수 있다.
(d) 차이는 언제나 물과 소젖의 1:1 비율로 만들어진다.

해설 (a) As soon as someone enters the home, tea is offered. 가 단서이다.
(b) 계피를 넣고 같이 끓인다.
(c) 설탕도 같이 넣고 끓인다.
(d) 인도는 힌두교 나라이기 때문에 소젖이 아니라 물소 젖을 사용한다.

4. (b)

해설 야생 식물인 페퍼민트는 전인holistic 치료법treatment에 흔히 사용된다. James Belmont의 저서인Prescription for Nutritional Healing에서는 페퍼민트의 잎사귀와 꽃이 피는 식물의 끝 부분이 둘 다 활용될utilized 수 있다고 말한다. 페퍼민트 식물에는 식물성 정유와 멘솔, 그리고 비타민 C가 들어 있다contain. 소화기digestive 질환을 치료하는 데 자주 사용되는데, 이는 이것이 위산stomach acidity 분비를 증가시켜 소화digestion 능력을 강화하기enhance 때문이다. 페퍼민트는 또한 오한chill이나 산통colic, 두통, 심장 질환 및 식욕appetite 부진을 치료하기 위해서도 사용된다. 그러나 한 가지 유의할 점은 페퍼민트가 철분 흡수absorption를 방해할interfere 수도 있다는 사실이다.

페퍼민트에 대한 설명 중 다음 중 맞는 것은?
(a) 인체의 철 흡수 능력을 증가시킨다.
(b) 자연 치료사들이 주로 사용한 유기 식물이다.
(c) 페퍼민트 잎을 사용하면 오한이나 두통을 일으킬 수 있다.

(d) 소화에 부정적인 영향을 끼치는 위산을 촉진한다.

해설 (a) 마지막 문장에 철 흡수를 방해한다고 나와 있다.
(b) Peppermint, a natural plant, is commonly used in holistic treatments.가 단서이다.
(c) 오한이나 두통에 효과가 있다고 했다.
(d) 위산 분비를 증가시켜 소화에 도움을 준다고 했다.

5. (c)

해석 발신: dwillows@mail.org

수신: jjkinsley@officemail.uk

주제: 프로젝트 제안서

일시: 2007년 6월 14일 일요일 15시12분6초

첨부: Sylvan Lake Proposal June 14 (revised).doc

Mr. Kinsley 귀하

Sylvan Lake 개발 프로젝트와 관련하여with respect to 이 메시지를 보냅니다. 저는 귀하의 제안서proposal를 읽어보고 귀하의 아이디어에 깊은 인상을 받았습니다impressed. 귀하의 제안서에 몇 가지 수정사항revision을 첨가하여 돌려보냈습니다(첨부 파일 확인). 수정 제안들을 검토하시고 이번 주말까지 이들을 논의하기 위해 저에게 전화를 주시기 바랍니다. 질문이나 우려concern되는 사항이 있으시면 언제든do not hesitate 저에게 연락 주시기 바랍니다.

Douglas K. Willows

다음 중 이메일 내용에 대해 맞는 것은?

(a) 초기 제안서는 2007년 6월 14일에 보내졌다.
(b) Willows는 이번 주말까지 수정을 할 것이다.
(c) Kinsley가 일차 프로젝트 제안서를 썼다.
(d) 이메일 수신인은 발신자의 생각에 감동하지 않았다.

해설 (a) 이메일을 보낸 날짜이다.
(b) Willows는 이미 수정안을 만들어 이메일에 첨부했다.
(c) 이메일의 수신자가 Kinsley이고, 발신자는 I have read over your proposal이라고 했으므로 Kinsley가 제안서를 썼음을 알 수 있다.
(d) am impressed with your ideas라고 나와 있다.

6. (a)

해설 미국 우체국의 Express Post는 전국에 걸쳐 소포를 보내는 가장 빠르고 가장 안전한securest 방법입니다. 배달delivery은 영업일 2일 내로within 보장됩니다guaranteed. Express Post로 소포parcel를 보낼 때에는 추적tracking 번호가 배부되므로 목적지에서 소포를 수령receipt했음을 확인할 수 있습니다. 간단히 우리의 수신자 부담toll-free 번호(1-800-865-5312)로 전화를 주거나 www.americapost.com의 우리 웹사이트를 방문하면 됩니다. 수신자가 소포 배달을 받을 때 반드시 서명을 해야만 하는 추가added 보안 기능feature을 선택할 수도 있습니다. 오늘 전화를 하여 우리의 전국적인 Express Post 요금rate을 알아보시길 바랍니다.

Express Post에 대한 다음 중 옳은 것은?

(a) 소포는 미국 우체국 웹사이트를 통해 추적될 수 있다.
(b) 모든 수신자는 도착하자마자 소포 수령 서명을 해야 한다.
(c) 요금이 정해져 있고, 전국적으로 표준이다.
(d) 보낸 사람이 소포 수령을 확인해야 한다.

해설 (a) When you send a parcel with Express Post, you are given a tracking number로 나와 있다.
(b) 서명은 선택 사항이다. (You can choose an added security feature, wherein the recipient must sign for the package)
(c) 요금에 대한 구체적 언급은 없다.
(d) 필수 사항이 아니라, 추적이 가능한 것이다.

7. (c)

해설 Glister Mint 구강 세정제는 여러분에게 수천 가지의 입안을 헹굴rinse 이유를 드립니다. 구강을 잘 관리하는taking care of 것은 중요한 일이며 양치질brushing 만으로는 증식하는build up 박테리아와 세균들germs을 죽일 수 없는 경우가 많습니다. Glister Mint를 양치질과 치실질flossing에 더하면 여러분들의 일상routine은 훨씬 더 효과적이 될 것입니다. 사실 아침에 한 번, 자기 전에 한 번 입안을 헹구면 플라그 생성을 80% 이상까지 줄이게 됩니다. 수년간 Glister Mint는 치과 의사들에게 추천 받는recommended 우수한leading 구강 세정제였습니다. 다른 어떤 구강 세정제도 이 제품보다 오래 임상적으로clinically 증명된proven 결과를 보유하고 있지 않습니다.

다음 중 이 제품에 대한 설명으로 맞는 것은?

(a) Glister Mint는 치과에서 팔리는 주요 구강 청정제이다.
(b) Glister Mint는 사용하면 양치질 시간이 상당히 줄어든다.
(c) 구강 청정제는 임상적으로 실험되어 왔고, 효과가 있음이 입증되었다.
(d) Glister Mint는 치실질을 하지 않을 수천 가지 이유를 준다.

해설 Glinster Mint는 양치질과 치실질 후에 사용하는 구강 청정제이다.
(a) 치과에서 판다는 내용은 없다.
(b) 양치질은 양치질 대로 해야 한다.
(c) In fact, rinsing once in the morning and once before bedtime decreases plague buildup by over 80%., No other mouthwash has a longer history of clinically proven results.에서 플라그 생성을 80퍼센트까지 줄여준다고 했다.
(d) 구강청 정제와 치실질은 연관이 없다.

Chapter 27. Part 2 추론 문제

Pretest

276p

1. (b)

해석 새로운 연구들에서 사무실에서의 인터넷 사용으로 직원들의 생산성productivity이 33% 준다는 결과가 나왔다. 많은 사무실들이 인터넷 사용을 제한하거나limit, 직원들이 접속하는 사이트를 제한하는restricting 것을 고려하고consider 있다. 온라인 포커와 개인 이메일 계정account 서버와 같은 웹사이트들이 가장 업무를 방해하는distracting 것들이다. 어떤 고용주들은 강한 정책으로 대응하는react 반면, 다른 고용주들은 더 느슨하고 relaxed 자유로운liberal 방식approach을 택하고 있다. Reed 컨설팅의 CEO, Jason Reed는 직원들이 신뢰trust와 자유가 주어지면 가장 일을 잘한다고 믿는다. 그는 직원들이 마감일까지 해야 할 일을 끝마치는 한so long as 근무 시간에 그들이 무엇을 하는지는 거의 걱정하지 않는다.

다음 중 글의 내용에서 추론할 수 있는 것은?
(a) 인터넷 사용은 직장 생산성에 33퍼센트의 증가를 가져온다.
(b) 고용주들은 직장에서 인터넷 접속을 제한시킬 힘을 가지고 있다.
(c) Jason Reed는 Reed 컨설팅 사에서 인터넷 사용을 제한하고 사이트를 금지시키려고 한다.
(d) 대부분의 고용주들은 사람들이 자유롭고 신뢰하는 환경에서 가장 일을 잘한다고 믿는다.

해설 직장내 인터넷 사용과 생산성과의 관계에 대한 내용이다. some employers are reacting with strict policies가 어떤 회사의 사장들은 직원들의 인터넷 접속을 제한하려고 한다는 내용이다. (a)는 연구에 따르면 생산성이 33퍼센트 줄었다고 나왔다. (c)는 Jason Reed는 직원들이 신뢰와 자유가 주어졌을 때 가장 열심히 일한다고 생각했다. (d)는 대부분이 아니라 일부(some, others)이다.

2. (d)

해석 이번 달 미국 건강 연구는 다시 한번 비만obesity을 성인 인구에서 심장병의 주요leading 원인으로 꼽았다. 과체중이나 비만에 속하는 인구가 55퍼센트로 그 숫자는 계속 오르고 있다. 지난 몇 년간 그 초점은 식습관eating habit이었다. 그리고 패스트 푸드가 그 원인인to be blame 것 같다. 패스트 푸드는 저렴하고 inexpensive 편리해서convenient 많은 사람들, 특히 가난한 육체 노동자working class층에게 유혹적인tempting 선택이 된다. 매일 미국인 중 4분의 1quarter이 맥도날드, 웬디스, 버커킹 등의 패스트 푸드 음식점 중 한 곳에 가는 것으로 추정된다 estimated. 이 음식점들에서 소비되는 대부분의 음식은 영양 nutrition 수치level가 낮고, 지방fat 함유량이 매우extremely 높다.

글에서 추론될 수 있는 것은?
(a) 최근 건강 연구에서 높은 비만 수치를 보는 것은 놀라운 일이다.
(b) 미국인 중 4분의 3이 매일 패스트 푸드를 먹는다.
(c) 패스트 푸드는 영양소가 부족하고, 지방과 칼로리가 낮다.
(d) 미국 성인 중 거의 반은 과체중이 아니다.

해설 with 55% of the population categorized as overweight or obese가 있으므로 역으로 나머지 45프로는 과체중이 아님을 알 수 있다. (a)는 once again이라고 했으므로 surpring하지 않다. (b) 4분의 1이라고 했다. (c) 영양소가 부족한 건 맞지만 지방은 높다고 했다.

3. (a)

해석 조울증, 의학적으로 양극성 장애bipolar mood disorder는 고전적인 우울증의 한 종류variant이다. 일반적으로typically, 그것은 우울증depression에서 시작해서 우울증과 조병mania의 기간들이 번갈아 일어난다alternate. 조울증을 가진 사람은 종종 예측할 수 없는unpredictable 행동behavior을 보이며, 높은 열광 enthusiasm에서 비탄misery이나 절망despair까지 간다. 증상들에는 불면loss of sleep, 사회로부터 소외withdrawal, 사회적 불안정discomfort 그리고 가정, 일, 그리고 친구들에 대한 관심 상실 등이 있다. 미국인 중 3퍼센트가 조울증을 겪는 것으로 추정된다. 이 병의 원인은 잘 알려지지 않았지만, 높은 스트레스가 기분을 왔다갔다swing 하도록 만드는trigger 것으로 제시되었다.

다음 중 글에서 추론될 수 있는 것은?
(a) 이 병을 앓는 사람들은 자주 기분의 고저가 상당히 넓은 폭이다.
(b) 조울증은 미국에서 아주 흔하다.
(c) 이 병을 앓는 사람들은 행동이 예측가능하다.
(d) 조울증은 스트레스에 의해 일어나는 것으로 알려졌다.

해설 조울증에 대한 내용이다. high levels of stress may trigger the mood swings에 따라 (a)가 정답이다. (b) 미국인의 3퍼센트가 앓고 있다고 하므로 흔하지 않다. (c) unpredictable behavior라고 했다. (d) the cause of the disorder is not well understood라고 했다.

4. (b)

해석 새로운 언어를 배우는 데 있어서 가장 힘든challenging 것 중의 하나가 숙어idioms 이해이다. 간단히 말해서 숙어란 글자대로 literally 번역하지 않는 표현이다. 예를 들면, 'it's raining cats and dogs'라는 숙어는 비가 많이heavily 온다는 뜻이며, 하늘에서 글자 그대로 고양이와 개가 떨어진다는 것을 표현하지 않는다. 종종 숙어들은 그 언어에 생소한 사람은 모르는 특정한specific 역사적이거나 문화적인 내용context을 담고 있다. 이런 표현들을 배우는 도전은 언어를 학습하는 학생에게는 힘든 overwhelming 것이지만, 많은plenty 시간과 연습으로 결국 성공할 것이다.

다음 중 윗글의 내용과 사실인 것은?
(a) it's raining cats and dogs라는 표현에는 의미가 없다.
(b) 숙어는 단어 대 단어로 번역될 수 없는 표현이다.
(c) 숙어 이해는 언어를 배우는 학생들에게 너무 힘들다.

(d) 숙어는 역사적이나 문화적인 내용이 없는 비문자 번역이다.

해설 an idiom is an expression that does not translate literally를 통해 (b)가 정답이다. (a)에 쓰인 표현은 '비가 억수같이 온다'는 뜻이다. (c) overwhelming인 것은 맞지만 시간을 들여서 연습하면 성공할 수 있다고 했다. (d) idioms have a specific historical or cultural context to them이라고 했다.

5. (b)

해설 무엇이 당신의 소비 선택에 영향을 끼치는지 궁금해 해본 적이 있는가? 시장 연구가들은 이 문제를 답하는 데 많은 시간과 돈을 들였다. 많은 요소들이 우리 소비에 영향을 끼친다. 그 첫째는 '브랜딩'이라고 불리는 것이다. 즉, 회사들은 개별 상품들을 홍보하지 않고, 그것이 포함하는embody 브랜드와 가치를 홍보한다. 우리는 종종 우리가 친숙하거나, 연관성이 있거나, 심지어 부모님 집에서 기억나는 브랜드를 산다. 둘째, 구매는 상품의 위치placement에 대체로largely 영향을 받는다affected. 예를 들면, 식료품점에서는 눈높이에 있는 물건을 더 살 것이다. '구매 시점 상품'이라고 불리는 또 다른 상품들은 마지막 순간에 물건을 잡도록grab 계산대 옆에alongside 일부러 intentionally 놓여진다.

글에서 추론될 수 있는 것은?

(a) 대부분의 구매는 독단적이다.
(b) 시장 연구가들은 소비자 지출을 연구한다.
(c) 쇼핑객들은 상품 위치에 흔들리지 않는다.
(d) 구매 시점 물건들은 진열대에서 눈높이에 있다.

해설 Market researchers put a lot of time and money into answering this question.이라고 했고, 그 질문은 바로 소비자에게 영향을 끼치는 것들이다. 따라서 정답은 (b)이다. (a) 구매는 영향을 많이 받는다. (c) 소비에 영향을 끼치는 요소 중 하나가 상품의 위치이다. (d) 구매 시점 물건들은 계산대 옆에 놓는다.

Daily Test

283p

1. (b)

해설 자금funding 부족이 오하이오 주 Dayton의 윈스톤 양로원을 문닫게 한 원인이었다. 그 소식은 사랑하는 가족들을 돌볼care for 방법에 대해 선택option할 것이 거의 없는 다수 가정들에 큰 충격이 되었다. Dayton 시의 저렴한affordable 양로원senior's housing과 시설들facilities은 앞으로 5년까지 대기자waiting list가 있어서 이미 수용 능력이 꽉 찼다at maximum capacity. 윈스톤 단지가 문을 닫음으로써 상황은 점점 더 나빠지고 있다. 시 관계자들은 앞으로 양로 시설 부족shortage을 보충할make up for 조치measure가 취해질 것이라고 주장한다. 하지만 이 발표는 바로 해결책solution이 필요한 가족들에게는 확신assurance이 거의 없다.

글에서 추론할 수 있는 것은?

(a) Dayton 시는 이 문제를 즉시 해결한 계획을 가지고 있다.
(b) 윈스톤 양로원은 외부 자금에 의존한다.
(c) 저렴한 양로원은 오하이오 주, Dayton 시에서 쉽게 구할 수 있다.
(d) 많은 가족들이 사랑하는 가족들을 양로 시설에 넣는 것에 불편해하고 있다.

해설 A lack of funding has caused the closing of the Winston Senior's Complex를 통해 이 양로시설은 외부 자금으로 운영되고 있음을 알 수 있다.

2. (b)

해설 여배우, 디자이너, 가수이자, 힐튼 호텔의 재산fortune 상속녀 heiress인 패리스 힐튼이 불법disorderly 운전 혐의로 감옥에서 6주를 보낼 예정이다. 그 선고는 가혹한harsh 것처럼 보일지 모르지만 그녀가 혐의를 받은charge 것은 이번이 처음이 아니다. 지난 8개월 내에 패리스는 안전 운전에 대해 3번의 경고 warning, 한 번의 벌금형fine, 그리고 면허 정지suspension of license를 받았다. 가장 최근 사건은incident는 면허 정지 중 일어났다. 패리스는 감옥confinement에서 형sentence을 살면서 더 이상의 언론media의 주목을 피하게avoid 될 것이다.

글에서 추론할 수 있는 것은?

(a) 패리스 힐튼은 언론의 관심을 거의 끌지 않는다.
(b) 패리스는 불법 운전 혐의 기록이 있다.
(c) 힐튼은 판사의 판결을 받을 예정이다.
(d) 패리스는 불법 운전으로 면허 정지될 수 있다.

해설 this is not the first time that the heiress has faced charges. Within the last eight months, Paris has had three warnings, one fine, and a suspension of her license for unsafe driving.이 바로 a history of disorderly driving charges이다. (a) 유명 공인이니 당연히 언론의 주목을 끌 것이다. (c) 이미 판결이 나서 6개월 실형이 선고되었다. (d) 이미 면허 정지 된 상태이다.

3. (c)

해설 많은 캐나다인들과 미국인들은 상당히 비슷해similar 보이지만 그 두 국경을 인접한bordering 나라들 사이에는 많은 현저한 striking 차이difference도 있다. 우선 미국인들은 캐나다인들보다 더 애국적patriotic이다. 작은 미국의 도시를 차로 통과할 때 방문자들은 일반 사람들의 집의 앞뜰front yard에 있는 미국기들의 숫자에 놀랄 것이다. 국가적 자부심pride을 표현하기 위해 국기flag를 계양한다는 것은 캐나다에서도 있는 말이지만, 그런 일은 훨씬 덜 흔하다. 둘째, 미국인들은 북쪽northern 이웃들(캐나다)보다 더 솔직하다outspoken. 캐나다 사람들이 종종 자신들의 의견을 숨기는 반면, 미국인들은 반대를 공개적으로 드러낸다.

글에서 추론할 수 있는 것은?

(a) 캐나다인들과 미국인들 사이에는 유사점이 없다.
(b) 미국기 계양은 캐나다에서도 있는 일이다.
(c) 캐나다인들과 미국인들의 행동에서 차이점을 찾을 수 있다.

(d) 모든 나라는 이웃국가과 현저히 다르다.

해설 (a) there are also a number of striking differences between the two bordering nations라고 했으므로 오답이다.
(b) 미국기를 캐나다인들이 계양하는 일은 상식적으로 흔하지 않을 것이다. 본문에는 displaying a flag to express National pride로 언급되었다.
(c) 국기 계양이나, 솔직성에서 차이가 있다고 했으므로 정답이다.
(d) 아예 등장하지 않는 내용이다.

4. (b)

해설 일본을 처음으로 방문하는 사람에게는 세 가지가 종종 가장 충격적이다. 즉, 높은 물가cost, 도시의 청결cleanliness, 그리고 사람들의 정중함politeness이다. 일본은 선진국이며, 물가는 이것을 반영한다reflect. 호텔방부터 차 한 잔까지 방문객들은 자신의 돈을 남김없이shell out 쓸 준비를 하고 와야 한다. 일단 방문객이 자신의 재정을 잘 정리했다면 그는 크게in large part 대도시들에서 보여지듯이 길거리에 뒤덮인 쓰레기가 없는 것 때문에due to 일본 도시들의 아름다움에 주목할take note of 것이다. 일본에는 도시 생활의 청결과 질서의식이 있다. 마지막으로 지방 사람들과 얘기를 나눠보려고speak with 하는 방문객은 누구나 그 사람들이 친절하고, 정중하고, 도움이helpful 된다는 것을 알게 될 것이다.

글에서 추론될 수 있는 것은?
(a) 일본은 유일하게 호텔부터 차까지 모든 것의 비용이 높다.
(b) 일본 방문객들은 그 나라의 긍정적인 면과 부정적인 면을 알아야 한다.
(c) 일본 도시들의 미는 빌딩들 때문에 감상하기 어렵다.
(d) 일본 방문객들은 돈으로 사기 당할 준비를 하고 와야 한다.

해설 일본을 처음 찾는 사람이 발견하는 세 가지 놀라운 것에 대한 내용이다. 긍정적인 내용과 함께 부정적인 측면으로 Japan is a developed nation, and the prices reflect this.라고 했으므로 (b)가 정답임을 알 수 있다. (a)는 물가가 높은 다른 도시도 있으므로 unique라고 할 수 없다.

5. (c)

해설 요리에 대한 나의 관심interest은 15년 전 내 아들이 밀과 유제품dairy에 알레르기 진단을 받았을diagnozed 때 시작되었다. 나는 그 애가 먹을 것을 찾기란 불가능할 거라는 것과 대부분의 상점에서 사는 아기 음식들을 멀리해야move away 한다는 것에 즉시immediately 공포에panicked 떨었다. 한 친구가 유기농 상점을 추천해줬고recommended, 그 상점에 있는 모든 상품에 인상을impressed 받았지만 가격 때문에 사지 못했다deter. 나는 나의 최선의 선택option은 밀과 유제품이 안 들어가는dairy free 요리책을 사서 아들을 위해 요리를 배우는 것이라고 결정했다. 이 결정의 결과result는 우리 전체 가족이 몸에 더 좋은healthier 것을 먹기 시작한 것이었다. 왜냐하면 우리는 포장되거나 packaged 보관된preserved 것은 거의 사지 않았고, 모든 나의 요리는 간단하고 자연 재료ingredient들을 가지고 시작했기 때

문이다. 나는 언제나 포장된 식품이 우리 가족 건강에 충분히 안전하지 않았다고 생각했고 결국 내가 결정을 하게 했다.
글쓴이에 대해 추론할 수 있는 것은?
(a) 그녀는 알레르기 때문에 빵이나 우유를 먹을 수 없다.
(b) 유기농 상점은 알레르기 없는 음식과는 관련이 없다.
(c) 미리 포장된 음식들은 종종 집 요리보다 영양이 덜하다.
(d) 저자는 평생 영양가 있는 음식을 요리하고 있다.

해설 (a) 관련 없는 내용이다.
(b) 유기농 상점은 알레르기 없는 음식들을 파는 곳임을 암시하므로 오답.
(d) 관련성이 떨어지는 내용이다.

6. (d)

해설 중국 당국authorities은 복제burned DVD들이 예전에 알려졌던 것보다 훨씬 더 큰 규모로 암시장에서 팔리고 있는 것을 발견했다. 불법 복제 DVD들은 영화, TV 프로, 그리고 게임들이며, 원본에 비교해서 엄청나게 값이 싸다. 품질이 자주 형편없는데도 많은 사람들이 엄청나게 싼 가격 때문에on account of 그 모험을 기꺼이 하려고 한다. 많은 여행객들에게 중국은 전자제품electronics, 옷clothing, 그리고 액세서리를 포함한 싸고, 저질의 불법 복제품knock-offs들의 메카가 되었다. 게다가 최근에 당국이 생각했던 것보다 더 많은 돈이 DVD 판매와 관련한 암시장을 통해 순환한다circulate는 충격적인shocking 사실이 드러났다reveal.

글에서 추론될 수 있는 것은?
(a) 중국의 암시장은 DVD 판매로만 구성된다.
(b) 중국 정부는 불법 DVD 판매를 몰랐다.
(c) 불법 복제품들은 원본보다 덜 비싸지만 품질은 동일하다.
(d) 중국 당국은 암시장을 철저히 조사한 적이 없었다.

해설 (a) inexpensive, poor-quality knock-offs, including electronics, clothing, and accessories가 힌트이다.
(b) 중국 당국은 DVD 불법 복제 판매를 알고 있었으며, 특히 최근에 돈이 이 시장을 통해 돈다는 것을 알게 되었다.
(c) poor quality라고 나와 있다.
(d) 마지막 문장 중 higher than officials had thought라고 했으므로 중국 당국은 지금까지 불법 복제 DVD 암시장의 심각성을 몰랐다는 것을 알 수 있다.

7. (a)

해설 아시아를 강타한struck 2004년 쓰나미는 국제적인 관심attention을 받았다. 전 세계 사람들이 많은generous 기부금donation을 냈다. 정부, 회사corporation, 그리고 개인들이 쓰나미 구호aid 운동에 돈을 보냈다. 불행히도, 이 기부금의 상당액이 올바로right hands 전해지지 않았다. 일부는 구호 단체를 조직하고 감독하기oversee 위한 행정administrative 비용으로 없어졌다. 또 일부는 부패corruption로 없어졌다. 실행된put into effect 많은 구호 운동은 규모는in scale 너무 크고, 조직organization은 부족해서lacking 도움을 가장 필요로 하는 사람들을 돕지 못했다fail to.

글에서 추론할 수 있는 것은?
(a) 국제 단체는 쓰나미 희생자들에게 동정적이었다.
(b) 구호 운동을 적절하게 실행하기 위해 기부된 돈이 충분하지 않았다.
(c) 쓰나미 구호에 보내진 많은 돈이 사고로 분실되었다.
(d) 쓰나미는 전 세계 사람들에게 가장 심한 영향을 끼쳤다.

해설 (a) The 2004 tsunami that struck Asia received International attention.이라고 했으므로 정답이다.
(b) People from around the world responded with generous donations.라고 했다. 돈은 충분했지만 그 돈이 제대로 쓰여지지 않은 것이다.
(c) accidentally misplaced가 틀리다.
(d) 2004년 쓰나미는 아시아를 강타해서 많은 피해를 냈다.

Chapter 28. Part 2 기타

Pretest

286p

1. (d)

해설 이 오랜 여정 동안journey 저를 지지해준support 가족에게 감사하고 싶습니다. 가족은 제가 모든 것을 완전히 끝내고tear up 싶었을 때 제가 집중하도록focused 해주었습니다. 이 책을 오늘 이 모습이 되도록 세세한to detail 관심attention을 써주신 편집자 Merle Carlson 씨에게도 감사드립니다. 마지막으로 작품에 많은 영감inspiration을 주었고, 집필writing 과정process 내내 격려를 해주신 저의 부모님 John, Sally Haroldston께 감사드립니다.

이 글은 어디서 볼 수 있나?
(a) 감사 편지
(b) 추천장
(c) 대중 연설
(d) 감사글

해설 book, editior, writing process로 보아 ㅣ는 필자로 책 발간에 대해 감사글을 쓴 것이다. 책에서 이 부분은 acknowledgment이다.

2. (a)

해설 인터넷 사용 인구popularity 증가increasing로 많은 전문대학과 4년제 대학들은 통신correspondence 프로그램을 제공한다. 학생들은 집에서 공부하고, 과제assignment를 온라인으로 제출할submit 수 있다. 이 시스템은 정규 수업에 출석할attend 수 없는 사람들에게 아주 편리하다convenient. 하지만 문제는 통신 학생들이 학교 수업을 듣는 학생들과 같은 질의 교육을 받고 있느냐는 것이다. 집에서 학습하는 것이 편한 반면, 중등과정 post-secondary 경험의 일부part는 동기peer, 대학원생graduate students, 또는 교수들이건 마음이 같은like-minded 사람들과 상호 작용하interact는 것이다. 집에서 공부하는 학생들은 같은 자료material를 공부할 수 있지만, 그들은 대학의 일부a part로 소속된다는 더 큰 중요성을 놓치고miss out 있다.

통신 학습에 대한 저자의 태도는?
(a) 비판적인
(b) 질린(오싹해진)
(c) 이상적인
(d) 자유주의적인

해설 온라인 학습의 장점과 단점에 대한 내용이다. 가장 큰 장점은 편리성이다. 여기서 필자는 The question, however, is whether correspondence students are getting the same quality of education as in-class students.를 문제점으로 들고 있다. 학습이 공부만이 아니라, 사람들간의 상호작용을 통한 학습도 중요하다고 하고 있다. 마지막 문장 While students working from home may cover the same material, they are missing out on the larger importance of being a part of a university or college.가 요지 문장이다.

3. (b)

해설 현재 토론토 시가 직면한face 가장 큰 도전 중 하나는 노숙자 homeless 처리deal with이다. 과거에 그 해결책solution은 보호시설shelter에 점점 더 많은 돈을 기부하는 것이어서 노숙자들은 잠 잘 곳이 생겼다. 이것은 '그 사람에게 생선을 주라, 그러면 당신은 단 하루만 그에게 먹을 것을 주는 것이다. 하지만 그에게 낚시하는 법을 가르치면, 평생 동안 먹을 것을 주는 것이다'라는 격언adage을 떠올리게bring to mind 한다. 해결책은 현재의 노숙 구조를 지원하는support 것에 있지 않고, 이 사람들이 일자리를 찾도록 돕는 사회적 프로그램들을 촉진하는 promote 것에 있다. 일단 그들이 직업 세계로 다시 복귀하면, 그들은 확신confidence이 서고, 정부가 지원하는funded 보호시설에 의존하는rely on 대신 최소minimum 급여wage로 일하면서 자신을 부양할support 돈을 저축할save 수 있을 것이다.

토론토 노숙자 문제를 해결하기 위해 저자가 중요하다고 생각하는 것은 무엇인가?
(a) 노숙자 보호시설을 짓는 것
(b) 일자리 지원 프로그램
(c) 최소 급여 인상
(d) 저렴한 주택

해설 토론토 시의 노숙자 문제 해결에 대한 내용이다. 정부 지원의 잠자리 제공은 근본 해결책이 아니며, 일자리를 제공하여 자립할 수 있도록 해야 한다는 것이 요지이다. The solution does not lie in supporting the current structure of homelessness, but in promoting social programs that help these people find work.를 통해 (b)가 정답임을 알 수 있다.

4. (c)

해설 미국의 아미쉬 사람들은 미국이 초기 정착자settler들을 연상시키는reminiscent 생활을 하는 것으로 널리 알려져 있다. 그들은 오늘까지 유지하는 전통 관습과 현실적인down-to-earth 라이프 스타일로 잘 알려져 있다. 아미쉬는 그들의 가족과 공동체 생활의 모든 면에 영향을 끼치는 청교도puritan 신앙을 믿는다. 그들은 가족이 소비하는consume 대부분의 것을 기르거나 재배한다. 농작물crop 은 주로 가스 동력의 트랙터가 사용되지 않고 말이 끄는 장비equipment로 수확된다harvested. 아내는 과일과 야채를 기르기 위해 가족 정원을 가꾼다take care of. 땅이 비싸고, 토지 이용이 줄어들기 때문에 어떤 아미쉬는 최근에 상업에 뛰어들거나 시내 공장에 일자리를 얻는다. 그것은 그들의 라이프 스타일이 어떻게든 변화될 수 있음을 알려준다.

미국의 아미쉬 사람들에 대해 추론할 수 있는 것은?
(a) 그들은 그들 공동체 밖의 외부인들과 만나지 않는다.
(b) 그들은 현대식 설비를 구입할 수 없다.
(c) 그들의 생존은 땅에 기초한다.
(d) 그들은 추운 겨울에 생존하기 힘들다.

해설 (a) 지문 마지막 줄에 보면 최근에 시내공장에 일자리를 구한다고 했으므로 오답
(b) 지문을 살펴보면 돈이 없어서 구입하기 힘들다기보다는 전통을 강조하는 습관 때문이므로 afford 라는 말을 등장시킨 본 선택지도 적절하다고 보기 힘들다.
(c) They are well known for their traditional practices and down-to-earth lifestyle that maintain to this day, 그리고 그 이하의 지문에서 정답임을 알 수 있다.
(d) 전혀 관련성 없는 내용이다.

5. (b)

해설 성형cosmetic 수술surgery이 흔해지면서become commonplace 그것의 위험성을 인식하는be aware of 것이 중요하다. 많은 사람들이 코수술이나 입술 성형이 아무것도 아니라고 생각하지만 이 모든 수술surgery은 마취anesthetic 상태에서 된다. 마취 상태에서 수술을 할 때는 언제나anytime 그것에서는 깨어나지 않을 위험이 있다. 위험도는 1퍼센트 미만으로less than으로 작지만, 그것은 기술적으로technically 불필요한 위험이다. 엉덩이 보정이나 무릎 수술 같은 중요한severe 수술인 경우 의사들은 환자들에게 대안alternative을 찾을 것과 그들에게 위험을 알려준informing 후에만 마지막으로as a last resort 수술을 선택하도록opt for 독려한다encourage. 반면에on the other hand 성형 수술은 순전히 미용을 위한 것이어서, 가장 사소한slightest 위험이라도 성형 수술을 하지 않을 이유가 된다.

성형 수술에 대해 충고되는 것은 무엇인가?
(a) 다른 대안을 찾아라.
(b) 전적으로 피하라.
(c) 다른 의견을 들어라.
(d) 위험성에 대한 정보를 받아라.

해설 성형 수술의 위험성에 대한 내용이다. 필자는 성형 수술에서 행해지는 마취가 위험하다고 말하고 있다. Cosmetic surgeries, on the other hand, are purely for aesthetic purposes, making even the slightest risk reason not to go forth with it.을 통해 (b)가 정답임을 알 수 있다.

Daily Test

293p

1. (c)

해설 유의어 사전thesaurus은 창작이건, 학문적 글쓰기이건 혹은 단순히 친구에 편지를 쓰건 많은substantial 양의 글을 쓰는 사람에게 중요한 자원resource이다. 유의어 사전에는 어떤 글을 위해서든지 반의어antonym, 동의어synonym 목록이 있다. 종종 사람들은 어휘력이 딸려서lazy 같은 단어를 반복해서 쓴다. 다른 때에는 당신이 표현하려고 하는 것에 의미상in meaning 더 근접한 더 나은 단어가 있다. 온라인 유의어 사전은 책에서 단어들을 찾아야look up 하는 시간을 절약해save준다.

다음 중 글의 제목으로 적절한 것은?
(a) 온라인 유의어 사전의 단점
(b) 모든 글쓰기 종류에 대한 가이드
(c) 어휘력 늘리기
(d) 반의어 대 동의어

해설 유의어 사전, thesaurus의 사용의 장점에 대한 내용이다. 유의어 사전에는 많은 반의어, 동의어가 있어서 같은 단어를 반복해서 쓰지 않아도 되며, 온라인 사전은 시간을 절약해준다고 했다. 따라서 유의어 사전을 쓰면 어휘력이 늘 것이다.

2. (a)

해설 배수법 : 공장assembly에서 물을 배수하기drain 위해 공장의 표면surface을 사용하는 물관리 원칙principle
내구성 : 서비스 환경에서 생각지 않은unforeseen 관리 maintenance, 수리repair, 또는 제거removal 없이 일정 기간period 동안 요구되는required 기능function을 수행하는perform 재료 material, 성분component, 부품assembly 또는 건물
외피 : 일반적으로 건물의 안과 밖 사이에 있거나 또는 건물 내에 유사하지 않은dissimilar 환경 사이에 있는 환경 분리체 separator
방수용 철판 : 물의 방향을 바꿔서deflect, 방수water proof 연결을 하고 물리적 상해damage로부터 밑의underlying 막membrane을 보호하기 위해 사용되는 소재material

이 글을 볼 수 있는 곳은?
(a) 용어 사전
(b) 챕터 인덱스
(c) 사전
(d) 백과사전

해설 특정 전문 분야와 관련된 단어와 그 단어에 대한 구체적인 설명이 목록화되어 있는 것을 glossary라고 한다.

3. (b)

해설 유명trendy 식당에서 특별한exceptional 식사로 중요한 고객에게 인상을 주는 것은impressing 사업에서 중요한 부분이다. 우선, 음식이 훌륭하고, 서비스가 친절하다면gracious 경험상 알고 있는 1등급first-rate 레스토랑을 선택하라. 그것은 당신이 식사와 함께 마실 좋은 와인을 추천할 수 있다는 인상을 고객

에게 줄 것이다. 전화해서 자리를 미리 예약하고reserve, 번잡한crowded 자리나, 구석진tucked away 자리를 피해서avoid 어디에 앉고 싶은지 구체적으로specific 밝혀라.

이 글은 다음 중 어느 것의 도입부인가?
(a) 좋아하는 레스토랑에서 주문을 잘하는 방법
(b) 고객 관계를 위해 와인과 식사를 고르는 방법
(c) 음식업에서 앞서가는 방법
(d) 유행하는 새 시설을 식별하는 방법

해설 글의 처음 부분에서 고객을 좋은 식당에서 대접함으로써 깊은 인상을 남기는 법을 이야기하고 있다.

4. (c)

해설 이 티켓은 환불이 안되며refundable 양도할 수transferable 없습니다. 40캐나다 달러(미화 35달러)의 교환 수수료와 함께 세금과 추가additional 요금 차액difference이 더해집니다. 즉일same-day 교환은 (티켓이 있을 경우) 50캐나다 달러(미화 45달러) 균일가flat fee로 허용됩니다. 즉일 여행에서만 요금 차액에 대한 교환 수수료가 없습니다. 교환과 취소cancellation는 출발 2시간 전까지 가능합니다. 사전advance 좌석 선택selecton은 수수료가 없습니다(티켓이 있을 경우). 승객들은 적어도 이륙take-off 2시간 전에 체크인check-in해야 하며, 지연delay을 피하려면avoid 가능한 한 일찍 보안security 검색대를 통과해야 합니다.

이 글은 어디에서 볼 수 있나?
(a) 열차 티켓에
(b) 좌석 지정권에
(c) 비행기 티켓에
(d) 페리 티켓에

해설 take-off, security가 결정적 단서이다. 비행기 티켓에 대한 항공사, 정책적(policy)이다.

5. (c)

해설 서울 지하철 시스템은 처음 이용자에게, 특히 언어와 에티켓에 대한 탄탄한strong 이해grasp가 없는 외국인의 경우 약간 위협적일intimidating 수 있다. 한국의 지하철 시스템은 연결connecting 차선line들과 열차들이 수분마다 운영되어 세계에서 가장 발전한advanced 시스템 중 하나이다. 그러나 그 시스템에 익숙하지 않은unfamiliar 사람에게는 올바른appropriate 목적지destination의 티켓 구매만큼 간단한 것조차 어려울 수 있다. 차분함calm을 유지하면서 도움을 청하는 것을 두려워하지afraid 않는 것이 중요하다. 처음에 당황하는confused 것은 흔하며, 사람들은 일반적으로generally 기꺼이 도움을 준다.

다음 중 글의 내용과 일치하는 것은?
(a) 서울 지하철 시스템은 세계에서 가장 복잡하다.
(b) 서울에서의 지하철 여행은 외국인 여행자들에게 불가능하다.
(c) 한국인들은 종종 혼동하는 외국인들을 도움 줄 준비가 되어 있다.
(d) 각 지하철 호선은 수백 미터 마다 다른 호선과 연결된다.

해설 외국인의 서울 지하철 이용에 대한 내용이다. 외국인이 지하철 여행을 할 때 언어를 모르면 혼동을 겪을 수 있다. 하지만 It's not uncommon to be confused the first time, and people are generally happy to help.라고 해서, 사람들이 도와줄 것이라고 했으므로 (c)가 정답이다.

6. (b)

해설 규칙적인regular 운동은 신체뿐만 아니라not only 정신에도but also 좋다. 운동은 모르핀이 그렇듯이 같은 세포cell 수용체receptor와 결합하는attach 뇌 속의 물질인 엔도르핀을 분비시킨다release. 본래essentially 엔도르핀은 통증감sensation of pain을 없애서abolish 운동을 계속하게push oneself 한다. 하지만 그 결과는 운동working out 후 진정감sense of calm으로 남는다. 많은 사람들이 그들이 바쁜 업무 일정 때문에 운동할 시간이 없다는 것을 발견한다. 운동은 스트레스를 줄일 수 있으므로 운동을 우선 순위priority로 하는 것이 중요하다.

다음 중 글의 내용과 일치하는 것은?
(a) 규칙적인 운동은 몸의 엔도르핀 수치를 감소시킨다.
(b) 엔도르핀의 분비는 스트레스를 줄여준다.
(c) 바쁜 스케줄은 운동을 하지 않을 충분한 핑계이다.
(d) 모르핀은 매일 운동하는 것의 좋은 대안이다.

해설 운동의 장점에 대한 내용이다. 운동을 했을 때 엔도르핀이 분비되는데 운동을 할 때 고통을 잊게 하면서, 운동을 마친 뒤에는 마음의 평정을 느낀다고 했다. (Essentially, endorphins abolish the sensation of pain, allowing us to push ourselves when we exercise. The result, though, is that after working out, we are left with a sense of calm.) 따라서 정답은 (b)이다.

7. (d)

해설 규제regulation란 '제재sanction나 벌금fine의 위협threat으로 지원되는 규정을 만드는 과정을 거쳐 정부 행정 당국agencies이 발표하는 법적legal 제한restriction'으로 정의된다defined. 규제는 한 국가의 공식적인 성문법written law이 아니라는 뜻에서 법률과 같지 않다. 대신, 규제는 다른 점에서 일어나지 않을 수 있는 결과outcome를 만들거나, 혹은 부정적인negative 결과를 피하는avoid 것을 목적으로intended 한다. 규제에는 시장, 가격, 임금wage, 어떤 사람들에 대한 고용employment 또는 어떤 산업들에 대한 표준standard을 통제 관리control하는 것들이 포함된다.

다음 중 맞는 내용은?
(a) 정부 행정 당국은 법을 발표하지 않고 부과한다.
(b) '법'과 '규제'란 용어는 서로 바꿔서 사용될 수 있다.
(c) 규제는 벌금의 위협으로 뒷받침되지 않는다.
(d) 규제의 목적은 좋은 결과를 내는 것이다.

해설 규제(regulation)라는 용어의 정의와 그에 대한 설명이다.
(a) declared by government administrative agencies

(b) Regulations are not the same as laws
(c) supported by a threat of sanction or a fine
(d) regulations are intended to produce outcomes that might not otherwise occur가 정답임을 알려준다.

Chapter 29. Part 3 흐름 찾기

Pretest
296p

1. (c)

해석 캐나다 정부가 전국적으로across the country 대학 등록금tuition 을 내려야lower 할지에 대한 토론debate이 계속되고 있다. (a) 등록금 인하 찬성론자advocate들은 대학은 모든 수입 계층에서 더 많이 이용가능accessible수 있어야 한다고 주장한다argue. (b) 반대론자opponent들은 대학은 이미 기금을 받고under-funded 있으며, 높은 질의 프로그램을 제공하려면 학생들의 등록금이 필요하다고 믿는다. (c) 캐나다의 모든 주province 중 퀘벡 주가 현재 연간 2200달러로 가장 등록금이 낮다. (d) 이런 점에서 정부가 비용cost을 줄이거나cut 지원금funding을 늘릴지 주저하기hesitant 때문에 등록금은 현재 상태로 계속 있을 예정이다remain.

해설 캐나다의 대학 등록금 인상 문제에 대한 내용이다. 인상 찬성파와 반대파의 주장에 대한 내용과 정부의 대응에 대한 내용인데 갑자기 퀘벡 주의 등록금 액수가 끼어들었다. 따라서 글의 흐름과 무관한 문장은 (c)이다.

2. (d)

해석 많은 새로운 기업들이 그들의 상품을 제일 처음initially 홍보하기promote 위해 신문과 잡지에 광고를 낸다take out. (a) 신문이나 잡지는 많은 대중에게 광고할 저렴한inexpensive 방법이다. (b) 기업들은 전면full-page 광고부터 광고 섹션에 몇 줄 광고를 내는 것까지 선택option이 자유롭다. (c) 특히especially 막 개업한starting out 회사는 인쇄 광고가 효과적인effective 홍보 수단tool일 수 있다. (d) 몇몇 새 기업들은 대신 가가호호door-to-door 방문을 한다.

해설 신문, 잡지 광고에 대한 내용이다. 새로 생긴 업체들의 홍보 수단으로 신문이나 잡지가 효과적인 광고 수단이라는 내용인데, 또 다른 광고 방법을 쓴다는 (d)가 맞지 않는다.

3. (d)

해석 많은 사람들이 저녁 식사 후에 차 한 잔을 즐기지만 마시는 차의 종류type에 대해 많이 아는 사람은 드물다. (a) 차는 본래 essentially 세 가지 범주category, 즉 홍차black, 녹차, 그리고 루이보스차로 나누어진다. (b) 녹차는 아시아에서 흔하고, 홍차는 보통 우유와 설탕을 첨가하여 북미와 유럽에서 대중적이

다. (c) 루이보스차는 남아프리카가 원조originate이고, 달콤하고 견과nutty 맛이 난다. (d) 대부분의 차는 동네 슈퍼마켓이나 디자이너 차 가게에서 쉽게 얻어진다.

해설 차의 종류에 대한 설명이다. 홍차, 녹차, 루이보스 차에 대한 내용이 이어지는데 갑자기 차의 구입 장소를 언급한 (d)는 본문과 맞지 않는다.

4. (b)

해설 록키 산맥의 소매점 개발이 지역 주민들로부터 비난을 받고 있다. (a) 인디고란 소매업 기업은 록키 산맥의 Banff 관광 도시에 서점 오픈을 제안했다. (b) 인디고 북스는 2005년에 42억 달러 이상의 이익을 낸 것으로 발표했다. (c) 지역 주민들은 그 서점이 소규모 상점들을 폐업시킬 것으로 우려한다. (d) 현재 Banff에는 지역민이 운영하는 서점이 세 군데 있고, 만일 인디고가 훨씬 낮은 가격으로 들어올 경우 고객을 잃을 것이다.

해설 록키산맥의 Banff 시의 대형 서점 오픈에 대한 내용이다. 지역 주민들이 대형 서점 오픈에 반대한다는 내용인데 (b)의 인디고 북스가 돈을 얼마 벌었다는 내용은 본문과 맞지 않는다.

5. (a)

해설 ADHD(주의력 결핍 과다 행동 장애)로 약물 치료on medication 를 받는 미국 아동들의 숫자가 계속 늘고 있다. (a) ADHD는 유전적으로 주위 환경surroundings이 원인은 아닌 것으로 여겨진다. (b) 어린 아이들이 나쁜 품행misbehavior으로 진단 받고 diagnosed, 약물 치료를medicated 받는 일이 점점 더 흔해지고 있다. (c) 학력 아동 중 15퍼센트가 ADHD로 치료를 받는 것으로 추정되었다. (d) 이 숫자는 의사들의 과잉 진찰일 수도 있으며 아이들이 불필요하게 처방 약을 먹고 있다는 것을 나타낸다.

해설 ADHD의 진단률이 높아지고 있다는 내용인데 이것의 이유에 대한 언급인 (a)는 맞지 않다.

Daily Test
302p

1. (a)

해석 지난 20년 동안 미국에서 이혼률divorce rate이 꾸준히steadily 늘고on the rise 있다. (a) 젊은 전문직professional들이 점점 더 30대까지 결혼을 미루고put off 있다. (b) 2006년에 이혼률이 10년 전에 44퍼센트에서 오른 51퍼센트에 달했다reach. (c) 점점 많은 아동들이 한 부모에 의해 자라기 때문에 이 높은 비율은 당황스럽다disconcerting. (d) 이혼 사유들은 잘 기록되지documented 않았지만, 한 가지 추정assumpton은 부부들이 결혼이란 것을 심각하게seriously 받아들이지 않고 있다는 것이다.

해설 이혼률이 증가하고 있다는 내용이다. 10년 전과의 수치를 비교하고, 그것의 영향(한 부모 아이가 는다.)을 언급하고 있다.

(a)는 이혼이 아닌 최근 늦춰지는 결혼에 대한 내용이다.

2. (b)

해석 기술technology이 우리가 서로 상호 작용하는interact 방식을 극적으로 drmatically 변화시키고 있다. (a) 이메일로 사람들은 어느 때, 어느 장소에서 건 연락하기keep in touch 수 있다. (b) 많은 사무실에서 생산성productivity 하락drop으로 이어지는 직원들의 개인 이메일 소비 시간을 제한하기limit 시작하고 있다. (c) 심지어 휴대폰은 가정, 직장, 그리고 길에서on the road도 사람들이 계속 연락되도록connected 한다. (d) 하지만 이런 발전advance이 실제actually 상호 작용의 질을 향상시키는지 또는 단순히 양을 향상시키고improve 있는지는 계속 지켜봐야 한다 remain to be seen.

해설 기술 발전으로 인한 사람들의 상호 작용 방식 변화에 대한 내용이다. 특히 이메일과 휴대폰으로 사람들은 지속적인 연락이 가능하지만, 상호 작용의 질 향상은 아직 더 두고 봐야 한다는 것이다. (b)는 직장에서의 이메일 사용과 생산성 하락에 따른 회사의 대응이다. 따라서 본문과 흐름이 맞지 않는다.

3. (d)

해석 자유와 권리 헌장charter은 본질상essentially 캐나다 헌법에 굳혀진entrenched 권리 장전bill of rights이다. (a) 1882년 실행implementation 이후, 그 헌장은 캐나다 법 시스템의 틀framework을 극적으로 바꿨다. (b) 헌장은 모든 캐나다 사람의 정치권과 민권civil rights을 보장한다guarantee. (c) 그것은 구체적으로specifically 그런 권리들을 구현하는embody 원칙principle 들을 가지고 캐나다 국민을 통합시키기unifty 위해 고안되었다. (d) 특정한 권리와 자유를 보장하는 것은 한 국가에서 시민들을 보호하는 수단이다.

해설 캐나다 헌법에 명시된 자유와 권리 헌장에 대한 내용이다. 자유와 권리 헌장은 캐나다 국민의 정치권과 민권을 보장하며, 권리 구현은 곧 캐나다 국민 통합을 목적으로 한다고 했다.

4. (c)

해석 불법 다운로드가 전 세계 영화 산업에 큰 영향을affect 미치고 있다. (a) 영화들이 국제적으로 배급되기released 전에 다운로드되는 일이 종종 있다. (b) 영화 배급업체distributor들은 모든 주요major 시장에 정확히 같은 날짜에 새 영화를 배급함으로써 이것에 대응해react왔다. (c) 2006년에 모든 할리우드 영화의 50퍼센트가 극장에서 상영되지 않고, 곧장 DVD가 됐다. (d) 불법 다운로드를 피하는 다른 조치measure들에는 비디오 녹화를 막는 극장에서의 더 엄격한strict 보안security과 다운로드를 하거나, 불법으로 획득한obtained 영화들을 밀매하다peddle 걸린 사람에게 더 엄한harsher 처벌을 내리는 것 등이 있다.

해설 영화 불법 다운로드에 대한 영화계의 대응에 대한 내용인데 DVD 시장에 대한 언급을 하고 있는 (c)는 본문 흐름과 맞지 않다.

5. (c)

해석 최근 여론 조사에서 현저히 많은 사람들이 미국에서 최저 minimum 임금wage이 인상되어야 raised 한다고 생각하는 것으로 나타났다reveal. (a) 응답자respondent 중 76퍼센트가 더 높은 최저 임금을 찬성했다be in favor of. (b) 5퍼센트 만이 최저 임금이 더 낮아질 수 있다고 생각했으며, 19퍼센트는 최저 임금이 현재 상태를 유지해야 한다고 생각한다. (c) 미국의 최저 임금은 현재 시간당 4.85달러로 지난 6년 동안 바뀌지 않았다. (d) 그 응답자들은 최저 임금 인상을 찬성하는 사람 중 거의 65퍼센트가 민주당원Democrat들로 정치 노선line에 따라 along 나뉘어졌다divided.

해설 미국의 최저 임금 인상에 대한 시민 여론 조사의 결과 발표이다. 미국 시민 중 76퍼센트가 최저 임금 인상에 찬성하는데 그들 중 65퍼센트 민주당원이라고 했다. 즉, 정치 노선에 따라 최저 임금에 대한 찬반이 갈린다는 내용이다. (c)는 현재 최저 임금액이 6년 전과 같다는 것으로 본문 흐름과 맞지 않다.

6. (d)

해석 2006년 도서 중 가장 많이 팔린 장르는 회고록memoir이다. (a) James Frey의 A Million Little Pieces는 이런 추세trend의 완벽한 예이다. (b) Frey는 처음에 그의 소설을 픽션으로 출간하려고 했고, 출판사publisher를 찾을 수 없었다. (c) 그는 단락 중 일부를 다시 써서 개인personal 회고록으로 책을 출판했으며, 그것은 수백만millions 권이 팔렸다. (d) James Frey는 마약 drug 중독addtiction으로 고통을suffer 겪었으며, 수개월을 재활센터rehabilitation center에서 보냈다.

해설 2006년 베스트 셀러가 된 James Frey의 자서전에 대한 내용이다. 그의 처음 의도와 베스트 셀러가 된 과정에 대한 내용인데 (d)는 James Frey의 실제 개인사에 대한 것이므로 본문과 맞지 않는다.

7. (a)

해석 긴 장거리 이동으로 유발되는caused 높은 오염 수치를 피하기 avoid 위해 지난 수년 동안 오로지 지역에서locally 생산된 produced 식품만을 먹는 것이 유행이 되었다. (a) 오염은 지구 온난화에 많이 집중focus되면서 주된predominant 정치 이슈가 되었다. (b) 캐나다에서 팔리는 멕시코 산 아보카도의 가격은 진정한true 환경 비용이 반영되지refelct 않은 것이다. (c) 이런 이유로 많은 사람들이 환경을 구하기 위한 노력으로in an effort to 지역 생산 식품만 먹기로 결정했다. (d) 지역 농민이 생산한 식품들은 소규모small scale 생산 때문에 종종 약간 더 비싸지만 찬성론자advocate들은 장거리 운송 비용 절감cutting down을 믿는다.

해설 지역 생산 식품 소비 유행에 대한 내용이다. 먼 곳에서 음식을 운송할 때 유발되는 환경 오염에 대한 우려로 가격은 좀 더 비싸지만 지역 생산품을 먹기로 했다는 내용이다. (a)는 환경 오염과 그 영향(지구 온난화)에 대한 내용이다.

Chapter 30. 독해 문제 비법 총정리

Pretest

304p

1. (d)

해석 직장working 세계의 많은 사람들은 직업의 대지plateau에서 동일한 사람들과 함께 같은 레벨에서 일하며, 매년 동일한 월급salary을 벌고earn 있는 자신들을 발견한다. 만일 당신이 당신의 경력을 향상시키길 원한다면, 당신은 많은a number of 변화를 만들 수 있도록 준비해야만 한다. 무엇보다도 먼저to begin with, 미리ahead of time 당신의 목표goal를 설정하며set, 당신이 하는 모든 것들이 그 목표를 향해서 당신을 앞으로 나아가게advance 하는지를 확실하게 하는 것은 중요하다. 잘못된 방향direction으로 당신을 이끄는 새로운 일을 받아들이지accept 마라. 마음속의in mind 목표에 초점을 맞추며, 장시간 일하는 것을 준비해야 하며, 적합한 자리position가 생겼을open up 때는 새로운 사무실, 또는 새 도시로 가능한 한 옮겨라.

(a) 더 높은 봉급을 얻기
(b) 좋은 관계를 얻기
(c) 정직한 충고를 얻기
(d) 경력을 향상시키기

해설 직장에서의 자신의 career(경력)를 쌓는 방법에 대한 조언이다. 따라서 (d)가 정답이다. to begin with로 시작하는 문장이 단서가 된다.

2. (a)

해석 당신의 자녀들은 돈 때문에 당신을 귀찮게hassle 하고 있습니까? 당신은 그들이 절약saving의 중요성을 느끼지 않고 되는 대로haphazardly 지출하고 있다는 것을 발견했습니까? 새로운 MTV 선불pre-paid VISA 카드는 완벽한 해결책solution입니다. 선불카드를 가지고, 당신은 아이들을 위해서 돈을 넣습니다load it up. 그런 다음, 그들은 선택한 만큼 지출할 수 있지만, 그들은 초기initial 총액이 넘는 것은 청구할charge 수 없습니다. 당신은 그들이 신용카드의 초과 사용과 연체금overdue payment에 관련하여 걱정하지 않고 현명하게wisely 지출하는 것을 가르칠 수 있습니다. MTV 선불 VISA는 청소년들에게 있어서 분별 있는 소비를 위한 멋진 도입입니다.

이 광고는 무엇에 대한 것인가?

(a) 신용카드 홍보
(b) 나쁜 신용 보고
(c) VISA 카드 연체금
(d) 선불 음악 카드

해설 MTV pre-paid VISA 카드에 대한 내용으로 자녀들에게 이 카드를 주면 선불이므로 과도하게 카드를 쓰거나 연체 걱정을 할 필요가 없다는 내용이다. 따라서 카드 홍보가 정답이다.

3. (b)

해석 Ben Stiller는 많은 성공한 희극 작품들로 선도적인 Hollywood 배우들 중 한 명으로 자리잡아왔다set oneself up. (a) '폴리와 함께(Along Came Polly)'나 '쥬랜더(Zoolander)' 같은 Stiller의 영화는 박스 오피스에서 커다란huge 성공을 거뒀다. (b) 코미디들은 2006년 가장 많은 수입을 거둬들인earning 장르로 입증되어왔다. (c) Ben Stiller는 모든 그의 영화들에서 주역을 맡아왔을 뿐만 아니라not only, 대다수 그의 영화들을 각본하고 감독했다. (d) Stiller는 2005/06 남자male 배우들 중에서 수입에 있어with respect to 상위 10위 안에 든다.

해설 흐름에 맞지 않는 문장을 고르는 유형으로 유명 할리우드 코미디 배우인 Ben Stiller에 대한 내용이다. 특정 인물에 대한 내용인데 (b)는 코미디 장르와 수입과의 관계를 나타내므로 맞지 않다.

Daily Test

310p

1. (d)

해석 하나의 새로운 '카페 문화'는 지난 10년에 걸쳐 북미에서 급속히 성장한sprout 듯하다. 이 모든 것은 작고, 앞서가는forward 생각을 갖었던 커피숍에서 시작했는데, San Francisco에 기반을 두며 Starbucks라고 불린다. 그 커피 자이언트는 불공정하게unfairly 소규모의 카페들을 문닫게 만드는 지역 소유권ownership 부재와 함께 다국적multinational 기업으로서 종종 비난을 받고criticized 있다. 그 비난들은 사실일지 모르지만, Starbucks는 양질의 커피를 고객에게 제공하고 개발도상국에서 공정한 무역fair-trade이 이루어지는 커피 생산자들을 지원하는support 이상적인 비전을 만들게 되었다. 그러나 그 회사를 비평하는 사람들은 작은 규모의 회사들이 Starbucks의 구매력과 경쟁할 수는 없다는 걱정을 표현해왔다.

(a) 스타벅스는 지역 커피숍들보다 더 뛰어난 제품을 제공한다.
(b) 커피 생산국들은 어떤 것을 팔기 위해 충분히 큰 시장을 갖고 있지 않다.
(c) 스타벅스 커피 품질 기준은 지역 커피숍들의 그것보다 높지 않다.
(d) 소규모 회사들은 스타벅스 구매력과 경쟁이 되지 않는다.

해설 스타벅스의 다국적 시장 확장에 대한 내용으로 The coffee giant is often criticized today as a multinational corporation with little local ownership that unfairly puts smaller cafes out of business.를 통해 스타벅스 확장에 대한 비난론을 언급하고 있다.

2. (a)

해석 유명한 소설 Walden의 저자author인 Henry David Thoreau는 칭송praised과 동시에 비난도 받아왔다. 원래, Thoreau는 Ralph Waldo Emerson이 소유한 땅에 있는, Walden Pond 주변의 숲 속 오두막집에서 단순한 생활을 살기 시작했다set out. Thoreau는 도시 생활을 뒤로 하고, 그의 기초적인 생활에 초점을 맞추고, 식량을 위해 채소밭을 손질하면서tending, 책을 읽고, 자기 성찰적인introspective 생각들에 몰두한engage 삶을 보냈다. Thoreau는 은둔자hermit가 되기 위함이기보다는 객관적인objective 이해를 얻기 위해 자신을 문명 사회로부터 고립시키기isolate 위해 숲을 떠나지 않았다. Thoreau에 대한 비평은 그 오두막이 Massachusetts의 Concord에 있는 그의 친구들과 가족들로부터 그렇게 멀리 떨어져있지 않아서 심하게terribly 고립되어 있지는 않았다는 사실에 중점을 뒀다.

(a) 객관적인 이해를 얻기 위해
(b) 도시 생활의 정치를 평가하기 위해
(c) 사회 병들을 멀리하기 위해
(d) 농부로서 돈을 많이 벌기 위해

해설 Henry David Thoreau의 은둔 생활에 대한 비평에 대한 글이다. Thoreau가 숲으로 들어간 이유는 은둔자가 되고 싶어서가 아니라 focusing on the basics of life, tending a garden for his own meals, reading books, and engaging in introspective thoughts라고 했다. 즉, 자신에 대한 객관적인 이해를 위함이다.

3. (c)

해설 북미 지역에서 중등 이상의 학교에 다니는 남성 대 여성의 비율ratio이 사상 처음으로for the first time 여성이 남성을 앞서는 방향으로 변화했다shift. 북미 전역에 걸쳐 평균적으로on average 56%의 대학생들이 여성이다. 그러나 남성은 급여와 승진promotion 면에서with respect to 지속적으로 직장을 지배하고dominate 있다. 이 추세trend는 고등교육에도 불구하고in spite of 여성들은 아직도 직장에서 보이지 않는 승진 차별의 벽에 직면하여 그들의 남성 상대자counterpart들을 앞지르지 progress 못하고 있음을 시사한다.

(a) 결과적으로
(b) 더욱더
(c) 그러나
(d) 따라서

해설 알맞은 접속어를 고르는 문제이다. 앞뒤 문장의 관계를 살펴보면, 중등 이상 학교 진학율은 여성이 높은데 직장에서 급여와 승진에는 아직 여자가 남자에 밀린다는 내용이다. 앞뒤 내용이 서로 반대이므로 however가 알맞다.

4. (a)

해설 규칙적인regular 운동은 누구에게나 중요하지만 25세 이상에게는 특히especially 그러하다. 25세부터 개인이 같은 양을 먹고 같은 양의 운동을 하면 매년 체중이 1파운드 씩 늘게 될 것이다. 나이를 먹으면서 사람은 1년에 0.5파운드씩 근육muscle 세포tissue를 잃기 시작함은 말할 필요도 없다not to mention. 이 현상은 낮은lower 수준의 운동과 건강하지 못한unhealthy 식습관eating pattern과 겹쳐져 일 년에 1파운드씩의 체중 증가로 나타난다. 나이를 먹으면서 우리는 체중 증가를 피하기 위해 운동 시간을 반드시 유지해야maintain 할 뿐 아니라 이를 조금씩 slightly 늘려나가야 한다. 우리는 또한 체중 증가가 없도록 식습 관을 조정하여야만adjust 한다.

다음 중 글의 내용과 맞는 것은?

(a) 체중 증가는 식습관과 운동 습관이 변하지 않으면 나이가 들면서 자연스러운 것이다.
(b) 25세 이상인 사람들은 1파운드를 줄이기 위해 두 배의 운동을 해야 한다.
(c) 나이가 들면서 근육 조직은 줄어들어 해마다 0.5파운드의 체중이 는다.
(d) 나이가 들면서 체중 증가는 필연적인 것으로 증명되었다.

해설 (a) if an individual continues to eat the same and exercise the same, he or she will gain one pound every year를 통해 정답임을 알 수 있다.
(b) 1파운드에 대한 언급은 운동을 하지 않을 경우 0.5파운드의 근육 조직 손실에 대해 느는 체중량으로 나와 있다.
(c) as we age, we begin to lose muscle tissue, at a rate of 0.5 pounds per year.라고 나와 있다.
(d) 나이가 들면서 체중이 증가하는 것을 피하려면 운동을 더 많이 해야 한다고 했으므로 inevitable은 아니다.

5. (c)

해설 단 한 번의 친절kindness한 행동이 종종 파문ripple 효과를 일으킬 수도 있다. 이는 2000년도 영화인 Pay if Forward의 명제 premise인데, 이는 누군가가 받는 친절한 행위 한 건당 세 건의 친절을 보상으로 받게 된다는 개념notion이다. 친절은 당신에게 친절했던 사람을 향하는 것이 아니라 세 명의 다른 사람들을 향하며, 그래서hence '나아가는 깊음(내리 사랑)'의 개념이 된다. 만약 누군가가 당신에게 친절하면 당신은 그 외의 다른 사람에게 친절하게 되어 친절 행위의 완전한 순환circle을 이루게 된다는 착상이다.

이 글의 가장 알맞은 제목은?

(a) 친절은 번영을 가져온다.
(b) 친절 유통
(c) 친절은 전염된다.
(d) 친절해지는 법

해설 ripple effect, every act of kindness one receives, they will do three acts of kindness in return, paying it forward, a full circle of kind acts를 통해 친절이 전염성(contagious) 이 있다는 것이 가장 알맞다.

6. (d)

해설 그 정점peak에 있어서의 마야 문명civilization은 세계적으로 가장 발달되고 문화적으로 활발한dynamic 사회 중 하나였다. 무엇보다도 장엄한spectacular 예술, 발달된advanced 건축, 높은 수준의 수학적 그리고 천문학적 시스템들은 잘 알려져왔다. 그것들에 기원을 originating 두지 않는다면, 작문, 비문 epigraphy, 그리고 달력은 완전히fully 마야 문명에 의해서 개발되었다developed. 마야 문명은 스페인 사람들의 진출과 그 후의subsequent 정복conquest이 있기 전까지 계속 발달했다 flourish. 마야 사람들은 절대 사라지지 않았으며, 그들의 전통은 앞으로 계속된다.
이 글의 가장 적절한 제목은?
(a) 마야 문명의 정복
(b) 마야 문명이 직면한 도전들
(c) 마야 문명의 모방
(d) 마야 문명의 업적

해설 It is known primarily for its spectacular art, advanced architecture, and highly structured mathematical and astronomical systems.을 통해 마야 문명의 업적이 전체를 아우르는 내용임을 알 수 있다.

7. (b)

해설 주택housing 가격 상승rise으로 인해서, Boston은 점차 increasingly 중산층middle class 사람들에게조차도 버거워지고 unaffordable 있다. (a) 2007년에 Boston 도시의 주택 가격은 큰 폭의 상승이 있어 왔는데, 방 한 개짜리 콘도미니엄의 가격은 평균 200,000달러에 이른다. (b) 많은 개인들은 월세 renting보다 집을 소유하는owning 것을 선호하는데prefer 장기간 통제control가 가능하기 때문이다. (c) 주택 가격은 많은 대출mortgage 없이는 집을 살 수 없을 정도의 단계에 이르고 있다. (d) 많은 사람들이 많은 빚debt을 지게 되었고, 사람들이 낼affort 수 없는 콘도미니엄과 주택에 대한 월세montly payment 를 내느라 어려움을 겪고 있다.

해설 심각한 Boston 주택 가격 상승에 대한 내용이다. 사람들은 큰 빚을 지고 주택을 구입한다고 했다. (b)는 주택을 구입하려는 사람들의 경향과 이유를 나타내는 문장이다.

8. (c)

해설 다수의 대학교 1학년 학생들은 집을 떠나 혼자on one's own 사는 변화transition를 완화하기ease 위해서 기숙사residence에서 산다. (a) 기숙사는 보통commonly 바쁜 학생들을 위해서 건강한 식사를 제공하는 식사 선택권meal-plan option을 제공한다. (b) 때때로 기숙사 상담가advisor들은 기숙사 생활에 어려움을 겪고 있는 기숙사생들을 돕는다. (c) 약 15%의 1학년 학생들은 기숙사dormitory 대신 학교 밖off-campus 거주를 선택한다. (d) 또한 기숙사생들은 많은 숫자의 학생들이 함께 살고 비슷한 어려움들을 직면하기be presented 때문에 서포트 네트워크를 형성한다.

해설 1학년 학생들의 기숙사 생활에 대한 안내이다. 식사 선택권이 있고, 기숙사 상담가가 있다고 했다. 문장 앞뒤가 모두 기숙사 생활에 대한 이점을 말하고 있는데 갑자기 학교 밖에 사는 학생에 대한 언급은 흐름과 맞지 않다.

9. (c)

해설 안녕하세요. 내 이름은 Andrew Joseph입니다. 저는 South Melbourne 지역에서 18세에서 20세 사이의 여성 룸메이트를 찾고 있습니다. (a) 전대sublease 계약서agreement를 쓸 수 있어야 합니다. (b) 제 임대가 7월 말에 끝나서, 12개월 더 저와 함께 임대lease 재계약re-sign을 할 룸메이트를 구하고 있습니다. (c) 8월 1일부터 이용할 수 있는 같은 단지에 넓은 spacious 아파트가 있습니다. (d) 꾸준한steady 직업이 있어야 하며, 가까운 장래에 이사relocating나 결혼 계획이 없어야 합니다.

해설 세를 얻은 아파트를 룸메이트에게 다시 세를 주는 전대 (sublease)에 관한 내용이다. 같은 아파트를 재계약하는 것이므로 같은 단지에 넓은 아파트가 있다는 (c)는 논리상 맞지 않다.

TEPS 문법·독해 달인이 되는 법
저자 | 죠셉킴
초판 1쇄 발행 | 2008년 1월 10일
초판 5쇄 발행 | 2009년 7월 25일

발행인 | 박효상
편집책임 | 김상호
편집 | 조승주
영업책임 | 이종선
영업 | 이태호
출판등록 | 제 10-1835호
발행처 | 사람in
주소 | 121-839 서울시 마포구 서교동 378-16
전화 | 02) 338-3555(代)
팩스 | 02) 338-3545
E-mail | esaramin@nate.com
Homepage | www.saramin.com

만든 사람들
표지 디자인 | 장선숙
내지 디자인 | 한현식

● 책값은 표지 뒷면에 있습니다.
● 파본은 바꾸어 드립니다.

ⓒ죠셉킴 2007

ISBN 978-89-6049-059-8 13740
ISBN 978-89-6049-041-3 (세트)

텝스 문법★독해 고득점 집중훈련코스